CHINESE ACADEMY OF SOCIAL SCIENCES
STATE-OWNED ECONOMY RESEARCH THINK TANK
中国社会科学院国有经济研究智库

迈向新征程的
国有企业改革发展研究

中国社会科学院国有经济研究智库 编

中国经济出版社
CHINA ECONOMIC PUBLISHING HOUSE
·北 京·

图书在版编目（CIP）数据

迈向新征程的国有企业改革发展研究／中国社会科学院国有经济研究智库编．--北京：中国经济出版社，2022.11

ISBN 978-7-5136-6931-3

Ⅰ.①迈… Ⅱ.①中… Ⅲ.①国有企业-企业改革-研究-中国 Ⅳ.①F279.241

中国版本图书馆 CIP 数据核字（2022）第 082391 号

责任编辑　李煜萍　李若雯
责任印制　马小宾

出版发行　中国经济出版社
印 刷 者　北京富泰印刷有限责任公司
经 销 者　各地新华书店
开　　本　787mm×1092mm　1/16
印　　张　28.75
字　　数　495千字
版　　次　2022年11月第1版
印　　次　2022年11月第1次
定　　价　98.00元
广告经营许可证　京西工商广字第8179号

中国经济出版社 **网址** www.economyph.com **社址** 北京市东城区安定门外大街58号 **邮编** 100011
本版图书如存在印装质量问题，请与本社销售中心联系调换（联系电话：010-57512564）

中国社会科学院国有经济研究智库
理事委员会成员

中国社会科学院国有经济研究智库
学术委员会成员

本书组编人员

黄群慧　张　弛　魏　众　张　旭　陈　政

武　鹏　仲继银　石　颖　张航燕　肖红军

欧阳耀福　管宇飞　张亚林　蒋维慎　赫灵珏

孙　涵　王砚峰

前言
Preface

高培勇

中国社会科学院副院长、中国社会科学院国有经济研究智库理事长

本书是中国社会科学院国有经济研究智库2021年十项重点课题研究成果的浓缩精华，也是智库成立后关于国有经济研究的第一个年度成果集。

2020年11月11日，中国社会科学院国有经济研究智库成立，中国社会科学院院长谢伏瞻和国务院国有资产监督管理委员会主任郝鹏出席了成立大会，并见证了我和国务院国资委翁杰明副主任共同签署中国社会科学院和国务院国资委战略合作协议。

在成立大会上，国务院国资委彭华岗秘书长发布了智库2021年十项重点研究课题。这十项重点研究课题包括：国有企业在构建新发展格局中的作用研究、国有经济发展路径研究、国有经济国别研究、国有企业自主创新能力研究、国有企业公司治理机制研究、混合所有制企业经营机制研究、国有企业职业经理人制度研究、国有资本投资公司研究、国有资本运营公司研究、新时代企业家精神研究。

这十项重点课题是智库2021年的核心工作，为此，智库指导和组织了10家大型央企、11家高等院校、12家研究机构的500多位专家学者投

入课题研究工作。作为新型高端智库，国有经济研究智库充分发挥了智库的资源统筹和协调作用，将国资委的政策优势和协调作用、社科院和高校的学术优势、中央企业的实践优势充分调动起来，有效提高了研究的协同性。

2021年，智库十项重点课题通过一系列卓有成效的创新性工作，取得了丰硕的成果，其中开展实地调研60余次，调研单位140余家，形成的要报要参、报告、论文等200余篇各类阶段性成果约250万字；目前各课题已经全部结项，十项课题共完成10个主报告、49个子报告，课题报告总字数约200万字。这十项重点课题主要研究了以下问题：

"国有企业在构建新发展格局中的作用研究"对构建新发展格局的历史基础与时代背景、理论逻辑与主要内涵、基本原则与动力机制、实践路径与重要着力点进行了深入的研究，同时对国有企业在构建新发展格局中的功能定位和主要职责，以及国有企业在建设现代市场体系、建设现代化产业体系、促进形成完善收入分配体系、促进形成新型消费体系和"以内促外"中的作用做了系统的分析，同时还编写了《国有经济蓝皮书——中国国有经济报告（2021）》。

"国有经济发展路径研究"对国有经济在中国的长期延续（新中国成立前）、国有经济发展路径的过去（新中国成立至改革开放前）、国有经济发展路径的现在（改革开放至今）、国有经济发展的机遇与挑战等问题进行了系统的梳理和分析。

"国有经济国别研究"梳理了典型国家国有经济的发展历程、现状、政府的治理手段等，分析其发展演变的原因、规律和效果，提出对我国发展国有经济的启示，同时专门对法国、英国、俄罗斯、捷克、新加坡等国的国有经济和国有企业国际规则做了专题研究。

"国有企业自主创新能力研究"围绕国有企业自主创新能力，对国有企业自主创新能力基础理论及现状进行了梳理，研究了提升国有企业自主创新能力的体制机制与政策支持体系，并对国有企业自主创新能力做了典型案例分析。

“国有企业公司治理机制研究”分析了中国特色现代企业制度建设的理论创新、国有企业各治理主体的职责定位和权责边界、国有企业董事会规范高效运作的机制，以及国有企业经理层激励与监督约束机制。

“混合所有制企业经营机制研究”对混合所有制企业治理结构、管控模式、企业选人用人与激励分配机制以及风险控制与合规运营机制等方面展开了深入研究。

“国有企业职业经理人制度研究”梳理和分析了国有企业职业经理人制度的改革措施、建设现状、问题与经验，从制度、法律和评价体系等方面进行评估并给出建议，同时介绍了重点企业的职业经理人制度改革实践。

“国有资本投资公司研究”对国有资本投资公司的改革和理论、实践案例及试点改革评价机制等方面展开了研究。

“国有资本运营公司研究”对国有资本运营的理论和中央及地方国有资本运营公司的实践进行研究，同时研究金融机构发展对国有资本运营公司的借鉴意义。

“新时代企业家精神研究”对新时代企业家精神的理论、中国企业家精神发展的现状和问题、新时代企业家精神的案例、新时代企业家精神的指标体系及评价等方面做了较为深入的研究。

在对上述智库课题的研究过程中，国务院国资委规划发展局、国际合作局、科技创新局、企业改革局、产权管理局、企业领导人员管理一局、资本运营与收益管理局，对各个对口课题的研究和调研给予了充分的指导和支持，国务院国资委综合研究局、研究中心和中国社会科学院经济研究所组成的智库管理委员会及其下属的秘书处，做了大量的课题组织和协调工作，为各个课题圆满完成预期研究目标任务起到了重要的作用。

上述课题较为深入地对国有经济领域的十个重要问题进行了研究，这也是贯彻了在智库成立大会上谢伏瞻院长所强调的，智库要深入研究国有企业改革发展中出现的新情况、新问题，围绕国有企业改革发展的重大问题开展协同攻关，同时也是按照郝鹏主任强调的，要以国有经济研究智库成立为契机，积极促进企业界与学术界联手、企业家与理论家合作，大力推进国有经济实践创新和理论创新。智库开展这十项重点课题，是一次有益的尝试，智库也会持续地、不断地拓展这方面的研究。我们真诚希望，今后能有更多的力量加入到国有经济研究这项具有重要意义的事业中来。

目录
Contents

国有企业在构建新发展格局中的作用研究

国有企业是中国特色社会主义的重要物质基础和政治基础，关系公有制主体地位的巩固，关系我们党的执政地位和执政能力，关系我国经济社会的健康发展。从国有企业的发展历程来看，国有企业是中国共产党执政兴国的重要支柱和依靠力量，是推动国家经济社会发展的主力军。国有企业的历史使命与保证党的目标实现是有内在一致性的，在国家治理体系中的功能定位具有独特性。在不同的历史时期，党的目标会根据现实情况进行调整，国家经济社会发展所面临的侧重点也会有所区别。因此，国有企业在不同历史时期的使命和功能定位会有不同。在新发展阶段，国有企业的历史使命是助力建成社会主义现代化国家，功能定位应聚焦于攻克现代化进程中的难点问题。

构建新发展格局是党中央提出的重大决策部署，是我国在新发展阶段迈向现代化新征程的路径选择。基于现代化阶段论，构建新发展格局是中国社会主义现代化进程进入新发展阶段的必然要求，是与现代化新阶段相适应的经济现代化路径；基于现代化模式论，构建新发展格局是中国基于自身资源禀赋和发展路径而探索的、以自立自强为本质特征的、突破关键核心技术“依附性”、具有“替代性”的一种经济现代化模式；基于现代化动力论，构建新发展格局是一种充分利用大国经济优势、围绕自主创新驱动经济循环畅通无阻的经济现代化战略。在构建新发展格局过程中，应保证经济循环的畅通无阻，加快培育完整内需体系，实现高水平的科技自立自强，完善收入分配体系，更好统筹发展和安全，以更高水平对外开放带动国内国际双循环相互促进。

国有企业从无到有、从弱到强，已经成长为党的事业和国家建设不可或缺的关键角色。当前的国有企业，与社会主义市场经济相融合，为我国经济社会发展、科技进步、国防建设、民生改善等作出历史性贡献。国有企业的成功实践表明中国特色社会主义道路是可行的，国有企业的发展为社会主义现代化建设奠定了坚实的基础。国有企业已经在实现高质量发展方面取得长足进步，科技创新能力不断提高，实现社会功能的机制日趋完善，是我国对外合作交流的引领者。在新发展阶段，国有企业必定会出色完成自身所肩负的历史使命，发挥在经济社会发展中应有的功能，为建成社会主义现代化国家提供充足的物质保障。

从国有企业在新发展阶段的历史使命和功能定位出发，基于对构建新发展格局的理论分析，结合构建新发展格局的主攻方向，我们认为国有企业应该在以下几个方面着重发挥作用。第一，助力实现高水平科技自立自强。第二，提升在产业链中的影响力和控制力。第三，更好促进实现共同富裕。第四，确保我国经济安全发展。第五，积极推动“以内促外”。第六，加速畅通国内大循环。基于本课题研究，我们围绕相应主题提出了政策建议。

第一章　国有企业的历史使命和功能定位

从马克思主义政治经济学来看，生产资料所有制是生产关系的核心，决定着社会的基本性质和发展方向。公有制经济在全社会经济中的比重，是决定生产资料所有制性质的关键环节。中国共产党是马克思主义政党，我国是中国共产党领导的社会主义国家，公有制经济是长期以来在国家发展历程中形成的，为国家建设、国防安全、人民生活改善作出了突出贡献，是全体人民的宝贵财富。

第一节　国有企业是中国共产党执政兴国的重要支柱和依靠力量

中国的国有企业与中国共产党有着密切的关系，这是中国国有企业区别于其他国家国有企业的极为重要的特征。从党的百年奋斗征程来看，国有企业一直作为中国共产党伟大事业的重要支柱和依靠力量，在许多方面都为保证党的事业取得成功作出巨大贡献。可以说，我国国有企业的历史使命与保证党的目标实现是有内在一致性的，正是这种内在一致性使得国有企业对党的事业作出突出贡献，从我国国有企业的实践发展历程中可以充分看出这一点。

一、新中国成立前公营经济是中国共产党开展革命工作的重要支撑

中华人民共和国成立前，国有经济已经发展到一定规模。从土地革命战争时期开始，在革命根据地、陕甘宁边区、解放区都进行了对公营经济建设的实践探索，并积累了宝贵的经验，对后来的国有经济建设产生了重要影响，如今的许多中央企业历史都可以追溯到新中国成立前这段时期。这一时期的国有企业服务于中国共产党的革命事业，是党政军生存发展的重要物质来源，为党领导的抗日战争提供了坚强的供给保障，也成为党领导的新民主主义政权的重要依靠力量。在土地革命时期，为了打破敌人的经济封锁、保卫红色政权，我们党积极建立和发展公营经济，兴办了一批军需民用工业、商业。解放战争时期，随着各大中城市的相继解放，党的一项重要任务是在积极发展解放区公营经济的同时，没收官僚资本归国家所有，建立社会主义性质的国营经济。到 1949 年底，全国共接收官僚资本所属的工业企业 2858 家，据有关部门事后按固定资产原值估算，没收官僚资本财产约合 150 亿元人民币，其职工约 129 万人，其中生产工人 75 万多人。[①] 由此，国营经济掌握了国家的经济命脉，为中华人民共和国成立后领导整个国民经济的恢复和发展奠定了重要的物质基础。

二、社会主义建设时期国营企业是经济建设的主要力量

在社会主义建设时期，经过公有制改造，国有经济不断发展壮大，大规模社会主义工业化建设稳步推进，建立起了完整的工业体系，国有企业是这一过程的主要承担者。在国民经济建设遇到挫折时，国有企业往往成为率先稳定的积极力量。如“大跃进”运动后，在对许多工矿企业进行调查研究的基础上，制定了《国营工业企业工作条例（草案）》（简称“工业七十条”）。由于工业调整与企业整顿同时进行，到 1965 年，“大跃进”中受到破坏的国营工业企业大部分恢复了元气，各项工作都有很大进步。这一时期的国营企业也为接下来的

① 国务院国资委改革办. 国企改革若干问题研究[M]. 北京：中国经济出版社，2017：6.

改革开放奠定了坚实的经济基础。1972 年起国家进行了对外经济引进开拓，从西方国家引进计划额度为 43 亿美元的 27 个冶金、化肥、化纤、石油化工、电力大型成套先进技术设备方案（通称“四三方案”）及配套建成一批大企业，不仅为改革开放后时期粮食产量大幅度增长、人民解决穿衣问题起到了重要促进作用，而且为经济领域对外开放提供了经验。改革开放前最重要的经济成就，是初步建成了独立的、比较完整的工业体系和国民经济体系。①

三、改革开放后国有企业是经济体制改革的排头兵

党的十一届三中全会后，我国逐渐确定了改革开放的基本国策，经济体制由计划经济逐渐转向市场经济。国有企业是计划经济体制下的主要参与主体，如何对国有企业进行改革是这一转型过程中最为重要的环节。

1978 年 12 月党的十一届三中全会指出必须改变国有资产管理权力过于集中的弊病。1979 年 7 月，国务院下发了《关于扩大国营工业企业经营管理自主权的若干规定》等 5 份有关扩大国营企业经营管理自主权的文件，明确了企业作为相对独立的商品生产者和经营者应该具有的权责利，包括生产计划权、产品销售权、利润分配权、劳动用工权、资金使用权、外汇留成权和固定资产有偿占用制度等。1993 年党的十四届三中全会通过《中共中央关于建立社会主义市场经济体制若干问题的决定》，提出“产权清晰、权责明确、政企分开、管理科学”十六字方针，旨在使企业成为自主经营、自负盈亏、自我发展、自我约束的法人实体和市场竞争主体，国企改革进入了以产权改革为核心、建立现代企业制度的新阶段。2001 年底国家统计局调查了 4371 家重点企业，已经有 3322 家企业实行了公司制改造，其中 74% 采用股权多元化形式。②

2003 年 4 月 6 日，国务院国有资产监督管理委员会正式挂牌成立，这是具有重要意义的标志性事件，依照“国家所有、分级代表”的原则，中央和地方分别成立国有资产监管机构，在机构设置上解决了国有企业长期以来出资人缺位的问题，在所有权理论层面理顺了国家与国有企业之间的监管关系。

---

① 李文．新中国改革开放前打下的坚实基础[J]．当代中国史研究，2019，26(5)：13.

② 汪海波．中国国有企业改革的实践进程(1979—2003 年)[J]．中国经济史研究，2005(3)：10.

第二节　国有企业是推动国家经济社会发展的主力军

国有企业肩负着服务于党的目标顺利实现的使命，与此同时，国有企业在国家治理体系中有着无可取代的功能定位。在推动经济社会发展、维持经济平稳运行、保障国民经济安全等方面，国有企业被证明是极为有效的存在，已经成为现代市场经济体系不可或缺的组成部分。

一、国有企业为经济持续健康发展提供充足动力

第一，国有企业保障国家经济运行平稳。在社会主义市场经济条件下，国有企业实现了生产资料公有制与生产社会化的统一，能够使国家的宏观调控更有效、更自觉、更及时，以减少市场调节的盲目性和自发性，防范经济风险，促进国民经济平稳增长。我国通过国有企业稳定宏观经济主要是通过在关键行业实行国有企业经营或政府供应来实现的，这些行业处于产业链最上游，直接决定了全社会经济运行的成本，将这些行业交由国有企业来经营，将有助于防止社会经济运行成本剧烈波动。

第二，发展基础设施和公用事业，提供公共产品。在市场经济条件下，基础设施和公用事业领域需要由国有企业来主导，以推动基础设施的完善和公用事业发展，保障公共产品和服务达到一个最优供应水平。

第三，集中力量攻克关键性的核心技术。关键性核心技术的研发特点决定了需要聘用大量的科研人员进行大规模的研发投入，需要花费大量时间成本，结果往往还面临非常高的不确定性。对于航空发动机、大飞机集成技术、高性能芯片等核心技术，政府需要通过相关政策予以支持，并统筹国有企业平台，集中人力、物力、财力努力攻克，推动技术赶超和国家产业转型升级。

第四，保障国家经济安全。国民经济中，国防军工、能源、信息、金融、粮食储备等领域，属于风险高、作用广、影响深的经济部门，一旦出现问题就可能给社会带来非常严重的损失，甚至危及国家安全。需要国有企业在关系国民经济命脉的关键行业和重要领域起主导作用，以保障国家安全。特别是当前世界正处于百年未有之大变局，国家经济安全被提到十分重要的位置，面临诸多内部外部的风险挑战。

二、国有企业为维护社会和谐稳定提供基础支撑

一是促进共同富裕。共同富裕的实现需要完善的收入分配体制，通过初次分配结构的完善扩大中等收入群体，通过再分配来进行收入在不同群体间的调节，通过推进脱贫攻坚、乡村振兴战略以及三次分配来提高低收入群体收入水平。国有企业推动收入差距的缩小主要通过以下几条渠道来实现：第一，实施按劳分配为主体的收入分配方式；第二，推动区域平衡发展和城乡一体化进程，积极支援贫困地区的发展，通过加大定点扶贫资金投入、结对帮扶、设立贫困地区产业投资基金等方式参与贫困地区脱贫攻坚；第三，在做强做优做大国有企业的过程中，完善国有资本预算制度，提高国有资本收益上缴公共财政比例，将收益更多地用于保障和改善民生，提高城镇低收入人群和人民的生活水平。

二是实现公共目标。我国作为社会主义国家，在推进工业化过程中需要实现更多社会目标，不能继续走资本主义的工业化老路，需要走出一条具备中国特色的新型工业化道路。在我国，社会主义制度要求国有企业在提高生产经营效率的同时，努力创造就业岗位；在遭遇经济波动时，国有企业具有更高的雇佣弹性，能够容纳一定的冗余雇员，缓解危机带来的冲击。

三是成为代表国家参与全球经济治理的重要主体。全球治理体系对跨国企业具有深刻影响，而跨国企业对全球治理体系的构建同样具有重要影响。国有企业在规模、技术等方面与其他国家企业存在的差距相对较小，也已经积累起较为丰富的跨国经营经验，从现实可行性来看是我国最有可能与发达国家大型跨国企业相抗衡的力量。因此，在经济全球化不断加深的趋势下，为保障我国企业、产业、国民经济的利益，我国需要主动参与到全球治理规则的制定中，而这种参与需要借助国有企业这一重要载体。

第三节　新发展阶段国有企业的历史使命和功能定位

国有企业是中国共产党执政兴国的重要支柱和依靠力量，也是国家经济社会发展的主力军。国有企业的历史使命与保证党的目标实现是有内在一致性的，在国家治理体系中的功能定位具有独特性。在不同的历史时期，党的目标会根据现实情况进行调整，国家经济社会发展所面临的侧重点也会有所区别。因此，

国有企业在不同历史时期的使命和功能定位会有不同。我们认为，新发展阶段国有企业的历史使命是助力建成社会主义现代化国家，功能定位应聚焦于攻克现代化进程中的难点问题。

一、新发展阶段国有企业的历史使命是助力建成社会主义现代化国家

党的十九届五中全会明确了我国接下来发展的远景目标，指出在2035年我国将基本实现社会主义现代化，经济实力、科技实力、综合国力将大幅跃升，经济总量和城乡居民人均收入将再迈上新的大台阶，关键核心技术实现重大突破，进入创新型国家前列。“十四五”时期是我国开启全面建设社会主义现代化国家新征程、向第二个百年奋斗目标进军的开局五年，我国将进入新发展阶段。进入新发展阶段明确了我国发展的历史方位，贯彻新发展理念明确了我国现代化建设的指导原则，构建新发展格局明确了我国经济现代化的路径选择。在新的历史条件下，我国经济发展的目标和路径都已清晰，国有企业的发展和改革应紧扣我国社会主义现代化的目标，明确新的历史使命和功能定位。

使命是企业组织存在的理由，使命决定战略，企业组织基于战略进行有效运作，在市场中计划运筹、组织协调各种资源，最终实现自己的使命，这是企业组织运行的基本逻辑。在使命上将国有企业与社会主义现代化国家建设紧密联系起来，是中国特色社会主义制度对国有企业的内在要求，需要企业在价值观和企业文化方面认同，这不仅有利于企业在制订和实施发展战略时与国家战略同频共振，还有利于企业在激烈的市场竞争中避免短期化行为和培养全局意识，从而实现长远发展。改革开放以来，经过深化国有企业改革与国有经济战略性调整，在关系国家安全、国民经济命脉的重要行业和关键领域，在前瞻性战略性领域、公共服务领域和竞争性领域，国有企业占据重要的地位，对国民经济发展发挥了主要的支撑和稳定作用。在“十四五”时期，围绕“强起来”的使命要求，国有企业应坚持贯彻新发展理念、走高质量发展之路，在全面建设社会主义现代化国家征程中发挥应有作用。①

---

① 黄群慧，张弛．新发展阶段国有企业的核心使命与重大任务[J]．国资报告，2021(3):3.

二、新发展阶段国有企业的功能定位应聚焦于攻克现代化进程中的难点问题

具体来说，我们认为在新发展阶段，基于共同肩负的中华民族伟大复兴的使命，助力建成社会主义现代化国家，围绕贯彻新发展理念、构建新发展格局的目标，国有企业应该在以下几个方面着重发力，充分发挥国有企业作为顶梁柱和压舱石的作用。

一是高水平的科技自立自强。在新发展阶段，创新在我国现代化建设全局中处于核心地位，科技自立自强是“十四五”规划的首要任务目标。国有企业必须围绕着原创性技术创新进行大量资本布局，对国家重大科技和产业化项目进行科学战略部署，强化基础研究投入，提高高级技能工人占比，完善科技服务体系，在积极探索市场经济条件下的新型举国体制和推进创新攻关的“揭榜挂帅”体制机制的过程中发挥重要作用，国有企业尤其是中央企业要成为新型举国体制下的科技自立自强的核心平台，组织协调攻关重大的、战略性、基础性、共性技术问题，提升重大项目的组织实施效率。

二是实体经济创新发展。“十四五”时期要保持制造业比重基本稳定，巩固壮大实体经济根基，这是我国构建新发展格局、实现经济高质量发展的基本政策导向和要求。中央企业是我国实体经济的顶梁柱和制造强国建设的主力军，必须在推进实体经济创新发展上大有作为。新发展阶段，国有企业必须在实体经济尤其是制造业上积极布局，国资委要强化主业管理，有效推动实体经济创新发展。

三是产业链供应链治理能力提升。新发展阶段要构建新发展格局，提升中国产业基础能力和产业链水平，国有企业要在现有的基础上，采用流程或者工序升级、产品升级、价值链环节攀升，或者企业功能升级、价值链跃迁，或者跨产业升级及其组合等方式来提高我国产业基础能力和产业链水平，实现从基于资源优势控制产业链向基于创新能力控制产业链的转化。中央工业企业应该在生产制造层面形成要素集成、技术创新、流程优化、人才培育的专业平台，专业集成、久久为功，提高中国的工业基础能力和产业附加值，成为真正意义的基于创新能力的产业链供应链“链长”。

四是着力实现共同富裕。实现共同富裕，是构建新发展格局的应有之义。

国有企业吸纳我国大量居民就业，从多方面影响收入分配体系的形成，对形成完善的收入分配体系具有重要作用。习近平总书记强调："国有企业属于全体人民，公有制经济是全体人民的宝贵财富，是保障人民共同利益的重要力量，是全体人民共同富裕的重要保障。"① 国有企业控制着国民经济的命脉，集聚着大量经济社会资源要素，主导着收入分配格局的变化。应发挥国有企业在收入分配制度改革中的先导作用，先行先试，推动收入分配格局重构。

第二章　构建新发展格局的理论内涵

在 2020 年 4 月 10 日召开的中央财经委第七次会议上，习近平总书记首次提出构建以国内大循环为主体、国内国际双循环相互促进的新发展格局。自此以后，在多次会议上和其他公开场合，习近平总书记都提及加快构建新发展格局的要求。2021 年 1 月 11 日，习近平总书记在省部级主要领导干部学习贯彻党的十九届五中全会精神专题研讨班开班式上指出：进入新发展阶段、贯彻新发展理念、构建新发展格局，是由我国经济社会发展的理论逻辑、历史逻辑、现实逻辑决定的；加快构建以国内大循环为主体、国内国际双循环相互促进的新发展格局，是"十四五"规划《建议》提出的一项关系我国发展全局的重大战略任务，需要从全局高度准确把握和积极推进；构建新发展格局的关键在于经济循环的畅通无阻，构建新发展格局最本质的特征是实现高水平的自立自强、更加强调自主创新。这一论述为我们深入理解新发展格局指明了方向。必须要深入理解构建新发展格局的理论内涵，才能更好地研究国有企业如何在构建新发展格局中发挥作用。

第一节　构建新发展格局的历史逻辑与时代背景

一、经济现代化是一种全球化现象

现代化进程最重要的一环是经济现代化，这需要通过现代经济增长来实现。现代经济增长是人均产出的持续增长，伴随着工业化、城市化等巨大的经济结构变化。现代经济增长肇始于 18 世纪的英国，此后逐步向全球扩散。迄今为止，

① 楚序平，周建军，周丽莎．牢牢把握国有企业做强做优做大的改革发展方向[J]．红旗文稿，2016(20)：3.

能够取得高增长、顺利实现经济现代化的仍然只有少数国家和地区。如表 1 所示，2019 年全球人口超过 500 万人，人均 GDP 超过 2 万美元的国家只有 24 个，总人口为 10.5 亿人，占全球的 1/7。

表 1　2019 年人均 GDP 超过 2 万美元的国家

排名	国家	人口数/人	人均 GDP/美元	排名	国家	人口数/人	人均 GDP/美元
1	瑞士	8574832	81994	13	加拿大	37589262	46195
2	挪威	5347896	75420	14	以色列	9053300	43592
3	美国	328239523	65298	15	阿联酋	9770529	43103
4	新加坡	5703569	65233	16	英国	66834405	42330
5	丹麦	5818553	60170	17	法国	67059887	40494
6	澳大利亚	25364307	55060	18	日本	126264931	40247
7	荷兰	17332850	52331	19	意大利	60297396	33228
8	瑞典	10285453	51615	20	韩国	51709098	31846
9	奥地利	8877067	50138	21	西班牙	47076781	29600
10	芬兰	5520314	48783	22	捷克	10669709	23495
11	德国	83132799	46445	23	葡萄牙	10269417	23252
12	比利时	11484055	46421	24	沙特	34268528	23140

资料来源：World Bank。

从历史和理论的逻辑来看，经济现代化本身就可以视为一个全球现象，孕育和发展于国际经济大循环之中。它发端于欧洲的均势体系，通过不断将周边地区吸附裹挟其中而增长壮大，直至全球经济都进入其旋涡之中。任何世界帝国的武力扩张，均无法企及全球经济目前的疆域。经济因素跨越边界，通过世界范围的劳动分工，以更巧妙的方式将更多国家和地区紧密联系在一起。在这种整体视角下，工业化和经济现代化是一种全球化现象。即使是工业革命的发源地英国，其经济现代化进程也是深嵌于世界经济之中的。离开了国际经济大循环的大浪，任何国家都不能立于经济现代化的潮头。

从我国的经济发展经验中可以得到同样的结论。习近平总书记明确指出："改革开放特别是加入世贸组织后，我国加入国际大循环，形成了市场和资源（如矿产资源）'两头在外'、形成'世界工厂'的发展模式，对我国抓住经济全球化机遇、快速提升经济实力、改善人民生活发挥了重要作用。"有很多研究都指出，改革开放后的前 30 年，我国外循环的地位持续提升，在促进增长、结构调整和技术进步等方面发挥了重要作用。可以说，如果不加入世界分工体系和全球价值链，我国就不可能取得当前的经济成就。

二、中国的经济崛起和构建新发展格局的现实基础

从中国发展现实基础来看，改革开放以来，我国积极践行“走出去”和“引进来”发展战略，经济状态由封闭向全面开放迈进，凭借着劳动力成本低的比较优势，形成了市场和资源“两头在外”的“世界工厂”式发展模式，对于提升国际竞争力和改善人民生活水平具有重要意义。特别是2001年加入世界贸易组织以来，我国对外贸易发展迅速，我国货物进出口总额由1978年的355亿元增长至2020年的32.16万亿元，货物出口总额由1978年的167亿元增长至2020年的17.93万亿元，货物进口总额由1978年的187亿元增长至2020年的14.22万亿元，货物进出口贸易差由1978年的贸易逆差19亿元转变为2020年的贸易顺差3.71万亿元，坐稳世界贸易第一的宝座，在日趋低迷的全球经济大背景下，成为世界贸易的新引擎。

在经济总量上，1978年我国GDP仅约为3679亿元，到2020年已经超过100万亿元，其中有15年保持两位数以上增长。在人均经济水平上，我国人均GDP由1978年的385元增长到2020年的72447.00元，2019年我国人均GDP首次突破1万美元，成为世界银行定义的中等偏上收入国家（见图1）。

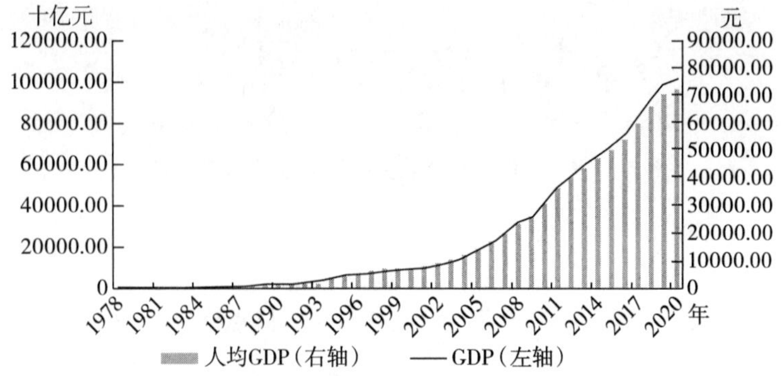

图1 1978—2020年国内生产总值情况

资料来源：CEIC。

我国教育普及程度持续提升，国民受教育机会持续扩大，人才聚集产生新型人口红利（见图2）。我国新型城镇化建设取得历史性成就，劳动力从农村向城市转移，由劳动生产率较低的第一产业向劳动生产率较高的第二、第三产业

转移，人口聚集红利凸显。

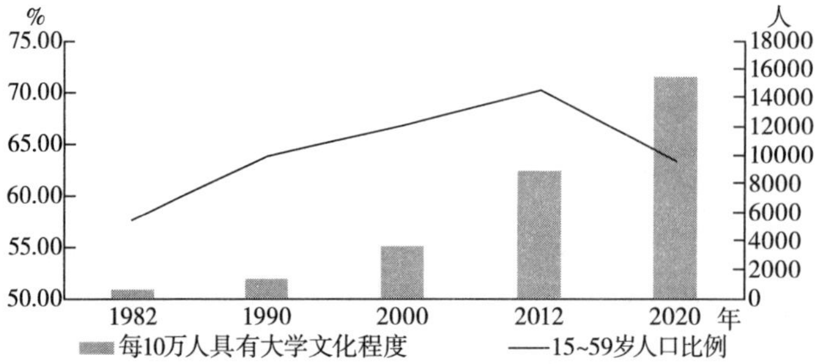

图 2　历次人口普查年龄结构、教育水平分布

资料来源：第三、第四、第五、第六次人口普查。

我国注重研发投入，科研实力不断攀升。根据世界知识产权组织日前发布的 2020 年《世界知识产权指标》报告，2019 年中国国家知识产权局受理的专利申请数量达到 140 万件，连续 9 年排名全球第一，是排名第二位国家专利申请数量的两倍以上。2020 年全社会研发支出达 2.44 万亿元，占 GDP 比重为 2.40%（见图 3），与欧盟相当。

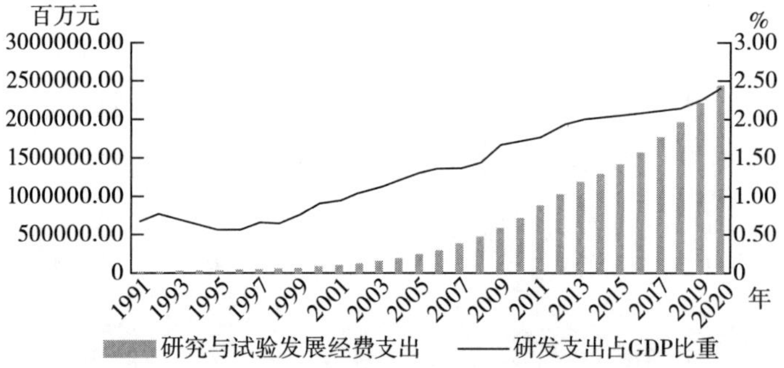

图 3　1991—2020 年全社会研发支出及 GDP 占比

资料来源：CEIC。

三、新一轮科技革命和产业变革的崭新机遇及各国发展方向

为抓住新一轮科技革命和产业变革的发展机遇，抢占第四次工业革命发展先机，各国在技术路线、关键环节、产业转型等领域均加强了战略布局，并落实一系列举措，促进产业发展，以保障自身国家的产业竞争力和国际话语权。

（1）加强产业前瞻性布局，重视前沿技术研发应用。第四次工业革命——工业 4.0 概念率先由德国提出，此后越来越多国家认识到智能时代来临，加快前沿高科技的布局与发展，试图从“产业规则遵守者”向“产业规则引导者”转变。近年来，世界各国普遍加快了前沿产业布局和研发推进，特别是注重智能化、绿色化布局。

（2）强化关键环节自主可控，建设供应链本土生态。核心技术和关键环节是各国布局的重中之重，各国均将发展核心技术和关键环节作为国家安全和产业突破的重心。其中，半导体产业是信息通信和工业的基石，21 世纪以来，为抢占智能时代先机，各国对于半导体行业的关注达到了新高度，与之相关的贸易摩擦不断。美国近年来意识到半导体行业市场份额流失和高端芯片产能转移，于 2017 年发布了《确保美国在半导体领域的长期领导地位》报告，旨在改善美国半导体生产商生产环境，加速半导体行业创新变革，并明确提出要对中国产业政策进行阻挠。

（3）加快数字基础设施建设，推动数字化转型进程。为顺应数字化、网络化、智能化发展趋势，加快数字技术与实体经济深度融合，各国大力发展数字经济，加强普及数字基础设施，消除数字鸿沟。2010 年日本发布《新成长战略》，新一代光网、下一代无线网、云计算等均成为重要发展方向。除推进数字基础设施外，世界各国加快布局产业和社会的数字化转型，推动数字红利在全社会范围内快速普及。

第二节　构建新发展格局的“阶段－模式－动力”

构建新发展格局是一项事关全局的重大经济现代化战略任务，寻求新发展格局的理论逻辑应该从现代化理论中去挖掘，这样更符合构建新发展格局作为经济现代化路径的本意。现代化是人类社会从传统社会向现代社会转变的历史过程，具体包括发达国家经历工业革命以来的深刻变化过程以及发展中国家追赶世界先进水平成为发达国家的过程。从经典的现代化理论来看，经济现代化的核心过程就是工业化，甚至可以把经济现代化等同于工业化，这意味着现代化的实质就是由工业化驱动的现代社会变迁的过程。这里将这些理论认识概括为“三论”：现代化阶段论、现代化模式论、现代化动力论。

基于现代化理论的“三论”，结合新发展格局的内涵，我们提出关于新发展格局的“阶段－模式－动力”的三维理论逻辑认识，如图 4 所示。

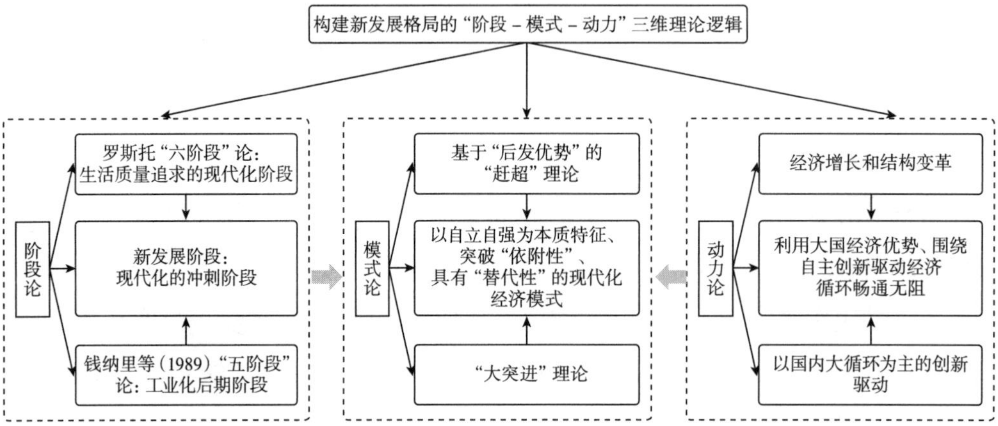

图4　构建新发展格局的"阶段－模式－动力"三维理论逻辑

一、构建新发展格局是与新发展阶段相适应的经济现代化路径

"十四五"时期是我国全面建成小康社会、实现第一个百年奋斗目标之后，乘势而上开启全面建设社会主义现代化国家新征程、向第二个百年奋斗目标进军的第一个五年，自此我国进入新发展阶段。从现代化阶段论来看，新发展阶段既是社会主义事业的新阶段，也是中国现代化进程中的一个新发展阶段，这个新发展阶段开启了全面建设现代化国家的新征程。大多数文献认为，中国已经处于大众高消费阶段，新发展阶段意味着中国已经开始转向追求生活质量的阶段。实际上，从经济增长角度来看，我们可以把起飞前准备、起飞和向成熟推进这三个阶段界定为经济高速增长阶段，而大众高消费和追求生活质量这两个阶段则是高质量发展阶段，新发展阶段意味着中国已经实现了从高速增长转向高质量发展，步入高质量发展的阶段。如果基于钱纳里等（1989）传统工业化"五阶段"的划分，从人均国内生产总值、三次产业产值、城市化率、制造业占比、第一产业就业占比等指标综合评价，中国已经步入工业化后期，虽然还没有完全实现工业化，但在一定意义上可以认为基本实现传统意义上的工业化，新发展阶段意味着中国开始从工业化后期向后工业化阶段过渡，这个新发展阶段是新型工业化、城镇化、信息化和农业现代化"同步发展"的高质量工业化阶段。这实质上意味着新发展阶段是最终实现现代化的"冲刺"阶段。

二、构建新发展格局是以自立自强为本质特征的、突破关键核心技术“依附性”、具有“替代性”的经济现代化模式

中国作为一个现代化的后发国家，要实现赶超成为一个现代化国家，必须根据自身社会、经济、自然和历史文化条件，充分利用自身的“后发优势”，探索适合自身国情的经济现代化模式。中国特色的经济现代化模式一定要具有“替代性”，也就是中国现代化模式与先进国家的所谓标准或者原发的现代化模式存在不同之处，这些不同之处就是对先进国家经济现代化模式相应内容的“替代”。

中国经济发展面临着创新“瓶颈”，科技创新能力薄弱已经成为中国经济高质量发展的“阿喀琉斯之踵”。虽然中国科技创新能力不断提升，已经成为研发人员投入第一大国、经费投入第二大国，但是以“工业四基”为代表的产业基础能力高级化和产业链现代化水平亟待提升，存在大量的“卡脖子”技术，很多关键核心技术依赖于国外。这种关键核心技术“依存性”不能有效突破，将直接制约我国新发展阶段的经济高质量发展和现代化进程。在2018年中美贸易摩擦、2020年新冠疫情冲击以及经济全球化强势逆流背景下，突破关键核心技术“依附性”的必要性和急迫性更加凸显。新发展格局的本质特征是高水平的自立自强，更强调自主创新，这意味着构建新发展格局是一种立足于畅通国内经济大循环、寻求突破关键核心技术“依附性”的经济现代化模式，在一定程度上是对低成本出口导向型工业化发展模式的扬弃。也就是说，构建新发展格局，是一种在经济全球化下实现关键核心技术“依附性”突破的具有中国特色的经济现代化模式。

三、构建新发展格局是充分利用大国经济优势、围绕自主创新驱动经济循环畅通无阻的经济现代化战略

构建新发展格局的关键在于经济循环的畅通无阻，从而连续不断地实现社会再生产，保证经济持续增长和经济结构不断优化。而要实现经济循环畅通无阻，必须进一步推进高水平的科技创新，通过创新驱动经济循环畅通无阻也是中国在新发展阶段经济现代化战略的核心要求。当前阻碍中国经济循环畅通的因素，既有供给侧结构性因素，也有需求侧内需潜力得不到有效释放的问题，还有百年未有之大变局下国际环境不确定性、不稳定性明显加大的影响，这要

求在战略和政策上要实现：通过深化供给侧结构性改革来提高供给体系对国内需求的适配性与加强需求侧管理来扩大对供给的有效需求相结合；国内国际双循环互相促进要求实现经济增长动力在更高水平对外开放基础上的内外平衡，既要对内深化改革、激励技术创新、实现经济的创新驱动发展，又要全面提高对外开放水平、形成全面开放新格局、实现经济的开放发展，最终实现国内国际双循环互相促进；在经济效率与经济安全之间统筹平衡，实现更有效率、更为安全的产业体系和区域布局。

构建新发展格局的动力是以国内大循环为主的创新驱动，也就是基于国内大市场的高水平的自立自强和自主创新。从现代化战略角度来看，其理论逻辑基础在于大国工业化的特性。现在，中国人均收入已经超过了 1 万美元，具有 4 亿多中等收入人员群体，这无疑是一个十分庞大的市场，加之中国制造业增加值已经连续十年总量第一，在这种供需条件下构建以国内大循环为主、以高水平的自强自立的科技创新为驱动的新发展格局十分合乎逻辑。

第三节　构建新发展格局的主攻方向

构建新发展格局是我们党带领国家迈向社会主义现代化新征程的路径选择，是一个系统工程，既要加强战略谋划和顶层设计，也要注意把握推进过程中的重点问题。只有集中力量攻克重点问题，扫清通往社会主义现代化国家道路上的障碍，才能顺利实现中华民族伟大复兴的长远目标。

构建新发展格局的关键在于经济循环的畅通无阻。经济活动需要各种生产要素在生产、分配、流通、消费各环节有机衔接，从而实现循环流转。在正常情况下，如果经济循环顺畅，物质产品会增加，社会财富会积聚，人民福祉会增进，国家实力会增强，从而形成一个螺旋式上升的发展过程。如果经济循环过程中出现堵点、断点，循环就会受阻，在宏观上就会表现为增长速度下降、失业增加、风险积累、国际收支失衡等，在微观上就会表现为产能过剩、企业效益下降、居民收入下降等。在我国新发展阶段，实现经济循环最主要的任务是供给侧有效畅通，有效供给能力强可以穿透循环堵点、消除“瓶颈”制约，可以创造就业和提高收入，从而形成需求能力。

加快培育完整内需体系是畅通国民经济循环、增强国内大循环主体地位的重要基础。我们强调的扩大内需，并不只是扩大政府公共支出，还包括必须在合理引导消费、储蓄、投资等方面进行有效制度安排。当今世界，最稀缺的资源是市场。市场资源是我国的巨大优势，我国拥有全球最完整、规模最大的工业体系，有强大的生产能力、完善的配套能力，必须充分利用和发挥这个优势，不断巩固和增强这个优势，形成构建新发展格局的雄厚支撑能力。

构建新发展格局最本质的特征是实现高水平的自立自强。这是确保畅通国内经济大循环、塑造我国在国际大循环中新优势的关键。当前，我国经济发展环境出现了变化，特别是生产要素相对优势出现了变化：劳动力成本在逐步上升，资源环境承载能力达到了“瓶颈”，旧的生产函数组合方式已经难以持续，科学技术的重要性全面上升。在这种情况下，我们必须更要强调自主创新。因此，在“十四五”规划《建议》中，第一条重大举措就是科技创新，第二条就是突破产业“瓶颈”。中央企业等国有企业要勇挑重担、敢打头阵，勇当原创技术的“策源地”、现代产业链的“链长”。

完善收入分配体系是加快构建新发展格局的必然要求。新发展格局的构建，需要坚持扩大内需的战略重点。我国拥有 14 亿人口，人均国内生产总值已经突破 1 万美元，中等收入人群已经成为中高端商品和服务消费的主力军，是全球最大和最具潜力的消费市场。加快构建新发展格局，需要通过深化收入分配制度改革，推动形成合理有序的收入分配格局，缩小收入分配差距、扩大中等收入人群规模。这一方面能够最大限度地激发我国的内需潜能，为构建新发展格局提供关键支撑；另一方面还能更好实现发展成果充分由人民共享，充分调动群众的积极性、主动性、创造性，使一切有利于新发展格局的要素得到有效释放。

统筹发展和安全是构建新发展格局的重要前提和保障，也是畅通国内大循环的题中应有之义。安全发展是基于新发展阶段面临的国内国际环境和新问题提出来的，构建新发展格局是“把握未来发展主动权的战略性布局和先手棋，是新发展阶段要着力推动完成的重大历史任务，也是贯彻新发展理念的重大举措”。构建新发展格局最本质的特征是实现高水平的自立自强，而安全发展将成为构建新发展格局的前提和保障。因此，安全发展是构建新发展格局的基本原则，也是构建新发展格局的必然要求。

以更高水平对外开放带动国内国际双循环相互促进是新发展格局的必由之

路。以国内大循环为主体，并不意味着不重视对外开放，而是要通过推进更高水平的对外开放、促进内外市场发展和规则相融来强大国内市场，拓宽我国在全球范围配置资源的空间。全球市场的创造以及积极参与全球市场是世界历史发展的客观规律。正如习近平总书记所指出的，从长远来看，经济全球化仍是历史潮流。我国充分利用国内国际两个市场、两种资源发展本国经济，取得了突出的发展成就。从未来发展来看，对外开放仍然能够为我国实现经济高质量发展贡献积极力量。

第三章　国有企业在社会主义现代化建设中的巨大成就

国有企业从无到有、从弱到强，通过白手起家，历经种种困难和挑战，已经成长为党的事业和国家建设不可或缺的关键角色。当前的国有企业，与社会主义市场经济相融合，在我国经济社会发展、科技进步、国防建设、民生改善等方面作出历史性贡献。国有企业的成功实践表明中国特色社会主义道路是可行的，国有企业的发展为社会主义现代化建设奠定了坚实的基础。

第一节　国有企业逐步推进高质量发展

习近平总书记指出，国有企业是中国特色社会主义的重要物质基础和政治基础，是中国特色社会主义经济的“顶梁柱”。“顶梁柱”一词形象阐释了国有企业在中国特色社会主义经济中的地位和作用。

一、国有企业经营规模稳步增长

经过多年的改革和制度创新，我国国有企业运行质量不断改善，综合实力和竞争力明显增强，有力地支撑了国民经济持续健康发展。2012 年以来，全国国有企业数量不断增加。2012—2019 年，全国国有企业数量从 14.7 万家增加到 21.7 万家，增长了 47.6%。其中，中央国有企业从 4.8 万家增加到 6.2 万家，增长了 29.2%；地方国有企业从 9.9 万家增加到 15.5 万家，增长了 56.6%。

国有企业资产规模不断扩大。2012 年以来，全国国有企业资产总额持续提升。2012—2019 年，全国国有企业资产总额从 89.5 万亿元增加到 234.0 万亿元，年均增长14.7%。其中，中央国有企业资产总额从43.4万亿元增加到87.0万亿元，年均增长10.4%[①]；地方国有企业资产总额从46.1万亿元增加到147.0万亿元，年均增长18.0%（见图5）。

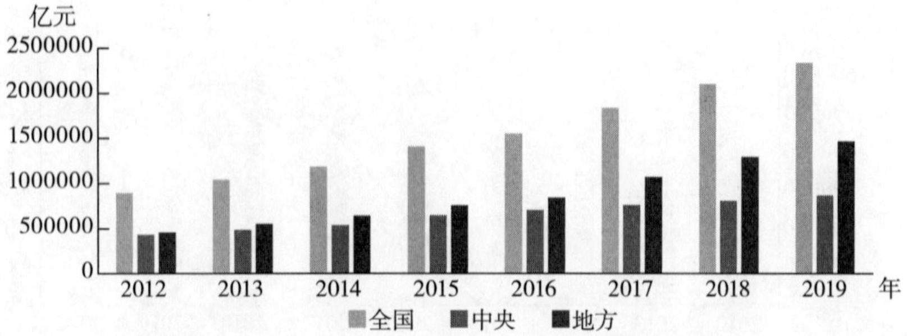

图5　2012—2019年国有企业资产总额变化情况

资料来源：《中国财政年鉴》(2020)，笔者根据国研网数据库整理，http://data.drcnet.com.cn/。

2020年，国有企业实现营业总收入63.3万亿元，比2012年增加20.9亿元，年均增长5.1%。从2012年到2020年的数据来看，2012—2015年国有企业营业总收入每年在45万亿元左右波动，2016年之后稳定上升，总体上呈现波动中攀升的趋势。

二、国有企业运行质量不断提高

2012年以来，国有企业利润总额总体上呈现不断增长的态势，营业收入利润率稳中有升，应交税金平稳增长，资产负债率不断下降，国有经济运行质量明显改善。

利润总额不断增长。2020年，国有企业实现利润3.4万亿元，比2012年增加1.2万亿元，年均增长13.9%。2012—2020年，国有企业利润总额整体保持增长趋势，但增长率波动较大，出现了三次负增长的情况，每年增长率都有一个较大的变化，增长最快的年份在2017年，利润总额增长率达20%以上。

利润率稳中有升。2020年，国有企业实现营业总收入63.3万亿元，利润总额3.4万亿元，营业收入利润率为5.4%。计算表明，2012—2020年，国有企业

① 数据来自《中国财政年鉴》(2020)，笔者根据国研网数据库整理，http://data.drcnet.com.cn/。

营业收入利润率虽有所波动，但一直都在5.0%以上，前五年基本稳定在5.0%～5.2%，2016年以后出现比较明显的上升趋势，总体上呈现出波动中上升的趋势（见图6）。

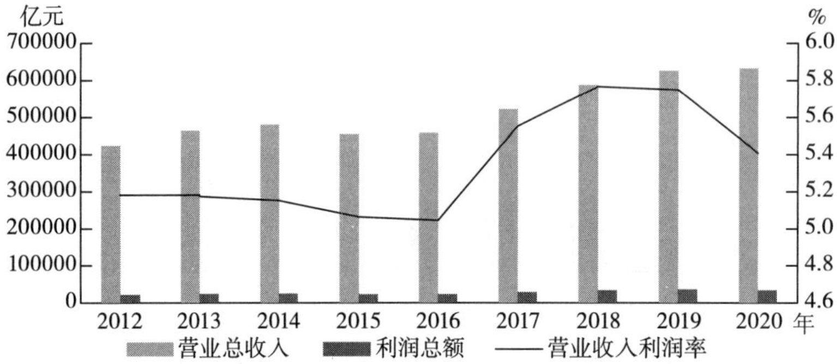

图6 2012—2020年国有企业营业收入及其利润率变化情况

资料来源：根据国务院国有资产监督管理委员会网站数据整理，http：//www.sasac.gov.cn/n16582853/n16582888/index.html。

第二节 科技创新能力不断提高

科学技术是第一生产力，创新是引领发展的第一动力。国有企业通过整合优化创新资源，在调整体制机制的情况下不断激发企业创新活力，成为我国科技创新领域的主力军。

一、国有企业投入了大量创新资源

企业是科技创新的微观主体，而国有企业是我国科技创新的中坚力量。近年来，随着我国创新驱动发展战略的深入实施，国有企业研发投入也在稳步增长。以中央企业为例，2019年，中央企业研发经费投入达到8190亿元，同比增长17.5%。2020年中央企业研发投入进一步增加，全年研发经费投入同比增长了11.3%，研发经费的投入强度为2.55%，同比提高了0.3个百分点。中央企业在2019年“上市公司研发投入榜”前十位中占据九席。其中，中国建筑排在第一位，2019年研发投入总计218.72亿元，增幅为37.46%。

二、集中和培养了一支高素质研发队伍

近年来，我国国有企业强化科研队伍建设，集中了一大批优秀的科研人员，

科研队伍不断壮大，素质水平不断提升。2019 年，在中国规模以上工业企业中，平均每家民营企业拥有 R&D（研究与试验发展）人员数量 7 名，而同期国有企业该数据为民营企业的 3 倍多（22 名/家）。国有企业 R&D 人员（以全时当量计）中有 45.98% 具备中级以上职称或博士学历，同期民营企业中仅为 25.17%。国有企业研发人员素质也显著高于非国有企业，2015—2019 年，规模以上国有工业企业中具备中级以上职称或博士学历人员的比重呈稳步上升态势，年均增速达到 6.1%；民营企业这一指标已从 2015 年的 29.31% 下降至 2019 年的 25.17%，两者“剪刀差”持续扩大。在国务院国资委的指导和引领下，国有企业高度重视科技人才培养工作，“给科技创新的政策，‘能给尽给，应给尽给’”。

三、搭建了较为完善的创新平台

国有企业历来重视创新平台建设，不断优化内部创新体系，搭建完善的创新平台，这为国有企业开展创新活动提供了重要保障。国有企业普遍拥有独立的研发机构和技术开发机构（如研发/技术中心），有能力从事全线性的、全工序性的、基础性的研发。截至 2018 年，179 家国家重点实验室中超过 60% 依托于国有企业，且主要附属于中央企业总部及二级单位，民营企业牵头建设的仅占 1/3 左右，相较于数量庞大的民营企业，其建设比例极低；截至 2020 年，中央企业拥有国内研发机构 4153 个，其中国家重点实验室 91 个。同时，国有企业研发机构相较民营企业呈现出更雄厚的实力。2019 年规模以上国有工业企业中单位研发机构平均经费支出 2509.26 万元，大约是同期民营企业的 4.09 倍（613.92 万元）。

四、取得了举世瞩目的创新成果

国有企业聚焦科技强国建设，在科技创新中发挥着引领与表率作用。随着我国国有企业改革的不断深化，国有企业研发创新效率明显提升，创新质量不断攀升，具有国际影响力的科技创新成果不断涌现。2020 年 7 月 23 日，“天问一号”火星探测器成功发射，其后持续飞行以及后续的环绕、降落和巡视，是众多高技术的高度综合，也是一个国家综合国力和创新能力的重要标志。中国开展并持续推进深空探测，对保障国家安全、促进科技进步、提升国家软实力以及提升国际影响力具有重要的意义。此外，“嫦娥五号”奔月取壤、“奋斗者号”万米探海、“北斗三号”建成开通、页岩油气勘探取得重大突破等也标志着我国中央企业在“上天遁地”方面取得了举世瞩目的巨大成就。

第三节　实现社会功能的机制日趋完善

国有企业自觉承担社会功能，积极探索实现社会功能的有效途径。依托我国国情民情，国有企业探索有中国特色的国有履责模式，带头承担了投资大、收益薄的基础设施和公共服务建设，周期长、风险大的基础性研发工作，重大自然灾害、突发事件的抢险救援，以及脱贫攻坚改善民生的项目实施，为经济社会和民生福祉作出了重大贡献。

一、服务社会民生事业

服务和保障国计民生是国有企业的重要使命。煤、电、油、气、运输、通信等领域的国有企业为国家经济社会发展提供安全后盾，努力以更高质量、更合理价格和更完善服务满足人民群众生产生活需要。特别是党的十八大以来，通信企业、电网企业落实党中央、国务院提速降费要求，为改善人民生活、降低创业创新成本提供有力支撑。2018 年，通信企业超额完成提速降费专项任务，全年降费超过 1200 亿元；电力企业落实降电价政策，全年降低社会用电成本超过 1600 亿元。

二、开展脱贫攻坚工作

在脱贫攻坚中，中央企业是中央单位的主力军。中央企业和国资委机关对口帮扶的 248 个贫困县在 2019 年 11 月 23 日全部脱贫摘帽。据课题组统计，国资委、中央企业及其下属企业获国家扶贫攻坚先进集体名单多达 67 个。

2016 年以来，国资委和中央企业累计投入各类帮扶资金近千亿元、派出各类扶贫干部 1 万余名，为全国打赢脱贫攻坚战发挥了重要作用、作出了突出贡献。这些资金有效解决了贫困地区“两不愁三保障”问题。累计投入义务教育帮扶资金 26.58 亿元，援建学校 2700 多所，资助贫困学生 47 万余名；投入医疗帮扶资金 9.58 亿元，为 1400 多所医院和乡村卫生所捐建了大量医疗设备；投入住房安全帮扶资金 6 亿多元，受益群众近 18 万人；投入饮水安全帮扶资金 3.62

亿元，受益群众超过52万人。

三、推动绿色发展

国有企业牢固树立“绿水青山就是金山银山”的发展理念，积极践行节约资源、保护环境基本国策，努力成为建设美丽中国的引领者。以国务院国资委监管的中央企业为例，截至2017年底，中央企业能源消费总量与2010年相比增幅低于全国28.4个百分点；万元产值综合能耗在“十二五”期间下降22.5%的基础上，“十三五”前两年继续降低7.9%；氮氧化物、二氧化硫、氨氮排放总量和化学需氧量分别比2010年下降59.9%、57.1%、52.9%、49.8%，为全面完成国家节能减排日标作出重要贡献。国有企业积极进行能源机构调整，大力发展清洁能源。截至2017年底，中央企业清洁能源装机容量占比已达41.4%，约占全国清洁能源装机容量的60%。

四、参与应急抢险救援

我国作为一个幅员辽阔、人口众多的大国，应急管理事件和自然灾害多发频发。面对重大自然灾害，国有企业冲锋在前，迅速投入到抢修道路交通、保障供电和通信、运输和供应战略物资、倡导企业志愿者服务以及捐款捐物等活动中，帮助受灾群众渡过难关。灾害救援结束后，国有企业投入大量人力、物力和财力用于灾后重建，助力灾区人民重建家园。

在抗击新冠肺炎疫情的特殊情况下，国有企业特别是中央企业挺身而出、勇挑重担，充分发挥了大国重器顶梁柱的作用。中央企业在医院建设、生产防护物资、保障煤电油气运和粮食副食品物资供应、疫苗研发等方面都发挥了主导性作用。在风险易发多发的特殊时期，中央企业守住了不发生重大风险的底线，充分发挥了维护经济大局的骨干中坚作用。

第四节　对外合作交流的引领者

国有企业越来越注重统筹国际国内两个市场、两种资源，努力在更深层次、更宽领域、更高水平融入全球经济，加强对外开放和国际交流，“走出去”步伐不断加快，国际化经营能力不断提升。开放促进了国有企业深化改革，同时国有企业改革发展也为我国改革开放事业和国家对外交流作出了重要贡献。特别是党的十八大以来，习近平总书记提出了建立人类命运共同体的重要论断，提出了共建“一带一路”倡议，为我国坚定不移地扩大对外开放指明了方向。

一、国有企业的对外开放与合作

国有企业已经成为当前中国企业进行海外投资的主导力量。进入21世纪以后，中国的对外直接投资流量规模迅速扩大，2016年首次超过FDI（外商直接投资），成为中国企业“走出去”的重要方式之一。从中国对外直接投资的主体构成来看，国有企业在中国对外直接投资增长中发挥了重要作用。目前，中央企业和单位对外直接投资占主导地位，实现较快增长；地方企业存量占比超四成。2019年，中央企业和单位对外非金融类直接投资272.1亿美元，同比增长18%；地方企业897.4亿美元，占全国非金融类流量的76.7%。

从发展趋势来看，国有企业在我国企业“走出去”的早期发挥了不可估量的作用，中央企业在资金提供、项目建设和市场开拓方面发挥了关键作用，在基础设施、能源资源、产能合作等领域的占比一直处于主导地位，同时也为民营企业海外市场的开拓起到示范和正向促进作用。目前，国有企业和中央企业的占比呈现波动下降态势，分别从2005年的100%和93.8%下降至2018年的56.3%和50.5%，投资主体所有制构成更加多样化。

二、推动共建“一带一路”

作为我国对外经济合作的重要市场主体，国有企业在推动“一带一路”建设从“大写意”转向“工笔画”的过程中发挥了积极作用，通过参与互联互通建设、提升国际合作水平、增进相互理解与信任，推动共建“一带一路”走深走实、造福人民。

截至2020年1月，中国已同五大洲140个国家和31个国际组织签署了205份共建“一带一路”合作文件。国有企业作为国家经济的核心和支柱，自然成为海外布局和推进“一带一路”建设的主力军。截至2021年1月，中央企业承担的“一带一路”重大工程项目多达3428个，包括基础设施建设、能源资源开发、国际产能合作等领域的一大批具有示范性和带动性的重大项目和标志性工程。这些项目和工程占“一带一路”已开工和计划开工的基础设施项目的60%

以上。国有企业成为推动“一带一路”共建从理念转化为行动、从愿景转变为现实的重要力量。

国有企业在参与“一带一路”建设中坚持依法诚信经营，积极投身公益事业，在改善当地民生、推动协调发展、促进文化交流等方面发挥着积极作用。以我国国有能源企业为例：一方面，通过能源贸易往来、能源项目合作以及技术人才交流，为密切双边经贸关系及人文往来提供了很多机遇；另一方面，在消除能源贫困、提高能源利用效率、推进能源转型、促进环境保护等可持续发展方面也取得一定成效，通过稳步推进“一带一路”重大能源项目建设，不仅提升了企业品牌美誉度和影响力，也加深了沿线国家对“一带一路”倡议的信任度。

第四章　国有企业在构建新发展格局中的作用

从国有企业在新发展阶段的历史使命和功能定位出发，基于对构建新发展格局的理论分析，结合构建新发展格局的主攻方向，我们认为国有企业应该在以下几个方面着重发挥作用，以推动构建新发展格局，为早日建成社会主义现代化国家、实现中华民族伟大复兴作出应有贡献。

第一节　助力实现高水平科技自立自强

构建新发展格局最本质的特征是实现高水平的自立自强，而自立自强的关键在于科技的自主创新。在新发展阶段，创新在我国现代化建设全局中处于核心地位，科技自立自强是“十四五”规划的首要任务目标。

一、国有企业在技术创新方面是中坚力量

习近平总书记指出，实践反复告诉我们，关键核心技术是要不来、买不来、讨不来的。[①] 如果核心元器件、核心技术严重依赖国外，供应链的“命门”掌握

① 习近平在中国科学院第十九次院士大会、中国工程院第十四次院士大会上的讲话[EB/OL].(2018-05-28)[2022-03-15]. http://news.cnr.cn/native/gd/20180528/t20180528_524249987.shtml.

在别人手里，我们经济的抗风险能力和发展潜能将会严重受损。只有把关键核心技术掌握在自己手里，才能从根本上保障国家经济安全、国防安全和其他安全。我国必须切实提高关键核心技术创新能力，把科技发展主动权牢牢掌握在自己手里，为我国构建新发展格局提供有力科技保障。

国有企业在技术创新方面始终是中坚力量。发展中国家在特定条件下，通过国有企业的形式，利用政府集中资源实施产业政策，与间接地通过税收、补贴等方式指导或引导私人部门相比，因可以避免信息不对称和高昂的交易费用而具有更高的效率。一方面，国有企业可以作为战略产业的先行投资者，引导产业发展；另一方面，国有企业与私有企业不同，其终极目标是实现经济整体效益最大化而并非企业自身效益最大化，因此，在发展中国家技术引进过程中，国有企业能够更为集中地使用资源，遵循国家整体技术规划；在技术研发中，国有企业能够承担更大的技术研发风险，增大技术研发投入，从而能够更好地实现技术外溢效应，推动技术升级和产业进步。

在实现高水平科技自立自强的过程中，国有企业能够发挥其他类型企业难以发挥的积极作用。首先，由于国有企业发展的历史特点，国有企业内部拥有许多国家重点实验室、研究院所等单位，许多单位都有着较为深厚的技术积累和人才积累，具备一定的科研实力。其次，国有企业经过多年改革，已经成为独立的市场主体，相比于高校科研院所，对于关键核心技术的取得和科技成果的转化有着更为迫切的需求，能够成为推动关键核心技术攻坚战取得突破的重要力量。最后，国有企业作为技术创新主体，既能通过国有企业监管体制紧密对接国家发展战略，服务国家发展目标和战略需求，又能充分利用市场经济中的灵活机制，调动各方面科研力量和资源，以市场需求为导向，准确把握关键核心技术的迭代方向。因此，国有企业应充分认识到自身肩负的使命，利用在社会主义市场经济体制下自身所具有的独特优势，在实现科技自立自强这一目标指引下充分发挥应有的作用。

国有企业应围绕原创性技术创新进行大量资本布局，对国家重大科技和产业化项目进行科学战略部署，强化基础研究投入，提高高级技能工人占比，完善科技服务体系，在积极探索市场经济条件下的新型举国体制和推进创新攻关的“揭榜挂帅”体制机制的过程中发挥重要作用。特别需要指出的是，科技自立自强是自上而下的系统工程，既要重视科学家型的人才，又要注重对知识型、技能型、创新型劳动者的培养。许多关键核心技术的攻破，正是在研究者与一线操作者相互碰撞的过程中产生的，国有企业更应该肩负起弘扬工匠精神、塑造精益求精的敬业精神的重要任务。

二、中央企业在强化国家战略科技力量中的使命和定位

国有企业特别是中央企业作为我国经济发展的中坚力量，具有资源和政策方面的综合优势。我们认为，中央企业在国家创新体系中的定位，要以满足国家科技自立自强的战略要求和符合中央企业自身的制度性特征为基础，聚焦“两大使命、三大定位”。

（1）技术范式视角下政府和国有企业在突破性创新体系中的作用。新一轮科技革命是成长中的新技术范式取代传统技术范式的过程，新技术在生产领域的广泛运用则促进了产业变革。从一定意义上说，国有企业可以作为实施产业政策的主体，通过国有企业使命要求、国有资本功能定位，政府可以将国有资本有效配置到国家特定产业发展目标和技术创新上。为了与竞争政策协调，要求国有企业在市场竞争中遵循“竞争中性”的原则。对于中国国有企业而言，既要充分发挥国有资本功能、实现国有企业使命，又要坚持“竞争中性”保护市场公平竞争，而要做到这些，一个基本前提是坚持分类改革与分类监管。

（2）中央企业在强化国家战略科技力量方面的基本定位。习近平总书记曾强调，要使国有企业“成为党和国家最可信赖的依靠力量；成为坚决贯彻执行党中央决策部署的重要力量；成为贯彻新发展理念、全面深化改革的重要力量；成为实施‘走出去’战略、‘一带一路’建设等重大战略的重要力量；成为壮大综合国力、促进经济社会发展、保障和改善民生的重要力量；成为我们党赢得具有许多新的历史特点的伟大斗争胜利的重要力量”。在中美科技对抗不断极化的大背景下，中央企业作为党和国家最可信赖的依靠力量的合理性和合法性，将越来越聚焦于强化国家战略科技力量、保障国家经济安全这一政治任务。这决定了未来中央企业在国家创新体系中的两大战略使命：一是国有企业自身在中美科技竞争中我国处于被动局面的“卡脖子”技术领域，以及能够帮助我国构筑“非对称竞争优势”的技术领域实现技术突破和产业领先，成为强化国家战略科技力量的创新供给者；二是充分发挥中央企业的政治担当和大规模应用优势，带动战略性产业链和创新链整体能力提升，成为强化国家战略科技力量

的组织带动者。

在明确中央企业强化国家战略科技力量的战略使命的基础上，应进一步从中央企业的制度性特征和资源基础出发，明确中央企业强化国家战略科技力量中的定位（优先领域）：一是复杂产品系统成熟技术赶超与自主产业链构建，二是突破性新兴技术大规模产业化，三是关键共性技术研发与扩散（见表2）。

表2　中央企业在强化国家战略科技力量中的优先突破领域

<table>
<tr><th colspan="2">技术领域</th><th>优先领域</th><th>次要领域</th></tr>
<tr><td rowspan="2">企业专有技术</td><td>成熟技术</td><td>复杂产品系统技术</td><td>高度模块化产品技术、
简单产品技术</td></tr>
<tr><td>新兴技术</td><td>新兴产业领域突破性技术的产业化，特别是大规模产业化</td><td>新兴技术本身的突破</td></tr>
<tr><td colspan="2">共性技术</td><td>中央企业具有技术优势基础的关键共性技术</td><td>中央企业不具有技术优势基础的关键共性技术</td></tr>
</table>

第一，在成熟度较高、需要大规模团队协作与集成创新的复杂产品系统领域，牵头推进集成技术和“卡脖子”技术突破与赶超。中央企业在产品和技术应用规模上占优，有条件作为总成企业或用户，为复杂产品系统及相关软硬件创造规模化市场；同时又具备面向重大创新使命、开展高集成度复杂产品攻关与工程化的跨组织乃至跨产业协同创新能力，能够通过行政和市场两种机制协调产业链上下游的多层次、多类型创新主体，在牵引复杂产品系统全产业链合作研发、实现技术突破与赶超上优势明显。

第二，在成熟度快速提升、接近工程化产品化阶段的关键新兴技术领域，牵头启动并推进大规模产业化，培育本土化自主产业链。中央企业作为在市场主体层面体现国家意志的制度安排，可以通过创造首批试验性市场、提供应用测试场景等多种方式调动资源，率先参与到此类新兴技术工程化、产品化的各个环节之中，成为传导并贯彻国家战略性创新政策和产业政策的支柱。此外，历史因素决定了中央企业多数处于产业生态的潜在核心位置，有条件在关键新兴技术进入产业化阶段之际，发挥其作为市场主体的力量，作为产业链“链长”，协调连接产业链的断点和疏通产业生态循环的堵点，牵引构建自主性的关键战略性技术全产业链，培育协同有效、跨行业联动的产业生态。

第三，在具备技术优势和市场优势地位的领域，牵头推进关键共性技术研发与扩散，带动先进科技成果向现实生产力快速转化。中央企业能够成为关键共性技术研发与扩散网络中的重要支撑力量。考虑到共性技术研发的高风险和高资源投入，中央企业主导或参与共性技术研发应以“求精、求实”为根本原则，聚焦于自身技术或市场优势明显、能有效协调相关创新主体合作并落实成果应用的领域。

第二节　提升在产业链中的影响力和控制力

产业链供应链的稳定性和竞争力是影响生产环节的重要因素。我国在全球产业链体系中整体上处于中低端，在产业质量和性能上与发达国家差距仍然较大，对全球资源的整合和控制能力不足，存在短板和风险，迫切需要补链强链，增强抵御风险能力。

一、国有企业提升产业链供应链现代化水平的总体思路

（一）创新强链，引领科技自立自强

提升产业链供应链现代化水平的关键在于科技创新，应充分发挥国有企业在提升产业链供应链自主创新水平方面的前瞻性和战略性带动引导作用。国有企业在科技创新方面具有其他所有制企业不具备的独特体制优势和资源优势，并取得了令人瞩目的巨大成就。通过机制改革和制度创新，国有企业在自主创新方面还有较大提升空间，完全可以发挥创新强链、引领产业链科技自立自强的作用。国有企业作为国家战略科技力量和新型举国体制的重要主体，集中了大量创新资源，具有集中力量办大事的优势，是提升产业链创新力的排头兵和主力军。

（二）协同固链，实现共生发展

产业链供应链包括上下游及周边多项产业、行业及不同所有制企业。国有企业在产业链供应链建设中的作用不仅体现在其自身的发展壮大上，还体现在促进产业链供应链的优化升级上。当前全球产业分工已经形成复杂的网络体系，任何一条产业链供应链上都集聚成千上万家企业。国有企业要主动联系上下游相关企业加强产业协同和联合技术攻关，通过资源整合形成分工合作、互荣共生、利益共享的产业生态。

（三）重点补链，应对断供风险

发挥国有企业压舱石的作用，着力缓解关键核心技术“卡脖子”问题和坚决兜住产业链供应链安全底线。第一，国有企业应该充分发挥集中力量办大事的优势，对一些对外依存度高同时又对多个产业和产业链产生重要影响的关键核心技术和“卡脖子”技术进行集中攻关，努力维护我国产业链供应链安全。第二，针对产业链供应链在中美贸易战和新冠肺炎疫情影响下暴露出的断点、堵点和断供风险，提高重要能源和重要物资的储备保障能力，确保物资稳定供应；加强产业链供应链在物流运输、国际化采购、资金周转方面的能力，保证产业链供应链在极端情况下能够快速恢复运转能力，提高产业链供应链韧性。

（四）延伸优链，推动价值升级

为提高产业链供应链现代化水平，国有企业一方面加快发展数字经济，通过提升自身数字化智能化水平提高运营管理能力；另一方面通过结构软化向生产性服务业领域延伸，培育新业态。国有企业普遍重商品经营，轻服务运营，其物流能力主要服务于内部，并不具备形成为社会化流通服务的现实基础。但是国有企业可以凭借自身的资金优势，在国家政策的引导下向关系国计民生的重要商品经营领域投资跟进，在分析产业特性的基础上，通过更加合理的方式为产业链供应链关键环节提供资金融通服务，进而向流通设施、技术装备建设等环节延伸。

二、促进国有企业发展战略性新兴产业

发展战略性新兴产业，对于占领产业链制高点、夯实产业发展先发优势具有极为重要的意义。当前全球新科技革命蓄势待发，新兴产业迅猛发展，新的经济增长点不断涌现。信息技术、生物、能源、材料、先进制造等领域的技术突破和跨领域的交叉融合将创造新的经济增长点，重塑世界产业竞争格局。科学稳固地推进新科技革命并提前进行产业布局，结合国有企业自身优势着力发展重点产业，将有助于我国占领技术制高点，提升我国在全球产业链供应链中的地位，完成产业升级转换。

我们认为，国有企业发展战略性新兴产业具有以下几点优势：

第一，国有企业具有较强的融资能力，有利于解决战略性新兴产业发展中

的资金难题。

第二，国有企业在传统产业中的竞争力可以为战略性新兴产业提供初级市场。

第三，国有企业规模较大，具有产业链整合的先天优势。

第四，在风险较大、回报率过低的关键领域，国有企业可以充分发挥中流砥柱的战略作用。

国有企业发展战略性新兴产业的路径和策略应着重注意以下几点：

第一，聚焦主业，合理选择战略性新兴产业发展方向。在发展战略性新兴产业过程中，要认清国有企业自身的特殊性，把更好发挥国有企业功能作为结构调整和创新发展主线，不能一味追热点、赶时髦、随波逐流，而要保持战略定力，聚焦主业。

第二，充分发挥国有企业在创新体系中的核心作用。在发展战略性新兴产业的过程中，要充分利用国有企业已有的技术优势和技术研发储备，重点在战略性新兴产业的关键核心技术上取得突破。

第三，构建有利于国有企业发展战略性新兴产业的体制机制。当前国有企业还存在一些体制机制性障碍，抑制了战略性新兴产业中的革命性、颠覆性、原始性创新。为促进国有企业发展战略性新兴产业，需要进一步深化体制机制改革。

第三节　更好促进实现共同富裕

共同富裕是社会主义的本质要求，也是社会主义现代化的重要目标。党的十九大报告明确提出，我国到2035年全体人民共同富裕迈出坚实步伐，到本世纪中叶全体人民共同富裕基本实现。促进全体人民共同富裕是一项长期任务，需要久久为功，也是一项系统工程，需要全社会多方参与、共同努力。

一、国有企业在完善国民收入分配体系中的作用

国有企业在我国收入分配格局中起着重要作用，在贯彻新发展理念、加快构建新发展格局中扮演重要角色。新中国成立以来特别是改革开放以来，国有企业发展取得巨大成就。我国国有企业为我国经济社会发展、科技进步、国防建设、民生改善作出了历史性贡献，功勋卓著，功不可没。习近平总书记在中

国石油辽阳石化公司考察时指出："国有企业地位重要、作用关键、不可替代，是党和国家的重要依靠力量。"在新发展阶段，为深入贯彻新发展理念、加快构建新发展格局，国有企业还可以在完善收入分配体系中发挥更大的作用。习近平总书记多次强调，"国有企业属于全体人民，公有制经济是全体人民的宝贵财富，是保障人民共同利益的重要力量，是全体人民共同富裕的重要保障"。国有企业控制着国民经济的命脉，集聚着大量经济社会资源要素，主导着收入分配格局的变化。应发挥国有企业在收入分配制度改革中的先导作用，先行先试，推动收入分配格局重构。在"十四五"时期，国有企业应更好完善收入分配体系，健全国有企业内部激励分配机制，合理参与社会收入再分配体系，在正确处理国家、企业与个人之间的分配关系上打造国企样板，为实现共同富裕贡献积极力量。具体作用机制见图 7。

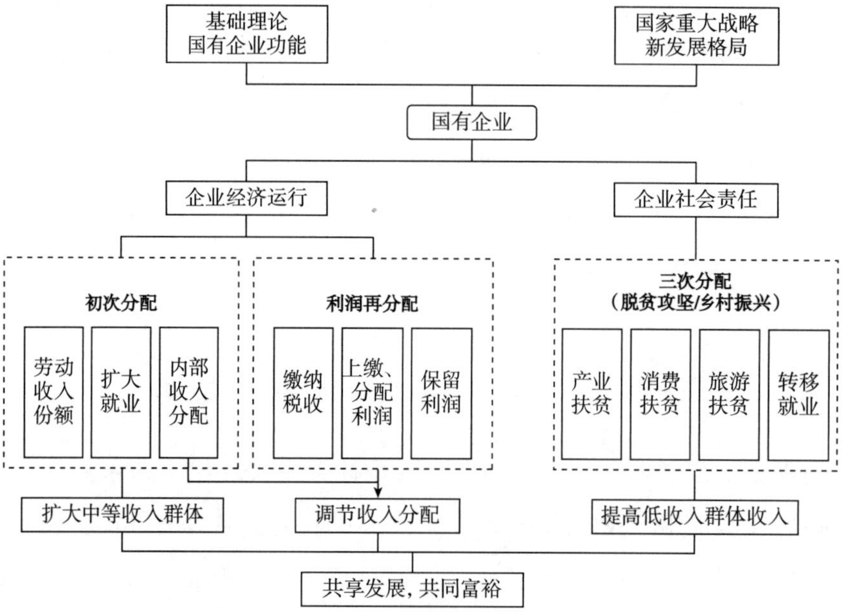

图 7　国有企业完善收入分配体系的作用机制

第一，国有企业可以通过三条途径完善国民收入初次分配。首先，当前我国初次分配面临的主要问题之一是劳动收入份额过低，而国有企业对提升劳动收入份额有两方面作用：①国有经济是国民经济的主体，国有企业的劳动收入份额对经济整体的劳动收入份额有着直接影响；②当生产要素可以自由流动时，国有企业的工资水平能为民营企业提供参照，因而可以间接改变民营企业的劳动收入份额。其次，国有企业通过扩展供应链、开拓新市场、布局新产业、培育劳动力等扩大就业市场容量，增强就业市场活力。以上两条途径，都有助于扩大中等收入群体规模。最后，国有企业内部也存在明显的收入差距和薪酬激励机制不完善等问题，通过改革国有企业高管薪酬制度，处理好按劳分配和按要素分配的关系，可以进一步完善国有企业收入分配正向激励机制，保证在做强做优做大的基础上，调节国有企业内部收入分配。

第二，国有企业的利润再分配对于调节国民经济收入分配有着重要作用。一方面，国有企业通过缴纳税收或上缴利润，直接丰裕了国家财政，提高了低收入者收入水平；另一方面，国有企业保留利润成为国有资本权益，既可以直接提高全民福利（因为国有资本归全民所有），也可以通过国有资本划转，直接用于民生领域（如社保基金），进而调节收入差距。

第三，国有企业在完善三次收入分配中发挥重要作用。党的十九届四中全会通过的《中共中央关于坚持和完善中国特色社会主义制度 推进国家治理体系和治理能力现代化若干重大问题的决定》指出，“重视发挥第三次分配作用，发展慈善等社会公益事业”①，这是党中央首次明确把第三次分配作为收入分配制度体系的重要组成。国有企业除了通过企业经济运行来扩大中等收入群体、调节收入分配，还通过扶贫解困、公益慈善、志愿行动等方式参与国民收入分配。

二、优化国有企业内部收入分配

企业内部收入分配是国民收入初次分配的重要表现形式。国有企业高管薪酬问题具有独特性，引起了社会普遍关注。我们认为，合理规范国有企业高管薪酬，是国有企业更好发挥在国民收入分配体系中作用、促进实现共同富裕的重要切入点。②

（1）国有企业高管付出的劳动是一种管理劳动，这是我们理解国有企业高管薪酬的根本出发点。国有企业高管作为企业的管理者，在企业中行使管理职能，需要组织、协调、规划企业的生产经营活动，付出的也是管理劳动。这是

① 中共中央关于坚持和完善中国特色社会主义制度 推进国家治理体系和治理能力现代化若干重大问题的决定［EB/OL］.（2019－11－05）［2022－03－15］. http://www.gov.cn/zhengce/2019－11/05/content_5449023.htm.

② 张弛. 国有企业高管薪酬研究的理论探索[J]. 学习与探索，2021(5):109－118.

一种明显区别于其他劳动形式的劳动，具有特殊的劳动内容，需要经过专业的训练和积累特殊的经验才能够完成；这也是一种更为复杂的劳动形式，相比于简单劳动来说能够创造更多的价值。

（2）国有企业高管薪酬在数量上应坚持按劳分配原则。在企业成为自主经营、自负盈亏的独立法人的市场经济中，按劳分配原则实践的基本单位是企业，同一水平的按劳分配，只能在一个核算单位内部出现。在实行按劳分配的过程中，应充分尊重市场经济规律，将市场化薪酬水平作为判断国企高管薪酬数量合理性的重要依据。在社会主义市场经济中，国企高管的薪酬也会受到市场规律支配。劳动力商品的价格是由其价值决定的，而其价值取决于再生产劳动力商品所需的价值量。再生产一种劳动力商品所需要的价值越高，意味着再生产这种劳动力商品时的培训和学习费用越高，自然这种劳动力商品中蕴含的劳动能力也越高。因此，合理的国有企业高管薪酬水平应该是具有市场竞争力的，特别是对处于竞争性行业的国企高管来说。①

（3）国有企业高管薪酬体系应以有利于国有企业的生产发展为指向。国有企业高管付出管理劳动与其在企业内部的特殊权力是一枚硬币的正反面，是相伴相生的。那么，保证国有企业高管薪酬合理性的一个重要问题在于，如何通过一种适当的组织机制来监督制约高管在企业内部的权力，避免高管从自身利益出发影响薪酬总量的确定和薪酬体系的制定，使得高管薪酬能够促进国有企业生产发展。在我们看来，发挥中国特色现代国有企业制度的独特优势，能够有效避免国外高管薪酬实践中的负面问题。

（4）国有企业高管薪酬问题具有社会属性，应认识到国有企业高管薪酬与社会因素的相互影响。首先，应充分尊重当前阶段社会公众对于国有企业高管薪酬的认识和期待，虽然在许多行业中国有企业的规模处于领先地位，国有企业高管付出的管理劳动质量更高且数量更多，但国有企业高管薪酬不能成为行业中最高薪酬的代表，否则将会引发公众强烈的质疑情绪。其次，国有企业和相关主管部门要积极主动引导社会舆论，影响社会公众认知，充分宣传国有企业的发展成就和市场化运行机制，让社会认可国有企业高管的管理能力和水平，提升社会公众对国有企业高管获得薪酬数量的心理阈值，从而为有效激励国有企业

---

① 张弛．竞争性行业中的国企高管薪酬制度应坚持市场化原则[J]．政治经济学评论，2015(1)：16.

高管争取足够的薪酬变动空间，为国有企业健康发展吸引优秀管理人才。

三、在二次分配和三次分配中发挥国有企业积极作用

（一）通过利润分配机制调节社会收入差距

从国有企业利润的直接去向来看，国有企业利润分配调节收入差距的直接途径有三条：一是缴纳企业所得税，增加财政收入，为政府收入再分配政策提供资金来源，见图8中的路径①；二是上缴利润或分配股息红利，增加国有资本经营收入，为国有资本经营支出提供资金来源，并进一步增加财政收入，提供政府再分配资金来源，见图8中的路径②；三是保留利润进入国有资本权益，提升全民国有资本福利水平，见图8中的路径③。另外，根据国有资本累计利润的使用和利润决定机制，可以得到国有企业利润分配调节收入差距的两条间接途径：国有资本的使用——直接划转国有资本至社会保障部门，实现国有利润直接保障民生的目标，见图8中的路径④；保障性国有企业的利润让渡——对保障性商品实行特殊定价机制和投入决策机制，降低基本生活用品的价格波动，提高低收入居民的实际购买力，见图8中的路径⑤、路径⑥。

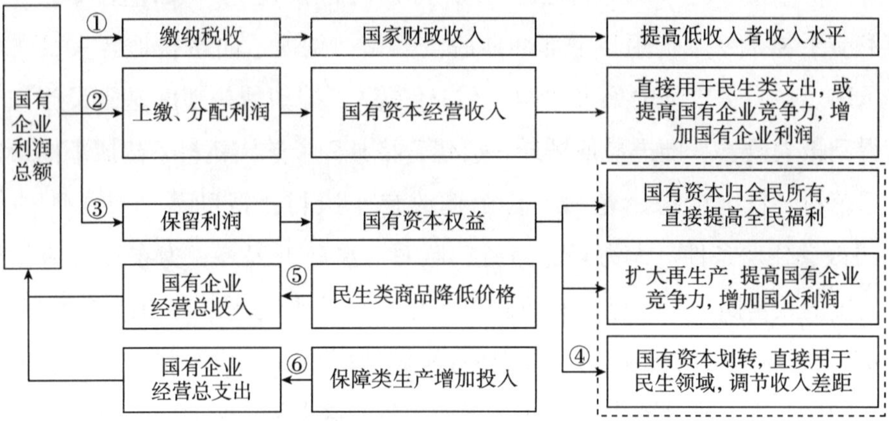

图8　国有企业利润分配对收入差距的调节路径示意图

（二）中央企业及国资委在脱贫攻坚中发挥的重要作用

在三次分配中，国有企业特别是中央企业可以通过多种渠道发挥重要作用。如在前一时期的脱贫攻坚过程中，中央企业就发挥了其他企业不可比拟的作用。中央企业主动承担社会责任，在贫困地区不断加大电力、通信、网络、交通等

重要基础设施投资建设力度，有效解决了困扰群众多年的“行路难、吃水难、用电难、通信难”等突出问题。

利用企业的资金优势和产业投资经验，创造性打造了扶贫资本运作平台，用国有资本引导各类资本到贫困地区投资，累计引进扶贫企业900多家，带动投资147亿元。其中，国务院国资委引导全部中央企业（共96家）出资设立的中央企业贫困地区产业投资基金，三期募资总规模达到314.05亿元，截至2020年10月底，央企扶贫基金共完成投资决策项目118个、投资金额307.07亿元，累计引导撬动社会资本约2600亿元。援建产业扶贫项目超过8000个，扶持乡村龙头企业和农村合作社超过3300个。

此外，消费扶贫为贫困地区的产品打开了市场，除中央企业自购和帮助销售农产品之外，还搭建了中央企业消费扶贫电商平台，累计购买贫困地区农产品68.74亿元，帮助销售贫困地区农产品32.66亿元。直接招用贫困劳动力1.73万名，帮助10.44万名贫困劳动力实现转移就业。

例如，国家能源集团深入贯彻落实习近平总书记关于脱贫攻坚的重要指示批示精神，始终把打好脱贫攻坚战作为重大政治任务来抓，全力做好9个定点扶贫和对口支援县、200余个县（乡、村）的帮扶任务，累计投入扶贫资金26.7亿元，推动9个贫困县全部如期脱贫摘帽，兑现了向帮扶地区人民作出的庄严承诺。在脱贫攻坚中聚焦“两不愁三保障”，推动帮扶地区基础设施和生产生活得到极大改善。推进易地搬迁，援建普格县2个彝族新村，建成那曲市首个小康示范村、首个生态示范村、首个棚改户小康村，帮助聂荣县1/3的家庭5793户改善住房条件。大力兴建路桥、照明、水利工程等，为布拖县博作村铺就8公里的致富路、幸福路，有效解决吴堡安全饮水问题。着力改善医疗条件，实施44个医疗健康扶贫项目，建成环青海湖地区最好的藏医院，有效改善刚察县医疗硬件条件，累计救助患病儿童近3万名，送去了中央企业的帮扶温情。在中央单位定点扶贫考核中，国家能源集团连续四年荣获“好”的最高等次评价。

第四节　确保我国经济安全发展

从我国经济安全发展所面临的挑战来看，在构建新发展格局过程中，现代产业体系的打造必须注重发挥国有企业的作用，不断做强、做大国有企业，让国有企业在经济系统的各个领域中都有所作为，以弥补经济系统中的漏洞，保障我国经济的安全发展。

一、国有企业维护我国经济安全发展的基本原则

维护我国经济安全发展的基本原则是必须坚持和完善中国特色社会主义经济制度。改革开放之前，中国的国民经济是以苏联为模板的计划经济体制，改革开放以后，又开启了与西方发达国家市场经济制度接轨的过程。在新中国七十多年的经济实践中，我们在不断探索中，逐步形成了适合中国国情的中国特色社会主义经济发展道路。这条发展道路在不同阶段的主要政策措施是不同的，但无论何种政策措施，都需要针对客观经济环境和条件制定，其终极目标不能偏离社会主义道路，都要为这一终极目标服务。从理论上看，经济基础决定上层建筑，短期内，依靠国有经济对关键行业的控制和强力政权的保障可以维持社会主义方向不变，但从长期来看，只有高比例的国有经济才是实现社会公平与共同富裕，保持社会主义方向不变的根本保障。中国特色社会主义市场经济体系已经建立并基本完善，在这个体系内，无论国有企业还是私营企业，都应该是平等的竞争个体，公平的市场运行制度足以保障国有企业在竞争中发展壮大。

二、国有企业在维护经济制度安全方面的作用

国有企业在维护中国经济制度安全方面能够发挥至关重要的作用。中国的基本经济制度是社会主义制度的根本保障。“以公有制为主体、多种所有制经济共同发展”可以保证国家对经济发展方向和社会发展道路的掌控；“按劳分配为主体，多种分配方式并存”可以在现阶段最大限度地保证公平与效率相均衡的原则，而社会主义市场经济体制是经济快速健康发展必需的外部制度保障。在新发展格局下，国有企业要在涉及国计民生的行业内拥有掌控力量，通过公平竞争来获得更高的市场份额和更快的增长，保证经济和社会发展的社会主义方向。

三、国有企业在维护经济主权安全方面的作用

国有企业发展壮大有助于在新发展格局下提升维护中国经济主权安全的能力。随着中国改革开放的推进，尤其是金融系统开放程度的不断加深，越来越

多的国际资本开始进入中国。必须通过放开、鼓励国有企业在这些行业投资，再次打造出一个竞争性的市场环境，最大限度地避免国际资本流动对中国经济主权构成威胁，强大的国有资本可以起到经济稳定器的作用，避免资本的垄断行为造成经济巨幅波动的后果，提升经济系统的抗风险能力，实现新发展格局下建设一个“自主、可控”的现代产业体系目标，维护中国的经济主权安全。

四、国有企业在维护经济发展安全方面的作用

新发展格局下构建的现代产业体系是一个能够满足产业结构向高端化攀升并充分满足社会、生产生活需求的系统，这是维护经济增长安全的必要条件。而在这一过程之中，国有企业可以在多方面发挥有效作用，维护经济发展安全。

维护粮食安全。国有企业必须在薄弱环节布局，最大限度做到粮食生产的自主、可控。国有企业要进行机械化大农业和生态农业的生产，用先进的生产力和管理体系实现有限资源的充分利用，真正实现“藏粮于地、藏粮于技”，保障主粮安全。

维护原材料供应安全。之所以让国有企业承担这些任务，是因为这些措施的绝大部分会通过降低企业自身的利润率的形式提升社会总福利，与企业追求客观经济效益的目标相悖，很难通过市场化的手段进行，只有国有企业才是最合适的执行主体。

维护数字化安全。国有企业可以设立处于国家监管下的大数据储存企业，通过分级制度实现数据储存的安全性，与私有大数据企业构成有效的市场竞争，形成有效的数据供给市场，降低数据使用成本，实现数据的市场化定价，限制数据霸权的滥用。在此过程中，可以通过对国有企业进行大规模的数字化改造，将各个国有企业的数据资源聚集到一起，构建一个数据共享、资源丰富的庞大数据库系统，进一步提升整个社会的数据利用效率，降低数据使用成本。

维护全产业链构成安全。这需要由国有企业提前布局，弥补这部分产业链的完整度和饱和度。国有企业在弥补产业链潜在缺失威胁过程中，不能仅仅是替代原有企业的位置，还要注意市场化的原则。通过技术改造提升劳动生产率，在劳动密集型产业中用先进技术来取代冗余劳动力，用符合环保标准的新技术、新工艺取代高污染的旧技术、旧工艺。

维护经济可持续发展安全。必须充分发挥国有企业在经济可持续发展方面的促进作用，协调经济系统内部经济与生态、短期利益与长远发展的矛盾。鼓励国有企业在这些方面大力投资来实现国有企业的目标函数，是在企业这一微观层面上实现经济可持续发展的主要措施。

第五节　积极推动“以内促外”

国际大循环是以国际分工和国际市场为基础，以国际产业链和价值链为依托，以国际贸易、国际投资和国际金融为主要表现形式，各经济体基于比较优势相互竞争、相互依存的经济循环体系。以国内循环促进国际循环，是中国竞争力提高的根本。中国已经进入“以内促外”的新时期，这是我们必须要明确的新局势、新要求。

一、国有企业在“以内促外”中的关键地位与重要作用

国有企业是我国经济的重要支柱，在关系国计民生的重要领域和关键部门占据重要地位。改革开放以来，国有企业在我国实施外向型发展战略时期发挥了重要作用，在构建新发展格局的条件下，我们要尽快把以出口为主要特征的经济全球化，升级为以利用我国庞大内需为主要特征的“主场全球化”，使我们的内需对全球各个国家开放，使我们的市场变成全球市场，变成虹吸全球先进生产要素的磁场，国有企业将在这一过程中继续发挥不可替代的作用。在“以内促外”中，国有企业需要发挥以下四方面的作用：

（1）国有企业要成为产业创新发展的探索者、组织者。国有企业要争做本领域内创新发展的探索者、组织者，摆脱对关键技术、零部件、原材料的国外依赖。尤其牵涉国防安全和经济安全等领域，要整合创新资源和科技力量，突破“卡脖子”技术、关键技术，加快自主创新技术、装备、产品等转化，促进模仿创新、集成创新向自主创新转变。

（2）国有企业要成为向国际产业链、价值链高端攀升的引领者。国有企业要维护产业链完整性，并以现代化产业集群为载体，实现产业链与创新链的融合发展，发挥竞争优势，围绕长板不断向产业链高端跃升，提升全球产业链地位，推动供应链上下游企业深度合作，带动提升国内中小企业的经营规模、专

业化水平，畅通不同所有制企业之间的合作关系。国有企业要有意塑造以中国制造、中国创造为关键技术谱系的国际生产体系。

（3）国有企业要发挥国家经济战略压舱石作用。国有企业要拓展国际视野，准确把握国际市场动向、需求特点、贸易规则；提高国际市场开拓能力、风险防范能力；提升产业链供应链控制力，维护国有资产，维护国家经济安全。

（4）国有企业要打造一批体现国家实力和国际影响力的世界一流企业。国有企业要聚焦加快建设世界一流企业新要求，以创新发展、深化改革、开放合作、提升管理为重点，打造一批体现国家实力和国际竞争力的企业。要当好促进国内国际双循环的排头兵，不断提升企业全球核心竞争力，充分利用国内国际两个市场、两种资源，在促进“双循环”中发挥更大作用。

二、国有企业在共建“一带一路”中发挥不可替代的作用

国有企业在共建“一带一路”中发挥了不可替代的作用，有力推动“一带一路”在沿线国家落地生根，成为我国海外布局的先行力量。

（1）积极参与沿线国家建设，践行人类命运共同体理念。“一带一路”倡议提出以来，国有企业积极深入参与沿线国家基础设施互联互通、能源勘探开发、可再生能源开发利用、国际产能合作等领域合作项目，成为构建人类命运共同体、实现共赢共享理念的积极践行者。

（2）秉持共商共建共享基本原则，领域不断拓展。国有企业深入参与“一带一路”建设，进一步提升国际化经营水平、培育全球竞争力，帮助相关国家推进工业化、城镇化和现代化，与共建国家和企业共享机遇、共谋发展，为发展中国家提供更多发展机遇和空间，有助于解决全球治理的发展赤字问题。在我国国有企业的带领下，“一带一路”投资坚持多边合作，注重合作开放性，使得投资主体日趋多元，实现了多主体共同参与和互利共赢。

三、国有企业更好发挥“以内促外”作用的战略布局

（一）立足亚洲地区基建投资优势，对接新兴市场投资需求

从近年来国有企业“走出去”的投资趋势中，可以看出回归亚洲地区是目前能够牢固把握的投资增长点。亚洲地区新兴市场对公路、铁路、港口、机场、建筑、水利、供电等传统基础设施投资需求巨大，尤其是随着这些国家工业化

和城市化进程的加快，其对互联网、电信、通信等“新基建”的需求不断提升。因此，立足亚洲地区投资，统筹国内外资源和市场，发挥地域邻近优势，发挥国有企业规模优势、技术优势、成本优势及产能优势，将成为谋求未来中长期“以内促外”的重要基础。

（二）关注数字经济及绿色经济对外投资，带动国内实体经济

在国内经济稳内需稳增长和海外投资拓展空间缩小的压力下，国有企业对外投资需要更加注重产业链的整体协同性及其对国内实体经济的促进和带动作用。与传统基础设施建设投资相比，投资以高端装备智能制造、大数据、云计算、人工智能、机器人、新一代电子信息、高端生物医药等产业为代表的数字经济新产业新业态与绿色经济产业，有助于推动国内生产力较快发展，有助于适应后疫情时代的消费习惯和就业方式的变革，有助于扩大内需并拉动国内经济增长，为我国经济中长期增长培育新动力。我国能源国企应主动调整海外能源投资战略，强化区域能效、可再生领域合作，因地制宜地推广水能、风能、太阳能、生物质能的开发利用，加强对外可再生能源扶贫工作，向化石能源资源贫乏而电力供应严重不足的国家推介和援建分布式风电、光伏、光热、地热能等可再生发电项目。

（三）开拓发达国家市场，积极把握未来战略机遇

伴随国内经济增长及外汇资产的不断扩张，与发达国家的投资合作仍然是新时期对外开放不可或缺的内容。国有企业可借助我国与发达国家之间现有和计划中的合作机制，如中欧全面投资协定（CAI）、区域全面经济伙伴关系协定（RCEP）以及全面与进步跨太平洋伙伴关系协定（CPTPP）等重要的双边和多边协定，重构与发达国家之间的投资伙伴关系，改善投资环境，提升投资质量。新冠肺炎疫情催生了远程医疗、在线教育、网络通信、网购服务、物流快递、直播娱乐、居家休闲等新兴产业的成长和新旧产业的融合发展，由此派生的终端设备生产、通信网络建设、核心零部件制造、数字化平台搭建、运营推广服务等为中国与发达国家之间的高新技术领域投资合作拓展了巨大的市场空间。

第六节 加速畅通国内大循环

国有企业是经济国内大循环的重要市场主体，是畅通国内大循环的主要推动力量。在我国市场经济的改革历程中，国有企业以持续不断的自身改革带动市场经济发展，在完善市场环境、促进公平竞争、引领非公企业协同发展等方面发挥了积极作用。在构建新发展格局的条件下，国有企业将进一步通过深化改革，完善现代经济体系，加速畅通国内大循环。

一、培育公平竞争环境，提高市场运行效率

公平竞争是市场体系高效运行的基本规则，必须保证市场主体之间的公平竞争，发挥竞争政策的基础性作用。

一是切实深化国有企业分类改革，通过推进公益性企业回归公益定位，实现国有经济战略功能，推进商业类企业回归企业属性，成为真正的市场主体，促进公平竞争市场环境的形成。党的十八届三中全会开启了新时期全面深化国有企业改革的新阶段，以国企功能分类为前提，可以概括为“分类改革”阶段。根据中央关于国有企业改革指导意见，国有企业可以分为公益类国有企业，主业处于充分竞争行业和领域的商业类国有企业，以及主业处于关系国家安全、国民经济命脉的重要行业和关键领域、主要承担重大专项任务的商业类国有企业。不同类型的国有企业，将会有不同的国资监管机制，混合所有制股权结构中的国有持股比例要求不同，企业治理机制也有差异，应以推进国有资本战略性调整来实现企业功能定位和分类。国有企业深化改革绝不仅仅是为了国有企业自身做强做优做大，还要能够有利于培育公平公正的市场竞争环境，促进整个经济的高质量发展。

二是通过正确处理产业政策与竞争政策的关系，充分发挥竞争政策的基础性作用。我国总体上处于从工业化后期向后工业化时代过渡、开始高质量工业化的时期，产业结构日益完备，产业技术水平逐步向全球技术前沿靠近，长期以来形成的与我国工业化初中期阶段相适应的、选择性产业政策主导的政策体系已越来越不适用，产业政策将更多强调科技服务体系建设，竞争政策将发挥越来越多的基础性作用。从国际市场来看，我国要实现更大范围、更高水平的

市场开放，通过加强知识产权保护、强化竞争政策等举措，积极融入新的多边贸易投资规则，以实现国内国际双循环相互促进的新发展格局。这就要求国有企业成为公平参与市场竞争的市场主体，通过市场化的手段实现自身发展，并带动非公企业发展，提高市场运行效率。

三是实质推进国有企业改革要努力在两个领域实现突破。这两个领域分别是煤炭、钢铁等产能过剩行业和石油、电信、电力、民航、铁路等具有自然垄断性行业。这两个领域的国企改革对营造公平的竞争环境、支持新常态下我国经济发展具有重大意义。第一个领域改革涉及化解产能过剩、处置“僵尸企业”和国有经济在这些行业的逐步退出等难点和重点问题，这些问题也是供给侧结构性改革的关键任务，能否成功推进，在很大程度上决定了国有经济布局的优化和整体经济结构的转型升级，具有全局战略意义。第二个领域的行业大多是基础性行业，对整体经济效率影响巨大，其改革能否成功推进，对市场经济公平竞争环境的形成以及下游产业的成本降低等具有决定性的作用。因此，这两个领域取得突破，是工业供给侧结构性改革中十分重要的内容。

二、发挥核心竞争优势，做强做优做大

国有企业通过提升自身效率，发挥核心竞争优势，不断发展壮大，将有助于建立强大的国内市场。国有企业的核心竞争优势体现为三个方面：

(1) 规模优势和制度优势。对任何市场经济来说，企业“做大”和“做强”至少同样重要。在市场竞争中，“强”才可以“大”，不“强”就会被淘汰。一方面是受到资本报酬递减规律的影响，企业规模成长往往会伴随着利润率的反方向变化，利润增长而利润率下降。另一方面是企业规模变大导致内部竞争弱化和官僚化，产生“X”无效率，甚至出现寻租行为，影响政府公共政策制定。西方世界经过几百年发展，历经从殖民时代到后殖民时代的积累，大企业几乎垄断了各行各业的制高点，形成了基于历史沉淀的累积优势。发展中国家单靠市场自生发展和正常的私人企业成长根本不可能与之竞争，必须借助国家制度优势。中国国有企业和中国特色现代企业制度就成为中国制度优势的微观表现。

(2) 技术优势。从市场生存法则来看，“强”企业做“大”过程中，为了防止变差变弱，必须不断提高自身技术水平。国有企业技术优势的重要体现是

国企职工学历和技能水平的不断提升。从各国劳动力市场的发展经验来看，高学历人才普遍追求职业稳定和职业空间。因为高学历导致人力资本投资期限拉长，留存下来的往往是风险厌恶者。美国的博士就业也大多选择稳定的大企业和大机构，例如，各国高校、华尔街、政府或者互联网巨头。中国国有企业天然的体制稳定优势，为高学历人才实现技术特长奠定了良好的平台和施展才能的舞台，也为创新和可持续发展提供了重要支撑。

（3）国家意志优势。与民营企业的盈利性导向不同，国有企业从设立之初就体现了明确的国家意志和国家使命。在面向中华民族伟大复兴和现代化强国建设目标稳步推进过程中，以国有企业为主体的国家经济力量必将成为新阶段践行新发展理念、塑造新发展格局，推动中国特色现代企业制度建设、产业转型升级和经济高质量发展的主导力量。另外，还能通过经济合作对特定技术和环境的要求，提高国内技术标准和合作民企的发展质量。随着全球化新阶段大国竞争导致的国家边界凸显，国家意志优势对于发展目标的实现会越来越重要。

三、促进经济“脱虚向实”

国有企业能够从自身聚焦主业、放大国有资本功能、为实体经济提供战略支撑三个方面，促进经济“脱虚向实”。

（一）国有企业自身聚焦主业促进经济“脱虚向实”

国有企业不仅在生产关系上起主导作用，还充当整个国民经济发展方向的引导者和调控人。国有企业拥有丰富的物质技术基础，具备支配和控制社会经济发展的能力。以我国工业企业为例，截至2019年，国有控股企业资产规模占工业企业资产规模的比例为48%，在各企业类型中居首位，掌控着全国工业企业近一半的资产控制权和使用权。这意味着在工业产业中，国有经济在全国经济总量上仍然居于主体地位，国有控股企业仍然主导着工业经济的发展方向。另外，尽管国有控股企业数量不多，但单位企业资产规模远超过民营企业，而工业企业未来主业的发展主要依赖于工业企业的创投资金，与民营企业相比国有控股企业拥有丰富的资金实力和技术资源，在其所在行业具有竞争优势。由此可见，目前我国工业等主要实体经济部门仍然以国有资本和国有经济为主。国有企业回归主业，减少金融资产投入，必然会增加实体经济投资性支出，为民营企业提供良好的示范效应，扩大实体经济规模，从而引领经济“脱虚向实”发展。

（二）国有企业通过放大国有资本功能促进经济“脱虚向实”

放大国有资本功能，实际上就是要国有资本最大限度地体现国家意志和人民利益，通过全面深化国企改革，增强国企的竞争力、控制力与价值，有效地带动其他资本共同实现国家经济发展战略和目标。混合所有制改革是放大国有资本功能的主要方式之一。在保证国有资本绝对控股的前提下，使用少量的国有资本同尽可能多的民营企业展开合作，通过杠杆作用成倍地放大国有资本功能，形成国有资本对经济的控制力，推动实体经济优化布局和转型升级。从微观层面上看，混合所有制改革有助于抑制实体企业金融化水平。混合所有制改革实现了国企资本和民企资本的双向引流，有助于解决民营企业的融资约束问题。混合所有制改革让国有资本和民营资本优化重组，在技术创新和管理创新方面提供新动力，从而实现全要素生产率提升和企业的核心竞争力提高。从宏观层面上看，混合所有制改革有助于国有企业发挥调节经济结构的作用，促进我国整体经济战略目标的达成。国有企业混合所有制改革的杠杆效应为国有企业可支配资金的扩张带来了乘数效应，国有企业可以调用民营资本来满足实体经济的规模扩张，将民营可用资本引流至战略性支柱性产业和先导性产业之中，带动民营企业共同实现我国战略性经济发展目标，最终促进实体经济的发展。

（三）国有企业通过为实体经济提供战略支撑促进经济“脱虚向实”

当前我国经济社会主要矛盾是发展不平衡不充分问题。从经济发展角度来说，解决我国经济社会主要矛盾就是要提高经济发展质量和效益。国有企业在提高自身投入产出效益的同时，也应为全社会实体经济提高经济效益提供基础和保障。由于为经济生产提供基础性资源和服务的行业主要由国有企业垄断运营，这些资源的获取费用构成了其他实体经济运营的必要成本，影响着实体经济运行的效益。因此，国有企业应做好公共基础资源和服务的市场化配置。

第五章　更好发挥国有企业在构建新发展格局中作用的建议

第一节　国有资产监管体制改革应更加关注资本的“技术属性”

国有企业使命定位和国有资本功能布局的实现，不仅仅是国有企业自身的问题，同时和国有资产监管体制直接相关。近些年在建立和完善“管资本为主”监管体制过程中，出现了一些错误的理解，把“管资本为主”理解为“单纯管资本”、不能“管企业”，把“管资本”单纯理解为监管企业的资本收益。在分类改革背景下，对于商业一类企业，国资委的确是主要考核其国有资产保值增值和企业利润，但这并不意味着国资委就不能对其企业使命、发展战略等重大经营方向进行监管，实际上应该把管企业的资本和管企业的使命、战略等统一起来。对于商业二类和公益类企业更应该注重对其企业使命、经营战略等重大发展问题的监管。正是由于一些片面的乃至错误的理解，在宏观经济“脱实向虚”的背景下，一些国有企业以“管资本为主”为挡箭牌，开始“脱实向虚”，只关注资本运作，成立大量基金投入非主业项目，放弃做强主业实业的企业使命，这在一定程度上加速了整个经济“脱实向虚”、过早过快“去工业化”的趋势。另外，从长期来看，企业核心能力弱化，也加大了企业未来的经营风险。

从国资委监管的对象来看，其监管资本的含义更多具有“技术属性”，而非“金融属性”。这意味着国资委“管资本”需要监管对象基于“技术属性”投入资本获得产出的利润率，而不是基于“金融属性”投入资本在资本市场上资源流动中获得的“利率”收益。也就是说，国资委“管资本”不仅要考核其资本回报，还要关注其资本回报是通过什么途径获得的，被监管企业是否已经脱离主业、违背使命要求和偏离资本功能定位。在当前一些国有企业出现资本无序扩张、发展战略“脱实向虚”倾向等问题的情况下，强化国有企业使命监管和战略管控更加必要和紧迫。

当然，这并不意味着国有资产监管体制要回到党的十八大召开之前。在“管资本为主”的管理体制下，国资委除了监管国有资本保值增值，更多的是对国有企业使命、重大战略层面的监管。在新发展阶段，国有企业要强化以中华民族伟大复兴为己任、服务于中华民族伟大复兴战略全局、在全面建设社会主义现代化国家新征程中发挥支柱作用的使命感，国有资本应该更加聚焦到高水平的科技自立自强、实体经济创新发展与产业链供应链治理能力提升的功能定位上，因此“管资本为主”的国有资产监管体制，不仅要考核其资产回报，更要重视上述国有企业的使命实现和国有资本的功能定位。

第二节　实现创新驱动发展

国有企业作为国民经济的顶梁柱，理应成为推动创新驱动发展的重要力量。在此过程中，必须不断深化国有企业改革，强化国有企业创新功能，发挥国有企业在国家创新驱动发展战略中的重要作用。

（1）调整优化政策激励，加强国有企业基础性研究。一是针对产业发展关键制约环节合理布局科研力量。在国家层面上，构建以国有企业为主体、国有大型企业为主导、其他所有制企业广泛参与的生产技术研发体系与以大学、独立科研院所为载体的基础研究体系相结合的新型科研体系，针对产业发展的关键制约环节，合理布局科研力量。二是采取专项支持等措施加强国有企业与科研院所在基础性问题研究方面的协同合作。建议行业主管部门和国有企业拿出专项经费，支持转制科研院所对行业共性问题、大型设备进行基础性研究，为国有企业及其所在行业的可持续发展奠定良好基础。三是鼓励国有企业深化科技创新激励机制改革，引导科研类国有企业实行员工持股。

（2）提升国有企业结构布局优化调整，加强向战略性新兴产业集聚。国有企业布局优化结构调整必须坚持以市场为导向，以企业为主体，有进有退、有所为有所不为。大力推动供给侧结构性改革，结合国有经济功能定位，围绕“3＋1”行业分类，按照现代产业体系发展要求，通过“巩固加强一批、创新发展一批、重组整合一批、清理退出一批”的方式，推动国有企业结构调整与重组，加快培育一批具有国际竞争力的世界一流企业。国有企业在前瞻性战略性产业领域，要发挥战略支撑作用和产业引领作用：一是要积极探索有效的国有资本投资模式，通过改制组建国有资本投资公司和运营公司，开展投资融资、产业培育、资本整合；二是要大力推动混合所有制改革，扩大国有资本的影响力和控制力；三是要积极布局集成电路芯片、军工、人工智能、军民融合、清洁能源、智能城市等前瞻性战略性领域；四是地方国有企业要立足地情企情，聚焦产业聚集和转型升级。

(3) 进一步完善和实施国有科技型企业股权分红激励政策。建议在以下五个方面着力改革，加快推进国有科技型企业股权分红激励改革工作落实落地。一是有序推进试点，稳妥精准施策。二是加强政策宣贯，强化经验推广。三是适当降低实施门槛，提高激励力度。四是突破难点问题，创新实施机制。五是加强部委协调，完善配套政策。

第三节　更好发挥中央企业在国家战略科技力量体系中的功能

全面落实习近平总书记提出的“中央企业等国有企业要勇挑重担、敢打头阵，勇当原创技术的‘策源地’、现代产业链的‘链长’”的重要任务，未来中央企业的战略性创新功能应聚焦以下五个方面：

(1) 以推动科技和产业总体推进体系建设为抓手，明确中央企业的创新链、产业链“链长”功能。中央企业的产业链“链长”功能一方面来自中央企业自身的资源优势，特别是利用自身的大规模需求获得协调产业链上下游的“经济合理性”，同时也需要加强与国家发展改革委、工业和信息化部等产业管理部门的沟通协调，争取来自国家政策的“制度合理性”。

(2) 以新型关键共性技术研发平台建设为抓手，强化中央企业在国家科技基础设施中不可替代的战略性支撑作用。中央企业共性技术研发机构的定位：一是在物联网、生物医药、新材料、数字创意等中央企业具有优势而国家“十四五”规划又确定为战略性产业的领域开展关键共性技术攻关；二是通过技术预见部门的设立和发展、技术预见人才的引进和培养，大幅提升中央企业自身和我国战略性产业的技术预见能力；三是推动建立产学研各界联合研发共性技术的良好平台，采取“政府牵头组织、政企共同治理、市场化管理”的方式，真正构建起社会广泛参与的关键共性技术研发合作机制。

(3) 以组织攻关国家科技重大专项为抓手，强化中央企业在战略性科技策源方面的引领作用。中央企业应积极把握国家科技重大专项组织实施模式改革的有利时机，加快研发部署、组织协调机制建设和重大科技项目组织管理人才的推荐选拔，为自身在国家科技重大专项中发挥更加积极、广泛的龙头作用做好能力建设和资源准备。

（4）以创造领先市场为抓手，强化中央企业在引领战略科技力量需求方面的作用。为在更大范围更有效率地发挥中央企业在国家创新体系中的领先用户和需求牵引功能，建议进一步研究制定中央企业支持自主创新的采购政策，建立中央企业采购自主创新产品协调机制，对国内企业开发的具有自主知识产权的重要高新技术装备和产品，实施中央企业首购政策，国资委对中央企业采购国产高新技术设备提供特别的政策支持，推动形成中国自主技术标准。

（5）以“母工厂”建设为抓手，强化中央企业在我国先进生产制造体系中的引领示范作用。以智能工厂和工业互联网的研发应用为核心，加快前沿生产制造技术体系的突破。推动高新技术的快速、高质工程化（包括小试、中试和规模化生产），通过研究开发部门和“母工厂”的协同合作，加速中央企业战略性技术的开发和创新。为中央企业在全国乃至全球的子（分）公司和生产制造基地提供标准、设备、工序、工艺、模具、工具等方面的生产技术支援，提高中央企业的总体制造能力和生产效率。

中央企业在强化国家战略科技力量中的使命、定位和任务见表3。

表3　中央企业在强化国家战略科技力量中的使命、定位和任务

<table>
<tr><th>战略使命</th><th>定位（优势领域）</th><th>重点任务*</th></tr>
<tr><td rowspan="2">战略科技力量的创新供给者</td><td>复杂产品系统技术突破与产业化</td><td rowspan="3">1. “母工厂”建设
2. 战略性技术的需求和应用
3. 关键共性技术研发和扩散
4. 组织攻关国家科技重大专项
5. 产业链“链长”（科技和产业总体推进体系）</td></tr>
<tr><td>新兴产业领域突破性技术的产业化，特别是规模化产业化</td></tr>
<tr><td>战略科技力量的组织带动者</td><td>中央企业具有技术优势基础的关键共性技术</td></tr>
</table>

注：* 表示这五项重点任务都兼具强化国家战略科技力量创新供给者属性和组织带动者属性，但总体上看，由上而下，中央企业在强化国家战略科技力量方面的公共性，即组织带动者属性逐步加强。

第四节　提升我国产业链现代化水平

国有企业由于天然具有服务国家战略，弥补市场失灵，争当科技创新“排头兵”“领头雁”的性质、特点及优势，未来可以通过以下途径在我国产业链现代化建设和实现高水平科技自立自强中发挥更多更大作用。

（1）加强顶层设计，从提升产业链现代化水平角度优化国有资本布局。全产业链布局并不是国有企业在市场竞争和实现国家战略布局意图过程中的理性选择，应该对国有企业重新进行功能定位，根据其自身功能合理进行产业链布局。对于具有特殊功能的商业类国有企业，应该制定详细的产业链分类目录，明确国有企业需要控制的链条和具体环节，并在此基础上确定国有企业出资形式。一般商业性国有企业应该逐步剥离原有具有行政垄断特征的业务，通过国有资本退出、整合等方式实现该领域的市场化经营。

（2）发挥“补链”功能，打通产业链的堵点和断点。从短期来看，国有企业要针对产业链在中美贸易战和新冠肺炎疫情影响下暴露出的断点和堵点，梳理困难、精准施策，克服产业链在物流运输、国际化采购、资金周转方面的困难，保证产业链能够在极端情况下快速恢复运转的能力，提高产业链韧性。从长期来看，国有企业不能仅满足于产业链“点”的弥补，而应该积极培育国有互联网平台，组织“一条龙”的链式发展。

（3）发挥“延链”功能，实现产业链延展与深化。在现有模式中，国有企业重点在产业链上游布局，与主要在产业链下游布局的民营企业形成相互促进的发展机制。对于新兴的数据产业和网络产业，国有企业应该发挥新型数字基础设施建设和公共服务供给功能，通过发挥“新型举国体制”优势，集中布局5G、工业互联网等“新基建”领域，努力做好“新基建”的研发者、投资者和建设者，提高产业链创新力水平和产业链价值，为产业链数字化发展提供有力支撑。在向社会化流通服务延伸方面，国有企业要在分析产业特性的基础上，通过更加合理的方式为产业链关键环节提供资金融通服务，从而向流通设施、技术装备建设等环节延伸。

（4）发挥“串链”功能，做现代产业链的“链长”。国有企业可以集中力量对关键技术进行攻关，打造产业链共性技术策源地；可以利用规模优势赋能传统产业，实现产业链各个环节的效率提升；还可以通过优秀国有企业家的引领带活一条产业链。国有企业具有进行国家战略部署的责任担当。在社会主义市场经济条件下，我国产业链现代化的实现不仅需要关注经济绩效，还需要为国家未来产业发展夯实基础，为产业安全做好储备。尤其是在当前国际环境下，国有企业是政府宏观调控职能在企业层面的延伸，一方面加强对新兴产业链的引领，另一方面对面临较大风险产业链进行协调和支持。

（5）发挥“稳链”功能，保障产业链安全。国有企业要牢牢树立底线思维和安全意识，发挥在重要能源和重要物资方面的支撑作用，保障产业链安全与国民经济平稳运行。尤其在粮食和能源资源产业链上，更应该发挥国有企业“稳链”功能，保障国家能源安全和经济安全。

第五节　完善国有企业利润分配机制

国有企业利润分配是社会关注的焦点问题，对于改善我国收入分配状况、促进实现共同富裕，具有极为重要的积极意义。

（1）进一步提高国有资本收益的收取比例和上缴财政比例。国有资本经营收益上缴财政比例近几年逐年提高，2020 年已超过 30%，但就总体而言，其上缴比例仍有进一步提高的空间，主要是因为国有资本经营收入的上涨空间较大，而国有资本经营支出并非刚性，应尽量实现收支两条线，避免出现“以收定支”的情况。提高国有资本收益的上缴财政比例，让国有资本经营收益更多更公平地惠及全体人民，有助于增强广大人民群众的获得感和幸福感，促进人的全面发展，实现全体人民共同富裕，推进社会主义现代化强国建设。

（2）国有资本支出向民生类支出倾斜。现阶段，我国仍存在大量低收入人口，存在较大的地区差异和城乡差异，应将国企利润的使用更多向低收入者倾斜，投向民生类支出。全民分红可作为长期改革方向，在我国主要矛盾有所缓解并且国企收益大幅增加的前提下进行。

（3）国有资本划转政策向农村倾斜，实现地区统筹。①向农村地区倾斜。我国目前收入分配差距主要体现在城乡差异，国有资本划转社保基金的实践有利于城镇退休人员养老金的稳定长期发展，但忽视了农村地区居民享受国企收益的权利，因此未来的划转安排应扩展社保范围，覆盖农村群体。除了老年人外，也应进一步覆盖其他应享受社会保障的人群。②实现地区统筹。近些年劳动力的流动性较大，内陆地区劳动人口大量向沿海城市流动，使不同地区的人口抚养比差异较大，部分地区老龄化压力过大，因此，社保基金的可持续性具有较大的地区差异。一般情况下，劳动力流失地区的国有企业经营情况也不如劳动力流入地，若不进行地区统筹，国有资本划转社保基金将加剧不同地区的社保基金差异，进一步扩大收入差距。因此国有资本划转社保基金后，需要国家从宏观层面进行统筹，缩小地区差距。③在逐步完善国资划转后续工作的过程中，还需要完善配套政策以优化划转国资的经营并预防国有资本流失。

第六节　发挥国有企业在乡村振兴中的引领作用

推进乡村振兴是我国在取得脱贫攻坚胜利后继续向共同富裕迈进的重要一步。国有企业应以市场化为原则，多措并举，创新体制机制安排，探索促进农民创富能力、收入水平提升的长效路径，促进城乡收入均等化，推动乡村生活共同富裕。

（1）搭建乡村振兴产业资源对接平台，提升国企产业对接效率。一是创新体制安排，搭建乡村地区特色资源、产业与国有企业对接合作的数字化平台。在脱贫攻坚向乡村振兴转变过程中，亟须创新体制安排，建议从探索搭建省级层面乡村振兴资源对接数字化平台着手，逐步发展建设成全国性平台，即逐步实现从扶贫“分”任务集中攻坚向乡村振兴“统”目标长效机制的转变，提升国有企业资源和优势与乡村地区特色资源和产业的对接效率。二是突出乡村振兴资源对接平台的专业化、数字化特征。汇总分散各地各部门脱贫攻坚已取得的成绩、建设的基础以及尚存在的问题相关信息，组织专业化力量进行分析诊断，对乡村地区资源和产业进行全面画像、精准识别，并通过数字化手段，动态更新信息，提升国有企业与乡村地区结对引领匹配效率。

（2）构建国企协同推进乡村振兴机制，促进产业链完整有序发展。国有企业应跨产业协作，突破一家企业带动一个地区产业链发展的局面，沿产业链引入资源互补的其他国企，发挥各自优势，与头部企业（“链主”企业）协同助力乡村振兴。国有企业应跨区域协作，推进不同地区具有同一产业优势国有企业之间的协作，共同帮扶同类资源乡村地区产业建设，实现规模经济效应，降低帮扶成本。国有企业应与民营企业跨所有制协作，国有企业利用其资金、品牌和经验管理优势，发挥引领、破壁的作用，民营企业在不同的产业链环节和国有企业形成有效分工，共同推进贫困地区产业发展。

（3）合力打造扶贫产品的消费平台，提升脱贫地区产品的市场竞争力。建议国资委统筹做好顶层设计，依托现有的中央企业消费扶贫电商平台，进一步吸引各省国有企业建立地方专馆，引导所有国有企业齐力引流，搞好扶贫产品的电子商务平台。消费帮扶要坚持市场化和品牌化的方向，逐步帮助扶贫产品形成价格竞争力和品质竞争力，打造有效的消费扶贫长效机制。

（4）支持国企成立乡村产业发展基金或乡村振兴基金，推动金融助力乡村振兴。国有企业乡村振兴基金主要发挥如下功能：一是促进研发功能。深入研究贫困地区的资源、开发出符合市场需求的特色产品是产业发展中的关键。设立专门的乡村振兴基金，为产业扶贫注入持续的科技力量。二是投资收益功能。鼓励将乡村振兴基金进行专业化投资，为脱贫地区造血。三是培训教育功能。通过基金支持，统一协调、分类施策，开展乡村地区人力资源开发、职业技能培训，提升农民参与产业发展的技能和实用知识。

（5）继续发挥国企在基础设施建设、文化思想引领方面的优势，着力推动优化乡村营商环境。一是完善乡村基础设施，尤其是数字网络基础设施建设。不仅要在交通方面，更要在信息方面，畅通乡村与城市交流的渠道，促进双方互联互通，形成各类企业“走进来”，乡村产品、劳动力“走出去”的良好运行机制。二是继续在扶志扶智方面发挥引领作用，促进乡村营商软环境建设。通过对基层干部、致富带头人、农民骨干的系统培训、交流，提升其自我价值实现意识、规则遵守意识、市场竞争意识，形成人人具有“我要致富、我能致富”的良好氛围。

第七节　更好发挥国有企业在“以内促外”中的作用

在当前复杂的外部环境下，要更好发挥国有企业在“以内促外”中的作用，无疑对国有企业提出了更高的要求。

（1）科学谋划国企国际化经营顶层设计。国企自身具有经济、社会与政治三重属性，因此为谋求长期战略合作的可持续，应立足于科学谋划其国际化经营战略的顶层设计，寻求与东道国之间利益的平衡点。国企应通过制定科学的战略规划以及完善绩效评价和追责机制，合理地把握国企国际化经营的节奏、力度与次序。

（2）重视产权保护和合规经营。高层管理人员应明确认识到知识产权的保护是国有企业的基础性工作，要给予充分重视。根据实际情况管理企业知识产权，落实国有企业知识产权管理的内容和细节，健全知识产权侵权惩罚性赔偿制度。重视合规经营，维护国有企业形象。国有企业要积极融入当地环境，充分关注东道国本国的制度环境和文化因素差异，对东道国进行充分准确的风险评估，在熟悉当地制度、文化环境和适应能力的基础上作出慎重决策。

（3）深度嵌入目标国，提升国际化经营效率。在目标国市场本土化经营更深入的企业，在新冠肺炎疫情之中保证了供应的持续性，取得优势，使扩大市场份额成为可能，提高了企业绩效。因此，提升国际化经营效率的最有效途径是加深目标国嵌入，进一步强化本土化经营。国有企业落实互利共赢理念，坚持融入本土，打造利益共同体和发展共同体，不但有利于提升沿线国家的经济能力，而且有利于为国家营造良好的国际环境。

（4）提升国有资产监管能力，促进海外利润回归。当前应以制度建设为重点，提升对外投资质量，加强国有企业海外投资规范化建设和运营，充分利用“一带一路”建设的机遇，有效管控和降低投资与对外承包工程风险，促进国际产能合作，实现海外投资精明增长，提升资本监管能力，促进优质资本出海与利润回归。

（5）完善国有企业海外投资运营风险防控体系。近年来，国企作为“走出去”的主力军，在海外的投资运营活动越来越多。随着中央企业的进一步国际化、全球化，境外国有资产规模将会进一步扩大。与此同时，随着境外国有资产总量的不断增加，国有资产流失风险也在不断增长。由于海外复杂的市场环境和当前监管的“鞭长莫及”，不当投融资行为会造成国有资产损失，亟须强化监管。

（6）精准设计制度体系，坚持分类施策与引导。做好对国有企业国际发展的管理和监督工作，引导其规范地从事经营活动，科学制定和出台相关法律文件，为国有企业国际化经营提供制度保障。在制定制度体系过程中要注意聚焦企业所在地区与企业性质的差异，坚持原则性引导与分类施策。我国国有企业“走出去”及“一带一路”共建涉及市场、产业等各个微观领域，这些领域都要进行良好的政策制度设计，确保这一新发展格局能够向纵深推进，取得实效。

第八节　加强人才队伍建设

人力资源是企业的核心资源，直接决定企业的兴衰成败。要提高国有企业的市场竞争能力，必须大力加强人力资源管理，以系统化措施强化人才队伍建设。按照市场规律，明确权责利，干得好就激励，干得不好就调整，实现职务能上能下、人员能进能出、收入能增能减，为构建以价值创造为导向的人才培养、使用、评价和激励体系奠定基础。

（1）在培养原则上，应统筹布局、搭建平台。人才队伍建设无法“毕其功于一役”，必须聚焦时间维度，树立发展意识，着眼企业未来长远战略，以促进内部人力资源优化配置为主，重点培养，分类推荐，梯次备用，做到训战结合、业务管理结合和短期长期结合，支撑企业转型升级。通过制订人才发展规划和储备计划，将人才队伍建设与干部储备视野拓展到企业转型发展的各个关键领域和环节，持续提高优秀年轻人才的比例，确保企业人才“蓄水池”保持一定规模和水平。

（2）在选拔方式上，应人尽其才、才尽其用。建立专门的人力资源管理部门，负责企业所有的人才队伍建设工作，明确相应的管理责任、管理范畴、管理规范、管理目标。人力资源管理部门由企业高管领衔，选拔具有丰富工作经验与能力的人员加以充实，结合企业的发展方向建立和完善人才选拔制度，针对不完善、不科学、不合理之处提出合理的改进措施和对策，建立健全分级分类的职业发展通道，做到知人善任。

（3）在评价标准上，应突出业绩、敢于创新。在标准确立方面，听取多方意见，把人才置于推动企业发展的大局中去考察，构建以业绩为重点，由德、识、能、绩等要素构成的各类人才评价指标体系；针对不同岗位、不同年龄段、不同技术职称等，制定出分类分层的人才评价序列，强化员工一专多能的复合型能力；对有特殊专长、特殊贡献人员，敢于打破学历、资历、职称的限制，最大限度地把各类人才集聚到企业长远发展的事业中去。

（4）在氛围引导上，应优化环境、“文化育人”。国企具有比较优势，例如，职业稳定性强、更关注职工权益的保障、管理更加人性化、突出价值实现和使命担当等。大力营造“尊重人才、珍惜人才、求贤若渴”的文化氛围，通过开展全员建言献策活动，鼓励员工发表真知灼见，发掘一批有思路、善思考、能干事的人才。可聘请外部专业机构进行职业生涯辅导，引导人才根据岗位需要和兴趣方向，针对性地制定职业生涯规划，增强优秀人才的归属感和责任心。此外，还应为优秀人才在居住落户、家属安置及子女教育方面提供协调和帮助，使其安心、安身、安业。

第九节 推动国有企业党的建设

国有企业健康发展要重视强化思想引领。坚持以习近平新时代中国特色社会主义思想为指导，贯彻落实习近平总书记关于改革创新发展等重要讲话和重要指示批示精神，着力在常学常新和学思践悟中提高精神境界，确保始终用党的创新理论武装干部职工头脑、指导改革创新发展实践、推动生产经营工作。要加强企业的党组织建设，通过党组织统领全局的能力和纵向的执行能力，为国有企业在新发展格局中发挥作用提供制度保障。具体来看，党组织应在以下几方面发挥作用：

（1）在企业党委（党组）层面，根据党的十九大新修订的党章，“国有企业党委（党组）发挥领导作用，把方向、管大局、保落实，依照规定讨论和决定企业重大事项”“参与企业重大问题的决策”。这就要求企业党委（党组）从国家和民族整体和长远利益出发，在思想上、政治上、行动上同党中央保持纵向的高度一致，并引导各部门在服务国家战略目标、保障国家安全和国民经济运行、发展前瞻性战略性产业以及完成特殊任务中发挥重要作用，实现党的建设与企业改革发展同频共振、同向聚合。

（2）在企业基层党组织层面，要求配合同级管理层执行上级决策，凝心聚力完成企业中心工作，保证举国体制在企业内部的纵向落地。通过思想政治工作和企业文化工作的开展，发挥基层党组织的战斗堡垒作用和党员职工的先锋模范作用，全面提升企业治理的软实力，这就要求基层党组织同工会、妇联、共青团等组织全面配合，推进构建和谐劳动关系，激发员工的创造性、能动性，将员工思想和行动统一到事业大局之中。

（3）企业党组织的建立和完善，有助于推进“央企/国企＋”创新联合体的建设。科研机构、高等院校等均设有党组织，民营企业的党建工作也在如火如荼地进行。党组织之间的网络化关系可为创新联合体整合资源提供渠道，有效调动各方力量服务于特定的发展战略，保障举国体制的顺利实施。尤其是民营企业建立党组织后，可通过党组织的科层网络，引导和协调民营企业的经营发展，及时、准确地将外部环境的资源信息进行传递，减少其对制度环境的误判，降低适应环境变化的成本，对企业的发展有着正面积极的影响。不同所有制的企业、不同性质的组织以党组织作为桥梁，进行公开透明的信息沟通，形成组织化、制度化、常态化的横向互动机制，为实现举国体制的战略目标凝聚力量。

课题组成员名单

刘国跃　国家能源投资集团有限责任公司党组书记、董事长
黄群慧　中国社会科学院经济研究所所长
宋　畅　国家能源投资集团有限责任公司企管法律部主任
李永生　国家能源投资集团有限责任公司企管法律部副主任
苟慧智　国家能源投资集团有限责任公司综合管理部副主任
周忠科　中共国家能源集团党校常务副校长，培训中心（党建研究所）副主任（所长）
孙宝东　国家能源集团技术经济研究院党委书记、董事长
陈冬青　国电科技环保集团股份有限公司（中国节能减排有限公司）党委书记、董事长
闫国春　中国神华煤制油化工有限公司党委书记、董事长
韩方运　国家能源集团物资有限公司（国能供应链管理集团有限公司）一级业务总监
耿　育　国电电力发展股份有限公司党委委员、副总经理
邵树峰　国家能源投资集团有限责任公司企管法律部改革处经理
王宏伟　国家能源投资集团有限责任公司企管法律部改革处副经理
史　辰　国家能源投资集团有限责任公司企管法律部改革处高级主管
马建信　国电电力发展股份有限公司专职董监事
李　辉　国家能源集团物资有限公司组织人事部高级主管
史卜涛　龙源（北京）风电工程设计咨询有限公司设计师
张　弛　中国社会科学院经济研究所助理研究员
汤铎铎　中国社会科学院经济研究所研究员
赵伟洪　中国社会科学院经济研究所副研究员
续　继　中国社会科学院经济研究所助理研究员
郭冠清　中国社会科学院经济研究所研究员
胡家勇　中国社会科学院经济研究所研究员
陈　健　中国社会科学院经济研究所副研究员
杨耀武　中国社会科学院经济研究所副研究员

黄志刚　中国社会科学院经济研究所助理研究员
刘学梅　吉林财经大学副教授
孙永强　中央民族大学副教授
邓曲恒　中国社会科学院经济研究所研究员
刘洪愧　中国社会科学院经济研究所副研究员
王　琼　中国社会科学院经济研究所副研究员
倪红福　中国社会科学院经济研究所研究员
倪江飞　中国社会科学院经济研究所博士后
田　野　湘潭大学商学院博士研究生
王文斌　中国社会科学院大学经济学院硕士研究生
林　盼　中国社会科学院经济研究所副研究员
熊昌锟　中国社会科学院经济研究所副研究员
王　瑶　中国社会科学院经济研究所副研究员
李连波　中国社会科学院经济研究所副研究员
朱　妍　上海社会科学院社会学研究所副研究员
孙　明　同济大学社会学系主任、副教授
付敏杰　中国社会科学院经济研究所副研究员
陆江源　国家发改委宏观经济研究院经济研究所副研究员
侯燕磊　国家发改委宏观经济研究院经济研究所助理研究员
李　政　吉林大学中国国有经济研究中心主任、教授
张炳雷　吉林大学中国国有经济研究中心副教授
白津夫　吉林大学中国国有经济研究中心专家委员会主任
宋冬林　吉林大学中国特色社会主义政治经济学研究中心主任
刘　瑞　中国人民大学经济学院教授
赵儒煜　吉林大学东北亚学院教授
花秋玲　吉林大学经济学院教授
王　婷　吉林大学经济学院副教授
张东明　吉林大学中国国有经济研究中心副教授
杨思莹　吉林大学经济学院副教授
尹西明　北京理工大学军民融合发展研究中心副主任
张　旭　吉林大学经济学院博士后
王思霓　吉林大学经济学院博士研究生

陈　茜　吉林大学经济学院博士研究生
王一钦　吉林大学经济学院博士研究生
刘丰硕　吉林大学经济学院博士研究生
李善民　中山大学副校长、教授
申广军　中山大学岭南学院副教授
王彩萍　中山大学国际金融学院教授
徐　静　中山大学国际金融学院副教授
郑筱婷　暨南大学经济学院副教授
柳建华　中山大学岭南学院副教授
张　悦　中山大学国际金融学院助理教授
张一林　中山大学岭南学院副教授
姜彦君　中山大学高级金融研究院博士生
黄建烨　中山大学国际金融学院博士生
黄志宏　中山大学管理学院博士生
楠　玉　中国社会科学院经济研究所副研究员
贺　颖　中国社会科学院经济研究所助理研究员
祁瑞华　大连外国语大学语言智能研究中心教授
李琳瑛　大连外国语大学语言智能研究中心教授
梁艺多　大连外国语大学语言智能研究中心副教授
刘彩虹　大连外国语大学语言智能研究中心副教授
王　超　大连外国语大学语言智能研究中心副教授
李珊珊　大连外国语大学语言智能研究中心讲师
郭　旭　大连外国语大学语言智能研究中心讲师
于莹莹　大连外国语大学语言智能研究中心讲师
赵　静　大连外国语大学语言智能研究中心讲师

“国有企业在构建新发展格局中的作用研究”，由国家能源集团、中国社会科学院经济研究所、吉林大学、中山大学、中国社会科学院大学经济学院、中国社会科学院情报信息研究院等单位共同完成，国务院国资委支持厅局为规划发展局。“国有企业在构建新发展格局中的作用研究”课题分为一个总课题和十一个子课题，总课题负责人为黄群慧和经济研究所助理研究员张弛，子课题一“构建新发展格局的历史基础与时代背景”负责人为经济研究所研究员汤铎铎，子课题二“构建新发展格局的理论逻辑与主要内涵”负责人为经济研究所研究员郭冠清，子课题三“构建新发展格局的基本原则与动力机制”负责人为经济研究所研究员邓曲恒，子课题四“构建新发展格局的实践路径与重要着力点”负责人为经济研究所研究员倪红福，子课题五“国有企业在构建新发展格局中的功能定位和主要职责”负责人为经济研究所副研究员林盼，子课题六“国有企业在建设现代市场体系中的作用研究”负责人为经济研究所副研究员付敏杰，子课题七“国有企业在建设现代化产业体系中的作用研究”负责人为吉林大学中国国有经济研究中心主任、教授李政，子课题八“国有企业在促进形成完善收入分配体系中的作用研究”负责人为中山大学副校长、教授李善民，子课题九“国有企业在促进形成新型消费体系中的作用研究”负责人为经济研究所研究员邓曲恒，子课题十“国有企业在‘以内促外’中的作用”负责人为大连外国语大学教授祁瑞华，子课题十一《国有经济蓝皮书——中国国有经济报告（2021）》负责人为中国社会科学院大学副校长、教授高文书。

中国国有经济发展路径：过去、现在和未来[①]

中国的国有企业的源头，可以追溯到两千多年前的春秋战国时期。在那时，国有经济就已经开始出现，并一直占据国家工商业的正统地位。近代以来，从被迫开埠到近代工业化，国有经济在跌宕起伏中，给中华人民共和国在物质和制度方面留下了一些遗产。

中华人民共和国成立以来，国有企业成为我国工业化主力军，但无论是外部环境的计划经济体制，还是内部经营管理制度和企业活力，都存在这样或那样的问题。

中国的经济体制改革，最先考虑的是城市的企业改革，但农村率先取得突破。国有企业改革的第一次体制突破发生在党的十二届三中全会上，中国经济体制改革重心转移到城市。随后在社会主义市场经济目标下，建立和完善现代企业制度成为20世纪90年代改革的主旋律。21世纪初，国有资产监管体制改革成为国有企业改革新的重点。新时代以来，国有企业改革再度启程。

第一章　中国传统经济中的国有经济作用及贡献

在中国漫长的历史发展过程中，形成了较为发达的由政府所有或直接经营的经济部门，我们今天的国有经济对其有着明确的传承，而且两者有着相似的

① 本文所对应的原课题名为“国有经济发展路径研究”。

社会经济属性。具体来说，可以分为国有手工业、国有商业、国有农业以及公共工程等四种类型，以官营手工业和官营商业或专卖制度最具代表性。

一般认为传统中国的国有经济始终非常强大。但如果仔细考察，我们会发现这种观点并不准确。传统中国的国有经济表现出以下特点：早期强于晚期；每个王朝的前期一般也强于后期。这不仅表现在国有经济的规模、门类上，也表现在国家参与的深度上，越到后期，国家对管理、资金、人员招募等的直接干预就越少、越间接。

第一节　中国传统经济中国有经济的产生、发展及其与市场关系

中国传统时期的国有经济，依其与市场关系的变化，可以显著地分为三个阶段：先秦秦汉时期、唐宋时期、明清时期。

第一阶段的主流是基本不依赖市场的国有经济。其典型是西周的“工商食官”制度和西汉的官营盐铁制度，主要特征为政府直接组织商品的生产和流通。中国传统经济中最早关于国有经济的记录是“工商食官”制度。根据记载，该制度出现于夏商时期，在西周达到鼎盛，至战国解体。所谓“工商食官”，即官营手工业和商业的劳动者由官府供养和统一调配，受到官府的严格控制，国有经济的各个环节亦均由官府直接介入。随着先秦时期齐国的“官山海”政策的实施，政府管理国有经济的机构也逐步建立起来。

第二阶段的主流是部分依赖市场的国有经济。宋代以后，国有经济的管理方式逐渐从直接经营转向间接经营，向官民分工合作转化。即便由政府直接管理的部分，如盐、茶、酒专卖政策，政府也不再全面控制商品的生产和流通，而是将部分环节交由市场负责。唐代第五琦和刘晏改革盐法，由官府垄断收购盐户所产之盐，转而高价批发给盐商运销，即实施间接专卖制或就场专卖制。这种制度将食盐生产置于官府的管理之下，而运输和销售则交给市场。宋代的食盐专卖制度由北宋前期的直接专卖制向北宋后期与南宋的间接专卖制转变，一定程度上是对中晚唐刘晏盐法的回归。总体而言，除了酒之外，唐宋时期的盐、茶专卖政策都有明显的市场转向。

第三阶段的主流以市场为主。典型是明后期至清前期的食盐专卖政策，其

特征是官督商销，市场在商品生产和流通的各个环节都占据主导地位。明前期实施开中制，政府通过垄断食盐的生产和收购来获利，成为生产者和销售者的中介。明后期实行纲盐法，食盐的收购、运输和销售都交由市场，政府负责监督。这种官督商销的制度一直延续到清代前期，近代中国国有企业的官督商办制度即来源于此。

在对上述传统中国国有经济的演变进行梳理，以及对其运行实态进行深入剖析之后，我们可以发现，传统中国的国有经济并非始终维持着较大规模，也并不是始终完全由官府垄断经营，而是随着时间的推移不断与市场结合，其经营管理体制也不断地与“市场经济”的环境相适应。不过，传统中国自始至终都没有完全放弃专卖制度，也始终维护着对于民间工商业的歧视和压制政策。在主流的统治阶级理想政治的蓝图中，民间工商业很难占有重要地位。因此，或许我们可以将国有经济向市场的靠近，理解为其由于某些暂时的、特殊的原因，而不得不采取的政策调整，或者说是其“政治智慧”、治理能力理性化程度的体现。用传统中国的政治思想概念来说，壮大国有经济是“经”，向市场妥协是“权”。

第二节　传统中国国有经济的社会根源和思想基础

国有经济在传统中国的出现并非偶然，而是有着深厚的社会根源和思想基础。为更好理解国有经济在传统中国的存在，我们有必要从更广阔的视野，从社会根源与思想基础的角度来分析和讨论传统中国的国有经济的功能和地位。首先从其社会根源来看主要可能有这样一些因素：

一、大一统国家的需求

在中国自秦以来的高度中央集权制度下，国家在广袤的国土上对众多民众实施统治，在垄断了大部分政治和经济权力之后，国家也必须承担相应的义务，才能维持王朝的稳定和长治久安，因为民众认为自己生活的安康与否，与政府的治理能力和合法性有着直接关系。国家需要提供绝大部分公共品，以减轻灾害、饥荒，以及价格和经济波动对民众生活的影响，这是盐、酒、茶等产品专卖的基础，也是政府兴办大规模的水利、交通、漕运、常平仓等公共工程的原因。在这一点上，中国与欧洲有着很大的不同，“与近代以前的欧洲国家相比，明清中国国家把人民（特别是农民）的物质福利作为国家要解决的头等重大的问题。……这些做法在欧洲是完全无法想象的，更遑论做到了”。[①]

二、“重农抑商”的政治需要

传统中国的根基建立在农业之上，历代主流政治和经济思想均认为私人工商业的过度发展会危及农业生产，因此，为了维护农业生产的稳定，抑制工商业对于农业的冲击，国家自然而然地发展起了国有工商业和农业，以达到“抑商”的效果。

三、稳定国家财政收入的需要

传统中国并没有出现用税收来代替直接经营企业的办法，在很大程度上保留了政府直接控制生产或者流通中某些环节的方式。因为政府认为，自己控制某个环节，会使得收入变得稳定可期；另外，这种方式提供的收入有一定的灵活性，统治者可以绕开烦琐的官僚机构，相对自由地支配这些收入。

四、“轻徭薄赋”政策的影响

“轻徭薄赋”在传统中国有着深厚的思想渊源和现实背景。直接增加赋税可能使百姓失去生计与丧失民心，因此历朝历代对赋役政策的制定大多较为慎重。相对于直接增加赋税，国有经济的优势在于“取人不怨”。刘晏通过对食盐的间接专卖，形成了“天下之赋，盐利居半”的格局，还做到了“官收厚利而民不知贵”“不觉而不怨”。因此，国有经济在无法增加农业相关赋税的情况下，建立起了另外一套财政收入系统。

五、掌控工商业税收的技术困难

要从工商业中征税，不仅需要国家对工商业有相当高的管理能力，能够掌握工商业的基本信息，如资本、营业状况、利润等，还需要一整套的税收行政体系和政治安排。明清时期也曾进行过初步尝试但最终失败。对于作为传统中

---

① 李伯重. 中文版序[M]//魏丕信. 18 世纪中国的官僚制度与荒政. 徐建青,译. 南京:江苏人民出版社,2003:17.

国工商业税主要来源的关税，也只能实行一种类似包税的制度。总之，传统中国的政府并不具备对工商业征税的行政能力，而国有经济的“寓税于价”提供了一种税收征收的解决思路。

中国传统的国有经济也有着其独有的经济思想基础，最为重要的当属支持专卖制度的盐铁论。盐铁论主要源于西汉昭帝始元六年（公元前81年）的“盐铁会议”。这是中国历史上，国营垄断思想与自由放任思想最为重要的一场交锋，御史大夫桑弘羊和贤良文学就盐铁专营、酒类专卖和平准均输等问题展开激烈的辩论。以桑弘羊为代表的国家干预思想成为此后中国传统社会国有经济的理论基础，并成为官营手工业发展的理论支撑，而专卖制度就此登上历史舞台，国有经济为国家财政作出了主要贡献。

第三节　管理人员的任用、监督及劳动用工制度嬗变

传统中国国有经济的治理机制有其独有特征，并与后世国有经济较为相近。我们以手工业为例对其特征加以简单概括。作为官营手工业的最高管理机构——我国自隋代起就设立的工部统领了全国主要的官营手工业，负责所属企业的运行和主要管理人员的任用选拔，官营手工业企业主要官员都拥有相应的官阶，并成为封建官僚队伍中的一员。这一组织架构，虽曾有一定的增减损益，但总体上为后世所延续。

这一制度的好处在于，在选择负责制定朝廷宏观政策的最高官员时，那些熟悉市场、具备财经知识的官员往往是首选对象。这令这些官员有较为清晰的晋升空间，从而形成激励。为了避免一人一家长期把持某国有经济部门，官员有可能会保留原缺，以便流动。但是，由于中央集权制度的存在，皇帝常常任命自己的亲信或者太监来掌管这些机构，以方便其绕过官僚体系及相关规章制度，调用金钱和物资。这些官吏的背景及其特殊的政治职能，给官营手工业的管理和监督带来极大困难。

国家对官营手工业中的工匠群体的人身控制经历了一个由严格到相对松弛的过程，这种情况在明清时期表现得尤为明显。明代初期设立了匠户制度，官营手工业的生产者主要有：工部和内府各监局控制下的民匠，都司卫控制下的军匠，以及户部控制下的负责生产食盐的灶丁（户）。明代后期由于商品经济的

发展，货币职能扩大，工匠们对匠户制度的不满和反抗日增，政府对工匠逐步采取“以银代役”的办法，匠籍制度因而废弛。清顺治二年（1645 年）起明确废弃匠户制度，官营手工业和公共工程均改为计工给值的雇募制。

作为传统中国治理体系的重要环节，监察制度也覆盖了国有经济。在明朝，科道系统承担起了监督国有经济负责人的责任。国有经济领导也接受官僚体系考成机制的考核，并将经营绩效与对官员晋升考核联系起来，以此来防止官员的腐败，并激励他们改善国有经济的经营。这一监督体系有两个突出特点：一个是虽然其中既包括对过程的管理也包括对目标的管理，但二者相比，过程管理相对较软，而目标管理通常都是硬指标。另一个是监督是向上负责，官员们的政治前途取决于满足上级部门、领导需要的程度，因此，在实践中往往表现为他们对企业的效益和长远发展的关心程度不及其对朝廷要求的敏感程度。此外，对官营单位工匠也有详细的管理规定。明政府设置了许多针对工匠的法律条文，以使对工匠的管理严密而程序化。

与民营手工业组织相比，官营手工业规模大，分工细密、重视技术，在治理机制上，采用较为严格的科层制，管理制度更为规范严密，在企业文化建设中强调集体主义与荣誉感，在生产中更为偏重对产品质量的监管。但官营手工业缺乏市场意识，对于成本不够敏感，对工匠缺乏激励，企业内部往往衙门习气较重、生产效率较低且浪费严重。

第四节　国有经济对技术进步的贡献

传统中国绝大多数发明创造源于以下几点：农业生产的需要、人民生活和工业品生产的需要、抵御外敌的需要，以及皇室贵族的奢侈消费需求。由于对技术发明的具体过程缺乏真实可信的文献记载，所以很难判定哪些是国营经济领域产生的。但可以肯定的是，相当一部分应出自国有经济领域，特别是官营手工业，或者是基于官营手工业的技术和生产活动。

有不少技术创新和发明是地方官员在匠人的经验基础上创造的，而一些地方官员因为其流动性，也因为其受到考成制度的激励，在技术的传播过程中发挥了重要作用。

官营手工业对于技术进步作出贡献是因为其组织与管理严密，制度程序规范，分工细致且生产不计成本。政府可以动用各种行政手段强征工匠，收罗全国最优秀人才。为了确保能工巧匠认真传授家技于新工匠，还强化了内部工匠的培训制度，制定了若干惩罚措施，规定培训者要向被培训者无保留地传授技艺，新工匠生产的产品同时注明培训者的名字，实行责任连带制。

传统中国国有经济对大一统国家的稳定发挥了重要作用。同时，在经营管理体制、技术创新、监督体制等方面，积累了丰富的经验，尤其是在如何与市场经济相结合方面。仔细梳理传统中国国有经济的发展，不时会发现其与近代、当代一些经济现象的类似和深层相通之处，这不仅有助于我们吸取历史经验，也会促使我们重新认识当代中国的经济体制。因此，对于构建一个阐释中国发展道路和经验的理论而言，历史是不能被排除在外的。

第二章　近代工业化带动下的国有企业及其发展

近代国有经济经历了晚清、北洋以及南京国民政府三个主要发展阶段，具体而言经历了晚清洋务运动、抗日战争以及抗战后三次发展高潮。在这三次高潮中，国家加大了对国有经济的投资或政策倾斜，国有经济获得了快速发展。

第一节　近代国有企业的产生方式

近代中国国有经济的形成方式主要有三种，即接管和没收前任政权的国有企业及商办私人企业、收购和增股商办企业、投资兴办国有企业。这些方式存在于各个时期并相互交织。

一、接管和没收前任政权的国有企业及商办私人企业

北洋时期，对清末“官产”“官业”的处置和将民营企业收归国有构成了北洋政府国有经济的重要基础。其中，“官产”以田地、房产为主；“官业”主要包括各省的官办企业，各部所辖中央直属官办企业①，以及十几家官办军工

① 杜恂诚，严国海，孙林．中国近代国有经济思想、制度与演变[M]．上海：上海人民出版社，2007：190－191.

企业。

南京国民政府成立后，从北洋政府手中接管了军事工业企业，以“逆产”之名没收北洋政府和地方军阀合办的银行、工矿、交通等企事业，构成国民政府最早的国家资本。

抗战胜利后，国民党政府通过接收大笔敌伪资产和沦陷区的工矿企业，组建多个全国性和地方性的国有企业集团，国有经济成分在全国新式工矿企业资本总额中所占的比重迅速提高。1947 年，国民政府资源委员会的工业产品在国民党统治区内所占的百分比，电力为 63%，煤为 33%，钢铁为 90%，钨为 100%，锡为 70%，水泥为 45%，糖则上升为 90%。

二、收购和增股商办企业

当政府基本有效地控制社会和经济，而官僚阶层又没有受到应有的监督约束时，官僚阶层可以通过多种途径攫夺国民财富。[①] 民国初年，袁世凯推行“统一路政”政策，各省民办铁路公司基本上被解散并收归国有。政府在因此获得高额收益以及以此担保获得大量借款的同时，却拖欠股款本息迟迟不还。

南京政府成立后，一方面，以远低于资本金和资产的代价，强行将民间商办股份公司收归国有，如商办轮船招商局的国有化案例。[②] 另一方面，通过强行参股来控制企业，主要表现在对国内一些实力雄厚的银行实行国有化。[③]

三、投资兴办国有企业

近代投资兴办的国有企业中，晚清政府主要创办了将近 20 家军事工业企业，后又陆续创建近千家民用工矿企业。北洋政府时期国有经济总体处于萎缩状态，只有 2 家新建的军事工业企业，在民用工业方面几乎毫无建树，一些官办企业还归于商办。

南京政府利用国家政权的力量直接投资和新建了一批国有企业，包括国民政府中央机构投资兴办的企业，地方政府投资兴办的企业，国家银行通过投资、

---

① 杜恂诚，严国海，孙林．中国近代国有经济思想、制度与演变[M]．上海：上海人民出版社，2007：192.

② 张后铨．招商局史（近代部分）[M]．北京：人民交通出版社，1998：407.

③ 中国银行总行，中国第二历史档案馆．中国银行行史资料汇编・上编（一）[M]．北京：档案出版社，1991：383.

贷款等方式控制的若干民营企业，等等。实业部、资源委员会、建设委员会、全国经济委员会等都参与其中，建立了一些国有工矿企业。但总体而言，国家资本在全国工矿业资本中尚未形成垄断地位。[①]

第二节　对国有经济的定位及发展

纵观中国历史，近代国有企业的发展可谓前无古人，无论是投资的规模、企业的数量、涉足的领域，还是国家对于企业干预的深度、国有企业对于国民经济的重要性，都远超历史上任何一个时期。这一时期，政治、经济、军事、社会诸方面变化剧烈，也映射在国有经济中。其间，各个时期的政府不断尝试改进和探索企业机制，留下了不少有益的经验。

一、晚清政府时期国有经济的定位及发展

晚清政府最初对于工业化并无明确认识，也没有明确的关于经济增长的诉求，其发展国有企业的初衷与传统中国对待官营手工业并无太大不同，即需要获得特定的、市场无法提供的产品。洋务运动时期国有企业的创办大体可分为三个阶段：第一阶段（1860—1872 年）为建立军事工业的阶段。该阶段创办了近代中国第一批军事官办企业。第二阶段（1872—1885 年）为围绕军事工业建立以“求富”为目标的工业企业阶段。该阶段创建了中国最早的一批近代民用工业企业。第三阶段（1885—1894 年）为修建铁路、发展炼铁及纺织工业阶段。[②] 甲午战争后，国有资本发展速度开始落后于民族资本。这些国有企业在产权界定、法律地位、经费运用方面，与传统的官营手工业或者专卖产业一样，是比较随意的，到清末新政时，情况开始改变，政府逐渐将国有企业视为独立主体，并试图从法律上和政治上对其加以规范。

地方大宪成为洋务运动最直接的操办人。清政府以地方大宪对洋务企业的实际控制权和经营权作为激励，地方大宪也将洋务企业的兴办作为巩固、扩大其政治权势的重要途径。

在这一时期，企业的组织形式不断演变，从以官办和官督商办为主，发展

① 虞宝棠．国民政府与民国经济[M]．上海：华东师范大学出版社，1998：153.

② 牟安世．洋务运动[M]．上海：上海人民出版社，1956：2.

到官办、官督商办、官商合办、商办等多种形式并存。

二、北洋政府时期国有经济的定位及发展

北洋时期政府控制力弱，缺乏足够的税收以维持政府正常的支出。因而其全力控制金融业，进而控制更多的产业以便解决财政困难。这一时期军阀当政，呈现出“国家私人化”特征，国家与军阀派系的利益有时公私不分，军阀和围绕在他们身边的利益集团，纷纷投资到国有企业中。这些国有企业的利润相当一部分进入了私人的口袋，但这些人在政府面临财政危机时也会因为深切的利益关系伸出援助之手，甚至有时军阀会将其家族或者派系的企业收归公有。这一时期，创办企业的数量和资本总额都比晚清时期多一倍以上，但国有资本创办企业为数甚少，规模萎缩。北洋政府时期的国有经济发展处于相对较为缓慢的阶段，只有奉系和晋系等军阀控制地区，因为统治比较稳定，官办企业得到一定发展。

三、南京政府时期国有经济的定位及发展

南京政府对于经济增长、国家工业化及其发展路径有了明确的认识，同时国家汲取能力也有了较大提升。在“节制私人资本，发达国家资本”思想指导下，国有企业在国民政府的经济发展理念中占有重要地位，同时，政府对于国有企业的干预程度也更深更强。

全面抗战爆发之前，南京政府的国有经济发展大致经历了三个阶段。[①] 第一阶段（1927 年至 1931 年 9 月）为国家财政政策与财政整顿建设阶段。第二阶段（1931 年 9 月至 1935 年）致力于建立以中央银行为核心的国家银行体系，统一国家货币。第三阶段（1935 年至 1937 年）为以重化工业和资源工业为重点的国有经济政策的形成阶段。但这一时期，国有经济并未出现大规模的扩张。

抗战时期，南京政府为确保战时经济积极实施统制经济政策，发展国家资本企业。战时国家资本企业的扩张，还表现在战时其他政府机构或者独资建立国家资本企业，或者以合股、参股民营企业等形式向重工业、基础工业之外的其他经济领域的渗透与发展，从而使得国家资本企业在战时得以实现全方位的

---

① 张忠民，朱婷．略论南京政府抗战前的国有经济政策（1927—1937）[J]．社会科学，2005（8）：94－96.

扩张。以资源委员会所属企业为主体的国有资本企业基本上已经确立了其在重工业、基础工业领域中的主导地位，其生产几乎覆盖当时中国有生产能力的所有工业类别。这一扩张趋势一直延续到抗战结束后，当时国有经济的发展达到顶峰。

第三节 近代中国国有经济的布局、结构与制度

本节从国有企业的区域布局和产业结构、所有制形式和生产管理、资本投入、监管体制的变迁四个方面来叙述近代国有企业发展变迁过程。

一、区域布局和产业结构

在近代，国有企业的区域布局和产业结构受到政府需求、市场、战争、自然资源等方面的影响。国有企业区域布局和产业结构随着政府控制力强弱和政治体制的变化呈现出不同特征。晚清时期，政府为抵御外敌兴办军事工业，区域布局的变化与地方大宪政治势力范围密切相关；北洋政府为解决财政问题，将官办企业范围扩大，不再局限于机、船、路、矿等行业。地方军阀为加强对所辖国有企业的控制，大力发展金融业。南京国民政府初期，市场条件较为成熟的江、浙、沪一带是国有企业发展的中心地带；抗战时期，国有企业西迁，产业结构也向重化工业转移。

在南京国民政府时期，国有企业本身所具有的丰富政治、经济资源，为官员提供了巨大的寻租机会，国民政府也将其作为一种隐性的激励手段，从而导致党派激烈斗争以争夺国有企业的控制权，在一定程度上影响了企业的布局和发展。

在近代，重工业和军事工业一直是国有经济发展的重心，即使在 1942 年以后，国有资本在水电、冶炼、电器和机械等重工业领域的占比也保持在 80% ~ 90%。晚清和北洋时期，金融业曾经在国有经济中占有重要地位，但国有资本在轻纺工业中的占比相对不高。与产业结构相对应，近代国有经济大多为规模较大的资金密集型企业。

在产业结构方面，负担不同功能的国有企业分布特征逐渐形成，比如江、浙、沪一带的国有企业主要承担消费品的生产，华北地区以生产品、重工业等

为主，西北和东北地区则以发展军事工业为主。

以军工行业为例，政府对于军工企业的资金、人员等相关生产要素的配备是非常齐全的，但对于一些竞争行业政府只投入部分资金。

二、所有制形式和生产管理

近代国有企业的所有制形式大致可以分为国有独资、全资企业，国有控股企业，国有参股企业等三种主要类型。抗战之前，政府主要以参股形式投资企业，独资、全资类型的企业相对较少；抗战之后，统制经济思想成为主流，国有独资成为政府投资创办企业的主要形式，在国家投资的企业中占比超过50%。

在生产管理方面，国有企业生产管理方式与政府控制劳动力的手段、相关经济政策、户籍制度等密不可分。近代工业企业中，基于传统宗族社会关系的工头制、包工制是主要的生产管理方式；国民党统治时期，国有企业中出现了单位制的萌芽，具体表现为：以直接雇佣制代替包工制，以及随着科学管理等现代企业管理方式的传入，工头制、包工制逐渐转向工程师制、经理制，技术官僚阶层开始出现，并全面掌握了国有企业的经营管理。① 在一些行业，有了一定的“企业办社会”的意味。

三、来自政府的资本投入

近代政府投资企业的形式主要为资本、实物和特权三种。具体而言，资本投入包含入股和借款两种方式。实物投入包括投资机器、房产、矿业权、土地使用权等。特权投入主要指为企业减免税额、给予企业优惠以及种种特殊权益等。这种特权有时会直接转化为股份，有时会以“报效”的方式，使政府获得收益分配权，因此，我们可以把它视为政府的一种投入。

近代政府通过特权、借款、减免税收、强取豪夺等多种形式控制国有企业的所有权和经营权。政府的深度介入，使国有企业经营管理过于行政化，造成诸如内部人控制、预算软约束、官员寻租等问题。随着时间的推移和政府治理方式的转变，政府投资国有企业的形式逐渐转变为以资金投入为主，并试图增强国有企业与市场的联系，也因而减少在实物、特权方面的投入。

---

① 路风．单位：一种特殊的社会组织形式[J]．中国社会科学，1989(1)：18.

四、监管体制的变迁

近代以来，为平衡财政收支，政府在国有企业的监管方面进行了诸多努力。但由于监督权力政出多门，政府与企业之间的委托代理关系比较复杂且产权模糊，因此对国有企业的监督成本很高。晚清时期，政府主要通过对地方大宪的监察来管理国有企业，初步形成了财政预算制度，但实施效果不佳。北洋时期，虽然政府针对各个行业分别制定了相应的监督法规，但政府统治力较弱。北洋政府、各地军阀与商人之间权钱交易频繁，监管形同虚设。南京国民政府时期，虽然政府希望发挥公司内部治理的监督作用，但由于国民党官僚将国有企业视为斗争、敛财的工具，企业内部的董监事会并没有发挥应有的作用；同时，南京国民政府时期出现了专门针对国有企业的审计、监理等方面的法律法规，首次形成系统性、整体性的监管法律体系。

第四节　近代国有经济的遗产

近代国有经济的百年发展历程，对近代中国社会经济的发展产生了深远的影响，也为新中国留下了一些优秀的遗产，具体而言包括物质遗产和制度遗产两个方面。

一、物质遗产

在新中国成立初期，“在把解放以前垄断全国经济命脉的官僚资本企业、帝国主义在华企业加以没收和接管之后，就建立了强大的社会主义国营工业”。[①] 各省政府通过没收官僚资本和反革命分子的资产，亦建立起数量众多但规模较小的地方国营企业，极大促进了新中国成立初期地方社会经济的发展及进步。这就是近代国有经济的物质遗产。

二、制度遗产

虽然民国时期的国营企业在经营上有掠夺、剥削的性质，但其企业结构、

① 祝慈寿．中国近代工业史[M]．重庆：重庆出版社，1989：914.

生产管理、技术管理系统作为社会化大生产的产物，对社会主义国有经济的建设和发展无疑具有重要的借鉴意义。近代国有企业留给新中国国有经济的制度遗产主要有：鲜明的层级制管理体系；重视技术、荣誉鼓励的激励措施，以及强调集体主义的企业文化；企业提供社会服务与福利以增强认同感；等等。这些制度遗产经历改造、丰富和完善以后，在新中国的国有企业中大多得到了延续，而一些与之相伴的缺陷，如官僚主义和形式主义、信息传递的高成本低效率，也同样遗留了下来。

近代中国复杂多样的经济环境为国有企业的发展提供了充分“试错”机会，这对当前我国国有经济的改革具有参考意义。近代国有企业的这些实践，继承了中国官营企业的传统，同时也延续了许多制度特征、运营方式，这提醒我们需要从根本的意义上、更长远的历史时段去研究和探索国有企业在中国的发展，确定其价值。

第三章　中华人民共和国成立以后到改革开放以前的国有企业

中华人民共和国成立以后，通过没收官僚资本，接收国外资本，加上原来的中国共产党政权领导的公有制企业，初步形成了国有经济的架构。在“一五”时期又通过对民族资本主义工商业改造、实施以“156 项”重点工程为核心的工业建设，建立了工业化的初步基础。随着国家不断投入资本，国有经济占比不断提升，覆盖面不断扩展，国有企业成为国民经济的主体，为这一时期的经济发展作出了重要的贡献。而其间出于战备需要进行的“三线建设”，一定程度上调整了国有经济的区域布局。高度集权、高度集中的管理体制带来的僵化问题，迫使我国不断地调整管理体制，但在不能突破计划经济体制的前提下，国有企业管理最终归于一次次的收放循环。

第一节　共和国国有企业的来源及构成

中华人民共和国成立之后，国有企业主要源于四个方面：中国共产党建立的公有制经济，接收的官僚资本和外资企业，对民族资本主义企业的改造，以及在社会主义建设过程中建立起来的国有企业。

一、中国共产党建立和管理公有制经济

早在土地革命时期，在中央苏区等革命根据地，中共就开始建立一些国营工商业企业，如中央兵工厂、中央被服厂、中央印刷厂、中华钨矿公司等工矿企业，中华苏维埃钨砂公司、博生股份有限公司、兴国樟脑股份有限公司和中华商业公司等商业企业。公有商业贸易企业向外输出，用苏区的土特农副产品，换回盐、布、煤油等工业品，保障和改善了苏区工农群众的日常生活和生产。根据地政权为了筹措资金，建立了东固平民银行、闽西工农银行、江西工农银行以及中华苏维埃共和国国家银行等金融机构。初期，这些公营经济主要为战争服务，为财政提供的资金很少，人民负担能力也有限，能够取之于民的财源不多。后期，受战争的影响，这些公营经济对于财政经济的支持作用也不是很大。值得注意的是，中央苏区财政人民委员会设立了国有资产管理科，这是中共政权国有资产管理的开端。革命政权最初对公有企业采取军事化的管理方式，实行军事管制，政委决定厂里一切事务。在企业领导体制上，实行“三人团”制度，领导层由厂长、党支部代表和工会代表组成。1934 年发布的《苏维埃国有工厂管理条例》规定国有工厂的负责者为厂长，厂长之下设工厂管理委员会，由厂长、党支部代表、工会代表、团支部代表、工厂其他负责人、工人代表等 5～7人组成，民主管理企业。初期国有工厂工人的报酬与军队战士一样，实行供给制，1932 年将供给制改为工资制。

抗日战争时期，中国共产党开始在边区建设公营工业，服务于根据地的军事斗争、农业生产和人民生活。在延安先后建立了纺织厂、造纸厂、被服厂、农具厂、制革厂、制鞋厂、石油厂以及八路军制药厂。1943 年以后，抗日根据地开展大生产运动，执行“发展经济，保障供给”的方针，边区公营工业有了新的发展。到抗日战争结束，陕甘宁边区公营大小工厂达 120 余家，职工 1.2 万余人；同时，其他抗日根据地的公营工业也获得了发展。在这一时期，公营商业也逐步发展，并建立了相应的管理机构和一些规章制度，如“集中领导，分散经营”等。另外，建立了以陕甘宁边区银行为代表的金融机构，并独立发行货币。这些都有力地支持了中共的军事斗争。抗日战争初期，根据地的公有工厂管理一度是“三权”（行政、党支部和工会）鼎立，工厂管理不协调。抗日战争后期，公有企业管理体制探索“厂务会议”制，实行以厂长为主的“一元化”

领导体制，厂长代表政府，集中管理工厂内部的一切，凡有关生产的问题，厂长有最后决定权，并建立经济核算制。抗日根据地公有企业早期工人实行津贴制，即吃穿等由公家供给，发很少的津贴费。后为调动工人的生产积极性，将津贴制改为工资制，较好地贯彻了按劳分配原则。

解放战争时期，中国共产党领导的政权接管城市，经济工作重心从农村转移到城市，国营经济获得巨大的发展，开始遍及工业、农业、交通运输、商业、银行等领域。在这一时期，解放区的城市经济和工矿业生产得到了迅速的恢复和发展。1948 年底，华北银行、北海银行、西北农民银行合并为中国人民银行，中国人民银行体系初步创立。公营贸易公司迅速发展，组织形式也做了较大的调整，除将机关、部队办的商店并入政府系统的公营商业并实行统一领导外，有的地方政府还将原来综合经营的公司改为专业公司。解放战争时期，公有企业管理实行“工厂管理委员会”制，工厂管理委员会由厂长、副厂长、总工程师、工会主席（以上为当然委员）和其他生产负责人（由厂长提名，上级决定）以及相当于以上人数的职工代表（由职工大会或职工代表大会选举产生）组成，厂长由上级机关任命。解放区政府主管部门与所属企业曾探索过报销制、营业制、制造费制三种形式的财务制度。公有企业注重培养技术干部和管理干部，号召学习劳动英雄，开展生产竞赛，注重思想教育。这些管理方式延续到中华人民共和国成立后国有企业的管理之中。

中共政权创办的这些公营企业成为当代中国公有经济的来源之一，但所占比重并不是很高。中共通过对这些公营企业的经营管理，积累了一定的企业经营管理经验，并培养了一批熟悉国有企业的干部队伍。

二、接收官僚资本和外资企业

1948 年国民党统治区全部工业资本中，官僚资本占了 2/3 左右。新中国成立前夕，国民政府资源委员会掌握了全国钢铁产量的 90%，煤的 33%，电力的 67%，水泥的 45%，以及全部石油和有色金属。中国纺织公司拥有的纱锭占全国的 37.6%，拥有的织布机占全国机械厂织布机的 60%。政府还控制着全国的铁路、公路、航空运输和 44% 的轮船吨位，以及十几家垄断性贸易公司。

在金融方面，人民政府接管了“四行两局一库”系统（中央银行、中国银行、交通银行、中国农民银行，中央信托局、邮政储金汇业局，中央合作金库）、国民党省市地方系统的2400多家银行，以及国民党官商合办的其他银行中的官股，将其改组为中国人民银行的分支机构。

在工业方面，人民政府接管了国民政府资源委员会、中国纺织建设公司、国民党兵工系统和军事后勤系统所办企业，国民政府交通部、粮食部和其他部门所办企业，官僚“商办”企业，“CC”系统的国民党党营企业，各省地方官僚资本系统的企业。

在商业方面，人民政府接管了复兴、富华、中国茶叶、中国石油、中国盐业、中国蚕丝、中国植物油、孚中、中国进出口、金山贸易、利泰、杨子建业、长江、中美实业等十几家垄断性贸易公司。

在交通运输方面，人民政府接管了国民政府交通部所辖全部交通运输企业。

在人民政府接管国民党官僚资本和汉奸、战犯、反革命分子企业时，为了避免混乱和生产中断，采取了基本上“原封不动”的接管政策，只对明显不合理的制度做了小范围的调整改革。事实证明，采取不打乱原有企业机构接收官僚资本企业的办法，有利于恢复和发展经济，没有发生生产经营停顿、破坏企业设备的现象。政权和社会趋于稳定后，人民政府即着手对国营企业进行民主改革，以清除这些企业中残存的封建制度、反动党团组织和裙带关系。一是改变企业领导机构，由派遣军事代表进行监督和间接管理改为国家委派企业领导人（厂长、经理）直接管理企业的一切活动。二是清除封建残余制度，废除纺织企业的“搜身制”“工头制”和煤矿的“把头制”，进行了人事调整，调动工人的生产积极性。三是建立有工人参加的工厂管理委员会、职工代表会，并落实责任制。四是按照各尽所能、按劳分配原则，调整工资制度。

通过没收官僚资本，新中国的国有经济在金融和现代工业、交通等领域建立起来。1949年社会主义性质的国有经济在金融、现代工业、交通运输、外贸等领域已经居于主导地位①，占有绝对的优势。

新中国成立时，在华的外国企业还有1000多家，主要是英美资本。在政府有序接管外资企业过程中，一些外资银行、洋行申请歇业，有些企业外国资本放弃经营，有些外资企业自动转让给中国政府，以抵偿其在中国的债务，有些企业由中国政府作价收购。抗美援朝战争爆发后，中国政府宣布管制、清查美

① 吴太昌，武力．中国国家资本的历史分析［M］．北京：中国社会科学出版社，2012：261.

国政府和企业在华财产，征用和代管部分英国在华企业。根据《中苏友好同盟互助条约》，苏联陆续移交其在我国东北的一些财产。到1952年底，有关国计民生及带有垄断性的重要外资企业、内河航运设备以及西方国家凭借特权非法占领的农地、兵营、跑马场、空地等房地产已经全部收归国有。

三、改造资本主义工商业

1949年，我国资本主义工业企业12.3万多家，职工占全国职工总数的53.7%，总产值占全国工业企业的63.3%。对资本主义工商业的社会主义改造是从对私营金融业的改造开始，并于1952年完成的。这为其他行业提供了样板。1953年之前，“改造”政策主要内容是对私营企业改组、合并、调整以及单个企业的公私合营。“过渡时期总路线”提出后，“改造”政策有了改变，即通过“和平赎买”将私营企业转变为国营企业。国家改造私营资本主义工商业的路径是国家资本主义，初级形式是国家向私营企业加工订货、统购包销，高级形式是公私合营。1956年底，私营资本主义工商业改造完成，涉及99%的户数、98.9%的职工以及99.6%的总产值，全国公私合营企业的私股股额为24.1864亿元，实现了私营经济向公有制经济的转变。

1956年到1957年，国家对公私合营企业改组。大部分不动，小部分调整。1958年，对公私合营企业进行经济大改组，打破企业、行业界限，打破国营、公私合营界限，统一规划、统一调整，公私合营企业并入了国营企业。

对资本家私营资本支付的赎买金，在1956年全行业公私合营以前，主要是以“四马分肥”政策向资方支付企业全部盈余的25%。全行业公私合营以后，对于私人资本实行定息政策，一般是年息5%，共发了10年零9个月。资本家利润所得为14亿元，股息、红利所得约1亿元，定息所得约11.5亿元，合计为26.5亿元。资产阶级得到的赎买金同其原来的资本大体相当。

四、投资新建国有企业

国家大规模投资建设国有企业是新中国成立后国有经济扩张的主要原因，这在早期的几个五年计划当中都有体现。“一五”计划是新中国工业化的开端。“一五”计划首要的基本任务，是集中主要力量进行以苏联帮助我国设计的156项建设项目为中心、由限额以上的694项建设项目组成的工业建设，以建立我国的社会主义工业化初步基础。[①] 建设156项重点工程是“一五”计划的重中之重，这是以重工业化为基础的新中国工业化发展，它涵盖了煤炭、石油、电力、钢铁、有色金属、化工、机械等多项基础工业项目以及少量的轻工业项目。此外，还有相当一部分是航空、电子、兵器、航天、船舶等军事工业项目。大部分项目在“一五”期间开工建设，一直延续到“二五”时期。

苏联援建中国的156项建设项目，实际建设完成150项，其中，造纸业1项，制药业2项，其余12个重工业行业的建设项目有147项，重工业建设项目占98%。除156项建设项目外，“一五”时期施工的工程还有限额以上921项建设项目，以及其他工矿业建设项目，建设单位达上万个。其中，黑色金属工业312个、电力工业599个、煤炭工业600个、石油工业22个、金属加工工业1922个、化学工业637个、建筑材料工业832个、造纸工业253个、纺织工业613个、食品及其他轻工业约5000个。

156项建设项目及其配套项目建设，改善了过去工业倚重沿海的布局，建立起较为完整的工业化体系，奠定了共和国社会主义工业化的基础。具体表现在：形成了一批门类较全、工业化急需的现代基础工业，工业生产技术能力有了显著的提高，工业布局趋于合理。特别是国防工业基础得以奠定，我国因而开始独立自主进行武器装备研发。[②]

到1956年底，公有制经济成为绝对主体，全民所有制经济、集体所有制经济及公私合营经济三者所占比例达到了95.9%，个体经济只占4.1%，资本主义经济不复存在。1957年，除了个体经济占到2.8%外，全民所有制经济与集体所有制经济已经占到97.2%，其中国有经济约占1/3[③]。

20世纪50年代前期，中国探索国有企业管理体制。国家在国有企业管理方面，实行分级分类、分级管理，国家和企业的关系已形成了高度集中的计划经济体制雏形。在财政方面，实行统收统支；在物资供应和产品销售方面，实行以计划调拨为主的物资供应和产品收购体制；在劳动用工方面，建立集中管理的体制；在计划方面，对国有企业实行直接计划即指令性计划。国有企业的管

① 156项重点工程，由于前期重复统计等，实际计划实施项目为154项，实际施工建设150项。“一五”期间实际执行的建设项目远超计划，为921项。汪海波．新中国工业经济史[M]．北京：经济管理出版社，1986：142.

② 章迪诚．中国国有企业改革简史[M]．北京：中国工人出版社，2020：16－17.

③ 因为中国当时是农业国，所以国有经济占工商业的比重要高很多。

理沿用解放区国有企业管理经验，建立工厂管理委员会和职工代表会议制度。我国转入大规模经济建设，开始在全国范围推行“一长制”，但遭遇很大阻力，最后回归到党委领导制。

20 世纪 50 年代前期，国有企业管理制度的特点是：在资产归属方面，国营企业的一切资产均归代表国家的政府所有，投资主体是单一的政府；在经营管理方面，由于政府是企业的所有者，负有无限的责任，企业缺乏自我约束机制，企业与政府在经营动机方面存在差别；政府直接管理企业，掌握企业领导的任免权，决定企业的生产经营、工资分配，也决定企业的投资和发展。

第二节　国有企业的发展及布局结构调整

从 1957 年到改革开放的计划经济时期，我国国有经济获得迅猛发展。国有经济在工业领域、商业领域、金融领域都得到迅猛扩张。在工业与交通邮电行业，国有经济占绝对优势。在商业领域，国有商业网点遍布全国，掌握着关系国计民生的重要商品。在金融领域，国有金融机构遍及城乡，金融服务覆盖全社会。国有经济的发展成为增加国家财政收入的主要来源，国有经济部门成为吸纳社会劳动力的主要领域之一。

计划经济时期，国有经济发展壮大依靠的是国家投资。“一五”计划完成之后，我国启动“二五”计划，一直到 20 世纪 70 年代末期执行的“五五”计划，国家增加对国有经济的固定资产投资，加速了国有经济新的资本形成，积累起巨额的国有资本，造就了国有经济在国民经济特别是工业中的中心地位。这一时期，国有经济的特征是政府主导、国家投资。政府通过五个五年计划制定了国有经济发展规划，以行政手段按计划投资，从而推动了国有经济的快速发展。

计划经济时期，新建国有企业采取了行政“复制”模式，最具代表性的是“三线”建设，东部沿海经济发达地区的国有企业向“三线”地区搬迁，在“三线”地区新建企业。

20 世纪 60 年代，中国面临战争威胁，出于战备需要，国家开始实施“三线”建设，到 80 年代基本结束，大批国有工业企业在“三线”地区建立起来。“三线”后方的建设中，国有经济以两种方式建立起来，一种方式是投资新建，另一种方式是沿海地区老企业向“三线”地区搬迁。前一种方式主要采取老工业区、老企业支援新建项目的办法，而且强调支援“三线”要做到“人要好人、马要好马、对口包干、负责到底”；后一种方式也伴有部分的新投资，以搬迁的部分为基础，加以补充或者进行扩建。这就加快了建设进度，使建设项目能在较短的时间内竣工投产。

“三线”建设基本可以分为两个时期：前五年即第三个五年计划时期，主要是以西南为重点开展“三线”建设，五年累计内地建设投资达到611.15亿元，占全国基本建设投资的66.8%。其中，“三线”地区11个省份的投资为482.43亿元，占全国基本建设投资总额的52.7%。后五年即第四个五年计划时期，“三线”建设的重点转向“三西”（豫西、鄂西、湘西）地区，同时继续进行大西南的建设。

“三线”建设取得了重大成就，初步形成了以能源交通为基础、国防科技为重点、原材料工业与加工工业相配套、科研与生产相结合的战略后方基地。初步改变了内地基础工业薄弱、交通落后、资源开发水平低下的工业布局不合理状况，进一步壮大了内地国有经济的规模，调整了国有经济的区域布局，特别是国有工业的区域布局。“三线”地区形成了国有国防工业体系，在为以重庆、陕西为中心的常规兵器工业体系配套生产过程中，“三线”地区的四川、贵州、重庆、陕西、湖南、湖北、江西等省市国有电子工业企业发展起来。“三线”地区形成了国有机械工业体系，国有能源工业得到大发展，建成了一批国有钢铁和有色金属工业企业，还建成国有化学和建筑材料工业企业。“三线”地区形成了若干新的工业中心，如建成了川、黔、滇基本完整的西南机械工业基地，鄂西、湘西、豫西的华中地区新的机械工业中心，以机床、轴承制造为特色的汉中工业区，以机床、工具、农机配件制造为特色的关中工业区，以仪表、低压电器、农机、轴承制造为特色的天水工业区，以仪表、机床制造为特色的银川工业区，以机床、拖拉机、内燃机制造为特色的西宁工业区，以及攀枝花大型钢铁基地，黔西大型煤炭、电力基地，西安、成都等新兴技术中心和高、精、尖产品的生产基地。与之相伴，“三线”地区国有商业、金融业等也获得一定发展。但是，“三线”建设存在严重的浪费和损失问题。在片面强调战备的情况下，建设规模铺得过大，战线拉得过长，超过了国家的承受能力。有些项目未进行资源环境的调查和论证就匆忙动工，造成了严重后果。特别是由于战备考虑多，市场考虑少，再加上很多项目匆匆上马等，“三线”建设遗留的问题也很严重：建设不配套，选址失误，生产成本高，缺乏产业集聚，等等。在社会主义市场经济体制下，这些问题变得突出起来。

第三节　国有企业的经营管理体制调整得失

新中国成立之初，面对物价飞涨、人心动荡，对财政经济进行集中统一领导是必然的。随后，受到苏联高度集中的社会主义计划经济影响，为满足“一五”计划期间工业及基础项目建设的要求，中国也迅速建立起对国有经济的集中管理体制。国营企业就是国家不仅拥有对国有经济的所有权，而且对国有经济直接进行经营管理。

此时对国营企业的管理按照“统一领导，分级管理”的原则进行，根据分级管理要求，将企业分为中央直管的企业、中央和地方共管的企业，以及归口地方管理的企业。在高度集中的计划经济体制下，国有企业的生产计划由国家统一下达，生产资料统一调拨，所生产出的产品统购统销，企业财务统一收支，企业劳动用工实行统一分配，工资标准也整齐划一。高度集中的计划经济体制在一段时期内发挥了“集中力量办大事”的积极作用，但随着时间的推移，这种高度集中统一体制的缺陷开始显现，出现了资源浪费和物资短缺并存的局面。

对于这种局面，无论是中央领导决策层还是理论界都有了作出改变的意识。毛泽东认为：“把什么东西统统都集中在中央或省市，不给工厂一点权力、一点机动的余地、一点利益，恐怕不妥。”① 在经济理论界，顾准建议吸纳苏联新经济政策时期的经验，注重经济核算，用价格调节生产和流通；而孙冶方则强调企业作为独立核算单位，其权力和责任以及和国家的关系问题是国民经济管理体制的中心问题。

1958 年和 1970 年，我国分别以“体制下放”和“企业下放”为特点，进行了两次国企管理模式的改革尝试，但随之而来的是经营管理权力上收，从而形成计划经济时代的“收—放”循环。

第一次“体制下放”始于 1958 年 4 月，中共中央和国务院发布《关于工业企业下放的几项决定》，提出国务院各主管部门所管理的企业除极少数特殊重要

① 毛泽东．论十大关系[M]//毛泽东文集(第七卷)．北京：人民出版社，1999：29.

的企业外，一律下放给地方政府管理。这次“体制下放”，是将相当大的一部分对工商业企业的管理以及财务、劳动人事管理权力下放给地方，并适当扩大企业权力。这些权力包括计划管理权、国有企业管辖权、固定资产决策权、物资分配权、财政税收权、劳动人事管理权以及信贷权等。与之相伴，还有一些增强企业活力的措施出台，如减少指令性计划指标，实行利润留成制度等。这次下放调动了企业和地方的积极性，但同时又形成了各自为政和资源争夺战。1961 年，中央提出了“调整、巩固、充实、提高”八字方针，重新实行高度集中统一领导。

第二次出现在 1970 年，通常被称为“企业下放”。1970 年 3 月，国务院发出通知，要求国务院工业、交通等主要部门把绝大多数直属企业及事业单位下放地方管理，仅保留极少数大型或骨干企业由中央和地方双重领导、以中央为主。这样一来，2600 多家中央企业及事业单位，包括一些赫赫有名的大型国有骨干企业，如鞍山钢铁公司、第一汽车制造厂、洛阳拖拉机厂等都下放由地方管理或者央地共管、地方为主。与之相伴的是财权、物资调配权、计划管理权、劳动工资权等权力的下放，财政和基建投资也实行了大包干，在重要物资实施“地区平衡，差额调拨”的同时，下放其他物资调配权。劳动工资方面，除继续冻结工资晋级制度外，还废止了计件工资制度，同时将大量临时工、合同工、轮换工转正为固定工。此次大规模的“企业下放”，使得中央直属企业的工业产值在全民所有制工业总产值中的比重由 1965 年的 46.19% 下降为 8%。但这次下放也不成功，主要原因在于区域协调以及综合平衡方面出现问题，受政治经济条件和“左”倾错误思想以及下放活动的政治运动化干扰。

另外，20 世纪 60 年代，在探索国有企业管理体制过程中，试行托拉斯模式，并取得一定成效，但“文化大革命”爆发后，否定了托拉斯管理模式，国有经济管理又回到老路上。这一时期，国有企业学习“大庆精神”，并成为企业管理的重要内容。

总体来说，改革开放前的近 30 年，尽管国家在理顺国有企业关系方面出台了一些政策，进行过有益的探索，国有企业在条块之间也曾几次转换，但这些调整都是在高度集权的计划经济总框架下进行的，因此并没有取得多少积极的成果。

第四节 总结

改革开放前，国有经济被赋予国民经济领导地位。在计划经济体制下，国家运用行政手段向国有经济投入大量资源，促进了国有经济的迅速增长，推动了工业化的进程，并形成了独立和比较完整的工业体系与国民经济体系。在区域布局方面，通过在经济落后区域建设国有企业，调整国有经济的区域布局，实现区域平衡协调发展。另外，国有经济在技术引进与创新等方面有所突破，并带动相关产业的技术进步。

这一时期，在发展国有经济方面留下了一些教训，具体表现在：

第一，受计划经济体制的制约，发展国有经济只能运用计划手段、政府力量，不能运用市场力量；

第二，我国受到外国敌对势力的封锁，国有经济与世界经济的联系减少，不能利用“两个市场、两种资源”，技术、设备、管理与国际先进水平的差距越来越大；

第三，国有经济摊子铺得太大，涉及的领域过多，特别是国有经济涉足竞争性领域太多，不利于国有经济集中力量做强做优做大；

第四，在计划经济体制下，国有经济的经营机制僵化，管理体制行政化，经济效益下降；

第五，国有经济没有协调好公共性与企业性的关系，企业办社会，公共性角色过多，企业性角色不足，不利于生产经营。

为解决这些问题，曾经进行过以“放”为特征的体制调整，但最终以体制复归的“收”的形式告终。传统计划经济无法摆脱“收—放”循环的局面，可以从宏观和微观两个层面来分析。宏观层面，一旦追求高速度，往往就导致国民经济比例失调，进而无法做到综合平衡。微观方面，始终未能解决激励机制问题。计划经济时期，按劳分配原则很快就遭到破坏，“等级工资”“计件工资制”都被说成是“资产阶级法权”，“物质利益原则”受到批判。主张“从政治思想上、道德上加强共产主义的教育”，以精神激励取代物质刺激做法一直持续到改革开放前。因而在分配领域，平均主义“大锅饭”成为事实上的指导思想。①

从1956年到1977年，国家投资形成的企业固定资产原值增长9.2倍，国有企业利润总额只增长5.5倍，利润和税金总额增长6.3倍，整个国有部门提供的财政收入增长2.5倍，体现出投入产出不匹配、效益状况不理想等弊端。不冲破僵化体制的束缚，国有企业的生机活力就难以发挥，国民经济发展就会受到极大抑制。因此，在改革开放后，国有经济走上了建立适应社会主义市场经济体制的经营管理体制的道路。

第四章　改革开放时期的国有企业

中国改革开放时期的国有企业改革，经历了从对计划经济体制下企业经营管理模式的修修补补，到对传统计划经济体制的突破，企业制度目标模式的确立，国有资产监督与管理体制改革，再到新时代顶层设计下的国有企业改革。

第一节　放权让利和扩大企业自主权（1978—1984年）

从现有资料来看，中国的经济体制改革之初，着力点应该是在城市的企业改革方面，但在企业改革未获突破性进展的情况下，农村改革反而率先取得突破。这一时期城市的企业改革以放权让利和扩大企业自主权为主要特征。放权让利和扩大企业自主权的做法，一定程度上借鉴了南斯拉夫自治制度，然而南斯拉夫人也承认，这一制度借鉴了孙冶方在20世纪60年代提出的“两权分离”思想。②

一、扩大企业自主权

扩大企业自主权的试点工作始于四川。1978年第四季度，四川省首先在6户地方国营工业企业进行试点。第二年把扩权试点扩大为100户工业企业。

这一时期扩大企业自主权的主要形式为利润留成，即利润在政府和企业之间

① 魏众，王琼．按劳分配原则中国化的探索历程——经济思想史视角的分析[J]．经济研究，2016，51(11)：10.

② 南斯拉夫的工人自治和社会契约造成了地方本位主义，并在很大程度上造成南联盟的分裂。中国20世纪90年代进行的分税制改革，一定程度上吸取了南联盟的教训。

分成。与改革前的利润全部上缴相比，企业能够分得一部分利润，当然有利于提高生产积极性，但利润留成的缺点也很明显，其中最突出的问题就是“苦乐不均”。另外，利润留成制使得利益过于向企业倾斜，进而导致企业投资膨胀并引发宏观经济过热。① 于是从 1981 年起，利润留成制转向经济责任制。

二、工业经济责任制

在国营企业中推行的经济责任制是为了明确国家、企业、职工三者之间的权责利关系，其最重要的理论基础是蒋一苇的企业本位论。以利润包干为核心的经济责任制，在保障国家财政收入方面起到了积极作用。但由于缺乏配套改革，“包盈不包亏”以及“鞭打快牛、保护落后”等问题仍然存在。于是从 1983 年起，利润包干制全面转向“利改税”。

三、“利改税”与“拨改贷”

“利改税”，就是把国有企业向国家上缴利润，改为以税收形式上缴税款，其实质是处理国家和企业的分配关系。1983 年开始推行第一步“利改税”。1984 年起实施第二步“利改税”，将第一步“利改税”造成的“税利并存”改为征收所得税和调节税，形成完全的“以税代利”。

“拨改贷”，是指基本建设投资由先前的财政拨款改为银行贷款。“拨改贷”对于资金使用效率的提高无疑具有积极作用，但并未能从根本上改变国有企业“投资饥渴症”和“预算软约束”的状况。20 世纪 90 年代末的“债转股”，在很大程度上是对“拨改贷”后遗症的补救措施。②

“利改税”，使得政府财政收入更有保障；“拨改贷”，大大减少了投资方面的财政支出。“利改税”在分配上通过税率的形式固定了国家和企业的关系，提升了企业追求经济效益的动力和压力。但由于政企不分、配套改革不到位，企业未能成为自主经营、自负盈亏的市场主体。

这一时期的改革都是在试图不改变传统计划经济体制、不改变国有企业所有制形式和结构的前提下，尽可能地提高企业内部资源配置效率，增强企业活力。因而在某种程度上，仍留有较强的计划经济时代的印记，也有着“收—放”

① 刘小玄．奠定中国市场经济的微观基础：企业革命 30 年[M]．北京：格致出版社，2008：37.

② 陈雨露，郭庆旺．新中国财政金融制度变迁事件解读[M]．北京：中国人民大学出版社，2013：161－163.

循环的影子。由于外部配套改革不到位，企业经营管理体制并未发生根本性的变化，政企不分等问题依旧存在，国有企业还无法成为真正意义上的市场主体。在该时期，已经开始有少数企业在“放”的大背景下进行了一定的改革探索，如首钢的承包制改革就是在这一时期的后期开始的。

值得一提的是，这一时期的对外开放也在一定程度上促进了国有企业的模式探索和转换，最早的践行者仍然来自国有企业——轮船招商局在蛇口建设港口，开办工业区，并进行了一系列的体制创新尝试。

第二节　体制转型期的企业制度模式探索（1985—1992年）

1984年召开的中共十二届三中全会提出了有计划的商品经济理论，同时将改革重心从农村转移到城市。会议明确提出“增强企业活力是经济体制改革的中心环节”，“要使企业真正成为相对独立的经济实体，成为自主经营、自负盈亏的社会主义商品生产者和经营者，具有自我改造和自我发展的能力，成为具有一定权利和义务的法人”，大大推进了国有企业体制改革。

这一阶段国有企业制度改革的主要突破方向是“两权分离”。早在1961年孙冶方就通过对江南田底权和田面权分离的观察，得到了所有权和经营权可以分离的结论①。该理论被南斯拉夫等苏东国家接受、付诸实践并取得一定的成效。

“所有权和经营权分离”即“两权分离”的思路推动的是所有制改革，其中最具代表性的是承包经营责任制，其他则包括股份制和租赁制等形式。

一、承包制与租赁制

承包经营责任制于1987年在全国全面推广开来。承包责任制的要点是十六个字——“包死基数、确保上缴、超收多留、欠收自补”。所谓“责任制”主要体现为两方面：一是包上缴国家利润，二是包完成技术改造任务，这两项内容是企业在承包合同中对国家的主要“责任”。然而，随着20世纪80年代末90年

---

① 孙冶方．关于全民所有制经济内部的财经体制问题[M]//剧锦文．中国经济学百年经典：中卷．广州：广东经济出版社，2005：677－678.

代初国有企业亏损额和亏损面的迅速扩大，承包制的继续推进陷入僵局。[1] 到1991年末，盛极一时的承包经营责任制进入尾声。租赁制同样基于“两权分离”，源于经济活动中的租赁行为，租赁制与承包制比较相似，主要发生在中小工商企业中。

承包制与租赁制的推行，一定程度上调动了企业与职工的积极性，但企业仍受制于政府的行政支配，一些企业甚至出现了“保两头（上缴或租金和职工收入）、舍中间（国有资产保值增值）”的现象，而且在实践中也出现了企业边际收益递减、国家财政收入下降等问题。

二、股份制

这一时期的企业所有制改革探索中比较有新意且对后来产生更大影响的是股份制。股份制在这一时期崭露头角，但却并非企业体制改革的主流。厉以宁[2]、吴稼祥和金立佐[3]等对股份制的性质、做法及意义做了推介，认为股份制对于解决“两权分离”以及政企不分问题都有较大的帮助。与此同时，在民间的实践中也出现了集资入股成立公司的形式。股份制改革有助于产权清晰化，在当时的企业体制改革中是一种独特的新思路。

三、资产经营责任制

针对承包制中存在的国有资产无人监管问题，华生等提出了资产经营责任制的设想[4]，这也成为当时所有制改革探索的主要模式之一。文中关于成立国有资产管理机构的设想更成为中国国有资产监督管理机制的先声。

这一时期，中国的企业包括国有企业在内，在企业管理方面学习和借鉴了日本的企业管理经验。时值日本经济快速增长阶段后期，日本的企业管理经验全球流行，中国也翻译出版了多种日本企业管理书籍，企业文化等成为中国企

---

① 刘小玄．奠定中国市场经济的微观基础：企业革命30年[M]．北京：格致出版社，2008：42.

② 厉以宁．所有制改革和股份企业的管理[J]．中国经济体制改革，1986(12)：27－30．厉以宁．所有制改革和股份企业的管理(续一)[J]．中国经济体制改革，1987(1)：26－27，31．厉以宁．所有制改革和股份企业的管理(续二)[J]．中国经济体制改革，1987(2)：52－54.

③ 吴稼祥，金立佐．股份化：进一步改革的一种思路[M]//杨春学．中国经济学百年经典：下卷．广州：广东经济出版社，2005：336－344.

④ 华生，何家成，张学军，等．微观经济基础的重新构造——再论中国进一步改革的问题和思路[J]．经济研究，1986(3)：21－28.

业管理体制变革的新潮流。

中国的国有企业改革，焦点一直在于如何增强国有大中型企业的活力。在扩大企业自主权、实施工业经济责任制和“利改税”之后，国有企业改革向政企分开和“两权分离”方向努力，以承包制和租赁制改革为代表的探索并未取得预期的效果，而非主流的股份制和资产经营责任制改革却为国有企业的改革摸索出了一条新路，为此后建立现代企业制度和国有资产监管体制奠定了基础。

第三节　建立和完善现代企业制度（1993—2002 年）

1993 年 11 月，中共十四届三中全会通过了《关于建立社会主义市场经济体制若干问题的决定》（以下简称《决定》），将现代企业制度概括为“产权清晰、权责明确、政企分开、管理科学”，并对企业的若干方面如产权关系、经营权、所有者权益、政府和企业的关系及企业管理制度等加以说明。《决定》还提出，国有大中型企业应实行公司制，包括国有独资公司、有限责任公司和股份有限公司。

一、国有企业改革进展缓慢的原因

尽管我国 1993 年就明确提出“建立现代企业制度”，但与随后迅速铺开的其他几项改革措施相比，国有企业改革的进展却比较缓慢。究其原因，既有理论上的争论，也有现实因素的制约。

进入 20 世纪 90 年代，关于承包制和股份制的争论仍在进行。从现实因素来看，进入 20 世纪 90 年代，国有企业的亏损日益严重。这一时期，中国逐步告别短缺经济，市场供需形势逆转成为这一时期国有企业亏损严重的外部因素。国有企业与非国有企业的竞争越来越激烈，加上这一时期宏观经济的波动，都对国有企业的效益造成了一定的影响。

国有企业长期以来背负的“三大包袱”即冗员负担、债务负担和福利负担，则是导致其亏损较非国有企业更加严重的额外因素。

二、“京伦会议”及其理论贡献

这一时期，学界关于国有企业改革、建立现代企业制度的探讨，突出表现为一系列国际讨论会的召开。其中，尤为中国经济学界所推重的是 1994 年的“京伦会议”（因在北京京伦饭店召开而得名）。会上，青木昌彦提出的“内部人控制”理论及对经济转轨中公司治理问题的分析，是“京伦会议”取得的最重要的成果。此外，哈特、米尔格罗姆等带来的“不对称信息”“不完全契约”“逆向选择”“道德风险”“破产程序”“现金拍卖”等概念，也令当时的中国经济学家耳目一新。

青木昌彦提出的银行导向的金融体系，虽然旨在为经济转轨过程中的企业“内部人控制”现象提供解决方案，但这种体系其实代表了以间接融资为主的日本、德国模式。与此相对的，则是以资本市场即直接融资为主的英国、美国模式。他认为，这两种模式并不能简单地判定孰优孰劣。事实上，从后来的经济体制改革实践来看，中国选择了以银行体系间接融资为主的模式，更类似于日、德而不是英、美。[①]“京伦会议”的议题和讨论是具有高度预见性的，随后几年，国有企业改革实践在很多方面都受到这次学术讨论会的启发和影响。

三、“抓大放小”战略的提出

在国有企业亏损日益严重的背景下，经过重庆等地的实践先行，中共中央于 1995 年正式提出了“抓大放小”战略，即抓好大企业、放活小企业。然而，“能不能卖掉”“卖给谁”都存在争论，这些争论背后的实质是所有制问题。直到 21 世纪，“国有资产流失”始终是悬在改革者头上的一把利剑，在后来的改革进程中多次出现。

四、党的十五大的理论突破

1997 年，党的十五大在所有制理论方面有了重大突破。党的十五大报告指出：“公有制经济不仅包括国有经济和集体经济，还包括混合所有制经济中的国有成分和集体成分。公有制的主体地位主要体现在：公有资产在社会总资产中占优势；国有经济控制国民经济命脉，对经济发展起主导作用。”紧接着召开的十五届一中全会提出：用三年左右的时间使大多数国有大中型亏损企业扭亏增

---

① 青木昌彦．对内部人控制的控制：转轨经济中的公司治理结构的若干问题[M]//吴敬琏，周小川．公司治理结构、债务重组和破产程序：重温 1994 年京伦会议．北京：中央编译出版社，1999：14－42.

盈，摆脱困境。到2000年，使大多数国有大中型骨干企业基本建立现代企业制度。[①] 这是官方正式提出国有企业“三年脱困”[②]，“三年脱困”的重点在大中型国有企业，属于“抓大放小”中“抓大”的阶段性任务。与“抓大”相比，“放小”的进展相对较快。截至1998年底，根据对21个省（自治区、直辖市）的统计，独立核算国有小企业改制面已接近80%。[③]

到20世纪90年代后半期，经济学界对国有企业改革“改不动”原因，也有了新的分析和认识。以吴敬琏为代表的国务院发展研究中心课题组提出，国有企业遇到的困境，与整个国有经济的布局存在问题有关。具体表现为国有经济分布过广、过散，战线过长，因此必须对国有经济实行战略性重组，收缩战线，使国有资本从低效企业向高效企业，从小型企业向大型企业，从一般竞争性部门向战略性部门集中。[④] 这一改革思路得到了决策层的认可。1999年9月，《中共中央关于国有企业改革和发展若干重大问题的决定》明确提出“从战略上调整国有经济布局”，“推进国有企业战略性改组”。

经过三年的努力，到2000年底，国有企业改革与“三年脱困”目标已基本实现。与企业破产、倒闭相伴随的是大量工人下岗，三年中一共有2000多万人下岗。[⑤] 这些下岗工人为国有企业脱困目标的实现作出了巨大的贡献和牺牲。

进入21世纪，多数国有企业完成了公司化改制，但仍然存在一些问题，例如，国有独资公司数量偏多，股份结构中国有股和法人股所占比重过大，政府部门仍通过控股直接干预公司事务，等等。更深层次的问题在于，完成公司化改制，并不等于完成了产权改革。

1993—2002年这十年的国有企业改革实践——建立现代企业制度，主要集中在代理方一侧。经过公司化改制的国有企业，在企业制度、组织结构、管理

① 马建堂．三十年巨变：国有企业改革进程简要回顾与评述[M]//中国经济50人看三十年——回顾与分析．北京：中国经济出版社，2008：354.

② 关于“三年脱困”的提法，最早可追溯到1997年7月，时任国务院副总理的朱镕基在辽宁考察国有企业时提出“用三年左右时间使大多数国有企业走出困境”。见章迪诚．中国国有企业改革编年史（1978—2005）[M]．北京：中国工人出版社，2006：479.

③ 陈佳贵，金碚，黄速建．中国国有企业改革与发展研究[M]．北京：经济管理出版社，2000：155.

④ 吴敬琏．重组国有经济，完善国民经济的所有制结构[M]//董辅礽，厉以宁，韩志国．国有企业：你的路在何方——50位经济学家论国有企业改革．北京：经济科学出版社，1997：17－29。吴敬琏的这篇文章发表在党的十五大召开前，由他牵头的课题《国有经济的战略性改组》书稿也完成于十五大之前，但出版于十五大之后的1998年，该书更加全面地阐述了这篇文章中的观点。参见吴敬琏，张军扩，刘世锦．国有经济的战略性改组[M]．北京：中国发展出版社，1998.

⑤ 彭森，陈立．中国经济体制改革重大事件（下）[M]．北京：中国人民大学出版社，2008：653.

方法等方面，已经展现出现代企业的面貌。而关于委托方的改革——国有企业产权改革及国有资产管理体制改革，成为接下来国有企业改革的重点。

第四节　国有资产监督管理体制改革

中国的国有资产监督管理体制，很早就有非体系化的萌芽出现，作为体系则初创于20世纪80年代后期，历史并不很长，却经历了“建—撤—建”的过程，机构功能也经历多次调整。国有资产监督管理体制改革是国有经济体制改革的一个侧面写照。

一、国有资产监督管理体制的萌芽和理论探索（1988年以前）

早在中国古代和近代，就有了对国有经济的某些监督机制。中共在建立革命根据地的时期，就已经成立了国有资产的管理机构，南京国民政府对国有资产监管也有过一些法制建设，但那仅仅是国有资产管理的萌芽。在新中国成立到改革开放的30年时间里，也未建立专门的国有资产监督管理机制。改革开放初期，如何对国有企业进行间接管理，以及如何体现国有资产出资人身份并对国有资产进行监督管理等问题仍悬而未决。

1986年，华生等对国有企业的承包制提出质疑，认为应把握“资产”这一核心概念，对微观基础进行重新构造，并提出资产经营责任制——“在现代商品经济中，资产收益办法是实现两权分离以后既保证所有者（或法律所有者）利益，又能给经营者（或经济所有者）以充分活动天地的普遍形式”①，从理论上突破了将“国有经济”固化在“国有企业”的有形局限。国有企业的资产经营责任制改革探索由此展开。

二、国有资产监督管理体制探索阶段（1988—1998年）

1988年的七届全国人大一次会议指出“要抓紧建立国有资产管理体制”。1988年5月，国务院直属、归口财政部的国家国有资产管理局成立，这是建立国有资产管理体制的开始。

---

① 华生，何家成，张学军，等．微观经济基础的重新构造——再论中国进一步改革的问题和思路[J]．经济研究，1986(3):21－28.

作为国务院管理国有资产的职能机构，国有资产管理局在成立以后，主要开展了这样一些工作：国有资产所有权的界定和产权登记；开展全国第四次国有资产清产核资；联合发布《关于加强承包经营责任制企业国有资产管理的试行办法》，加强了对国有资产保值增值的管理；加强了产权变动中的国有资产评估工作，规范评估机构行为；发布了一系列法律法规文件。

截至 1998 年，全国已形成由国家、省、地、县四级国有资产管理机构，三万多名干部队伍构成的机构体系。然而，对于是否应该单独设立国有资产管理机构，无论是在理论界还是实际工作部门，一直争议不断。1998 年，国家国有资产管理局并入财政部。

三、国有资产管理职能分置阶段（1998—2002 年）

在撤并国家国有资产管理局的同时，冶金、机械、煤炭等 15 个以主管行业内企业为主要职能的行业部被改组为 9 个国家局，隶属国家经贸委，不再行使行业主管职责。国有企业管理职能分别由五个不同部委接手，即俗称的“五龙治水”时期，也是国有资产分置阶段。

1998 年 5 月，国务院发出《关于向国有重点大型企业派出稽察特派员方案的通知》，开始在大型国有企业试行稽察特派员制度，从“管企业”向“管资产”转变。7 月，中共中央大型企业工作委员会成立，对原来由国务院直管企业中 39 家涉及国家安全和国民经济命脉的国有企业实行国务院审批加任命的机制，重新构建了“官—商”自由切换模式。

然而“五龙治水”的制度带来了诸多问题，择其要者：政府身兼社会经济调控者和国有企业管理者双重角色，存在所有权越位问题，国有企业很难成为真正的市场主体；多头管理，职责不清；所有权出资人缺位，易造成“内部人控制”的治理结构；央地国有资产管理职责权限缺乏明确的界定；等等。国有资产监督管理体制改革势在必行。

四、管人、管事、管资产的国有资产监督管理阶段（2002—2012 年）

2002 年 11 月，党的十六大报告指出“继续调整国有经济的布局和结构，改革国有资产管理体制，是深化经济体制改革的重大任务。……（建立）管资产和管人、管事相结合的国有资产管理体制”，确立了“国家所有，分级行使产权”的管理体制，这一体制既规避了政治体制风险，又解决了国有资产无人最终负责问题。2003 年，代表国家行使出资人职能的国务院国有资产监督管理委员会正式成立，并在“三分开，三统一，三结合”的原则下推进国有资产监督管理工作：建立国有资产监督新体系；完善国有企业法人治理结构；优化国有资产布局。

这一时期中央和省、市（地）国有资产监管机构的设立，较为顺畅地实现了所有权与经营权分离，改变了过去“五龙治水”的管理体制，从组织上实现了“政资分开”，体制上实现了“政企分开”，相当程度上解决了国有资产出资人角色缺位问题。但其管人、管事、管资产的强力角色，一定程度上侵犯了国有企业经营权，从而影响了国有企业生产和经营的积极性。

五、以管资本为主的新时代国有资产监督管理体制阶段（2013 年至今）

党的十八届三中全会提出，要“以管资本为主加强国有资产监管”，党的十九大报告更是明确提出，要“做强做优做大国有资本”。我国的国有资产管理体制也相应地从“管资产和管人管事相结合”进入“以管资本为主”的新时代。这一转型同样借鉴了国际经验，最为知名的是新加坡的淡马锡模式，该模式以“借贷工厂”著称。

这一时期的国有资产监管体系围绕“管资本”做文章，并作出了相应的调整。改革国有资本授权经营体制：监管机构依法履行出资人职责，国有资本投资、运营公司行使股东职责，企业享有法人财产权并承担资产保值增值责任。推动国有资本合理流动和优化配置：改组和组建国有资本投资、运营公司以探索有效的运营模式，建立健全市场化退出机制，并将变现的国有资产投入重点领域和行业。另外，通过简政放权，积极支持正在进行的国有企业改革。在这一时期，国有资产监管系统还配合国家大政方针及国有企业改革思路，对党的领导与现代企业制度相统一等问题进行了有益的探索，并积极进行混合所有制改革。

第五节　新时代的国有企业改革（2013 年至今）

一直以来，国有企业改革的目标都是增强企业活力，所以应将国有企业改造成为自主经营、自负盈亏的市场竞争主体，以适应社会主义市场经济的要求。

为此，应排除政府对国有企业的行政性干扰，实施政企分开。同时，引入委托代理机制来解决国有企业效率问题，引入产权改革来改造国有企业的治理结构。

然而多年的国有企业改革实践证明，有些国有企业是很难实现政企分开的。政府作为代表全民行使国有资产所有权的委托人，也几乎无法做到与企业脱钩。而在新时代做强做优做大国有企业的要求下，国有企业的公有制部分产权难以被交易，政府因而也不可能从国有企业中退出。此外，一些公益性国有企业本身也并不需要成为市场竞争主体，更多需要的是解决经营管理等内部机制问题。

2013 年以后，国企改革再度启程。习近平总书记强调，“国有企业是中国特色社会主义的重要物质基础和政治基础，关系公有制主体地位的巩固，关系我们党的执政地位和执政能力，关系我国社会主义制度”①，“是我们党执政兴国的重要支柱和依靠力量”。②

在这一思想指引下，新一轮国有企业改革的特点在于注重顶层设计并坚持协调配套，以国企改革“1 + N”文件体系为代表，中央各部门和各地方纷纷出台配套政策，最终形成国企改革设计图和施工图。

一、国有企业分类改革

国有企业分类改革受国内和国外双重因素影响，在以往的国有企业改革中，不同类型国有企业在使用同样的改革方案时，会出现各种“水土不服”问题。另外，在参与国际经贸竞争与合作后，国有企业也面临如何适应国际竞争规则的问题。

这一时期的国有企业分类改革是在 2015 年末启动的，“根据主营业务和核心业务范围，将国有企业界定为商业类和公益类”。

对国有企业进行分类有这样几个方面的优点：分类推进国有资本布局调整，分类调整国有企业股权结构，分类实施国有企业经营业绩考核，分类核定国企负责人薪酬，推进对国有企业的分类监管。总之，国有企业分类改革，有助于国有企业更好地适应国际市场的要求，走向世界；而且，国有企业分类以后，可以实现分类管理，做到精准施策。

---

①② 中共中央党史和文献研究院．十八大以来重要文献选编[M]．北京：中央文献出版社，2018：392.

二、混合所有制改革

中共十八届三中全会报告指出："国有资本、集体资本、非公有资本等交叉持股、相互融合的混合所有制经济，是基本经济制度的重要实现形式。"因此，国有企业混合所有制改革成为新时代国有企业的标志性改革，受到国内外以及社会各界的关注。

和分类改革一样，混合所有制改革的推进也源于2015年的《中共中央 国务院关于深化国有企业改革的指导意见》，同年，国务院又发布了《国务院关于国有企业发展混合所有制经济的意见》。同样，混合所有制改革也是为了满足国内社会经济改革与发展的要求，以及来自国际市场竞争规则的要求。新一轮混合所有制改革，涉及的国有企业更多，覆盖面更大，并有一些新的探索和新的模式。

尽管混合所有制取得了很多进展，但依旧存在一些问题，具体说来包括：从股权结构来看，一股独大，一股超大；从公司治理结构来看，董事会和经理层基本处于行政机制选择状态；从管理和运作来看，经营效率和效果达不到预期或应有的目标。此外，目前关于混合所有制的研究基本上是基于国有经济视角的研究，缺乏基于民营经济视角的研究，导致在混合所有制中如何发挥或限制民营经济的影响和作用，以及混合所有制的未来是什么等问题依然困扰着民营资本，进而影响到混合所有制改革的进一步推进。

改革开放以来，我们一直在努力寻找公有制和基本经济制度的有效实现形式，目前找到的是股份制这一"公有制的主要实现形式"和混合所有制这一"基本经济制度的重要实现形式"。混合所有制理论是中国共产党人对社会主义所有制理论的重大贡献。

三、国有企业的领导体制改革

根据新时代国有企业改革的顶层设计，新一轮国有企业领导体制改革主要表现在三个方面：推进董事会建设，国有企业领导人员分类分层管理，以及把党的领导融入公司治理各环节。

新时代非常强调国有企业的党建工作，要求把党的领导融入公司治理各环节，把企业党组织内嵌到公司治理结构之中，明确和落实党组织在公司法人治理结构中的法人地位，做到组织落实、干部到位、职责明确、监督严格，形成中国特色现代国有企业制度。①

通过一系列基于顶层设计的改革以后，国有企业作为国民经济压舱石的作用更加突出，通过分类改革、混合所有制改革等，国有资本得以壮大，国有经济的支柱地位更加稳固，这一时期，国有经济的产业结构得到调整优化，国有企业服务国家、服务大局的意识得到加强，其资金投入科技研发的效果也越发显著。

第五章　中国国有企业发展规律及特征：简要总结

基于前文的研究我们发现，国有经济的发展路径有着一些独有的规律，而通过对国有经济长时段的考察，又发现中国国有经济长期存在的某些特征。在报告的最后，有必要对这些发现做一个简要总结。

第一节　国有企业发展规律小结

一、从“请进来”到“走出去”

中国的国有企业，经历了一个“请进来”到“走出去”的过程。晚清建立近代工业的过程中，不乏洋人的身影，他们经常充当企业顾问等角色，对中国近代工业化作出了一定的贡献。民国时期，在收回利权的同时，国有经济中也雇用了一些外方专家作为技术和企业经营顾问，也有过国有经济提供资金、外商提供技术、民营开拓市场的合作先例。“一五”期间，苏联援建的156项重点工程奠定了共和国工业化的初步基础。改革开放初期，我们也曾经通过合资等形式，在获得国外资金投入的同时，学习和消化国外先进技术。

近代以来，中国在企业管理制度建设方面借鉴国际经验也是比较突出的。无论是民国时期对西方科学管理和组织管理理论的借鉴，社会主义建设时期“一长制”对“马钢宪法”的借鉴，还是改革开放初期对南斯拉夫自治制度以及其后对日本企业管理经验的借鉴，等等，都一定程度上体现了“他山之石，可

① 章迪诚．中国国有企业改革简史[M]．北京：中国工人出版社，2020：147－152.

以攻玉”的作用。而新时代以来的混合所有制改革、国有企业分类改革以及从管资产到管资本的国有资产监督管理体制改革，都或多或少地借鉴了国际经验。

但随着中国经济的快速增长，我国国有经济的管理经验不断丰富，技术水平不断提高，在“一带一路”倡议的指引下，中国企业，尤其是国有企业最先和最多走出国门，设立分公司并传授技术和管理经验，也将中国的企业管理模式带到了国外。

二、国有经济形成的相似性

近代以来的国有经济，除晚清最初的近代工业化之外，经历了多次的政权更迭过程：晚清—北洋—民国—中华人民共和国。每次政权更迭，都意味着国有经济会经历一次易手。没收旧有政权的国有资本成为新政权国有经济最早最重要的来源。

而在政权稳定、控制力增强的情况下，通过兼并中小企业来壮大国有资本成为国有经济发展的早期举措。南京国民政府从“节制私人资本，发展国家资本”到统制经济，就是一个典型的例证；中共在建立政权以后在对民族资本主义工商业改造过程中采取的赎买政策也是壮大国有资本的重要路径。当国民经济获得稳定或较快增长时，建立新的国有企业也是当政者常有的选择。

三、产业布局空间调整：相同的迁移方向，不同的原因

近代以来，中国的产业布局出现过几次大的调整，无一例外，都是从沿海向内地转移。晚清时期，受帝国主义经济侵略的影响，从沿海开埠向沿江开埠。民国的抗日战争时期，在日本侵略军占据东部绝大部分区域后，大批企业特别是国有经济大规模西迁，并在西部得到一定的发展。20 世纪六七十年代，出于战备的考虑，我国进行了“三线”建设，大批企业或者向内地迁移或者在内地新建。这种产业布局尽管客观上平衡了区域发展，但空间调整或多或少为受迫性调整。

近十几年来，一些原本在沿海的产业也在向内地转移，这次转移动作没那么大，速度没那么快，是潜移默化进行的。与以往相同的是，这次产业转移对于平衡地区发展起到了积极的作用，但与以往被迫进行的产业布局调整不同，这次是出于资源配置的考虑，通过国家宏观调控和产业政策主动进行的。

四、监管体制化是长期摸索的结果

从国有经济出现的那一天起，对国有经济的监管就一直存在，对其机制的探索也在不断进行中。传统中国将国有经济纳入官员考核体系进行监管，并形成了一套专门针对国有经济官员绩效考核的制度。近代早期，随着中央政权控制力的减弱，对国有经济负责人的监管也在减弱，南京国民政府则初步完成了对国有经济监管的法制化建设。中华人民共和国成立以来，特别是改革开放以来，我国国有经济监管逐步体系化，并不断根据国有经济的变化进行调整，以适应时代发展的要求。

第二节　基于长时段观察的国有经济特征小结

一、“官—商”结构

从传统的官营手工业走来，中国的国有经济中仍有一些是对传统的承袭。作为体制内的国有企业，其层级设置与相应的官僚体系层级设置有相通之处，使优秀的国有企业领导者或者经济部门的决策者随时能够实现“官→商”和“商→官”的身份转变。

这种灵活的官商身份转变，既有其积极的一面，也有其消极的一面。积极的一面体现在：官商转变，从而使商而优则官，或者官而优则商，令国有经济的负责人有了更多的晋升可能和更大的晋升空间，从而被卷入晋升锦标赛，有利于其更好地经营和管理企业。消极的一面则在于：因为官员体系的棘轮效应，让国有企业的负责人更多地具有向上负责的意识，从而有时会出现与企业经营相背离的情况。

二、国有企业的企业职能和社会公共职能

国有经济，无论中外，都有着社会公共职能，导致其从来都并非单纯以利润最大化为目的。国有企业一方面获得了政府大量的支持而为非国有经济所侧目，另一方面则由于承担一定的政策损失其绩效受到影响。正如习近平总书记所说：“国有企业还承担了大量社会责任，许多投资大、收益薄的基础设施和公共服务建设，许多周期长、风险大的基础性研发，许多国防科技工业的重大项

目，许多重大自然灾害、突发事件的抗击救援，许多脱贫攻坚、改善民生的项目实施，都是国有企业扛起来的。”①

明代广泛实行的匠籍制度，在严重束缚工匠就业区域和户籍身份之外，还有着一定的企业办社会的意味。在民国时期，开始出现单位制的萌芽，也因而在国有企业中出现了一些企业办社会的早期形式。新中国成立以来，受到苏联社会主义经济理论的影响，企业办社会被认为是社会主义优越性的一种表现，成为普遍的存在。企业办社会这种加重企业负担的做法，最终成为我国国有企业在20世纪90年代大面积亏损的一个重要原因。

近年来的国有企业分类改革，为国有企业社会公共职能与企业职能的分野提供了一个新的思路。

三、国有经济的正统地位及其变化

无论是在传统中国还是近代中国，也无论国有经济是否占统治地位，国有经济在国民经济中都占据正统地位。这可能是中国经济独有的特点，已延续上千年。

但无论是中国的古代还是近代，抑或是国外，国有经济几乎都没有占据国民经济的统治地位，也几乎不承担意识形态方面的责任，因而进亦可退亦可。我国社会主义国有经济则承载着维护社会主义基本经济制度的重要使命，因而每一次国有经济的改革，都会伴随着来自意识形态领域的责难，从而令国有企业改革举步维艰。

当前我国国有经济面临着一个“问题”和“主义”相互交织、错综复杂的局面，既需要解决企业内部管理及外部环境等“问题”，也同样会面对意识形态即“主义”的限制。在设法解决“问题”的时候，可能会被“主义”阻止，而严格遵循“主义”的时候，可能又解决不了亟待解决的“问题”。“问题”和“主义”的交织，令国有企业改革的酝酿和决策过程更为漫长，往往需要理论突破和最高决策层拍板决定，才得以明确改革的方向。

四、混合所有制的不同模式

根据历史及国际经验，混合所有制包括晚清的官商合办、社会主义改造时

① 中共中央党史和文献研究院．十八大以来重要文献选编[M]．北京：中央文献出版社，2018：392.

期的公私合营、欧美国家的公私混合三种模式。晚清的官商合办模式是在政府资金不足、对国有经济控制力下降情况下的选择，大部分官商合办企业最终转为商办企业。我国20世纪五六十年代的公私合营目的在于改造民族资本主义工商业，最终实现国有化。欧美的公私混合公司，已有上百年的历史，该类型的企业规模也不断发生变化，但这种形式较为长期地存在。中国的国有经济混合所有制是一种对国有资本充裕的资金和非国有资本的灵活经营管理方式相结合的尝试，但在对混合所有制的筹划中，未见对该类型所有制未来的探讨，从而令欲加入混合所有制的非国有资本有些瞻前顾后、止步不前。

中国国有企业改革一直以来都有着内在的动力和外在的压力。目前的国有企业改革更多的是从内在动力角度来考虑，但随着国有企业越来越多地走向世界，认真研究国际竞争规则，并相应地进行企业体制机制的调整与改革，从而更好地助力国有企业"走出去"，成为国有经济未来发展的必由之路。在中央提出加入CPTPP的新形势下，国有企业如何适应国际市场竞争规则，实现"走出去"的战略目标，进一步将国有企业做强做优做大，是下一步国有企业改革需认真对待的新课题。

课题组成员名单

朱恒鹏　中国社会科学院经济研究所党委副书记、副所长
曲保智　招商局集团发展研究中心（招商创研院）副主任
卢奇骏　招商局集团发展研究中心（招商创研院）研究总监
马恩斯　招商局集团发展研究中心（招商创研院）研究员
刘永超　招商局集团发展研究中心（招商创研院）助理研究员
魏　众　中国社会科学院经济研究所研究员
张　琦　中国社会科学院经济研究所副研究员
缪德刚　中国社会科学院经济研究所副研究员
阎瑞雪　中国社会科学院经济研究所助理研究员
王于鹤　中国社会科学院经济研究所助理研究员
高超群　中国社会科学院经济研究所研究员
霍建国　中国世界贸易组织研究会副会长
林立强　福建师范大学社会历史学院教授

江晓成　福建师范大学社会历史学院副教授
凌学岗　福建商学院副研究员
赵学军　中国社会科学院经济研究所研究员
李天健　中国社会科学院经济研究所助理研究员
洪晓东　中国世界贸易组织研究会专家
黄满盈　首都师范大学教授
杨凤鸣　中国世界贸易组织研究会副研究员
曹　宁　福建师范大学社会历史学院博士研究生
赖江坤　福建师范大学社会历史学院博士研究生

“国有经济发展路径研究”，由招商局集团、中国社会科学院经济研究所、中国世界贸易组织研究会等单位共同完成，国务院国资委支持厅局为规划发展局。“国有经济发展路径研究”课题分为一个总报告和四个子课题，课题总报告负责人为经济研究所研究员魏众，子课题一“国有经济在中国的长期延续（新中国成立前）”负责人为经济研究所研究员高超群，子课题二“国有经济发展路径的过去（新中国成立至改革开放前）”负责人为经济研究所研究员赵学军，子课题三“国有经济发展路径的现在（改革开放至今）”负责人为经济研究所研究员魏众，子课题四“国有经济发展的机遇与挑战”负责人为中国世界贸易组织研究会副会长霍建国。

国有经济国别研究视域下的中国国有经济发展①

第一章 主要国家国有经济发展历程与规模现状

无论是作为现代工业发源地的西方发达国家，还是具有后发优势的发展中国家，在世界主要国家的经济与工业发展进程中，国有经济都发挥着举足轻重的作用。对于世界主要国家的国有经济发展情况，可以从国别和时间横纵两个维度来考察。从时间的纵向维度来考察，世界主要国家的国有经济一般都经历了不同程度私有化的过程，不同国家的私有化既有成功的也有失败的，不能一概而论。从国别的横向维度来考察，需要结合这些国家的具体情况展开分析，世界主要国家的国有企业在发展与演化过程中，出于经济体制、价值观念、社会历史发展以及路径依赖等国情方面的原因，对国有经济有不同的理解。因此，世界主要国家在不同发展阶段，对国有经济的产业定位和政府宏观调控的政策基础不同，所发挥的作用也不同。

本报告内容依据世界主要国家的经济发展模式，分为自由经济理论指导下的美英（以美国为主，兼论英国）、秩序原则指导下的欧盟（以德国为主，兼论法国）、政府指令发挥重要作用的东亚（以日本为主，兼论韩国、新加坡）、转轨国家（以俄罗斯为主，兼论捷克等东欧国家）等几类经济发展体，分别就国有经济的发展渊源与布局、国有经济私有化进程、金融危机影响下的国有企业

① 本文所对应的原课题名为“国有经济国别研究”。

发展以及国有经济所体现的政府与市场关系的特征等展开分析。另外，为了更加完整地分析世界各国的国有经济发展，提炼更加严谨、系统的研究结论，本报告也分析了北欧与拉美国家的国有经济发展，通过对国有企业在这两类国家的改革与发展实践的研究，对上述四类国有经济发展模式进行补充。

第一节　国有经济概念辨析

对国有经济的概念，不同国家、不同学派基于各自的需要有着不同的表述，其内涵和外延也存在差异。在我国，国有经济的内涵一般被界定为生产资料归国家所有的一种经济类型，是社会主义公有制经济的重要成分。国有经济又称全民所有制经济，是国民经济的主导力量。国有经济的外延一般以国有企业为基本实体，包括中央和地方各级国家机关、事业单位和社会团体使用国有资产投资的企业，也包括实行企业化经营、国家不再核拨经费或核拨部分经费的事业单位和从事经营性活动的社会团体，以及上述企业、事业单位和社会团体使用国有资金投资兴办的企业。

国有企业是国有经济的主要表现形式。国有经济与国有企业存在形式逻辑关系，并且二者中间还存在“国有资产经营方式”。“国有经济”“国有资产经营方式”“国有企业”这三个概念相容但并不完全相同，而是从属关系，即国有企业从属于国有资产经营方式，国有资产经营方式又从属于国有经济。

国有企业一般依据国有资产所占比重进行划分。国有独资，指企业的资产全部归国家所有；国家控股，指企业全部资产中国家出资部分占较大比重而处于控股地位；国家参股，指企业投资主体多元化，国家出资较少或放弃控股地位而使非国家投资主体处于控股地位。

国有经济在不同性质的国家有所不同。在我国，社会主义国有经济在性质上属于全民所有制经济。本报告的研究对象是世界主要大国的国有经济，与我国的全民所有制的经济属性有本质区别，但二者在外延上具有相同点，即以国有企业为基本实体，都是政府作为出资人占有、控股或参股相关企业。本报告所涉及的美国、德国、日本等不同国家，基于自身的经济发展环境对国有企业赋予不同的定义，我们统一称之为“国有企业”。例如：美国的国有企业一般称“联邦公司”，德国的国有企业德文直译为“公共企业”，日本的国有企业称

“官业”或“公企业”，韩国通常把由政府投资创办并由政府委派官员管理的企业称作“公有企业”。

第二节　世界主要国家国有经济布局与发展的总体特征

按照时间纵向考察：第一，从一国的国有经济布局来看，在一国经济需要快速发展或者经济社会环境受到破坏（如二战、金融危机）的情况下，国有经济所占比重较大，在技术密集型产业与国计民生重要产业及垄断性、公益性领域，国有经济作用较大。随着经济的发展、市场机制的健全，国有经济在竞争性产业中的占比会逐步降低，但在公共服务、国防安全、能源和电力等垄断性行业内依然会保持相当的比重。第二，从经济发展水平角度考量，发达国家与发展中国家国有经济的比重存在一定的差距，发达国家国有经济的比重普遍比较小，而发展中国家国有经济的比重较大，这与市场经济、民营企业的发展情况，甚至是人们对经济机制的认知密切相关。

第三节　世界主要国家的国有经济规模与布局

一、美英重点行业国有企业布局在自由经济理论指导下开展

自由经济理论指导下的国有经济主要以美英国家为代表，美英国家的国有经济存在、布局与私有化是在“新盎格鲁—撒克逊”模式下开展的。美英等国倡导经济的自由竞争，在企业经营的微观层面政府不会干预，但在某些领域、环节和阶段，国有企业作为经济运行的参与者也会发挥重要作用。从发展历程来看，二战后美国和英国分别经历了一轮国有化进程，但在自由主义思潮的影响下，这些国有经济成分逐步被私有化。

美国的国有企业一般称“联邦公司”，仅存在于市场机制难以正常发挥功能的领域，大部分是非竞争性领域，以弥补市场失灵、实现公共政策目标。

无论是政府强力干预市场的罗斯福时期，还是实行自由主义经济机制的里根时期，美国政府都从创造良好的竞争环境、加大科研投入、培养和引入高端科技人才等方面提升美国企业的国际竞争力。二战时期，罗斯福政府开始通过国有企业加强对运输、航空、港口和电信等基础行业的持续投资。同时，需要

强调的是，无论哪个时期，美国对科研的重视及投资程度在发达资本主义国家中都是首屈一指的，政府对科研的投入占到了社会全部科研投入的60%以上，某些基础科研领域，科研执行单位或者政府采购部门，均具有一定的国有经济成分。

美英政府重视对市场主体的增信，主要方式为政府出资创建金融服务企业，包括为企业提供政府担保、创办和资本市场连接的二级市场金融机构。例如，二战后，为解决退伍军人的住房问题，罗斯福政府建立了房利美（FannieMae）和房地美（FreddieMac）从事住房抵押贷款二级市场业务，并赋予其一系列金融机构优惠政策，包括税收优惠、提供信用额度、业务特许证和低风险债券，甚至提供隐性债务担保，以支持它们的市场化运营。这两家公司弥补了市场不足，完成了政府保障大众住房的社会目标。

由于美国本土在二战中未受到战争摧残，没有像英国那样通过国有化手段迅速恢复和调节经济的必要，而且美国的私人垄断力量较欧洲更强，所以国有经济占比相对较低。至20世纪70年代末，美国的国有经济主要集中在邮政、电话和铁路行业，这些行业的国有经济占比大约为25%。美国对国有企业的私有化在二战后一直进行，里根政府首先开始拍卖国有联合铁路货运公司，然后成立联邦财产评议委员会负责出售联邦政府财产，甚至出售了国防的石油储备设施和卫星遥控站，连消防和监狱等公共服务设施也被出售。

二、政府、社会与企业协调发展的国有经济规模与布局

政府、社会与企业协调发展的国有经济主要发生在欧盟国家。欧洲国家虽然也属于西方资本主义发达国家，但具有其自身的文化、历史和社会特性，尤其是欧盟成立以来，欧洲大陆的大部分国家建立了以德国、法国为“领头羊”的统一经济体，尤其是德国，其独有的社会市场经济模式是欧盟经济与社会合理的发展模式。

德国国有企业德文直译为“公共企业”，由德国各级政府拥有或管理，体现了其以财务收益为目的，基于公共任务提供公共产品和服务的理念。

德国的金融业中国有银行机构占主导地位，私有银行占所有银行资产的比重较低。德国银行业由三大支柱构成：合作银行（Raiffeisen – Volksbank，包括两个层级：大众银行和中央合作银行）体系、国有银行（包括储蓄银行和州立

银行）体系和私有商业银行体系。根据德国央行——德意志联邦银行公布的银行资产数据计算，2000—2020 年，私有银行资产占德国银行总资产的比例一直低于 50%，远远低于美国和英国的水平。德国私有银行的比重较小，因此金融业受市场机制驱动、参与高风险投资项目的概率就相应较低。而公有的储蓄银行立足当地，担负着向德国广大的中小企业提供融资需求的公共任务，并不以营利为目标[①]。这种银行体系结构有效地抵挡了 2008 年金融危机对德国经济的危害，在世界金融危机与德国的经济环境之间建立起一道“防火墙”。因此，国有银行的存在是 2008 年金融危机中德国在金融领域受到较小冲击的根本原因。

但需要强调，并不是说储蓄银行因为具有国有性质，就可以随意为任何一家德国中小企业提供融资服务，它们也会从承担公共任务的角度出发，为符合国家发展规划、有良好的健康的运营环境的中小企业提供贷款，因为这些本地的中小型金融机构首先受到德国政府的严格审慎监管。另外，2001 年德国政府取消了对储蓄银行的政府担保，要求其为自己的经营状况负责，政府则建立相应的考核机制。

德国设立国有企业的目的并不是获得财务收益，而是让国有企业能够比一般性的私人企业提供质量更高的公共产品和服务，实现政府政策意图。为了保证国有企业实现这部分公共职能，德国政府长期容忍国有企业的低效率和亏损，并支付大量补贴。有资料证明，德国国有企业在增加就业、引导产业投资、平衡社会经济关系以及促进国家宏观经济目标的实现方面，确实能够发挥独特作用。同时，德国国有企业的设立与运营只是承担社会公共任务的必要条件而非充分条件，也就是说，国有企业只有在满足其承担的是公共任务的条件下才可能设立，并且还要考虑这种公共任务私营企业是否也能提供——如果不能，则国有企业的存在是必要的；如果能，则需要证明国有企业能更好和更经济地提供公共产品和服务，在具备“存在合理性”的前提条件下，国有企业可以长期存在。如图 1 所示。

2008 年国际金融危机后德国国有经济逐步退出“非常规”国有化。

第一，金融危机后的德国国有经济布局有所变化。基于德国社会市场经济体制“秩序政策”优先于“过程政策”的理念，德国在合适的时机需要逐步退

① 丁纯，翟黔超．金融危机对德国经济与社会的影响以及德国的对策［J］．德国研究，2009(2)：17－24.

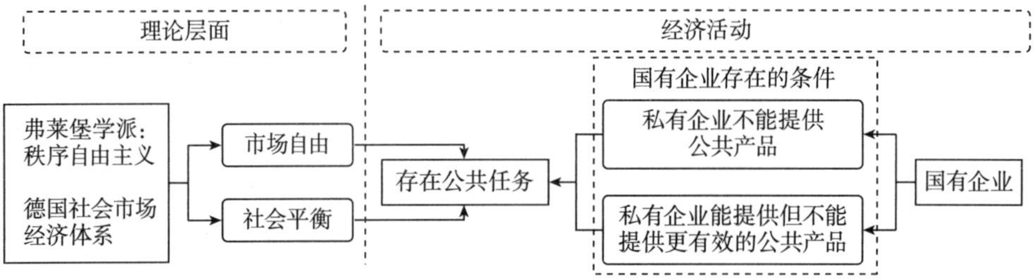

图1　德国国有企业“存在合理性”示意图

资料来源：郭迎锋，沈尤佳．本轮危机前后德国国有化研究概况及实践评析［J］．管理学刊，2014，27（5）：36－48.

出金融危机时期的“非常规”国有化政策，但要通过市场机制的手段逐步退出。德国联邦政府从2010年开始，对金融危机过程中国有化的德国住房抵押贷款银行（HRE）和德国商业银行进行私有化，出售其国有股份，因为按照德国政府定位，国有化是政府调控的“过程政策”而非“秩序政策”。

第二，继续保持德国银行业三大支柱体系下的国有储蓄银行的主导地位。维持不以营利为目的、服务本地中小企业的储蓄银行在德国金融市场的主导地位，符合德国社会市场经济体制的两大支柱——“市场自由”和“社会平衡”。以当前的目光审视，遍布德国的储蓄银行为符合公共利益的德国中小企业提供融资服务，并且能有效阻断国际金融危机对德国金融市场的传导，而且能为暂时陷入危机的中小企业提供融资服务，帮其渡过难关，它们所承担的这种公共任务的角色和作用不可取代。

三、政府指导与市场机制相互作用下的国有经济规模与布局

日本与韩国作为资本主义世界的东亚市场经济发展成功的代表，在20世纪80年代之前的经济发展奇迹被当作政府协调经济的典型，80年代之后，其政府的经济政策基本方针向里根政府和撒切尔夫人政府学习（或被迫转向），开始了新自由主义的市场机制。

日本的国有企业被称为“官业”或“公企业”。[①] “官业”在日本的崛起过程中起到了重要作用，即主要依靠政权的力量，通过政府直接兴办有关国计民生的企业，促进日本国有经济的迅速发展。依靠政府直接介入，动员社会全部

① 江岭．日本管理国有经济的八种形式［J］．重庆与世界，1997（6）：91.

资源创造更高的效率，国有经济在基础设施、重工业等基础性产业方面发挥了巨大作用。几乎所有近代企业都是“官业”，这些企业主要分布在采矿、冶金、化工、机器制造等行业。

战前日本实力较强的国有企业二战后在美国的影响下逐步私有化。日本的国有经济所占比重较小，1949—1986 年，国有企业占全国企业总数的比例仅为 2.9%①，远远不如英国国有经济的规模。由日本政府主导的具有市场经济体制的国有企业大致分为三类：第一类是不具备法人资格的公共产品和服务企业。比如邮电、印刷、造币、自来水等行业企业。第二类是具有独立法人资格的政府完全投资建立的企业。这类企业独立进行市场运营、自负盈亏，政府对其实行间接管理，20 世纪 80 年代的私有化浪潮后这些公司多数转为公私混合所有制企业。第三类即公私混合所有制企业。一般情况下政府拥有控股地位，对企业的生产经营有最终决策权，一般为地区固定设施建设、城市开发及港口建设等项目性公司。

韩国通常把由政府投资创办并由政府委派官员管理的企业称作“公有企业”。当前国有企业在韩国经济中的占比日益减少，近年来占 GDP 的比重仅为 3% 左右，占固定资本形成总额的比重为 6% 左右。与此同时，韩国经济对大型企业十分依赖，2017 年仅三星一家企业的销售额就达到了韩国 GDP 的 15%，韩国前十大企业的销售规模则达到了 GDP 的 41.5%，而前十大企业中仅有韩国电力公社一家国有企业。尽管占比很小，但国有企业仍在韩国经济中发挥着重要作用。目前，国有企业逐渐局限于公益性强的事业部门，主要作用也转变为投资国民经济中风险较大的产业、引导垄断产业发展和促进社会基础设施建设。②

新加坡政府对国有企业并没有明确的划分，一般以股份制的形式维护政府的投资利益。新加坡一般以“政联企业”或“淡联企业”称呼政府控股的国有企业。淡马锡是新加坡最为知名的国有企业，它出色地完成了新加坡政府在创建它初期所设立的目标。新加坡政府设立淡马锡公司的目的就是让新加坡财政部能够及时掌握国有企业的经营状况，并且剥离政府管理国有企业的职能，让商业回归商业、政府回归政府。淡马锡不断改变公司的治理结构，强化出资人管理，完善对管理团队的激励机制，通过一系列的运作，逐渐从一个管理国有

① 顾宝炎．国外国有企业的管理与改革[M]．北京：中国人事出版社，1999：290－291．

② 郎昆，冯俊新．韩国、新加坡国有经济：发展历程和经验启示[J]．当代韩国，2020(2)：102－115．

企业的运营公司发展成为一家主权投资公司，投资的范围日趋广泛，投资的区域也扩大到新加坡之外的国家。

四、转轨国家国有经济的规模与布局

40 多年高度集中的中央计划经济体制使得俄罗斯与中东欧等地的原社会主义国家呈现以下主要问题：国有制占绝对优势；国家垄断经济活动；经济结构严重扭曲，工业和重工业比重过大；等等。

俄罗斯的国有企业在发展的过程中经历了很多次改革，主要的改革时间是叶利钦总统执政时期的 1991—1999 年，以及普京总统执政时期的 2000—2012 年。萨克斯的“休克疗法”从叶利钦时期开始，但以失败告终，俄罗斯国民经济的内部结构紊乱，国有经济主导地位逐步丧失。为重新恢复国民经济的秩序，普京开始在部分关键领域和行业恢复国有经济，自普京政府执政以来，俄罗斯国有经济所占比重有所恢复，国有经济与私有经济的关系开始重构。2004 年以来，俄罗斯国民经济的主要行业陆续出现了重新国有化的迹象。2004 年 8 月，普京政府确定 1063 家俄罗斯大中型企业为国有企业，明确规定政府无权对这些企业进行私有化，这些企业涉及国防、石油、天然气、运输、电力、对外贸易、银行、渔业、钢铁制造业等领域。在国有企业的产业布局上，1063 家国有企业中，国防建设占到了 80% 以上。另外，石油能源企业的再国有化也是普京政府的主要工作内容。能源尤其是石油和天然气这两种能源，在俄罗斯的经济建设中起到了非常重要的作用。政府一方面通过法律手段将一些“有问题”的能源企业国有化，另一方面通过国家控股的方式将其他能源企业国有化①。

匈牙利、捷克、波兰等东欧转轨国家也经历了不同的发展过程。先是在西方经济理论的指导下对国有经济开展“休克疗法”，结果与俄罗斯一样，基本以失败告终；之后这些国家开始重新探索国有经济与私有经济的平衡。唯一的例外是最早开展“休克疗法”的波兰，从最终的效果来看，是比较成功的。

捷克国有经济布局。在 20 世纪初的私有化之后，国有经济占整个国民经济的份额大幅减少，但是在关键的战略性产业部门和公共服务部门，捷克国有企业的规模仍相对较大。捷克股份制国有企业主要集中在能源和制造业部门，而

---

① 李伟，张峰，李东升．国有企业混合所有制改革国际比较及启示——以英国、俄罗斯为例[J]．山东工商学院学报，2020，34(6)：1－9.

国家企业形式的国有企业更偏向于政府部门，所在行业更多集中在基础设施、国防、金融、建筑等领域。

罗马尼亚国有经济布局。罗马尼亚法律规定，不能改变银行、邮政、军工、动力、天然气开采、铁路运输等国民经济战略部门和特殊生产企业及行业的国家所有的地位。

保加利亚国有经济布局。保加利亚除法律规定的部门和企业不能非国有化外，在私有化署提交给部长委员会和议会审议通过的1995年私有化计划报告中，明确规定军工及特殊产品（包括武器、弹药、装备等）、特殊化工产品及原材料、能源（包括煤炭、电力及其输送，天然气及其输送等）、铁路运输及其基础建设和使用、水文资料、饮水供应和污水排放、自由贸易区（经济特区）、矿藏开采和冶炼、邮电等部门禁止实行私有化。

五、其他主要国家国有经济规模与布局

除上述四种类型国家的国有企业之外，瑞典、丹麦、挪威和芬兰北欧四国的国有企业发展以及巴西、墨西哥等国有企业的改革实践具有一定的典型性，可以作为对上述四类国有经济发展模式的补充。以瑞典、丹麦、挪威、芬兰北欧四国为代表的发展模式被统称为“民主社会主义模式”，备受各国的推崇，其中国有经济发挥了不可替代的作用。

北欧国家的国有企业参与正常的市场竞争。不像德国的国有企业不以获取财务收益为目的，瑞典的国有企业完全平等地参与市场竞争。瑞典法律严格规定政府和官员不得直接干预企业的生产经营活动，国有企业管理局派出董事会代表，通过董事会参与企业决策等重大事项。在瑞典历史上，国有企业曾在20世纪80年代的新自由主义思潮下短暂私有化，但在90年代得到了纠正，从新自由主义回归到民主社会主义。

北欧国家的国有企业改革路径是从直接给予企业补贴转变为创造良好的外部条件。20世纪70年代，瑞典政府对竞争能力下降的造船、钢铁等传统优势行业给予补贴或收归国有管理，以提高其竞争力，但后来证明这种直接干预微观经济的行为是无效的。20世纪80年代后，政府不再采取倾斜性的产业政策，而是转向营造良好的外部条件，如建造先进的交通通信等基础设施、创造良好的研究开发条件，让企业自由去发展。通过这些举措，关闭了一些不符合市场竞

争和社会发展的老旧企业，新的企业和新的有竞争力的产品也逐渐发展起来。

拉美国家经济的发展，一直深受新自由主义的影响，以“进口替代工业化”为代表的全方位保护政策和国家大力干预经济，被称为拉美国家“华盛顿共识”改革前的两大政策支柱。拉美国家的国有企业改革属于这一发展历程的重要组成部分。拉美国家采取多样化的方式实行国有企业改革。第一，对国有大型垄断企业进行私有化时引入竞争机制。一般先对企业进行分拆，然后分别分阶段实施企业所有制转型，如巴西对国家电力公司进行私有化。第二，政府将需要私有化的国有企业资产部分或全部公开拍卖，以确保国有资产的最大利益，墨西哥政府一般采取这种方式。第三，在国内外股票市场上公开挂牌出售国有企业的股票，但拉美各国在股票市场上公开出售国有企业的比重存在很大差异。第四，拉美各国为了确保国有企业私有化后企业职工的经济利益，在出售国有企业资产时都硬性规定必须向本企业职工出售一定比重的股权，职工股权的比重随出售企业大小而有所不同。

第二章　国外国有经济发展的特点与模式

基于国外主要国家国有经济发展历程与现状，全面梳理、系统研究并总结归纳出国外国有经济发展的六大特征，即整体发展的阶段性、规模发展的逆周期性、产业布局的相对集中性、管理机构设置的独立性、运营管理手段的市场性和监督管理权限的层级性。

第一节　国外国有经济发展特点

一、国外国有经济整体发展的阶段性

作为国民经济发展的重要组成部分，国外各国国有经济发展明显受其经济体制的影响和制约，进而在功能定位、规模水平、产业布局、考核目标、运营管理等方面具有显著的国别差异和阶段性特征。一般来说，市场经济越发达、市场配置资源作用发挥越充分、政府对经济干预的程度越低，国有经济在国民经济中的比重越小、地位越弱。同时，同一经济制度属性的国家在不同历史阶

段存在政策取向的差异，国有经济整体发展也呈现显著的阶段性特征，它们之间一般呈负相关关系，但无论何时何地，国有经济在国民经济中的地位只是强弱不同，而不能相互取代。无论是市场经济还是计划经济，在任何发展阶段都或多或少地存在着国有经济，且毫不例外地控制着关系国家命脉的重要行业和领域。

二、国外国有经济规模发展的逆周期性

国外发展国有经济的理论基础主要是凯恩斯主义、新凯恩斯主义以及“箭垛”效应等基于市场配置资源失灵而需要政府干预的经济思想。这一思想观点是国外国有经济发展的理论基石。基于这样的经济思想，国外国有经济的收缩或扩张与经济发展的周期性紧密相关，国民经济管理的逆周期性干预带动国有经济规模不断扩张与收缩。一般来说，在经济衰退和萧条阶段尤其是危机时期，国外国有经济扩张的趋势更加显著，而在繁荣和复苏阶段，政府干预经济的短期手段逐渐退出，市场配置资源的基础性作用逐渐恢复，国有经济规模整体呈收缩状态。第二次世界大战后，受马歇尔计划的影响，为尽快恢复经济，英法德等欧洲国家普遍采取了政府干预经济政策，催生了一波大规模国有化浪潮，而20世纪70年代中后期的两次石油危机引起经济严重滞胀，导致各国政府减少经济干预，普遍推行私有化，降低国有经济在国民经济中的比重。

三、国外国有经济产业布局的相对集中性

国外主要国家的国有经济占国内生产总值的比重总体不高，主要集中在私人企业不愿或不能投资的涉及公共物品、国家安全和薄弱环节等行业，但对国民经济有序运行发挥了重要的调节作用。

美国联邦政府目前拥有联邦政府公司（Federal Government Corporation）和政府资助企业（Government – Sponsored Enterprises，GSE）等国有企业22家[①]，主要集中在电力、邮政、铁路、住房、金融、原子能、宇航工业等新兴产业以及涉及国家安全的军事部门和投资规模庞大、建设周期长、利润水平低的基础设施和公共事业部门等，如美国邮政署、进出口银行、田纳西河流域管理局

① 美国的“中央国有企业”情况介绍［EB/OL］.（2014 – 12 – 31）［2022 – 03 – 15］. http://us. mofcom. gov. cn/article/ztdy/201412/20141200855345. shtml.

（TVA）、美国全国铁路客运公司（Amtrak）、房利美和房地美等。

截至2018年6月，法国国家参股局（APE）投资组合的市场价值达775亿欧元，能源部门占资本总额的49.2%，远远领先于航空与国防部门（26.7%）、电信部门（6.6%）和汽车部门（4.2%），主要集中在交通运输、能源、金融、文化、军工等产业。①

截至2017年末，英国国有企业主要布局在公共行政管理和国防行业（Public Administration & Defence）与教育行业（Education）两个行业，国有企业数量分别为7135家和4330家，占该行业所有企业的比重分别为99.79%和8.96%。②

日本公有企业净资产占比约为9%、毛固定资产占比约为11%，就业人数占比约为4.7%③，主要分布在铁道、交通、通信、电力等公益事业和社会基础设施建设及银行、医疗等重点领域。

新加坡则通过淡马锡控股的方式布局了新加坡电信、星展银行、凯德集团、新加坡航空、新加坡港务国际集团（PSA）、新加坡科技工程和新传媒集团等以交通、通信、金融、航空、科技、地产为主要业务的垄断性企业，控制着与国民生活、工作等息息相关的行业部门。

四、国外国有经济管理机构设置的独立性

国外各主要国家政府通过立法或行政命令等形式设立单独的国有企业监督管理部门或不同的机构，行使国有资产出资人职能，专司国有企业及国有资产管理职责。意大利、巴西、英国等都有专设的国有企业及国有资产管理机构，如意大利国家参与部和巴西国营企业控制署以及英国的工业部、国有企业局等。瑞典、法国、德国、美国等虽没有专设国有企业及国有资产管理机构，但也授权一些部门专门行使不同性质不同行业的国有资产出资人职能。

《美国法典》规定：美国邮政署、进出口银行等17家联邦政府公司是国会为执行公共目标而成立的联邦政府机构，主要提供市场化导向的产品或服务，并实现自身收支平衡，分别隶属财政部、司法部等联邦政府组成部门并履行监管职责；而房利美和房地美等5家政府资助企业本质上是特殊的私有企业，在

① APE，Rapport de l' Étatactionnaire 2018.

② 英国统计局网站，https://www.ons.gov.uk/。

③ 李玉珍．日本公有企业民营化及其启示[J]．东疆学刊，2005(4)：98－102.

政府限定的业务活动范围拥有完全私有公司所不具备的一些收益及特权，支持某些特定的公共政策目标。

《日本国有财产法》规定：大藏省是为妥善管理和处置国有财产而设立的国有财产总辖事务的机关，对国有财产拥有管理、处置和综合调整的责任与权力。作为法定授权部门，大藏省独立承担对日本中央政府层面国有经济的监督管理职责，负责保障国有企业实现功能定位、绩效目标考核管理等具体事务。

2004 年 9 月，法国拉法兰政府组建国家参股局（Agence des Participations de lÉtat, APE），直属于法国经济和财政部（Ministère de l' Économie et des Finances），主要行使出资人权力，负有监督国有企业运营管理等职责。

新加坡财政部负责管理淡马锡公司，进而间接控制绝大多数的政联企业并影响行业布局和确保国有企业功能的实现。

五、国外国有企业运营管理手段的市场性

目前，国外主要经济体的政府一般都不直接经营管理国有企业和国有经济，而是委托职业经理人团队专司国有企业具体运营管理事务，但几乎都通过设置“黄金股制度”、政府购买服务等符合市场特点的制度措施确保国有企业实现既定的特殊功能。职业经理人团队根据既定的国有企业功能定位及相应的绩效考核要求与目标导向，与其他市场主体进行公平竞争。

六、国外国有经济监督管理权限的层级性

世界上绝大多数的国家国有资产在法律上都分别隶属中央和地方政府，二者之间有明确的财产划分。由于提供公共物品的事权不同，国外国有经济按照财权与事权一致原则布局，具有显著的层级性。一般来说，中央层级政府所属的国有经济主要集中在涉及国家安全、经济命脉等的少数关键领域，提供服务全民的公共物品。而地方政府所属的国有经济更多地布局涉及区域安全或经济命脉的公共基础设施、公共事务等主要领域，提供服务局部的准公共物品。由于国有企业隶属的层级不同，国外各国政府的国有经济监督管理权限呈现显著的层级性特征。一般来说，中央层面的政府机构级别最高，监督管理的国有企业数量较少，但在单位企业资产规模、行业布局等方面较地方政府监管企业具有明显优势，地方政府管理的企业涉及行业范围更广、数量更多，级别越低的

政府机构管理企业就越具体。

第二节　国外国有经济发展模式

一、国有经济管理层次

从管理层次来看，国外国有资产管理模式大致有两种：“三层次模式”和“两层次模式”。这两种模式都是基于委托—代理理论演变而来的国有资产管理制度，本质上的区别并不大，核心还是解决内部人控制和约束激励等问题。

（一）“三层次模式”

从委托—代理理论来看，国有资产管理“三层次模式”的委托链条更长，即增加国有资本投资运营公司这一中间环节，通过委托授权经营体制，实行两级出资人制度。也就是说，国家国有资产监管机构对国有资本投资运营公司行使出资人权力，投资运营公司再对所投资的具体企业行使国有资本出资人权利，从而形成“国有资产监管机构—国有资本投资运营公司”“国有资本投资运营公司—国有投资控股企业”的两环节委托授权和三个层次的国有资产管理体制。这种管理体制在国有资产监管机构和国有投资运营公司两个层面通过委托—代理实现了从管资产向管资本的转变，减少政府对国有控股企业经营管理的直接干预，提高企业经营效率。

目前，新加坡、意大利、奥地利、英国、西班牙等国国有经济监督管理都采用“三层次模式”。如新加坡的财政部是政府国有资产监管机构，处于第一层次，淡马锡是国有资本投资运营公司，处于第二层次，而其投资的电信、星展银行、凯德集团、新加坡航空和新加坡港务国际集团等控股企业处于第三层次，从而形成了“新加坡财政部—淡马锡—新加坡电信等控股企业”的国有资产监管模式。

（二）“两层次模式”

从委托—代理理论来看，国有资产管理“两层次模式”的委托链条较短，省略“国有资产监管机构—国有资本投资运营公司”这一委托代理环节，由国有资产监管机构按照一定方式直接管理国有企业。由于缺少国有资本投资运营公司的国有股权运营，“两层次模式”下的国有资产监管机构既要管资产也要管人，难免会出现国有国营现象。但是，只要建立一套行之有效的管理制度，突破国有国营体制羁绊，“两层次模式”一样能够提高国有资产管理效率。

目前，美国、加拿大、法国、德国、巴西等国国有资产管理都采用“两层次模式”，其中法国是典型代表。法国没有统一的国有资产监管机构，也没有制定完善的管理规范和章程，政府管理部门与国有企业之间的关系复杂，尤其在投资决策、价格控制、人事任免、经营方向、财产管理等方面，监督任务艰巨。按照条块管理要求，法国政府的行业主管部门负责国有企业行政和业务领导，而政府经济、财政与预算部及国家审计法院则享有财政监督权，通过派驻财政“监督员”列席董事会参与企业重大决策、实施财政监督等。同时，法国创造了政府管理国有企业的一种有效方式——“计划合同”制度，即通过签订“计划合同”促使政府管理机构与国有企业之间形成一种具有法律约束力的契约关系，从而实现政府监督与企业自主管理权的有效结合，进而实现“有监督的自由”。这种制度安排，不仅有利于推动国家战略布局、中长期发展目标和优先发展事项等贯彻落实，而且有利于提高国有企业领导人的责任意识，调动国有企业积极性。

二、国有经济管理权力

从管理权力的集中程度来看，国外国有资产管理模式大致分为三类：集权管理模式、分权管理模式和集分结合模式。这种划分标准实际上是从国有资产所有权与经营权关系的视角展开，本质上还是探讨国有资产管理中国家股东的出资人角色与企业法人角色的关系定位问题。

（一）集权管理模式

集权管理模式是一种国有资产所有权与经营权合一、高度集权的监督管理模式，以日本、韩国为典型代表。国有资产集权管理模式本质上属于基于市场机制的政企不分的监管制度，其主要特征是市场依然发挥配置资源的重要作用，但政府为实现预期的经济发展目标经常借助制定发展规划、产业政策等行政手段强力干预市场配置资源导向，推动经济快速增长。这种集权管理模式的优点在于可以发挥全社会集中力量办大事的效应，通过制定规划和产业政策等措施直接推动国家短期和中长期经济社会发展目标的实现。集权管理模式也有显著的缺陷，就是政府对国有企业的管理高度集权，一定程度上剥夺了国有企业经营自主权，议会和政府管理部门严格控制国有企业的经营范围、投资规模及方向、产品价格、财务管理和发展规划等，人为地割裂了国有企业与市场之间的紧密联系，导致国有企业对市场环境变化的敏感性降低，经营管理效率低下。同时，由于政府对国有企业财务管理权的高度垄断，国有企业的经营损益、利润分配、工资水平等受到严格规制，甚至企业投资、借贷和发债等都需要政府审批，严重制约了国有企业的活力和动力。

日本是典型的“政府主导型”市场经济国家，对国有资产也实行高度集权管理，三公社是政企合一的典型范例。尽管这种集权管理模式对推动日本经济高速增长发挥了积极作用，但也带来公有企业经营效率长期低下的问题。特别地，日本直营事业是政府机构的附属物，不具有法人地位。政府和国会掌握直营事业的所有权、经营权和管理权，直接管理直营事业资产，严格控制其设立、经营范围、投资规模及方向、事业计划和产品价格等，企业的自主权十分有限。

（二）分权管理模式

分权管理模式是一种国有资产所有权和管理权分离的监督管理模式，以美国、瑞典、新加坡等为典型代表。该模式对国有资产的管理高度分权，主要通过自由竞争等市场机制调节经济运行。国有企业与私营企业一样，是独立经营的市场主体，自主决定各种生产经营决策，可以自由地进入和退出各种行业领域。政府只是通过法律等手段对国有资产经济运行实施间接调控，并不直接干预国有企业具体经营行为。

美国国有资产管理体制是分权管理模式的典型代表，同时分类管理经营性国有资产和非经营性国有资产。经营性国有资产由国有企业的政府主管部门直接管理，而非经营性国有资产则统一归行政服务总局管理。美国国有资产管理主要的目的是维护市场机制有效运行，配合宏观调控，弥补市场失灵。为此，美国国有资产管理体制强调，要依据立法设立专门机构管理国有资产，通过严格的审计制度和领导人员的直接任命等手段间接管理国有资产，不直接干预国有企业的具体决策。

瑞典国有资产管理体制也采取分权管理模式，实行国有资产管理法律化和规范化分权。瑞典设置了专门负责国有资产管理的机构——国有资产管理局，负责通过股份公司法等法律法规规范对国有资产进行监督和管理，履行国有股东出资人职责，但并不直接干预国有企业日常经营活动。政府在法律约束下可以通过股东大会和监事会参与企业高级管理人员的任命，但不能罔顾法律强行干预国有企业决策和日常事务，须确保国有企业与私营企业具有同等的法律地位。

（三）集分结合模式

集分结合模式是一种国有资产所有权和管理权合一、适度放宽的监督管理模式，以法国、意大利、德国、英国等国为典型代表。该管理模式对国有资产的监管侧重于间接方式，企业享有充分的自主权和市场自由竞争权；同时，政府也要通过法律、产业政策等手段对国有企业进行宏观调控，引导国有企业的生产经营活动符合国家经济发展的短期和中长期目标。

法国是欧洲国有经济比较发达的国家，国有资本控制的大企业数量较多，主要分布于自然垄断和一般竞争性的行业领域。法国国有企业一般采取股份制，由财政部直接或国有化金融机构间接控股总公司和母公司，而对分公司和子公司一般不予干预，由总公司和母公司自主管理与调控。法国没有设置专门的国有资产监管机构，而是通过经济和财政部、工业贸易部、国防部等多个政府行业主管部门行使国有资产出资人的监管职责，派员参与董事会、监事会等保障国家对国有企业的控制权。

德国国有资产分别隶属中央、省、市镇三级所有，国有企业功能定位、经营方向和绩效目标各有侧重。德国财政部代表政府行使国有资产出资人职责，负责对各行各业的国有企业进行统一监督和管理。财政部对国有企业的设立、解散、合并、股权投资等重大资产经营决策具有审批权，通过选聘联邦国有企业监事、管理资金供给、检查企业财务等手段影响国有企业日常经营决策，保障对国有企业的控制权。不过，德国对国有企业的管理是间接的，国有企业仍拥有相当大的经营自主权，其对国有企业经营评价采用市场指标，而不是采用实现政策目标的社会贡献指标，支持国有企业与私营企业在市场竞争中求生存、谋发展。

第三章　国外国有经济发展对中国的启示

通过全面梳理和系统研究国外各主要国家国有经济发展与改革实践和做法，我国国有经济改革与发展可以从中吸取经验与教训，得出以下启示：一是国有经济的规模问题。国有经济规模并不是越大越好，但也不能全盘私有化，保持一定规模的国有经济占比是必要的。国有经济规模大小主要由经济体制、发展阶段、发展目标等因素决定，规模大小本身并不代表国有经济发展质量的优劣。二是国有经济布局问题。国有经济布局要相对集中，即着眼于保障和改善民生福祉、维护地缘政治经济安全、产业链供应链自主可控和赢得未来国际竞争主动权等方面推动国有经济布局优化。三是国有资产监管体制问题。国有资产监管政策要更加合规，要把国有企业监管纳入世界经济视野，要有利于推动国有企业全球竞争。国有经济监管内容要更加丰富，不仅要监管国有企业和国有资产的微观运营，更要在行业布局、区域布局、科技创新等方面加强监管。国有经济监管目标要更加多元，要根据不同类型企业设置不同监管目标，兼顾经济效益等市场化目标和补短锻长等社会化目标。国有经济监管链条要适当延长，尽量避免国有资产监管机构直接干涉国有企业的微观运营。四是国有企业绩效评价问题。国有企业绩效评价要遵循分配评价原则，评价指标要具备多重性，评价标准要突出引领性，引导国有企业经济绩效和社会绩效相统一。五是国有企业改革路径要坚定市场化导向、遵循法制化原则。国有企业支持政策要突出与世界接轨，决不能让支持政策成为其他国家制裁国有企业的口实。进一步深化国有企业股权结构改革，坚定不移推动国有企业股权结构多元化。六是构建完善国有企业法人治理结构。要完善国有资本出资人制度，健全党组织领导与监事会结合的监督机制，进一步规范经理层激励机制。

第一节　关于国有经济规模

一、国有经济存在的必要性

与制度的偏好无关，各国任何发展阶段总是存在国有经济，对国民经济发展起着积极作用。从国外国有经济发展历程来看，无论是鼓吹自由竞争市场经济的美英还是信奉政府主导的日韩，尽管普遍推崇国有经济的私有化，但是随着经济周期逆向调节国有经济在国民经济中的规模和比重，都从来没有真正实现国有经济全盘私有化。无论处于经济周期的哪个阶段，作为市场经济的有益补充，各国国有经济都或多或少地在国民经济中发挥重要调节作用，克服市场失灵的弊端，助力宏观经济有序运行。

捷克、俄罗斯等转轨国家实施“休克疗法”使国有企业私有化的历史经验表明，全盘私有化的国有企业改革政策需要更加审慎的设计和实施。“休克疗法”尽管能够在短时间内实现经济的国际接轨，减少转轨的过程成本，但是与之相适应的法律、制度等国家治理能力的滞后也会带来新旧两种体制之间有效监管的真空地带，尤其是国有资产监管的委托—代理及国有企业内部治理等，会导致收入分配不公平、两极分化、经济衰退等诸多问题，甚至出现立陶宛等国转轨中断的现象。

总之，正反两面的经验表明，无论处于什么样的经济体制、经济周期的哪个发展阶段，市场调节也好政府干预也罢，各国的国有经济都真实存在，而且在宏观调控、克服市场失灵等领域发挥着重要作用，是国民经济不可分割的一部分。当然，由于政治经济制度、体制机制等不同，不同国家不同发展阶段国有经济在国民经济中所占的规模和比重、行业领域布局、扮演的角色和作用等不尽相同，但国有经济的存在对国民经济的健康发展都是必要的和有益的。国有经济及国有企业是中国特色社会主义经济的重要组成部分，是维护我国基本经济制度的重要物质保障，必须毫不动摇地做强做优做大。做强做优做大国有经济和国有企业是坚持中国特色社会主义制度的题中应有之义，是保障中国特色社会主义经济永不褪色的物质基础和压舱石。

二、国有经济规模的决定因素

国有经济虽然在国外各国都存在，但由于各国采取的经济理论、经济体制、发展路线、发展阶段等不同，同一时期内各国的国有经济规模有大有小。一般来说：国家的市场经济越发达、市场配置资源作用越大、政府对经济的干预越少，国有经济规模就越小；反之，国家的市场经济越不健全、市场配置资源作用越小、政府对经济的干预越多，国有经济规模就越大。

从国外国有经济发展历程来看，美英等自由市场经济国家更加注重发挥市场机制配置资源的决定作用，政府很少对经济活动进行干预，国有经济仅仅作为弥补市场失灵的手段，提供公共物品或服务等。德法等社会市场经济国家则将国有经济作为削弱资本主义的物质依靠，尤其是二战后将其作为推动国民经济恢复发展的重要抓手，在基础设施建设等私营经济不愿投资的领域，国有经济快速扩张，如法国“煤炭生产大决战”、铁路电气化等一批国有经济项目有力推动了国家经济增长。日韩等政府主导的市场经济更是把官民合一推动经济增长作为首要战略方针。国有经济和国有企业是政府实施上述战略的物质基础和保障力量，是推动经济增长的重要引擎。因此，保持一定规模的国有经济和国有企业是日韩等政府主导型市场经济国家经济政策的显著特征，也是保障经济增长目标实现的压舱石。

即使在同一国家的不同时期，由于政府的执政党及其政策取向不同，国有经济规模随着改革取向的不同也在不断变化。如英国的工党和保守党对国有企业作用与价值的认识不同，随两党轮流执政，国有企业改革不断出现国有化—私有化—再国有化—再私有化的循环过程，国有经济规模自然也显著不同。一般来说，工党执政时期的国有经济规模比保守党执政时期要大一些，而保守党则会把推进国有企业私有化作为执政的一项政治纲领，国有经济和国有企业的规模也会随之下降。当然，在日韩等政府主导型国家，随着政企合一体制弊端的逐渐暴露，国有企业经营管理体制过于僵化，国有企业经营效率低下等问题突出。为提高国有企业经营效率，日本政府也开启了国有企业改革，引进私有经济和竞争机制，在一定程度上导致国有经济规模的下降，但国有企业的营业收入基本维持在国民经济的10%左右①。而在瑞典等高福利的市场经济国家，由于政府承担了大量公共物品或准公共物品供给职责，需要大规模的国有经济和国有企业来执行这一职责，相应地，国有经济规模也会比一般福利国家要高一些。

我国属于社会主义市场经济体制，与资本主义国家的本质区别之一就是“坚持公有制为主体、多种所有制经济共同发展的基本经济制度”。国有经济及国有企业规模是实现“公有制为主体”的物质保障，只有具备相当的规模水平才能发挥引导个体工商户、私有企业等非公经济成分沿着中国特色社会主义道路发展的主体作用，具体的规模应占GDP的20%（黄奇帆，2021）还是更高或更低，则主要取决于现阶段国民经济发展的主要任务和目标。《中华人民共和国国民经济和社会发展第十四个五年规划和2035年远景目标纲要》明确提出，到2035年我国“经济实力、科技实力、综合国力将大幅跃升，经济总量和城乡居民人均收入将再迈上新的大台阶，关键核心技术实现重大突破，进入创新型国

① MINISTY OF FINANCE. Japen: guidebook for government assets (December 2020) [EB/OL]. [2022-03-15]. https://www.mof.go.jp/english/policy/national_property/pamphlet_e.pdf,

家前列"。[①] 要实现上述任务目标，不仅离不开国有经济和国有企业，而且必须毫不动摇地发展壮大国有经济、做强做优做大国有企业，尤其是中央企业要加快兼并与重组整合步伐，健全现代企业制度，完善治理结构，优化产业布局和区域布局，充分发挥"压舱石"作用。

三、国有经济规模并不直接决定其发展水平

从国外国有经济监管目标比较来看，国有经济发展质量一直是各国国有资产监督管理的核心内容，但各国国有经济因功能定位不同，赋予国有企业的责任内容和考核目标也千差万别，国有经济规模也有大有小，无法简单依据规模大小来评价各国国有经济发展水平的高低和优劣。例如，截至 2017 年，英国国有企业产值占 GDP 的比重基本维持在 1% 左右，而同期日韩国有企业产值占 GDP 的比重基本在 10% 以上，但无论是从吸纳就业人数占比还是从投资额占比等指标来看都不能直接得出"日韩国有经济发展优于英国"的结论。

事实上，对国外国有经济发展水平的判断标准是多重的，不同的经济体制、发展阶段和发展时期，甚至同一国家一定时期的不同地区，判断国有企业发展的标准也是各异的，但也遵循一定规律性，即从国有经济发展质量角度判断的依据是国有企业功能与政府预期目标是否匹配。也就是说，某国国有经济及国有企业的行为表现达到了其设立的初衷，实现了国有企业设立的目标，国有经济及国有企业发展的质量和水平就比较理想，就是优良的。有些国家国有企业在国民经济中占比较低、规模较小，但是国有企业发挥其功能定位作用突出，符合国有企业设立初衷和目的，国有企业发展质量和水平就不会太低。

总之，各国国有经济规模由其国情决定，具体与国家的经济体制、经济发展模式、公共福利供给水平、历史继承等都具有一定的关系，规模大小本身不是评判国有经济优劣的标准，而应综合考虑国有经济及国有企业在国民经济发展中所处的地位和作用。面对世界百年未有之大变局，我国国有经济及国有企业在实现第二个百年奋斗目标及实现中华民族伟大复兴的历史任务中肩负重要使命、发挥中流砥柱的"压舱石"作用。这种使命和作用决定了国有经济及国有企业在国民经济中的作用不是规模大小的问题，而是如何更好地发挥国有经

① 中华人民共和国国民经济和社会发展第十四个五年规划和 2035 年远景目标纲要[EB/OL].(2021-03-21)[2022-03-15]. http://www.gov.cn/xinwen/2021-03/13/content_5592681.htm.

济及国有企业的功能、进一步做强做优做大的问题。

第二节 关于国有经济布局

一、更加注重保障和改善民生福祉

从日美等国外国有经济发展经验来看，保障和改善民生福祉依然是各国国有经济发展的核心要义，是国有经济投资布局的主要领域。从国有经济设立的初衷来看，大部分市场经济国家的国有经济存在和发展的基础就是提供公共物品或服务、克服市场失灵。除日韩等将推动经济增长纳入国有经济职能外，国外国有经济功能大都定位于提供公共物品或服务。从国外国有企业改革历程来看，各国国有经济改革的核心观点仍然是如何通过引入竞争机制，改善国有经济经营效率，提高公共物品或服务的供给能力和水平。国有经济和国有企业改革本身不是目的，私有化本身也不是消灭国有经济，根本目的是推动国有经济和国有企业更好、更有效地提供公共产品或服务，最终聚焦于保障和改善民生福祉。

就我国而言，保障和改善民生福祉是国有企业“以人民为中心”功能定位的应有之义，是国有经济投资布局的重中之重，尤其是中央企业，肩负重要保民生福祉功能。截至目前，国务院国资委监管的 96 家中央企业中，直接或间接保障和改善民生福祉的企业就有 53 家，占比 55%。[①] 党的十八大以来，以习近平同志为核心的党中央高度重视保障和改善民生福祉，推动“民生福祉达到新水平”成为新时代构建新发展格局的关键支点，是彰显我国社会主义制度优势的根本表现。党的十九大报告指出：“增进民生福祉是发展的根本目的。必须多谋民生之利、多解民生之忧，在发展中补齐民生短板、促进社会公平正义。”[②] 作为我国社会主义制度优势的根本依靠和物质保障，国有经济和国有企业要牢记“以人民为中心”的初心和使命，勇于担当，加大医疗、养老、教育、乡村振兴等产业领域的投资力度，加大中西部等欠发达地区和东北老区国有企业整合力度，进一步做强做优做大，实现高质量发展。

---

① 数据来源：根据国务院国资委监管央企名单整理。

② 决胜全面建成小康社会 夺取新时代中国特色社会主义伟大胜利——在中国共产党第十九次全国代表大会上的报告[EB/OL].(2017 - 10 - 27)[2022 - 03 - 15]. http://www.xinhuanet.com/politics/19cpcnc/2017 - 10/27/c_1121867529.htm.

二、坚定不移维护地缘政治经济安全

从国外国有经济发展的经验来看，维护国家地缘政治经济安全是国有经济与国有企业服务和服从于国家安全大局的重要内容，也是国外国有经济发展的通常做法。维护国家地缘政治安全具有显著的外溢性，私人资本一般不愿意投资，但对国家安全至关重要。这种外溢属性就要求国有经济和国有企业淡化短期的经济效益指标，从维护国家地缘政治经济安全的视角，从国家长远利益的大局出发，积极投资布局国家地缘经济发展，坚定不移地维护国家地缘政治经济安全，确保国民经济发展有稳固的外部环境。这是国有经济应有的使命和担当，是国有经济保障国家大政方针和战略布局的必然选择，也是新发展格局下国有经济和国有企业面临的时代使命。

三、持之以恒增强产业链供应链自主可控

目前新加坡淡马锡及其下属公司的董事会及其高管机构中已经很少有现任和前任政府官员，绝大多数为商界精英。这与淡马锡主张自己是一家与私人公司无异的商业公司是分不开的。淡马锡笼络了全球各地的精英人士为其服务，董事会中很多独立董事都是一些大企业的现任和前任总裁，拥有多重国籍。高管则由董事会直接任命，他们也是企业培养起来的精英。新加坡作为一个开放程度非常高的国家，特别注重国际化人才的选用和培养。淡马锡及其旗下企业十分重视人才队伍的建设，认为“经济发展最重要的动能来自人力资源”，因此，把“人力资本”作为企业第一位的竞争要素来开发。

大国博弈背景下，科技“卡脖子”作为美国遏制中国发展的重要手段，短期内给我国一些高新技术产业领域的产业链供应安全稳定带来不利影响，但也警醒我们要重视科技创新，更加重视创新驱动战略，要通过科技创新来破除美国对华的技术封锁，实现产业链供应链的自主可控。破解科技创新存在的“短板”和“不足”，“卡脖子”技术清单就是最好的“指挥棒”，也是指引国有经济和国有企业增强产业链供应链自主可控能力的发力方向和着力点。作为国民经济的主导力量和主要依靠，国有经济和国有企业只有在科技创新“短板”“卡脖子”技术上有所作为，负好“链长”责任，才能在制造大国向制造强国蜕变过程中交上令全国人民满意的答卷。这是新发展阶段国有经济践行新发展理念

主导融入新发展格局的历史使命，也体现了国有企业落实“链长制”、争当产业链供应链“链长”的责任与担当。

四、紧紧锚定赢得未来国际竞争主动权

美国拜登政府将中国列为最重要的战略对手，采用科技脱钩、拉帮结伙、战略围堵等手段遏制中国发展，以期在大国博弈中获得全方位战略优势，赢得未来国际竞争主动权。中国要在大国博弈中实现民族伟大复兴，就必须着眼未来，力争在未来核心竞争赛道上不断塑造新优势、实现抢跑和领跑。国有经济和国有企业是实现中华民族伟大复兴中国梦的主导力量和主要物质依靠，是赢得未来竞争主导权的主要践行者，必须要在关系国家民族前途命运的关键领域如科技创新、产业链供应链自主可控等方面发挥更大的作用，成为实现颠覆式创新、突破关键技术“卡脖子”的执行者。

习近平总书记强调，发展是第一要务、人才是第一资源、创新是第一动力。建国70多年来的发展实践表明，只有坚定不移践行创新驱动战略，培育新动能，不断提升科技和产业创新的全球影响力，才能赢得未来国际竞争主动权。国民经济中的主导地位和中流砥柱作用决定了国有经济和国有企业要率先践行创新驱动发展战略，打造创新人才“蓄水池”，既要锚定“卡脖子”技术清单，快速攻克核心科技梗阻，也要关注未来发展新趋势，做好中长期发展布局，尤其要加大基础理论创新和前沿技术研发的布局和投入，不断增强未来国际竞争的话语权和主动权。国有经济和国有企业不仅要剥离“非主非优”，更要“强身健体”，调整、淘汰创新能力低下的企业，使“创新发展”理念深入企业骨髓，内化为企业文化精神，形成强大的创新内在动力。尤其是中央企业要充分发挥创新人才“蓄水池”作用，不仅要勇挑快速攻克核心科技梗阻的时代责任，更要做好基础理论创新的谋篇布局，在赢得未来国际竞争话语权和主动权上扮演主角。

第三节　关于国有资产监管体制

一、国有资产监管政策要更加合规

合规监管是国外国有经济监督管理的主要内容，也是CPTPP等国际组织对国有企业监督管理要求的重要内容。合规监管包括两层含义，即监管政策本身的合规和监管对象的合规。前者是指国有企业监管部门制定的财税、产业、投资等各种具体政策措施要合规，包括对国有企业免费或低价公共物品给予的各种补贴、补助等措施要符合国际惯例和通行做法，即同等待遇原则。从国际法则视角来看，国有经济和国有企业监管政策合规，不仅能避免为其他国攻击国有经济提供口实，也是帮助国有企业合理规避风险、不被他国制裁的前提和基础。后者是指各种监管政策执行效果要具有指引国有企业合规经营、规范管理的约束力，能够真正推动国有企业建立完善全覆盖的合规管理体系，实现企业合规管理与业务过程的真正融合，形成一批制度完备、经营合规、管理规范、守法诚信的法治国有示范企业。

借鉴美英等国经验，建立完善国有企业发挥特殊企业功能的免税和特许制度，对国有企业提供公共物品以及开展“卡脖子”技术攻关、投资国家重大战略布局、培育未来国际竞争优势等践行国家重大战略部署的行为予以税收减免或特许经营支持，以弥补额外的成本支出。同时，清理并废除产业政策中给予国有企业的、与国际市场规则不相适应的财政补贴、资金补助和贷款贴息等，为国有企业参与国际竞争创造宽松的外部环境。进一步完善国有资本出资人制度，由财政部门牵头，国资、审计、监察等部门共同组建区域内的统一国有资本管理公司，全权负责国有股权管理，包括收取股息、红利、注资等所有者权益，避免财政直接注资等涉嫌行政干预的不合规行为，消除欧美等国制裁国有企业的口实。

二、国有资产监管内容要更加丰富

从国外国有资产监管实践来看，随着委托—代理理论的不断丰富和深化，国有资产监管内容也在不断发展变化，即从管人到管资产，从追求国有资产保值增值到关注国有经济控制力等，无不体现国有资产监管的内容随赋予国有企业功能定位的不同而不断发展和丰富。换句话说，要随着时代特征、国家战略部署、国有企业扮演角色、行业竞争情况以及市场成熟程度等具体因素的变化，不断赋予国有资产监管新的内容，以适应和对冲内外环境的变化对国有企业的影响。面对百年未有之大变局，大国博弈的时代特征势必会深刻反映在国有企业监管内容之中，要引导监管内容进一步深化和丰富。

新发展格局赋予新时代国有经济和国有企业新的使命，投资布局展现新变化，必然要求监管内容作出相应调整，增加服务国家战略布局、增强自主创新能力、促进高质量发展和塑造未来国际竞争优势等方面的监管指引。一方面，监管内容要坚守指引国有经济和国有企业致力于“民生福祉达到新水平”的新时代目标导向，坚决淘汰生产工艺落后、市场竞争力缺乏、服务效果群众不满意等不能助推全社会民生福祉改善的国有经济和国有企业。另一方面，国有经济和国有企业监管内容要服从服务于构建新发展格局和现代化经济体系的战略部署，突出地缘政治经济安全、产业链供应链自主可控、赢得未来国际竞争主动权等时代内涵，加强对国有企业践行国家重大战略的行为监管。

三、国有资产监管目标要更加多元

从国外主要经济体的国有经济监管实践来看，国有经济的设立、变更、废除等都严格遵守法律授权，没有法律授权的国有经济和国有企业及其行为都是非法的，要严格依法取缔。国家法律明确规定了国有经济和国有企业设立的理由，同时赋予其行为目标，也限定国有经济监管的职能范围。国有经济监管的目标就是要保障国有经济和国有企业设立目标自觉实现，如国有企业按照法律授权经营管理并实现预定的提供公共产品等行为目标。国有资产监管的目标就是监督国有企业按照相关法律设定的行为路线去经营管理，按要求提供相应合格数量的公共产品或服务。而我国国有企业肩负经济发展、社会服务、吸纳就业、创新引领、国家安全、意识形态等多重使命，扮演着多重角色。国有资产监管的目的就是要保障国有企业的多重使命和角色尽可能发挥最大作用。这就决定了我国国有资产监管目标要涵盖市场效益、社会效益、政策效益和其他特殊效益等多元标准。

新发展格局下，国有经济不仅要提供公共产品、改善民生福祉、发挥宏观经济运行“减震器”作用，还要履行维护国家政治经济安全、建立现代化经济体系、塑造未来国际经济竞争新优势等时代使命。同时，作为自负盈亏的法人实体，国有企业与私营企业一样具有营利性的内在要求。这就要求在国有经济监管目标设置上体现多重目标导向，既要有体现民生福祉的社会目标，也要有体现出资人利益的增值目标，更要有体现时代使命和担当的特殊目标。具体到单家国有企业，因赋予企业功能定位不同，监管目标在类别、权重等指标设计上可以有所取舍，不必追求千篇一律，但总体要体现市场绩效、社会责任绩效、政策绩效等三个方面的目标导向。当然，对国有企业中的排头兵中央企业，除考察上述三个方面的行为表现外，更要对在践行国家重大战略方针上能否起到"带头"作用，比如在参与"一带一路"建设、增强产业链供应链自主可控能力、维护地缘政治经济安全等社会效益方面适度加大考核权重。

四、国有资产监管链条要适当延长

按照委托—代理理论，国有资产监管的根本目的是促使国有企业及利益相关人能够按照赋予的相应功能或角色定位规范行为，减少委托—代理链条中的信息不对称和道德风险问题。但是，国有资产监管限制了经营管理团队的部分自我斟酌处置权，可能会抑制国有企业的竞争力，损害国有企业活力。日美等发达国家的国有经济监管实践表明，这种监管尽管在防止国有资产流失、确保公共物品供给质量提升等方面的作用突出，却往往也存在监管机制僵化、竞争乏力、企业经营效率低下等诸多问题。20 世纪 80 年代中后期，为了增强国有企业的活力，日本开启了旨在引进竞争机制的三公社改革，即日本电电公社改为 NTT、专卖公社改为 JT、国有铁道公社改组为"1 +6"的 JR 集团，一定程度上通过股权分散和私有化等形式引进了竞争机制，推动了公有企业经营效率的提高。

我国始于 1979 年的国有企业改革也表明，破除国有资产监管体制僵化问题对激发国有企业的活力和竞争力非常必要，有效地改善了国有企业经济效益。引进竞争机制也一直是我国国有经济改革的重点内容和发展主线。目前，我国分别以宏观监管和微观经营两个层面进行国有经济竞争性的改革实践，对推动国有企业绩效改善发挥了十分重要的作用。从宏观监管层面来看，按照从管企业向管资本转变的监管要求，建立完善国有资本运作制度，适当延长我国国有资产监管的委托—代理链条，进一步健全国有企业现代管理制度，借助董事会、监事会等实施间接监管，尽量减少对微观企业经营活动的直接干预，进一步增强企业经营自主性。发挥国有资本投资公司功能和作用，通过开展投资融资、产业培育和资本运作等，推动产业集聚、化解过剩产能和转型升级，培育核心竞争力和创新能力。

第四节　关于国有企业绩效评价

一、国有企业绩效的分类评价原则

遵照《中共中央 国务院关于深化国有企业改革的指导意见》精神，国务院国资委、财政部和国家发展改革委联合印发了《关于国有企业功能界定与分类的指导意见》（国资发研究〔2015〕170 号），从国有资本的战略定位和发展目标，界定国有企业功能为商业类和公益类，并相应提出国有企业绩效分类定责考核要求。商业类国有企业主要提供市场化的产品或服务，坚定不移地推动股份制改造，加快构建现代企业制度，聚焦主业和优势领域，采取控股或参股等形式实施混合所有制改革，实现整体上市，突出市场化绩效考核体系。公益类国有企业主要提供低收费的公共产品或服务，在某种意义上代行政府的社会职能，具有显著的外部性特征，而私人资本一般不愿投资或无力投资，可以采取国有独资或控股的形式推进股份制改造，也可以通过购买服务和特许经营等方式支持非国有企业参与经营。

一方面，国有企业绩效评价要体现分类发展目标。对商业类国有企业，要突出市场竞争力导向，综合运用重组、并购等手段，实现资源优化配置，培育一批科技创新能力强、国际竞争力高、引领带动作用大的国有骨干企业，增强关系国计民生、维护国家安全的重要行业与关键领域产业链供应链安全可控能力，在践行国家重大战略中发挥更大的作用。对公益类国有企业，要突出公共服务供给质效导向，重点考核成本控制、产品质量、服务水平、营运效率、社会评价和保障能力，弱化短期经济效益的考核，强化主业管理，引导企业提供更加低廉、高值、高效的公共产品和服务。

另一方面，国有企业绩效评价要体现分类监管举措。对商业类国有企业，要突出国有资本安全导向，聚焦国有资本布局合理性，强化国有资本规范运作约束力，严格责任追究机制，完善职业经理人制度，引导企业聚焦主业和优势领域，更好地服务国家重大战略和宏观调控政策。对公益类国有企业，要突出国有企业提供公共产品或服务的过程监管，聚焦提供公共产品或服务的质量和效率，强化过程管理和规范管理，严格信息公开，完善社会监督评价机制，引导企业更好地服务国家战略、保障国家安全和国民经济运行、塑造前瞻性竞争优势。

二、国有企业绩效评价指标多重性

国有企业绩效评价是推动国有企业完善现代企业制度、实施科学管理的重要一环，其根本依据就是国有企业的功能定位。国有企业的功能定位决定了国有企业经营要实现的目标，而经营目标就是绩效考核的具体标尺。作为特殊的市场主体，国有企业既有私营企业追求效益的内在需求，也有执行国家政策意图的社会属性。因此，国有企业绩效考核必须遵从不同类型企业的功能定位，采取多重性指标组合，平衡不同目标指向的差异性。也就是说，国有企业绩效考核不仅要体现作为自负盈亏法人实体的利益追求，而且要体现国有股东对企业执行国家政策、服务重大战略部署的政治诉求。

三、国有企业绩效评价标准引领性

作为社会主义市场经济国家，我国国有企业数量众多，涉及中央、省级、地市及县乡等多个层级，在维护国家安全、支撑国计民生、支持乡村振兴等不同层面扮演了重要角色，为我国经济腾飞发挥了重要作用。绩效评价是国有企业管理的关键环节，构建完善的绩效评价标准体系对推动国有企业治理能力现代化具有重要意义。一方面，构建完善的国有企业绩效评价标准可以促使不同层级、不同管理水平的国有企业的绩效评价规范化，增强绩效评价结果纵向指引、横向比较的科学性和有效性。另一方面，构建完善的国有企业绩效评价标准可以指导管理水平较低的企业改进绩效评价工作，提高企业绩效评价的规范性和针对性。

新发展格局赋予国有经济新的时代使命和担当，国有企业功能定位更加多样，所属层级众多，监管目标更加多元，亟须调整、完善国有企业绩效考核体系，增加引领经济社会发展、保持未来竞争优势的指标体系。加快调整目前以社会绩效和经济绩效为导向的考核体系，加大突出时代内涵的指标的考核权重，更好发挥考核“指挥棒”的作用，分类制定国有企业绩效标准体系，提高国有企业绩效评价的科学性、针对性和规范性，更好发挥绩效评价的引领作用，引导更多国有资本流向改善民生福祉、维护地缘政治经济安全、增强产业链供应链自主可控、塑造未来国际竞争优势等重点领域，进一步优化升级国有经济布局，发挥国有经济撬动经济社会高质量发展的支点作用。

第五节　关于国有企业改革路径

一、国有企业改革要坚定市场化

国有企业改革的目标就是要推动国有经济与市场经济的有机结合，促使国有企业适应经济市场形势，充分借助市场配置资源的高效率，更好地搞活国有资产经营管理。国外国有经济改革的实践证明，即使是崇尚自由竞争市场经济的英美等国，也存在公共企业竞争不充分的问题，引进市场竞争、保障公共企业的市场主体属性也一直是国有经济改革的重点。保障国有企业市场主体地位的关键环节，就是要从所有权约束的视角健全国有资产出资人制度，完善国有控股公司等国有企业市场法人主体地位，保障市场配置资源的决定性作用充分发挥。

坚决推进构建混合所有制的国有企业改革方向，鼓励民营企业通过并购、重组等方式参与国有企业改革，组建国有控股公司，建立和完善现代企业制度，提高国有控股公司法人治理的现代化水平。借鉴日本公有企业改革经验，支持职工代表、行业专家、行业主管部门、国有资产监管部门、审计监督部门等共同参与制定国有企业改革方案，坚持“一企一策”，先易后难、分类施策，稳步推进国有企业分类改革，坚定不移地推动各类国有企业市场化改革。对竞争性领域的国有企业，通过引进民营资本实施混合所有制改革，建立现代企业制度，完善法人治理结构，积极推动企业上市。对垄断性行业的国有企业，可以借鉴日本三公社改革经验，通过纵向的业务线条分拆或剥离地方机构等形式引进竞争机制，依法成立独立的法人主体，从而缩短国有企业经营管理中的委托—代理链条，降低监管成本，提高企业自主性和竞争力。

二、国有企业改革要遵循法制化

习近平总书记强调，国有企业“改革要于法有据”，“国企不仅不能削弱，而且要加强。要吸取过去国企改革经验和教训，不能在一片改革声浪中把国有资产变成谋取暴利的机会”。国有企业改革是一项长期的工作，只有进行时，没有完成时，需要建立全国统一的法律规范，推动国有企业改革的规范、标准、有序推进。借鉴法国和德国的国有企业改革经验，制定完善《国有企业改革法》，明确改革的方针、原则和目标，详细规定改革的内容、形式和程序以及相关权责利的划分，尤其要对改革过程中有关财产处置的免责、追责及惩戒等核心关切进行细化，既要保证改革人的尽职免责，也要防范内部人的道德风险，实行“阳光操作”，保障国有企业改革始终健康发展。

《中共中央 国务院关于新时代加快完善社会主义市场经济体制的意见》明确提出，构建更加系统完备、更加成熟定型的高水平社会主义市场经济体制是新时代中国特色社会主义的内在要求，也是新发展格局的必备条件，更是成熟的法治经济，对经济活动遵循法制化原则提出更高要求。我国国有企业改革永远都在路上，没有成熟的模式和经验可以照搬照抄，需要在改革实践中探索，需要有完善的法律规范加以引导。否则，摸着石头过河，很容易导致国企业改革“跑偏”“走样”，偏离改革的初衷。因此，国有企业改革要做到法规先行，用完善法律制度约束相关利益人行为方式，保障改革按照预定方向发展。全国人民代表大会制定实施《国有企业改革法》，以法律形式规定国有企业改革要遵循的原则、程序、形式等，规范国有企业相关各方行为准则，确保改革过程能够有法可依、规范有序、目标可控。国有企业改革不是只放权，而是要通过让渡部分控制权换取市场主体之间的公平竞争，促进公共物品或服务供给水平的显著提升。而政府只需依据既定的法律规则对市场竞争行为进行规范，确保市场公平、公正、透明，以竞争促进效率提升。

三、国有企业改革要突出特色化

中国特色社会主义制度区别于任何国家的社会制度，中国国有经济和国有企业也必然拥有区别于美英、德法、日韩等国国有经济和国有企业的特征，具有独特的运行规律和内在本质。国有企业改革必须在中国特色社会主义市场经济条件下发挥好市场机制配置资源的基础性作用，要突出把党的领导、社会主义制度等制度优势转化为竞争优势。这就内在地要求国有企业改革的任务不仅仅是推动其成为独立的市场主体，更重要的是如何发挥好党的领导、共同富裕等特色制度在企业经营管理中的作用，构建具有中国特色国有经济及国有企业的现代企业制度和运营模式，增强主动投入市场竞争的内生动力，提升对"两个市场、两种资源"的运用能力和水平，力争在"两个强国"建设中发挥更大的作用。

一是加强党对国有企业的领导。党的十九大在党章中明确提出："国有企业党委（党组）发挥领导核心作用，把方向、管大局、保落实，依照规定讨论和决定企业重大事项。"这就明确了新时代党的领导对国有企业工作的重要性，指明了国有企业党委（党组）参与企业重大决策的职责使命和行为边界。新时代国有企业改革必须旗帜鲜明地加强党的领导，切实把党的政治领导力、组织凝聚力、战略决断力、发展定力和毅力深度融入国有企业治理体系，形成践行"把方向、管大局、保落实""一以贯之"的"火车头"。二是完善中国特色国有企业公司制度。借鉴英、法、意、西等国"黄金股"制度，强化党的领导在国有企业公司治理中的作用，弥补董事会制度的不足，构建完善国有企业党委（党组）对董事会重大事项、决议"一票否决"与责任追究制度，加强对经理层在资金调拨、物资采购、人员安排等环节的资源配置权力运用及党员干部行为的监督，进一步增强国有企业采纳党组织建议意见的约束力。

四、国有企业股权结构要多元化

党的十八大提出，要"推动国有资本更多投向关系国家安全和国民经济命脉的重要行业和关键领域，不断增强国有经济活力、控制力、影响力"。党的十八届三中全会又强调，要"推动国有企业完善现代企业制度"。这是新时代中国特色社会主义赋予国有企业的新要求和新使命，也是增强国有企业动力活力、提高国有企业竞争力和发展质量的有效途径。从所有权来看，国有企业建立完善现代企业制度，其核心要义就是推动股权结构多元化，不断完善法人治理结构，破解政企部分顽疾，放大国有资本的控制力和影响力。

关于国有企业股权改革，可以借鉴法国的经验，推进我国国有企业股权多元化，大力发展混合所有制经济。首先，减少国有独资企业数量，支持和鼓励国有独资企业改为国有控股公司，再有计划、有步骤地推动国有控股公司转变为国有参股公司，完善现代企业制度和法人治理结构，推进国有企业治理现代化。其次，在普通商品住宅、商业流通、酒店文旅等成熟的无效或低效竞争领域，国有企业可有序退出，适度降低规模和比重，尽可能发挥有限的国有资产在践行国家战略布局、补短板与锻长板协同、引领关乎未来发展主动权等重点领域的作用，推动国有经济的高质量发展。最后，国有企业退出无效或低效竞争领域的过程，要借鉴德国的经营方式，实行渐进式改革，按照先易后难、逐步推进的原则，尊重广大职工群众的意愿，分行业、分步骤推进国有企业股权多元化改革，大力发展混合所有制经济，确保职工权益和公共服务的质量水平。

第六节　关于国有企业法人治理结构

一、出资人制度要完善

2017 年 5 月，国务院办公厅印发《关于进一步完善国有企业法人治理结构的指导意见》，要求构建具有内生动力机制和自我约束机制的国有企业法人治理结构，依法规范股东、董事会、监事会和经理层等主体的权责。当前，尽管我国很多国有企业都建立董事会、监事会等，但没有解决国有企业法人治理结构“先天性”不足的本源，法人治理结构徒有其表，缺乏真正的激励约束机制。解决国有企业法人治理结构效力问题的关键是构建完善的国有资本出资人制度，真正落实国有资本出资人的责任，确保国有资本出资人到位。

借鉴新加坡等国经验，分类组建若干国有资本投资公司专门负责股份制改造的国有资产运营管理，通过派遣董事对国有企业经营决策进行监督，履行国有资本出资人职责。国有资产监督管理部门的职责是指导国有资本投资公司制定符合国有经济及国有企业功能定位的公司章程等制度规则，以健全的激励约束机制、规范的流程等确保公司法人地位和投资决策过程的透明化，实现事前、事中监管目标。国有资产监督管理部门通过选聘政治可靠的董事长以控制和保障投资公司经营决策符合国家战略部署、政府调控意图和具体政策要求等宏观目标。国有资本投资公司代行国家股东权力，对参股或控股的混合所有制企业在董事、经理层人员的选聘等重大决策的制定上具有重要的发言权，甚至在必要时可以履行“一票否决权”，确保参股或控股的混改企业有正确的运营方向。

二、监督机制要健全

健全监督机制是破除国有经济及国有企业各委托—代理链条中信息不对称问题的制度保障，是代表股东监督董事会、经理层成员合规履行职责的重要依据。监事会是国有企业的监督机构，是依照有关法律法规和公司章程对董事会、经理层及其成员的职务行为进行事前、事中监督的机构，是确保董事会、经理层及成员依法合规履职、经营决策的制度保障。监事会成员不仅要发挥独立性和权威性的专业优势，更要发挥贴近企业的信息优势，通过外派专职监事，加强对国有企业重大决策、关键环节以及董事会、经理层履职情况的事前、事中、事后检查，督促国有企业依法合规经营。同时，要充分发挥党的领导制度优势，深入推进党的纪检、监察制度与监事会的有机结合，把纪律检查融入监事的日常监督工作之中，推进国有企业遵循依法、合规、民主、透明的管理。

加强党对国有企业工作的领导，健全责任追究制度，进一步强化董、高、监等治理主体的责任意识和担当精神，明确界定其履职过程的权责边界，提升履行忠实义务和勤勉义务的约束效率。深入推进国有企业经营管理人员信用体系建设，依托全国信用信息共享平台，对有违约失信、违法犯罪记录的人员一律清除出国有企业经营管理人员队伍，增强对履职过程中重大失误和失职、渎职行为的责任追究，督促国有企业经营管理队伍自觉履行诚信守法的义务。

三、激励机制要规范

以总经理为核心的经理层是国有企业践行国家战略、方针和政策的执行机构，是国有企业治理结构的关键环节。经理层由国有企业党组织领导的董事会依据相关法律和公司章程决定，对董事会和股东大会负责，并接受董事会、监事会监督。总经理领导下的经理层要在董事会授权范围内行使企业经营决策权，自主决定授权范围的任何事项，有义务向董事会报告履职情况。搞活国有企业的关键是激发经理层的活力。激发经理层活力的核心是要建立健全与国有企业功能定位相匹配的经理层激励机制。国外主要国家在这方面的有效做法可以借鉴。

一方面，要规范经理层的公司授权管理制度，规范经理层之间的授权行为，明确各级经理人的权责边界，实施任期制和契约化管理，破除国有企业干部人才队伍终身制和“管本位”思想，形成一种“能者上、庸者下”的良好竞争氛围。经理层成员的选聘、任期管理和绩效考核要突出与国有企业持续行为表现相匹配，要实现企业短期经济利益和中长期发展目标相统一、经济绩效考核和社会绩效考核相统一、党的领导和经营自主权相统一。借鉴新加坡经验，建立绩效激励与任期相结合制度，按比例留存绩效激励份额至任期结束兑现，防止经理层为冲短期绩效而发生道德失范行为，破除经理层激励短期化的弊端。

另一方面，建立和推广职业经理人制度，有序实施透明的市场化薪酬制度，坚持短期考核与中长期激励结合、内部培养和外部引进并举，逐步建立覆盖财务审计、市场开拓、研发设计、资本运营等领域的专业化职业经理人队伍，坚决破除国有企业经营管理中的信息不对称和寻租行为。

课题组成员名单

段良伟　中国石油天然气集团有限公司党组副书记
胡乐明　中国社会科学院经济研究所副所长
张华林　中国石油天然气集团有限公司总经理助理、中国石油集团经济技术研究院党委书记
余　国　中国石油天然气集团有限公司经济技术研究院院长、党委副书记
刘朝全　中国石油天然气集团有限公司经济技术研究院副院长
吴谋远　中国石油天然气集团有限公司经济技术研究院副院长
张　旭　中国社会科学院经济研究所教授
杨　艳　中国石油天然气集团有限公司经济技术研究院海外投资环境研究所所长
任重远　中国石油天然气集团有限公司经济技术研究院海外投资环境研究所主任工程师

罗继雨　中国石油天然气集团有限公司经济技术研究院海外投资环境研究所高级经济师
徐坡岭　中国社会科学院俄罗斯东欧中亚研究所研究员
杨成玉　中国社会科学院欧洲研究所副研究员
马骏驰　中国社会科学院欧洲研究所助理研究员
刘　威　武汉大学经济与管理学院教授
张奕辉　中国社会科学院亚太与全球战略研究院助理研究员
车路遥　中国政法大学国际法学院副教授
王世崇　中国电子信息产业发展研究院中小企业研究所民营经济研究室副研究员
郭迎锋　中国国际经济交流中心经济研究部副研究员
王轶君　中国石油天然气集团有限公司经济技术研究院海外投资环境研究所高级经济师
孙依敏　中国石油天然气集团有限公司经济技术研究院海外投资环境研究所高级经济师
张　晶　中国石油天然气集团有限公司经济技术研究院海外投资环境研究所高级经济师
冯　贺　中国石油天然气集团有限公司经济技术研究院海外投资环境研究所经济师
段艺璇　中国石油天然气集团有限公司经济技术研究院海外投资环境研究所博士后
丁　超　中国社会科学院俄罗斯东欧中亚研究所助理研究员
张聪明　中国社会科学院俄罗斯东欧中亚研究所研究员
王　晶　中国社会科学院大学俄罗斯东欧中亚系博士研究生
管雪青　中国社会科学院大学俄罗斯东欧中亚系博士研究生
周　阳　中国社会科学院大学俄罗斯东欧中亚系博士研究生
周才荃　俄罗斯国立莫斯科大学经济系经济学博士

“国有经济国别研究”，由中国石油天然气集团有限公司、中国社会科学院经济研究所、中国石油天然气集团有限公司经济技术研究院、中国政法大学等单位共同完成，国务院国资委支持厅局为国际合作局。“国有经济国别研究”课题分为一个总报告和六个子课题，课题总报告负责人为经济研究所教授张旭，子课题一至子课题六“法国国有经济”“英国国有经济”“俄罗斯国有经济”“捷克国有经济”“新加坡国有经济”和“国有企业国际规则”，由中国石油天然气集团有限公司经济技术研究院副院长吴谋远负责。

国有企业自主创新能力研究

党的十八大以来，习近平总书记高度重视国有企业自主创新，对国有企业寄予厚望，多次作出重要指示批示，指出国有企业要做创新驱动发展的排头兵。关于“自主创新”，习近平总书记多次强调，自主创新是党中央最重视的事情，企业自主创新是增强企业核心竞争力、实现企业高质量发展的必由之路。“具有自主知识产权的核心技术，是企业的‘命门’所在。企业必须在核心技术上不断实现突破，掌握更多具有自主知识产权的关键技术，掌控产业发展主导权。”2018 年习近平总书记在武汉考察时指出了当前中国企业创新的关键点。

作为建设国民经济的支柱力量、引领国家经济发展的关键力量、建设创新型国家的主力军，国有企业自主创新能力的提升对我国科技创新实现跨越式发展具有至关重要的作用。新时期，中国正处于百年未有之大变局和实现“两个一百年”奋斗目标的历史交汇期，正在迎来新一轮科技革命和产业革命，增长动能将被科技深刻改变。在这样一个进入全面建设社会主义现代化国家新征程的重要时刻，在处于百年未有之大变局和“十四五”构建新发展格局的情况下，坚持创新在我国现代化建设全局中的核心地位是关键，要把科技自立自强作为国家发展的战略支撑。国务院国资委围绕高质量发展构建新发展格局，提出要把科技创新作为“头号任务”，集中中央企业的优势资源，集中中央企业的优势力量，把中央企业坚决打造成为国家战略科技力量。因此，对于国有企业而言，既要抓住大变局带来的历史机遇，也要应对好大变局带来的严峻挑战。不断地提升国有企业自主创新能力，坚持通过自主创新寻求国有企业的长足发展，是党中央、国务院在综合分析国际形势、考虑中国自身发展情况的基础上作出的一项战略决策，是深入贯彻创新驱动发展战略的内在需求，是国有企业应对百年未有之大变局的重要手段。

作为国有经济智库年度十项重点课题之一，本课题重点聚焦新时期国有企业自主创新能力问题，分析了我国科技创新面临的形势与国有企业自主创新的战略使命，对国有企业自主创新现状、主要成绩及经验进行了总结，分析了现阶段国有企业自主创新能力存在的主要问题，并提出新时期加强国有企业自主创新能力建设的措施建议，为实现国有企业创新发展、推动国有企业科技自立自强提供研究参考和战略决策支撑。

第一章　深刻认识我国科技创新面临的形势与国有企业自主创新的战略使命

当前，中国正处于新发展阶段，加快实施创新驱动发展战略，以全球视野谋划和推动自主创新，努力建设成为创新型国家，既是我国中长期发展的动力与目标，也是国有企业面临复杂国内外形势下保持持续稳定发展的必然选择。国有企业在实现建设社会主义现代化国家这一历史宏愿的进程中承担着神圣的使命和任务。科技创新在政治、军事、科技、经济、社会领域的作用越来越显著、地位越来越突出，再加上我国建设社会主义现代化强国、实现富国强军等战略的提出，国有企业必须抓住历史性机遇，担当起历史赋予的重担，把科技创新摆在更加突出的位置，强化自主创新能力建设，在更高水平、更大范围、更深层次服务国民经济和社会发展。

在建设创新型国家的整体环境下，国有企业提升自主创新能力肩负的是国家赋予的责任；从企业自身实现长足发展的内在需求来看，提升自主创新能力也是国有企业的核心任务。无论是对于国家整体发展还是国有企业自身竞争力的提高，提高自主创新能力都具有重大而深远的战略意义。因此，国有企业需要深刻认识世界百年未有之大变局带来的新机遇、新挑战，深刻认识创新作为国有企业改革发展核心任务的迫切性，切实增强自主创新能力，为加快实现高水平科技自立自强、强化国家战略科技力量建设提供不竭的动力。

第一节　自主创新是国有企业应对世界百年未有之大变局、在新时代大国博弈中取得主动权的必然战略选择

习近平总书记指出："当前中国处于近代以来最好的发展时期，世界处于百年未有之大变局，两者同步交织、相互激荡。"① 当前，全面建设社会主义现代化国家的新征程已经开启。走过了40多年改革历程，国有企业未来的发展也必须以"中华民族伟大复兴的战略全局"和"世界百年未有之大变局"这两个大局为出发点进行规划，整体、系统、实质地推进自主创新，这对国有企业提出了更高、更紧迫的要求。

目前，国际局势错综复杂，不确定性不断增加，整体环境易发生快速、深刻的变化。金融危机以后，发达国家劳动与资本对抗加重，收入分配两极分化使民粹主义、孤立主义和贸易保护主义全面兴起。特别是新冠肺炎疫情发生后，经济问题政治化成为最大变数，一些国家以树立外敌的方式医治内伤。从中美博弈看，美国"小院高墙"式战略合围，视中国为最大战略竞争对手，全方位鼓吹"中国威胁论"，伺机打压、封锁、遏制。我国经济下行压力加大，经济发展也存在较多阻力和困难。但是，面对各种各样的风险和阻碍，中国经济的发展仍然保持总体平稳，呈现稳中有进的态势，其中不乏中央企业、国有企业作出的不懈努力和重要贡献。特别是，国有企业在推动科技创新、全球化资源配置、市场化高效率运营、专业化大规模生产、持续创造财富价值等方面都有着无可比拟的灵活性、高效性和优越性，在国家经济、社会、科技和政治中扮演了不可替代的重要角色。在国家总体环境下，基于国有企业发展视角，一方面，我国经济整体仍保持着持续向好的发展态势，在这样的战略机遇期，国有企业应进一步保持攻坚克难的意志；另一方面，各方面风险带来的挑战十分突出，不确定性不断升级，稳定性受到了极大影响。对此，国有企业不仅要在思想上保持清醒，在意识上居安思危，更要保持战略定力，对即将到来的风险做好充足的准备，知重负重，砥砺前行，以高质量发展战胜困难和挑战。

总体来看，提高国有企业自主创新能力，体现了中国的国家战略、国家意

① 习近平在中央外事工作会议上的重要讲话[EB/OL].（2018－06－23）[2022－03－15].https://baijiahao.baidu.com/s?id＝1604060074048442582&wfr＝spider&for＝pc.

志和大国地位，是综合国力持续增强的重要保障，更是实现中华民族伟大复兴的重要基石。在新的发展阶段，国有企业应立足于历史经验，把握大时代、大变化的发展机遇，以建成社会主义现代化强国为总体目标，在国际市场竞争日益激烈的态势下，立足国情，抓住机遇，敢挑重担，积极承担起新的使命和任务，坚定不移把国有企业做强做优做大，推进国有企业高质量发展，实现高水平科技自立自强，牢牢把握新时代发展的主动权，赢得战略主动权。

第二节　提高自主创新能力是国有企业肩负推动社会发展、增进人民福祉、创造人类美好生活使命责任的必然战略选择

为中国人民谋幸福、为中华民族谋复兴是中国共产党人的初心和使命。把人民对美好生活的向往作为奋斗目标，这是一切工作的根本价值引领。随着我国经济的高速发展，人民日益增长的美好生活需要和不平衡不充分发展之间的矛盾已成为当前社会主要矛盾，在绿色低碳、健康中国、个性化需求、共享经济、高质量发展等诸多方面，新的发展需求被不断催生。进入新时代的中国，要满足人民日益增长的美好生活需要，就需要国有企业发挥带头作用，在行业中做好标杆，为广大人民群众提供高品质的产品和服务，推动社会大众福祉均衡提升。面对人民对美好生活的迫切向往、社会对新型生产生活方式的急切期望，国有企业必须积极调用一切能够利用的资源，发挥自身优势，积极主动地承担起为人民群众创造美好生活的使命和责任，坚持以人民为中心的发展理念，承当国家和社会赋予的责任，彰显国有企业的时代担当，在更高水平、更大范围、更深层次上推动社会发展、促进经济提升、创造美好生活。

国有企业是推动国民经济、社会发展的主导力量和重要支撑，引领了航空航天、石油石化、交通运输、电力电信、国防工业、重要资源开发、重大装备制造等重要行业和领域的发展，成为国家安全和国民经济命脉的重要基础，保障了产业链、供应链的平稳运行。同时，国有企业是关键行业高质量发展的核心力量，在国家创新驱动战略的指引下，国有企业在载人航天、探月工程、深海探测、高速铁路等领域获得了一批国际先进的高水平重大科技创新成果，接近甚至超过了发达国家水平，在提升国家整体科技实力、促进国民经济发展、构筑国家竞争力等方面发挥了重要的作用，是建设创新型国家的主力军和顶梁

柱。当前，我国在基础交通、网络通信、能源供给、医疗保障等公共服务领域已经达到世界先进水平，下一步还需要解决供给不平衡、不充分的问题，通过做强做优做大国有企业来推动、引导各行各业的进步发展，为社会提供更普惠、更高效的公共产品，培养消费者更节能、更环保、更进步的新消费需求，以一流的产品和服务推动国家更加富强、人民更加幸福、社会更加昌盛。

第三节　自主创新是国资国企由高速增长向高质量发展转变、不断做强做优做大的必然战略选择

党的十九大报告深刻指出，我国经济已由高速增长阶段转向高质量发展阶段，抓住国家整体经济向高质量发展转型升级的关键契机，深入贯彻落实新发展理念，是推动国有企业加快做强做优做大的重大历史机遇，更是提升国有企业发展质量和国际竞争力的强大内生动力。

放眼国际，经济全球化浪潮波涛汹涌，全球主要经济体纷纷加快产业升级和结构调整，争先抢占发展制高点，力争占据产业链中的高端环节和价值链中的关键地位。居于产业链的高端，就能掌握产业规则的制定权、行业资源的主导权、企业利益的分配权、最终产品的定价权，以及多方博弈的话语权。因此，没有国家愿意长期屈居产业链下游，尽管从低端迈向高端异常艰辛，但所有国家和企业都不会放弃迈向产业链高端的努力。审视国内，我国经济总量虽已稳居世界第二，但依旧面临着实现跨越式发展的重任。同时，我国经济社会结构发生显著深刻变化。习近平总书记强调，我国经济发展环境出现了变化，特别是生产要素相对优势出现了变化。劳动力成本在逐步上升，资源环境承载能力达到了“瓶颈”，旧的生产函数组合方式已经难以持续，科学技术的重要性全面上升。我国正经历柯布－道格拉斯生产函数（科技贡献体现为外生残值）向罗默生产函数（科技成为增长的内生变量）的重大转变，特点是要加快科技要素对传统生产要素的变革和替代。在这种情况下，更要强调国有企业的自主创新。

世界各国利益的竞争主要是大企业之间能力的竞争，重大的科技创新成果很多情况下都由大企业最终实现。可以说，国家的高质量发展首先必须依靠国有企业来担当实施主力和示范引领，加快国有企业自主创新，正是促进国家实现由高速发展向高质量发展的重要方式，是推动产业链改革升级的必由之路，

是破解经济发展难题的重要手段，是减弱市场竞争风险的重要途径。强化国有企业自主创新能力对促进我国经济转型、提升国际竞争力至关重要。习近平总书记指出，要坚持国有企业在国家发展中的重要地位不动摇，坚持把国有企业搞好、把国有企业做强做优做大不动摇。《中共中央关于制定国民经济和社会发展第十四个五年规划和二〇三五年远景目标的建议》明确提出，深化国资国企改革，做强做优做大国有资本和国有企业。为适应新阶段新形势，国资国企必须牢牢把握高质量发展这个主题，把创新摆在核心位置，坚持质量第一、效益优先，把提高供给体系质量作为主攻方向，加大科技创新力度，不断提升国有企业经营效率、市场竞争力和创新能力，加快转型升级步伐，持续稳定地输出更高品质的产品和更高质量的服务，真正实现质量变革、效率变革和动力变革。

第四节　自主创新是国有企业抢抓世界科技革命和产业变革战略机遇的必然战略选择

综观国际局势，大国之间的竞争，关键是国家科技创新能力的比拼。科技创新引领的每一次科技革命都实现了生产力和生活方式的巨大变革，都给人类历史的发展注入了新的动力，人类社会的生产和生活都因此受到了深刻而广泛的影响。从世界发展的历史来看，历次科技革命和产业革命都会通过科技成果的产业化、市场化，催生新的行业、改造传统产业、改变经济发展模式，成就一批世界一流企业，推动大国崛起，重塑国际竞争格局。

目前，全球创新进入空前密集活跃的时期，呈现高速发展与高度融合态势[①]，全球创新治理格局深度酝酿调整，世界正处于一系列重大关键科学技术突破的前夜，处于各个科技强国、工业强国比拼较量、争夺未来主导权的关键节点。新一轮科技革命和产业革命加速演化，基础科学前沿领域呈现群体突破态势，颠覆性技术不断涌现。数字化、智能化引领变革潮流。全球科技创新和产业竞争加速转向平台化、生态化，数字经济竞争的“马太效应”日益凸显，平台型企业已取代传统 IT 巨头成为新一代技术创新的引领者。随着科技创新的广度显著加大、深度显著加深、速度显著加快、精度显著加强，各学科间，科学、

① 孙永福，王礼恒，陆春华，等．国内外颠覆性技术研究进展跟踪与研究方法总结[J]．中国工程科学，2018，20(6)：10.

技术与工程间的交叉融合不断加深，科学技术不断渗透到社会中，与经济社会发展加速融合，科技的变革与创新正日益走向大融通时代，创新周期显著缩短。科技创新范式正加速变革，科技创新呈现多极化趋势，全球技术力量对比悄然生变，创新活动的全球新版图正在形成。[①] 作为最大变量也是关键变量，科技创新不断释放巨大能量，推动各行各业加速迭代，深刻改变生产生活方式乃至思维模式，为世界发展注入新动力。科技创新能力的比拼已经成为世界各国战略博弈的关键要素，科技创新作为世界各国竞争的主要战场，对国家国力的影响正不断加深，世界各国力量对比也因科技创新能力的不同产生了变化，世界竞争局面和国际经济结构正在重新塑造，各国抢占科技制高点的竞争达到了前所未有的激烈程度。谁掌握了关键技术，谁就占据了引领行业发展的制高点，谁就拥有了产业发展的主导权。历史上，我国曾数次落后于世界科技革命的脚步，也一度被孤立于全球创新体系之外，唯有这一次科技革命，是我国真正意义上完整参与并可望发挥部分领域引领作用的一场革命。

党中央审时度势，把科技创新置于国家现代化建设全局的核心位置。在党中央坚强领导下，在各个行业和各个领域科技工作者的多方努力下，我国科技力量和国家实力从注重速度和产量转向注重质量和效率，从注重科技纵深发展转向注重科技全面进步，从注重行业内发展转向注重国家系统能力整体提升，这对于国家科技进步、行业水平提升、人民福祉增加具有十分显著的促进和推动作用。当前，我国前所未有地接近世界科技舞台的中央，面临着千载难逢的战略机遇。作为科技创新的国家队和我国战略科技力量的重要组成部分，国有企业占据丰富的自然资源和社会资源，在激烈的国际竞争局势下，应充分发挥在资源方面的优势，带动行业进行创新和变革，在科技创新战略引领下，实现基础创新和原始创新的加速发展，积极地在我国建设创新型国家过程中充当主力，突破“卡脖子”难题，争取在关键核心领域、基础性前沿性领域实现跨越式突破。同时，面对国内经济转型，国有企业应当努力优化布局，在涉及基础建设、公共服务等国家主导的产业和行业，通过加强基础性、前沿性领域的创新，奋力追赶和领跑全球科技创新前沿，为加快建设创新型国家提供有力战略支撑。

党的十八大以来，习近平总书记发表了一系列关于科技创新和国有企业改革

① 加快实现科技自立自强[EB/OL].（2021－05－11）[2022－03－15]. https://baijiahao.baidu.com/s?id=1699422844839289278&wfr=spider&for=pc.

的重要论述，为我国国有企业自主创新指明了方向，也对实现“两个一百年”奋斗目标和中华民族伟大复兴的中国梦、强国梦具有十分重要的指导意义，是指导国有企业自主创新发展的基本遵循和行动指南。同时，习近平总书记也深刻指出了我国科技事业发展面临的不足，特别是在原始创新能力方面，重大理论突破和原创引领型成果不够多，“卡脖子”问题普遍存在。这些不足是国有企业抢抓战略机遇的“绊脚石”，更是阻碍国有企业实现高水平科技自立自强的“拦路虎”。习近平总书记提出加强原创性引领性科技攻关、强化国家战略科技力量、推动科技体制改革、构建开放创新生态、建设全球人才高地五大战略任务①，指明加快建设科技强国的主攻方向，是推动高水平科技自立自强、塑造国家创新能力的战略选择。因此，国有企业要深刻地认识我国科技创新面临的形势，肩负好自主创新的战略使命，突出“四个面向”战略导向，强化基础研究，坚持问题导向推动科技攻关，打好关键核心技术攻坚战，强化国家战略科技力量建设。

第二章　国有企业自主创新取得的主要成绩及经验总结

国有企业是中国特色社会主义的重要物质基础和政治基础，是党执政兴国的重要支柱和依靠力量。新中国成立以来，特别是改革开放以来，国有企业为我国经济社会发展、科技进步、国防建设、民生改善等作出了历史性贡献，取得了巨大的成就，功勋卓著、功不可没。截至 2020 年底，全国国资系统监管企业资产总额达到 218.3 万亿元，2020 年的营业收入为 59.5 万亿元，利润总额达到了 3.5 万亿元②。国有企业创新正当时。

第一节　主要成绩

党的十八大以来，在国家创新战略的引领下，众多国有企业对科技创新给予了充分的重视，创新意识逐步增强，创新投入力度逐渐加大。国有企业通过

① 两院院士大会、中国科协第十次全国代表大会在京召开 习近平发表重要讲话[EB/OL].（2021-05-28）[2022-03-15]. https://baijiahao.baidu.com/s?id=1701002882664283686&wfr=spider&for=pc.

② 新发展阶段国有企业的核心使命与重大任务[EB/OL].（2021-03-10）[2022-03-15]. http://www.people.com.cn/n1/2021/0310/c32306-32048199.html.

自主创新取得了丰富的科技成果，拥有了一批核心关键技术和自主知识产权，高质量的标志性重大科技成果不断涌现，持续地打造出高水平科技平台，集聚和培养了一批高素质创新人才，在国际市场上显示出较强的核心竞争力，在创新型国家建设中成为中流砥柱，创新能力和水平都得到了实质性提升，在资本、技术、品牌、人才等方面积累了雄厚的基础，为国有经济乃至国家的发展积蓄了创新的重要力量和源泉。

一、国有企业创新投入和产出稳步增长

从创新投入来看，近年来，国有企业对科研给予了足够的重视，对创新的投入明显增加，力度不断加大，为国有企业成为国家战略科技力量打下了坚实的基础。以中央企业为例，“十三五”期间累计投入 3.4 万亿元，占全国的 1/4。中央企业牵头承担了 2030 多个重大项目。中央企业的研发平台不断完善，拥有国内研发机构 4153 个，其中国家重点实验室 91 个。[①] 中央企业人才队伍不断壮大，集聚了一批高层次创新人才，为未来发展积蓄了创新后劲。中央企业从事研发人员达到 97.6 万人，其中中国科学院院士、中国工程院院士有 229 人，工程院院士占全国的 1/5。

从创新产出来看，国有企业创造知识产权的能力不断提升，对知识产权的重视和保护程度逐渐加强，每年都能够产出一定数量的专利。以中央企业为例，截至 2018 年底，中央企业累计拥有有效专利近 66 万项，拥有有效发明专利 26.8 万项。再以中国专利金奖为例，国有企业作为专利人获专利金奖的数量整体呈现出平稳上升的态势。近 3 年具体情况是：2018 年第二十届中国专利金奖项目共 30 项，其中 7 项专利是一家国有企业独有或两家国有企业联合享有；2019 年第二十一届中国专利金奖项目共 30 项，其中 9 项专利是一家国有企业独有或两家国有企业联合享有；2020 年第二十二届中国专利金奖项目共 30 项，其中 12 项专利是一家国有企业独有或两家国有企业联合享有。

在国家科学技术进步奖、技术发明奖获奖单位中，中央企业成绩突出。基本上，历年国家科技进步特等奖及绝大部分的国家技术发明一等奖均由国有企业获得。以中央企业为例，2012—2019 年，中央企业共有 688 个项目获得国家

① 国务院国资委．“十三五”期间我国研发投入累计 3.4 万亿[EB/OL].(2021-02-23)[2022-03-15]. https://m.gmw.cn/baijia/2021-02/23/34636878.html.

科技进步奖和技术发明奖，约占全国获奖总数的1/3。其中，2019年中央企业共获得国家科技进步奖和技术发明成果奖104项，获奖总数占同类奖项总数的41.6%。“十三五”以来，中央企业累计获得国家科技进步奖、技术发明奖364项，占到全国同类获奖总数的38%。其中，2019年，2个特等奖均包含国有企业；在13项一等奖（通用项目）中，有8个项目的主要完成单位包含国有企业；在131项二等奖（通用项目）中，有超过1/4项目的主要完成单位包含国有企业。这说明国有企业是中国科技进步的中流砥柱。国家技术发明奖授奖项目共65项，在46项二等奖（通用项目）中，有11个项目的主要完成人来自国有企业。①

二、国有企业关键核心技术攻关迈出坚实步伐

近年来，国有企业通过科技攻关突破了一系列限制发展的技术“瓶颈”，攻克了一批技术难题，掌握了一批核心技术，填补了国内相关领域的空白，在相关领域处于世界领先水平，彰显了国之重器的实力与担当。

在军工及装备制造领域，建设载人航天空间站；“嫦娥四号”探测器成功着陆月球背面，并通过中继星“鹊桥”传回世界上第一张近距离月球背面影像图；“嫦娥五号”成功从月球上带回珍贵的岩石和土壤样本，使我国成为世界上第三个成功完成月球采样返回的国家；“天问一号”奔向火星，成功进行深空探测；北斗导航系统实现全球组网；首艘国产航母下水，辽宁舰突破航母总体技术、动力、阻拦装置和舰机适配等一大批核心关键技术；大型水陆用飞机AG600水上首飞；按照国际民航规章自行研制、具有自主知识产权的大型喷气式民用飞机C919大型客机飞上蓝天②；中国高铁成为“国家名片”；港珠澳大桥、兰渝铁路、青藏铁路、上海洋山港等重要基础设施建设成功。这些举世瞩目的成就，标志着国有企业在装备制造前沿领域迈出实质性步伐，一些核心产品和技术已经达到国际领先水平。

在能源化工行业领域，油气勘探开发技术方面，中国石化深化深层碳酸盐

① 数据来源：国家科学技术奖励办公室官方网站（http://www.nosta.gov.cn/web/index.aspx）。

② 国务院国有资产监督管理委员会．中央企业高质量发展报告：中央企业高质量发展迈出坚实步伐[EB/OL].(2019-11-02)[2022-03-15].http://www.sasac.gov.cn/n2588020/n2877938/n2879597/n2879599/c12468278/content.html.

岩、深层页岩气地质评价和勘探技术攻关，支撑了顺北油田、川南深层页岩气资源规模扩大以及四川盆地新层系突破。炼油技术方面，沸腾床渣油加氢示范装置实现长周期满负荷运行；完成固体超强酸 C5、C6 异构化单元技术工业试验。化工技术方面，合成气制乙二醇示范装置实现稳定运行；长链二元酸精制示范装置开车成功。中国海油自主研制一系列深水重大装备，成功研制海上 25 MW 级燃气轮机、ELIS 成套高端测井仪器、深水水下连接系统及生产管汇、深水保温输油软管等一批关键核心技术和产品，填补了国内空白，并成功实现国产化。此外，中国海油于 2021 年实现我国首个自营深水油田群投产，这是继首个自营超深水大气田“深海一号”投产后，我国在深水油气开发领域取得的又一重大成果。①

在电力行业领域，国家电网全面掌握特高压、大电网安全控制、智能电网、新能源并网等一批具有国际领先水平的核心技术，自主研制特高压交直流成套装备，建成张北风光储输、厦门柔性直流输电、张北虚拟同步机等一批国际领先的重大示范工程，占领了世界电网技术的制高点，实现了“中国制造”和“中国引领”。2020 年 11 月 27 日，“华龙一号”全球首堆——中核集团福清核电 5 号机组首次并网成功，标志着中国打破了国外核电技术垄断，正式进入核电技术先进国家行列。②

在金属资源领域，中煤集团装备公司的“大倾角煤层综采综放工作面成套装备关键技术”项目荣获国家科技进步奖二等奖，该项目解决了大倾角煤层综采综放开采中的共性技术难题，为提高我国煤机装备的研发水平、推动煤机行业走向世界提供了强有力的技术支撑。中国黄金集团公司参与完成的“浮选机大型化关键技术研究及工业化应用”项目获得 2012 年国家科技进步奖二等奖，解决了浮选机大型化过程中存在的粗粒矿物回收率低等世界性难题，使我国成为世界上掌握大型浮选机关键技术的三个国家之一。

通过不懈努力，我国在信息装备、海洋工程装备与高技术船舶、农机装备、生物医药与高性能医疗器械、电力装备等领域的某些技术方向已经形成了技术长板。例如，通信系统设计及标准化处于国际领先水平；工业控制软件（DCS，专用 SCADA），国内 DCS 市场基本和国外形成并跑状态，专用 SCADA 领域，国

---

①② 李政，等．中央企业自主创新报告[M]．北京：社会科学文献出版社，2020.

内企业具有绝对性的领先优势；散货船、油船、集装箱船设计建造技术，自升式钻井平台设计建造技术，海工辅助船舶设计建造技术，处于并跑阶段；特色作物高效收获技术，处于并跑阶段；新型抗体工程技术，处于并跑、部分领跑阶段；多潜能干细胞重编程技术，处于领跑阶段；超超临界火电机组，主蒸汽温度（600℃）及压力（25 MPa）等指标达到国际先进水平；超高压交流和直流输变电成套设备，技术处于世界领先水平。

国有企业取得了关键核心技术和专利等知识产权方面的一批科技创新成果，这不仅实现了行业内的技术突破，还冲破了国外在相关领域的技术垄断；不仅极大地提高了我国在该领域的技术领先地位，还极大地促进了我国国民经济发展，同时也保障了国家的政治安全。由此可见，国有企业通过自主创新所获得的核心技术，不但打破了行业技术“瓶颈”，同时也带动了相关行业整体技术的跃升。

三、国有企业重大科技创新成果不断涌现

国有企业占有丰富的科研资源、人才资源、技术基础等，且主要集中在关系国家安全和国民经济命脉的重要行业和关键领域，在实行国家重大创新战略和建设国家科技创新重大工程方面有较好的基础和较强的能力。作为建设创新型国家的核心力量，国有企业承担了一系列重大科技创新任务，在载人航天、探月工程、北斗导航、深海探测、高速铁路、高端装备、能源化工、商用飞机、特高压输变电、移动通信、国产航母、大型水电站、高铁、核电、智能电网等领域涌现出一大批具有世界先进水平的标志性重大科技创新成果，完成了三峡工程、青藏铁路、西气东输、南水北调等一系列重大工程建设，这些成果不仅显示出我国科技创新的强大后劲，也能在国际上呈现出中国强有力的科技实力，提升我国国家总体实力和国际地位。

在装备制造领域，近年来，涌现出浙江中控、三一重工、中联重科、徐工集团、柳工集团、中车、潍柴、新松机器人等一批具有国际竞争力的龙头企业①，不仅引领行业发展，也成为中国制造业发展的重要支撑力量。一大批“国之重器”横空出世。“天宫”探梦、“嫦娥”探月、“北斗”指路、“天问”探测

① 宋歌．以工业互联网助推中国装备制造业高质量发展[J]．区域经济评论，2020(4)：100－108.

行星、“一箭九星”海上成功发射；捍卫国家主权的航空母舰、东风导弹、歼20、运20成功研发；世界首座高铁跨海大桥主塔封顶、平潭海峡公铁两用大桥全面通车；全球第一条商业化磁浮高铁、世界首条高寒高速铁路建成，标准高速度快的高铁已经成为中国在世界上的一张名片，时速350千米“复兴号”动车组批量投入运营，中国高铁已承建亚洲、欧洲和非洲等世界69%的高铁项目，中国力量串起了一条条中国与外国人民的友谊桥梁。国有企业创造的各项重大科技创新成果彰显了大国重器的责任担当，不仅顺利完成了国家科技创新任务，更是为实现创新型国家建设作出了不懈的努力，为贯彻落实国家创新战略画下了浓墨重彩的一笔。

在通信行业领域，网络基础设施进一步优化升级，互联网普及率提前超额完成规划目标，2019年底固定宽带家庭普及率、移动宽带用户普及率分别达到91%、96%。千兆光纤覆盖家庭超过8000万户，4G用户超过12亿人。5G商用迈出坚实步伐，目前，已累计开通5G基站69万个，连接用户数超过1.6亿人。数据中心机架规模超220万架，年均增速超30%。[①] 5G应用与实体产业深度融合，5G在提升全要素生产率，推动各行各业网络化、数字化和智能化发展，加速释放新型网络设施建设需求和垂直行业信息化服务需求方面起到至关重要的作用。

在电力行业领域，国家电网已建成世界上规模最大的智能电网系统。特高压建设全面加快，掌握了具有自主知识产权的特高压输电技术，并将特高压输电技术和设备输出国外。白鹤滩水电站全部机组将于2022年底建成投产。截至2019年6月，特高压方面建成“九交十直”、核准在建“三交一直”工程，已投运特高压工程累计线路长度27570千米、累计变电（换流）容量29620万千伏安。

四、国有企业自主创新政策支持力度不断加大

近年来，为推进创新型国家建设、增强国家整体创新能力，党中央、国务院和国资委不断加大国有企业科技创新政策支持力度，聚焦提升国有企业创新发展问题，从顶层设计、企业创新发展、考核与激励机制、“混改”与重组整

① 李政，等．中央企业自主创新报告［M］．北京：社会科学文献出版社，2020.

合、品牌与知识产权、企业家精神等方面出台了一系列政策措施，有力地促进了国有企业自主创新能力的提升。这些政策措施为国有企业提高自主创新能力提供了必要的体制和环境支持。

从国家的战略部署来看，党中央、国务院对科技工作给予了高度重视，将科技创新的地位上升到了国家战略的层面，实行了许多建设国家创新体系的重要战略措施。2006年，中共中央召开国家科学技术大会，发布了《国家中长期科学和技术发展规划纲要（2006—2020年）》。以此为标志，中国的科技战略开始向自主创新方面转移，在创新驱动战略的引领下，以建设创新型国家为战略目标，创新政策正在快速形成，创新政策体系正在不断完善。党的十八大召开，标志着国家正式进入创新驱动发展阶段。党的十八届五中全会提出的“创新、协调、绿色、开放、共享”发展理念，将创新作为国家发展的首要目标，创新成为引领发展的第一动力，科技创新的地位进一步提高，开始从跟踪模仿向自主创新转变，实现从科技与经济结合的“跟着走”向科技创新引领社会发展的“领着走”转变。2016年5月20日，中共中央、国务院发布《国家创新驱动发展战略纲要》，提出创新驱动就是创新成为引领发展的第一动力，实施创新驱动发展战略要以科技创新为核心推动全面创新，坚持把科技创新摆在国家发展全局的核心位置，以科技创新带动和促进管理创新、组织创新和商业模式创新等全面创新，打造创新驱动发展新引擎，大幅提高科技对经济社会发展的支撑引领能力，使创新成为引领发展的第一动力。

从国资委的重要举措来看，国务院国资委从依法履行出资人职责角度，在推动企业科技创新的政策方面，进行了一系列积极探索，创新体系和体制机制更加完善。另外，各地方国资委也对科技创新和创新能力的提升高度重视，陆续推出一系列激励企业创新的政策和举措，给地方国有企业的科技创新发展提供了坚实的保障。

五、一批国有企业已经成长为与跨国公司竞争的重要力量

目前，在核工业、航空航天、高速铁路等行业，国有企业逐渐出现在世界科技前列，成为与相关领域国际企业竞争的关键力量。近年来，国有企业名登世界500强行列的数量呈现不断增加的态势。2020年有133家中国企业进入500强，数量位列全球第一，历史上第一次超过美国，其中绝大多数是国有企业。

一批国有企业在国际竞争舞台上初露锋芒，积极参与国际合作，通过自主创新成为挺起中国脊梁的先锋。以中国中车为例。中国中车在制定企业战略和进行科研工作时一直坚持创新思想，始终坚持开放、合作、协同、自主的创新理念，不断完善企业的创新体系，形成了一套适合自身发展的创新体系，通过科技创新不断提升科技水平，建设了世界领先的轨道交通装备产品技术平台和制造基地，拥有以高速动车组、大功率机车、铁路货车、城市轨道车辆为代表的系列产品，总体来看，中国中车的轨道交通技术全面达到世界先进水平，能够适应各种复杂的地理环境，满足多样化的市场需求。中国中车已经成功拥有世界先进的高铁集成技术、施工技术、装备制造技术和运营管理技术，凭借先进的创新成果在国际上获得盛誉。中国中车制造的高速动车组系列产品，已经向世界展示了中国科技水平和科技实力，成为中国科技水平的代表，成为展示中国先进科技成果的一张名片。中国中车的产品现已出口全球六大洲近百个国家和地区，并逐步从产品出口向技术输出、资本输出和全球化经营转变。

六、国有企业创新主体地位不断增强

国有企业是我国国民经济的重要支柱，多分布在关系国家安全和国民经济命脉的重要行业和关键领域，如石油石化、航空航天、交通运输、电力电信、国防、重要资源开发、重大装备制造等。党的十五届四中全会通过的《中共中央关于国有企业改革和发展若干重大问题的决定》明确指出，包括国有经济在内的公有制经济，是我国社会主义制度的经济基础，是国家引导、推动、调控经济和社会发展的基本力量，是实现广大人民群众根本利益和共同富裕的重要保证①，这一论述明确了国有企业在我国经济体制和市场经济中的重要地位。国有企业在科技创新方面的成就不仅体现了国家在创新战略方面的总体布局，还呈现出相关行业求得长远发展的选择，在国家创新体系中，国有企业起到不可替代的关键作用，在国家创新战略的引领下，其主体地位不断提升，创新能力随之增强。

尤为重要的是，近年来，在国家重大科技创新工程、社会经济产业转型升级、重大科技攻关任务中，国有企业表现出强大的活力和实力，承担了越来越

① 中共中央关于国有企业改革和发展若干重大问题的决定[EB/OL].(2003-10-14)[2022-03-15].http://www.gov.cn/gongbao/content/2003/content_62494.htm.

重要的任务，发挥了不可替代的作用。在关键领域的规模优势、集群优势，以及关键技术的创新水平都在显著提升。一是在军工、能源等与国防和国家经济安全紧密联系的行业，国有企业承担着重要的国家科技创新任务，以高强度的研发投入、高质量的创新产出、高效率的创新流程，积极抢占发展主动权，取得了一批以载人航天、北斗系统、载人深潜、特高压电网、西气东输等国家重大科技创新项目为代表的，具有自主知识产权和国际先进水平的创新成果，为国家安全提供了有力保障；二是面向世界科技前沿、面向国家重大战略需求，在交通、通信等公共服务行业，因前期投资巨大、私人资本难以参与，国有企业承担关键性角色；三是在战略性新兴产业、高科技产业等关乎占领未来经济发展战略高地以及赢得未来发展空间的行业，国有企业率先进入，形成了一批具有较强原始创新能力的创新型领军企业，在前沿科技探索中发挥了重要作用；四是对各个产业中基础性、共用性的技术，国有企业承担了重要的创新任务，为整个产业后续技术研发提供支撑，在突破产业关键共性技术、“卡脖子”关键核心技术等方面发挥重要作用。这些都是国有企业创新主体地位不断增强的重要体现。

第二节　经验总结

一、制度优势：坚持“两个一以贯之”是有效推动国有企业自主创新的制度基础

习近平总书记深刻指出：“坚持党对国有企业的领导是重大政治原则，必须一以贯之；建立现代企业制度是国有企业改革的方向，也必须一以贯之。”[①] “两个一以贯之”创造性地探索和实践了党的领导和现代企业制度的紧密融合，给所有的中国企业打上了鲜明的烙印，是中国国有企业制度最鲜明的特色之一，更是中国共产党对现代企业制度的一次重要制度创新和马克思主义理论的伟大实践。习近平总书记强调，近年来国资国企改革发展取得了显著成效，深层次原因是国有企业坚持党的领导、加强党的建设，因此能够从根本上保证国有企

① 习近平在全国国有企业党的建设工作会议上强调：坚持党对国企的领导不动摇[EB/OL].(2016-10-11)[2022-03-15]. http://www.xinhuanet.com/politics/2016-10/11/c_1119697415.htm.

业的运行和管理切实贯彻国家发展战略的要求。

国有企业是中国特色社会主义的重要物质基础和政治基础，是党政兴国的重要支柱和依靠力量，是党领导的国家治理体系的重要组成部分。国有企业具有得天独厚的优势和基础条件，拥有中国共产党赋予的红色基因，有国家赋予的国家基因，有人民赋予的民族基因，是社会主义制度集中力量办大事优越性的成果，承载着国家重大使命而诞生，继承举国之力奠定的发展基础，拥有国家配置的优质资源，拥有一批忠党报国、有国际视野、有能力素养的人才队伍。这些优势和条件构成了国有企业发展的强大动力和成功保障。正是在党的集中统一领导下，国有企业才能够保持长期战略和企业发展的稳定性、延续性。

二、体制优势："集中力量办大事"在国有企业自主创新过程中发挥重要作用

习近平总书记指出："我们最大的优势是我国社会主义制度能够集中力量办大事。这是我们成就事业的重要法宝。""集中力量办大事"既表现为生产集中化的客观趋势，也表现为以国家和政府干预来弥补市场失灵的客观要求。历史和现实的实践都表明，国有企业体现"集中力量办大事"的制度优势，作为该制度的重要载体，国有企业在科技创新中表现出坚定的态度，始终是提升科技创新能力的主力军。作为国家科技创新体系的关键组成部分，国有企业引领行业发展，推动行业进步，在行业高质量发展的进程中发挥了不可替代的关键作用。国有企业的诞生、成长、壮大及其在国家经济社会中所担当的重要使命，就是"集中力量办大事"这一体制优势的成功实践。

"集中力量办大事"是国有企业在国家创新驱动发展战略的引导下，集中各地区各行业多种创新物质资源（人、财、物等），弘扬创新精神资源（如创新意识和情怀），共同完成关系国家政治、民生和治理的重大战略任务，实现各种创新资源的相互作用和有效互动。以"举国模式"为典型代表的国有企业科技创新模式总体上是适应先进生产力发展要求、体现先进生产关系的。以成立中国航空发动机集团为例。2015 年全国两会期间，政府工作报告首次将航空发动机与燃气轮机列入国家战略优先产业。2016 年，党中央、国务院决策成立中国航空发动机集团有限公司。中国航空发动机集团已成为党和国家集中力量突破航

空工业“卡脖子”关键环节、推动国防建设和国民经济发展的重大举措。

目前，我国经济的发展亟待优化升级，正处于转化经济发展方式、优化社会经济结构、提升发展动能的紧要关头，在这样的关键时期，正是需要“集中力量办大事”，最大限度地整合社会资源，优化布局基础性前沿性关键核心技术，聚集科研力量和研发资源，系统地增强企业集成创新、协同创新、自主创新、原始创新的各方面能力，集中攻克“卡脖子”难题。在新型举国体制的建设过程中，国有企业应争当开拓者、发起者、组织者，顶层设计布局，统筹协调各方，积极发挥市场资源配置作用，不断激发各类创新主体参与的积极性，形成“劲往一处使”的强大合力。[①] 国有企业作为国家重大科技创新的骨干力量，发挥着创新要素的集聚作用，推动关键核心技术的突破。发挥龙头企业的自主创新能力，对于提升我国科技竞争力、打造经济要素和资源的汇聚高地，起到至为关键的作用。

三、资源优势：充分利用内外部创新资源优势是国有企业自主创新的关键

国有企业通常是由多个具有较高独立性和主营业务差异的机构所组成的集团组织，不仅集团内部拥有生产、研发、科技中介、金融支持等科技创新服务机构，而且通常与集团外部的高校、企业、研发机构及其他组织建立密切的合作关系。因此，国有企业在优势互补和利益共享的基本原则下，可以充分利用内外部创新资源优势，按照一定的机制和规则推进协同创新，通过联合开展创新项目合作、联合共建研发实体、联合组建产业技术创新战略联盟等形式，合作开展新技术研究开发和应用、人才培养、仪器设备共享、信息获取等，以推动国有企业的自主创新。其核心是各种创新资源的优化配置。

四、探索形成了较多富有成效的、符合国有企业特点和创新规律的技术创新模式

历经 40 多年创新发展，一批国有企业走出了一条体现自身特点、结合自身优势并遵循创新发展规律的自主创新之路，探索出许多颇有成效的科技创新的

---

① 发挥新型举国体制优势　打造“国企 + ”创新平台[EB/OL].（2021 - 08 - 24）[2022 - 03 - 15]. https://baijiahao. baidu. com/s? id = 1708904074273817617&wfr = spider&for = pc.

经验，形成了可供参考的做法。例如，以中国航天科技集团为代表的航天国有企业发展了以“四个一代”（探索一代、预研一代、研制一代、生产一代）为核心的技术研发模式，设立了由企业主要领导牵头、各业务部分负责人参加的科学技术委员会，负责企业的重大技术创新战略问题决策；以国家电网公司为代表的产业链协同创新模式，充分利用外部资源，广泛开展合作共建，形成有效的协同创新体系；中广核的引进消化吸收再创新模式使其由大亚湾核电站起步，立足深圳、走向全国、迈向世界。我国在过去40多年走出的“引进、消化、吸收、再创新”之路，是一条具有中国特色的自主创新之路，是我国战略性产业实现后发领先、跨越式发展的重要途径。

第三章　国有企业自主创新存在的问题

尽管我国国有企业自主创新取得了很大成绩，但对照现代化强国建设目标和高质量发展要求，对照世界一流企业和国内优秀企业，国有企业自主创新仍存在较大差距。

一、国有企业自主创新顶层设计和统筹规划仍需进一步加强

当前，我国国有企业自主创新顶层设计有待进一步提升，需从国家角度出发、以国家未来战略优势为目标、与国家总体利益保持一致进行总体布局和规划。在协调统筹方面，各个领域、各个行业、各个部门之间在科研工作中的创新合作依旧不同程度地存在断层，时有单一重复、杂乱交叉、信息闭塞等现象发生，科技资源配置也存在一定程度的重复、分散、封闭、低效等问题。在创新政策的落实方面，政策之间存在互相牵制、难以实施的问题，也存在落实不到位的问题，创新政策的协调性和贯通性需进一步加强。另外，在关系国家安全、国民经济命脉的重要行业和关键领域，国有企业的主体地位也需进一步巩固，[①] 在以电子、计算机、通信等为代表，全球创新企业聚集的高技术、竞争性产业领域的技术实力仍显薄弱，创新统筹规划有待进一步加强。

① 丁泉，光照宇，干志平，等．我国国有企业创新的实践与探索［M］//中国企业改革发展优秀成果（首届）（上卷）．北京：中国经济出版社，2017：445－459.

此外，也缺乏系统布局，对高科技产业发展规律和创新规律把握不够，如碳纤维等领域片面强调新品种研发和局部技术突破、忽视工艺装备等成套技术开发，新材料研发与应用投入方式单一、总量不足且分散，包括集成电路、高端机床等领域，往往是单点突破，难以形成良好的产业创新生态。从企业自身来看，我国大多数企业自主创新动力亟须加强，主动、快速创新的意识和创新的积极性都需进一步提升，一些企业缺乏科学合理的长期战略引领，在更高层次上和更宽视野下布局谋划长远发展的能力还需加强。

二、国有企业关键核心技术短板依然突出，受制于人的局面没有得到根本性改变

我国国有企业技术短板依然突出，特别是缺乏部分关键领域的自主可控的核心技术，透露出了我国国有企业自主创新能力依然不足，关键核心技术受制于人的局面没有得到根本性改变。当前，关键核心技术、高端芯片、关键工业母机、核心设计软件仍然依赖进口，我国还未形成明显的自主创新优势领域，信息技术、高端装备、先进材料、医药、农业、能源环境等领域普遍存在技术短板，高铁等具有一定优势的领域依然存在技术短板，制约了关键领域的自主创新。此外，我国在轨道交通、信息装备、海洋工程装备与高技术船舶、农机装备、生物医药与高性能医疗器械、电力装备等部分优势领域也存在技术短板。

例如，在信息领域，操作系统、核心工业软件与工业控制系统及安全技术、集成电路等芯片制造工艺、装备和材料等关乎信息安全和产业链安全技术，市场已经被国外垄断；在高端装备领域，工业机器人关键零部件与操作系统、高档数控系统、精密测量仪器核心器件制造等主要依赖进口；在材料领域，信息通信用关键电子材料、高温特种合金、磁动力传输材料及应用技术等尚未形成自主可控的产业链，受到国外严重制约；在能源环境领域，非常规天然气开发关键技术、核领域先进的乏燃料后处理及仪控关键技术、整体煤气化燃料电池发电技术、能源互联网及电化学储能技术与国外相比存在较大差距。

制约我国发展的关键领域短板，往往是涉及面广、链条长、研发周期长、投资大、风险高的高科技领域，需要长期投入、持续攻关。长期以来，一方面，技术能力、认知水平、发展阶段等存在一定的限制；另一方面，还会受到国际政策的影响、竞争市场的冲击、技术陷阱的误导，国有企业也缺乏“甘坐冷板

凳、数十年如一日”的战略定力和研发决心，缺乏对“再创新”的准确认识，在一些垄断性强、研发周期长而技术更新快的行业往往缺乏深刻的认识和应对能力，一而再再而三陷入被动局面。对关键技术领域长期投入、系统创新的认识与定力不足，是造成我国国有企业关键领域自主创新受制于人的重要因素。

三、国有企业基础研究、应用基础研究投入不足，科技成果转化链条不畅、转化机制不通，企业创新活力未充分释放

当前，对基础研究、应用基础研究投入不足、投入分散、重复投入的现象较为普遍。虽然国有企业对自主创新日益重视，创新投入逐年增加，但其创新投入的比重仍然处于较低的水平，与国际同类领先企业相比仍然存在较大差距，也导致了企业创新产出能力不高。这些都制约了国有企业核心竞争力和未来长远发展。首先，绝大多数的国有企业仍然停留在集成创新、引进消化吸收再创新层面，缺乏“从 0 到 1”的原始创新能力和颠覆性创新能力。其次，应用基础研究与产业化连接不够紧密，科技成果转化链条不畅、转化机制不通、转化孵化服务能力不足、转化成功率仍然偏低。虽然国有企业获得的专利数量逐年递增，但是，真正有重大影响、质量很高的科技创新还很少。高质量的创新往往来源于原始创新，然而国有企业恰恰在质量要求较高的原始创新方面十分欠缺。最后，在技术发展方向上，与市场需求的吻合程度不够，科研产出不能精准对接市场，也缺乏对整个产业发展“瓶颈”的聚焦，在整个创新转化的链条中，成果的产出和转化不连贯，上下游连接不通畅，科技成果转化流程不完善。由于一些科研成果前期计划的需求难以对接、转化能力不足、转化途径不畅等，已经形成的技术创新成果不能够及时地转化为满足市场需求的技术产品和服务。国有企业虽参与应用基础研究，但其创新活力未充分释放。

四、国有企业创新主体的作用未有效发挥，创新引领作用需进一步加强

我国国有企业是科技创新的主体。当前，国有企业创新主体的作用仍未能有效发挥，以国有企业为主体、市场为导向的产学研深度融合的技术创新体系尚未形成，尤其是国有大中型企业的创新引领作用亟须加强。大中型国有企业应肩负起关键领域自主创新的责任。然而，国有企业在市场上的主体地位还不

是十分明显，还未成为真正意义上的市场主导者，管理团队的利益和创新成果关系还不紧密。特别是风险度较高的创新，获得成果需要一个较长的周期，而早期只能是投入，创新成功获得收益是一个漫长过程。对任期内的国有企业管理者来说，如果进行创新，那就意味着其任期内风险增加、利润减少。在这种情况下，国有企业管理者自主创新的积极性是很低的。尽管当前对国有企业创新发展、高质量发展的考核要求进一步加强，创新指标也被列入国有企业管理者业绩考核体系，但这种考核以创新投入、国家创新奖励等为主，并不能完全、真正地显示出企业的自主创新能力，也无法起到更好的激励作用。此外，受国有资产保值增值要求、国有企业领导任期制及任期考核等因素的影响，国有企业考核更关注任期绩效，而非长周期的技术创新与产品研发；国有资产管理制度、国有企业工资总额控制制度等难以形成对创新人才的有效激励；“官本位”文化也在一定程度上抑制了国有企业的创新活力，导致企业技术创新动力不足、活力不够。

五、国有企业科技人才创新活力不足，人才评价与激励的制度设计不完善，缺乏鼓励创新、宽容失败的文化氛围

发展实体经济的主战场在企业，核心在创新，根本在人才。国有企业自主创新的成功与否和效果好坏在很大程度上依靠人才，包括科研人才和企业家。一方面，国有企业的人才匮乏、流失，培养机制不合理，不能够为企业的发展提供坚实的人才基础；另一方面，国有企业的激励制度不完善，人才创新活力不足，不能够保障企业发展有充足的后备力量。

当前国有企业科技人才创新活力不足，企业创新人才、领军人才缺口较大，创新人才队伍缺乏稳定性，面临人才匮乏与人才流失的困局。尤其在一些关键行业，由于技术水平存在差距、市场培育与竞争能力不足，企业难以短期盈利和持续投入，因此也难以通过高薪吸引关键技术人才。特别是，与民营企业和外资企业相比，国有企业研发人员薪酬仍处于较低水平，对研发和技术人员的激励机制尚不健全，激励手段比较单一，无法体现研发和技术人员的独特贡献，激励效果不明显。因此，研发和技术人员的创新积极性受到很大限制，这些人员更容易被民营企业和外资企业的高薪与发展机会所吸引，从国有企业出走。大多数国有企业缺乏具有国际视野和能力的创新领军人物，使得创新缺乏前瞻

性、引领性和颠覆性，影响了关键领域的自主创新。

人才评价方面，当前虽已出台了深化科研绩效评价改革的系列文件，但长期形成的评价指标单一的情况仍有待改变，尤其是在与国有企业相关的应用性强的工程科技领域，以论文为主导、以获奖为导向的评价方式不利于鼓励应用创新；同时，人才评价存在急功近利的现象，使得科研人员无法静心进行投入大、耗时长、见效慢的研究。

人才计划方面，各种人才计划对吸引和培养高层次人才起到了积极作用，但人才计划也产生了一些负面影响，人才计划种类多、自成体系且部分定位重叠，存在“重名轻实”“重海外轻本土”，“头衔化”“荣誉化”“物质化”以及科技人员身份固化等倾向，使得科研人员奔波在各类人才计划的道路上，国有企业也不得不加入“戴帽人才”争夺战，一定程度上破坏了科研生态体系。同时，我国人才引进计划大多仅瞄准当前热点，而不是为了创造热点，缺乏顶层设计，特别是缺少支持国有企业引进科技人才的专项计划，亟须一批能够直接解决经济社会发展中关键科技问题的人才。

战略性人才方面，一些企业自主创新的案例表明，企业家的理念与精神对企业自主创新有决定性影响。实体经济宽容失败很难，如果企业缺乏自主创新的决心和系统设计，则很难坚持走自主创新之路、形成鼓励创新的文化氛围、激发科技人员的创新活力。当前我国国有企业整体上都缺乏战略企业家人才，支撑企业创新发展的动力不足。

第四章　提升国有企业自主创新能力的措施建议

当前，我国发展依旧处于关键时期和战略机遇期。习近平总书记强调，国有企业特别是中央所属国有企业，一定要加强自主创新能力，研发和掌握更多的国之重器。国有企业自主创新应以实现全面建设社会主义现代化国家为目标，牢牢把握新时期党中央对国有企业的期望重托，担负起自身责任与使命，以满足国家重大战略需求、支撑我国经济高质量发展为核心任务，始终将创新作为未来发展的重点方向，始终将提升自主创新能力作为未来发展的重点任务，坚持创新在发展全局中的核心位置，充分发挥国有经济战略支撑作用，积极承担国家战略任务，加大关键核心技术攻关，突破发展“瓶颈”，努力建成体系完备、机制健全的自主创新体系，打造原创技术策源地，研制一批国之重器，发展一批能够抢占世界科技发展制高点的领军人才和创新团队，在若干关键领域形成国际领先优势和竞争优势，自主创新的影响力、覆盖面、贡献度更加突出，为加快科技自立自强、建设高水平创新型国家贡献国企智慧和力量。

在深入贯彻学习《中华人民共和国国民经济和社会发展第十四个五年规划和2035年远景目标纲要》《“十四五”中央企业发展规划纲要》《关于加强中央企业自主创新的指导意见》等文件要求的基础之上，基于对当前国有企业自主创新内外部形势的判断，结合国有企业自主创新发展现状和基础，提出国有企业提升自主创新能力的措施建议。

第一节　国家层面的措施建议

一、加强国有企业顶层设计，优化国有企业布局，强化制度创新

准确把握当前科技创新的时代特征，始终把创新摆在国有企业发展全局的核心位置，加强国有企业顶层设计，鼓励国有企业勇于担当推动科技创新发展的时代使命，统筹推进国有企业科技、管理、品牌、组织、商业模式创新，围绕加快创新发展、激发创新活力、营造创新环境等环节，加快形成一整套推动企业科技创新的政策措施，推动建立适应新时期科技创新发展需要的创新思维、路径和模式，形成充满活力的科技管理和运行机制，实现科技创新、制度创新、开放创新的有机统一和协同发展。

当然，国有企业自主创新能力的顶层设计不能一概而论，应将国有企业细分，再根据主体、领域、阶段、地区等的不同制定策略和战略。一要考虑不同国有企业所属领域的特点和未来发展趋势；二要考虑同一领域或同一类型国有企业所处的发展阶段的特点和性质；三要考虑不同地区国有企业的实际情况，同时要兼顾国家总体的顶层设计，协调好国家整体的系统布局，分类、分层进行顶层设计和布局。

推动国有经济向前瞻性战略性产业领域布局。在产业布局方面，国有企业应当充分发挥在国民经济中的主导地位和引领作用，以市场需求为导向，优化调整产业结构，将布局方向定位到影响国民经济的前沿性、战略性产业，在做大做强主业的基础之上，将创新能力布局到增强企业核心竞争力之上，不断推

动国有企业做强做优做大，尽快培养一批具有国际影响力、拥有世界先进技术的优秀企业。瞄准全球产业链的高端领域，重点布局新一代信息技术、生物技术、新能源、新材料、高端装备等前沿性战略性新兴产业，不断推动大数据、云计算、物联网、人工智能等技术与各行业、各领域、各产业的深化融合。

二、不断完善创新政策法律，激发国有企业自主创新内生动力

完善与国有企业科技创新相关的政策支持体系，围绕财政、税收等方面研究、推出一系列鼓励企业创新的政策、法规，形成鼓励国有企业创新的制度保障。新修订的《中华人民共和国科学技术进步法》中特别强调："国有企业应当建立健全有利于技术创新的研究开发投入制度、分配制度和考核评价制度，完善激励约束机制。国有企业负责人对企业的技术进步负责。对国有企业负责人的业绩考核，应当将企业的创新投入、创新能力建设、创新成效等情况纳入考核范围。"[①] 建议国有企业不断完善创新管理机制，加强改革创新，营造良好创新环境，充分激发创新内生动力，全面提升创新工作的绩、效、能。强化自主投入机制，加大研发投入力度，多渠道筹措研发经费。《中华人民共和国国民经济和社会发展第十四个五年规划和2035年远景目标纲要》针对"激励企业加大研发投入"特别指出，"健全鼓励国有企业研发的考核制度，设立独立核算、免于增值保值考核、容错纠错的研发准备金制度，确保中央国有工业企业研发支出年增长率明显超过全国平均水平。完善激励科技型中小企业创新的税收优惠政策"。[②]

建议国家进一步统一协调经济、科技、财政、税收、金融、海关和工商部门等有关工作，对国有企业创新进行政策鼓励、支持和引导，可以从产业、信贷、科技、财税、政府采购、金融等政策方面，给予国有企业创新适当的税收优惠以及补贴等，尤其要发挥财政资金对激励国有企业自主创新的引导作用，指导、监督企业贯彻落实中央推动国有企业自主创新的方针和政策措施，支持企业自主创新，降低创新风险，为企业创新提供更大的空间。

---

① 中华人民共和国科学技术部．中华人民共和国科学技术进步法(2021年修订)[EB/OL]．(2021-12-24)[2022-03-15]. http://www.most.gov.cn/xxgk/xinxifenlei/fdzdgknr/fgzc/flfg/202201/t20220118_179043.html.

② 中华人民共和国国民经济和社会发展第十四个五年规划和2035年远景目标纲要[EB/OL]．(2021-03-21)[2022-03-15]. http://www.xinhuanet.com/2021-03/13/c_1127205564.htm.

建议政府探索建立风险投资机制，为国有企业自主创新提供资金支撑。风险投资实际上是对企业自主创新最有效的支持方式之一。必须多渠道开辟投资资金来源，建立多元化的风险融资体系。政府应积极扶持风险投资的发展，创造有利于风险投资的法律和政策环境，规范风险投资的运营机制，建立适合中国国情的国有企业风险投资机制。

建议政府重视信息情报工作，加大资金投入，设立信息机构，对创新情报做到收集有源、传递有序、查询有据、利用有渠，鼓励有条件的国有企业在企业内部设立专门的情报信息机构。实现各单位信息资源的交流与共享，从而共同推进企业科技创新。

建议完善创新法律。我国应充分借鉴发达国家经验，并结合我国现状，加强创新立法，形成完整的创新法律体系，包括完善知识产权制度、强化知识产权保护、加大对侵权的制裁力度、支持自主技术标准的形成、激励创新积极性和保护创新者的利益、进一步促进知识产权的合法公平竞争①，为国有企业自主创新创造良好的社会环境。

三、进一步发挥关键领域国有企业的创新主体作用和引领作用

加快国有经济布局优化和结构调整，发挥国有经济战略支撑作用，充分发挥好国有企业的带动和牵引作用。加强国有企业在重大科技攻关中的作用，突出有条件的国有企业科技创新主体引领地位，鼓励具有相应能力的国有企业加入国家级重大科技项目、重大工程等研发中，利用自身优势主动参与国家科技计划项目和国家级实验室与研究中心建设，抢占发展主动权，提升科技创新自立自强的能力。积极培育具有较大原始创新能力的创新型领军企业，发挥其在前沿科技探索中的重要作用，以及在承担国家重大科技任务、突破产业关键共性技术、“卡脖子”关键核心技术等方面的重要作用。②

构建以国有企业为主体的新型举国体制研究攻关模式。为解决我国战略高科技领域关键领域受制于人的问题，必须充分发挥“集中力量办大事”的优势，探索和建立市场经济条件下的新型举国体制，集中全国优势资源协同作战，推

---

① 丁泉，光照宇，干志平，等. 我国国有企业创新的实践与探索[M]//中国企业改革发展优秀成果（首届）（上卷）. 北京：中国经济出版社，2017：445－459.

② 陈劲，阳镇，朱子钦. 新型举国体制的理论逻辑、落地模式与应用场景[J]. 改革，2021（5）：1－17.

动国有企业构建新型举国体制研究攻关模式，加紧构建“卡脖子”的关键核心技术甄别机制，加快构建国有企业主导的、以紧急攻关为导向的科研方式，通过“揭榜挂帅”打造关键核心技术研究攻关组织体系，创造开放、汇聚与融合的协同式创新生态。

四、瞄准世界科技前沿，加强基础研究，搭建国有企业创新合作平台

政府应围绕国家重大战略需求，加大对基础研究支持力度，突出“从0到1”的原创导向，瞄准世界科技前沿，进一步加强基础研究，大力推动变革性技术关键科学问题研究，努力实现前瞻性基础研究、引领性原创理论和成果的重大突破，提高科技创新源头供给能力。加强政产学研协同创新，形成强大创新合力。加强以国有企业为主导的产学研合作，通过产学研的紧密结合，将高校创造的科技成果尽快转化为产业优势，从而提高国有企业自主创新的速度。要大力推进科研院所与国有企业的结合，为科研院所和国有企业的结合牵线搭桥，强化合作，促进创新要素的有效互动和创新资源的开放共享。支持和鼓励国有企业与高校、科研院所以及民营企业共建共享创新平台，在科技创新上紧密联合、合作互补。促进国有企业建立和完善技术研发中心，进一步发展产学研自主创新体系，搭建跨学科、跨领域的战略合作平台和创新平台，完善能够体现各方利益的创新运行机制。

建立完善央企间创新联合体、联合实验室等合作机制，围绕关键技术、核心元器件、原材料、基础软件等共性技术开展协同攻关。聚力打造产学研用一体的创新旗舰，有效牵引、精准整合高校等优势科技创新力量，努力实现更多原创成果，切实发挥科技策源地的创新引领作用。强化国有企业之间的交流合作，建立自主创新、资源整合与技术共享机制。对国有企业内部既有的技术资源进行整合，摒弃低效技术，发展节能高效科技，把提高资源利用率放在首位。积极推动创建国有企业自主创新联盟，实现国有企业间互动创新、取长补短，共同进行技术研发，合理利用国家创新资源，实现创新资源对接，减少重复建设造成的资源浪费，为国有企业自主创新提供有力支撑。

五、加快数字化转型发展，打造国有企业高质量发展数字引擎

将数字化转型作为改造提升传统动能、培育发展新动能的重要手段，不断

深化国有企业对数字化转型艰巨性、长期性和系统性的认识。发挥国有企业在新一轮科技革命和产业变革浪潮中的引领作用，进一步强化数据驱动、集成创新、合作共赢等数字化转型理念。① 建立系统化管理体系，进一步加大新兴信息技术与国有企业各个领域的业务的融合，完善数据治理机制，形成涵盖业务流程方面数据的搜集、传送、聚集系统，同步提升系统的安全防护等级，强化业务平台的管理，增强安全防范水平。持续推动行业的数字化创新，推进产品创新数字化、生产运营智能化、用户服务敏捷化、产业体系生态化，加快构建跨界融合的数字化产业生态。加快攻克核心电子元器件、高端芯片、基础软件、核心工业软件等关键短板，加速突破先进传感、新型网络、大数据分析等数字化共性技术及5G、人工智能、区块链、数字孪生等前沿技术，打造形成国际先进、安全可控的数字化转型技术体系。面向企业数字化转型需要，加强资源整合优化，创新体制机制，培育行业领先的数字化服务龙头企业。

加快推进国有企业全业务、全环节、全要素数字化发展，打造国有企业高质量发展数字引擎。推动新一代信息技术与制造业深度融合②，提高基于数字化智能化的先进制造能力，促进国有企业数字化、网络化、智能化发展。推进智能工厂和智能生产线建设，提高基于数字化智能化的先进制造能力，开展大数据敏捷服务和精准保障能力建设，夯实工业数字化环境基础，大幅提升研制生产效能。开展协同设计、模拟仿真、数字试验等全流程研发体系能力建设，加速基于模型和数据驱动的科研生产体系能力建设。

六、促进创新链与产业链精准对接，建设联合创新高地

习近平总书记深刻指出："要围绕产业链部署创新链、围绕创新链布局产业链，推动经济高质量发展迈出更大步伐。"在知识经济时代，打造创新链与产业链闭环生态成为决定科技竞争成败的关键。因此，要积极促进创新链、产业链精准对接，围绕产业链布局创新链。构筑好科技与产业深度融合的桥梁，积极推动与产业界创新能力的协同发展与相互合作，促进科技研究与技术创新的充

① 关于加快推进国有企业数字化转型工作的通知[M]//中国企业改革与发展研究会．中国企业改革发展2020蓝皮书．北京：中国商务出版社，2020：432－435．

② 石小飞，魏晓菁．拥抱数字时代 加快建设能源互联网企业——访国网互联网部主任魏晓菁[J]．国家电网，2021(12)：76－79．

分融合，吸引、聚集优势领域的全要素社会资源，建设跨学科、跨产业、跨部门、跨地区的联合创新高地，形成科技与经济紧密结合的专业化分工系统与协作网络。破解实现技术突破、产品制造、市场模式、产业发展、产学研用“一条龙”转化的“瓶颈”，积极推动国有企业自主创新科研成果从样品到产品再到商品的转化。[①] 大力发挥国有企业作为创新主体的作用，最大限度调动国有企业应用和推广自主创新核心技术和产品的主动性、积极性和创造性，重点加强对自主研发的新产品、新技术、新工艺等的投入和资金扶持，加快形成具有自主发展能力和市场竞争力的新兴核心关键技术优势。

七、完善国有企业知识产权与科技成果管理

党的十八大以来，以习近平同志为核心的党中央高度重视知识产权工作，作出了加快知识产权强国建设的战略部署，召开了一系列重要会议，出台了一系列知识产权政策措施，极大地推动了知识产权事业发展，使我国成功跻身世界知识产权大国行列，取得了令人瞩目的巨大成就，全面开启了知识产权强国建设新征程。面向未来，要积极完善国有企业知识产权与科技成果管理，制定科技成果的共享、分配和保护机制，推动科技成果转化，尽快形成产业化和规模化。持续提升国有企业知识产权创造、管理、保护和运用水平，充分发挥知识产权对国有企业技术创新全过程的导航作用，完善国有企业科技成果转化机制，进一步畅通转化渠道，探索利益分配机制，保障创造者和转化者等各方权益。加强科技成果精准评价，完善科技成果评价机制，坚持以质量、绩效、贡献为核心的评价导向，健全科技成果分类评价体系，把科技成果转化绩效纳入对国有企业创新能力的评价体系。完善科技成果奖励制度，重在奖励真正作出创造性贡献的一线科技人员[②]，使科技创新的源泉和活力竞相迸发、充分涌流，提升科技创新的效率和效益。

八、打造鼓励创新、宽松包容的创新环境

“创新是一个民族进步的灵魂，是一个国家兴旺发达的不竭动力，也是中华

---

① 中华人民共和国中央人民政府．科技部等六部门印发《关于促进文化和科技深度融合的指导意见》的通知[EB/OL]．(2019-08-27)[2022-03-15]．http://www.gov.cn/xinwen/2019-08/27/content_5424912.htm.

② 中华人民共和国中央人民政府．国务院办公厅关于完善科技成果评价机制的指导意见[EB/OL]．(2021-08-02)[2022-03-15]．http://www.gov.cn/zhengce/content/2021-08/02/content_5628987.htm.

民族最深沉的民族禀赋。在激烈的国际竞争中，惟创新者进，惟创新者强，惟创新者胜。”习近平总书记多次指出，“在全社会积极营造鼓励大胆创新、勇于创新、包容创新的良好氛围”，“坚持用创新文化激发创新精神、推动创新实践、激励创新事业”，“让创新在全社会蔚然成风”。要弘扬科学精神和崇尚创新的文化氛围，倡导百家争鸣、尊重科技工作者个性的学术文化，重视科研试错探索价值，营造敢为人先、宽容失败的创新氛围和容错纠错机制，充分激发国有企业科研人员的创新活力。加强科研作风诚信建设，发扬技术民主，培养求新求实的科学作风。在国有企业内部树立正确的技术成败观，宽容失败，赋予员工自由宽松的创新环境，充分尊重和信任科研人员，赋予创新团队和领军人才更大的技术路线决策、经费支配和资源调动权，为奇思妙想保留一块可以生根发芽的土壤，形成正确对待研制与应用中失败和非传统观念成功的科研理念。培育企业家精神，推行国有企业经营者市场化选择机制。

第二节　企业层面的对策建议

一、强化战略引领，做好创新战略路径选择

面对中美贸易摩擦、新冠肺炎疫情影响等复杂形势，着眼于重大战略需求，企业要应对时代变化，主动识变、应变、求变，以深化改革为抓手，加强全局性谋划、战略性布局，保持战略定力，提升战略能力，加强技术创新体系的顶层设计和总体布局，超前谋划体现国家战略意图和长远发展需要的重大战略任务及其战略路径，抢占事关国家安全和长远发展的科技战略制高点。要准确把握企业科技全链条、全过程的创新规律，聚焦国家战略需求，聚焦建设现代化强国的战略目标，补齐企业科技创新全链条中的短板，系统推动企业科技创新活动全链条发展。重点攻关企业技术创新全链条的薄弱环节，加强原理、机理、技术、产业化、市场化等环节的创新。适逢“两个一百年”奋斗目标的历史交汇期，要清醒认识到，完成这一目标，时间非常紧张、任务非常艰巨。因此，企业要把握好自身特点，强化战略引领，高度重视方向和路径选择，避免错失机会。

二、突破关键技术领域，打造原创技术策源地

加强基础和原始创新，抢占未来竞争制高点。围绕国家重大战略需求，突

出"从0到1"的原创导向，瞄准世界科技前沿，进一步加强基础研究，大力推动变革性技术关键科学问题研究，努力实现前瞻性基础研究、引领性原创理论和成果的重大突破，提高科技创新源头供给能力。在核心基础性专业学科和技术方面持续倾斜支持，不断提高企业核心元器件、关键原材料的标准水平、自主研发水平和应用验证水平，突破"卡脖子"关键技术，大幅提升原始创新能力，全面提升产品自主保障能力，抢占未来竞争制高点，推动企业科技创新从跟踪型向开创型、引领型转变，努力实现引领性原创成果重大突破。

突破"卡脖子"关键和共性技术，增强源头供给水平。瞄准世界先进水平，加强企业关键领域"卡脖子"关键和共性技术的前瞻布局和系统部署，做好技术预见并及时安排预研。以强化原始创新、增强创新驱动源头供给为重点，探索新原理、新概念、新方法和新系统，实现关键核心技术安全、自主、可控，培育实施满足未来发展需求的原创性重大工程，抢占经济、军事、科技竞争制高点，夺取未来综合国力竞争主动权。

不断加大企业数字化条件保障力度。开展协同设计、模拟仿真、数字试验等全流程研发体系能力建设，加速基于模型和数据驱动的科研生产体系能力建设，深化新型科学技术与行业融合，提高基于数字化智能化的先进制造能力。推进智能工厂和智能生产线建设，将传统制造能力优化升级为智能化数字生产能力，开展大数据敏捷服务和精准保障能力建设，建设全方位、全流程科研生产的数字体系，夯实工业数字化环境基础，大幅提升科研生产效率和效益。

三、强化知识产权保护，助力我国由专利大国向专利强国转变

知识产权制度是推动和保障技术创新的一项基本制度。发挥知识产权制度的作用、对技术创新成果的占有和有效运用已成为推动技术创新的主要动力和激励。为全面贯彻党的十九大和十九届历次全会精神，落实《关于强化知识产权保护的意见》，国务院国资委与国家知识产权局联合印发《关于推进中央企业知识产权工作高质量发展的指导意见》①，从知识产权创造、运用、保护和管理四个方面对中央企业知识产权提出了明确要求。

① 国务院国资委 国家知识产权局关于印发《关于推进中央企业知识产权工作高质量发展的指导意见》的通知[EB/OL].(2020-03-19)[2022-03-15]. http://www.sasac.gov.cn/n2588020/n2588072/n2591148/n2591150/c14096120/content.html.

国有企业应加强顶层设计，为包括专利在内的整个知识产权工作做好整体规划，明确目标，理清思路，找准抓手。围绕知识产权创造，牢牢把握高质量发展的时代主题，开展产业关键核心技术研发，掌握核心专利，培育更多高价值核心专利，做好海外专利布局，为高质量发展提供更加有力的技术供给，推动中国向全球产业价值链高端跃升，助力我国由专利大国向专利强国转变。围绕知识产权保护，进一步提高专利审查质量和审查效率，强化源头保护；积极做好海外知识产权维权援助，为企业“走出去”保驾护航。围绕知识产权运用和服务，进一步深化企业知识产权权益分配改革，畅通知识产权价值实现渠道。加强知识产权和标准化结合，将自主创新的知识产权融入技术标准，以标准为目标研发形成新的专利，在保护知识产权的同时，使创新成果得到更大更好更广的应用。在提高知识产权保护水平的同时，更自觉地站在国际高度，以更自觉的“规则主导”意识，从国家整体利益需要出发，积极参与国际规范、规则、标准的修正和制定。

四、为国有企业高质量发展提供创新人才保障

加强人才培养顶层规划，制订企业关键人才培养发展计划。结合人才成长规律和特点，以领军型科技人才、工程管理型人才、创新型技能人才、经营管理人才和国际合作人才等人才队伍培养为重点，制定人才培养发展规划，建立学科合理、年龄合理、专业合理、数量科学的国有企业人才结构体系；强化高层次人才培养，培养具有国际知名度和影响力的人才队伍，推进产学研联合培养，坚持科技研发和人才培养相结合。坚持人才强企战略，强化需求牵引，加大战略科学家、高水平研发人才培养和引进力度，推行“揭榜挂帅”“赛马”等制度，在国有企业探索实行项目经费“包干制”。

优化企业人才引进机制及培养和使用机制。要创新人才引进、培养、使用机制，真正选对人、用好人。持续提高引才质量，加大成熟人才的引进力度，鼓励面向全球引进优秀人才，为引进相关领域技术专家和行业带头人开辟特殊通道。鼓励采取市场化选人用人机制，吸引外部优秀人才投身国有企业，鼓励科研人员携带科研成果和项目在企业间合理流动。加强青年骨干人才培养，制定并组织实施青年骨干人才培养方案和培养机制。扎实开展各类人才培训，提升人才综合素质。探索后备人才、骨干人才备岗实施途径，加大优秀人才岗位锻炼力度。

创新人才评价方法，完善人才评价体系。优化企业创新人才评价机制，实施创新领军人才培育工程，加强创新人才培养，打造具有创新意识的创新人才队伍。结合企业实际，不断完善、细化科研人员考核标准，完善对科研成果、经营管理成果、对外合作交流成果的系统量化考评，增强科研人员与单位成果转化应用的动力。加强对各类企业人才的评级和鉴定，针对不同类型的人才制定不同的考核指标，引入评价人才成熟度的方法，做到科学、公正、量化、牵引。

重视科研人员的智力创造价值，提高人力支出在企业研发经费中的占比。鼓励企业结合实际出台相关激励措施，切实提高企业创新人才的薪酬和收入，加大激励力度，增加科研人员的获得感，充分调动科研人员的积极性。充分尊重和信任科研人员，优化项目形成和资源配置方式，鼓励更多优秀的科研人才和年轻人投身科技创新工作中。持续健全完善市场化的薪酬激励约束机制，加强对现有创新人才激励政策的应用，对承担关键核心技术攻关项目团队的工资总额实行单列管理，支持符合条件的国有企业统筹运用股权激励、分红激励、科技成果转化奖励等方式，加大中长期激励力度。

五、着力推进国有企业信息化平台建设

提高企业在行业中的竞争力，信息化是利器。企业的组织优势可以通过信息技术实现和重塑，提高信息技术的管理能力可以加强企业中的上下级沟通、部门之间的有效交流，减少沟通层次，推动企业组织实现扁平化，提升企业员工的责任感和企业的凝聚力。第一，企业应不断提高技术信息处理和管理能力，推进信息化平台建设进程。在信息化改造方面，企业必须舍得加大资金投入，设立信息机构，对创新情报做到收集有源、传递有序、查询有据、利用有方。积极学习国内外企业信息化方面的先进经验，向世界优秀企业看齐，努力再上一个新台阶。企业应将内部信息化、供应链管理、客户关系管理、网上交易等有机地集成在一起。第二，以信息化为标准，推进数字化管理。企业要想实现自主创新就必须建立信息中心，对信息的搜集、分析和发布进行集中处理。同时，在信息的搜集、分析和发布过程中，要尽可能实现电子化，利用信息技术对原有企业进行创新，使企业所有信息活动更加合理、畅通，提高信息的时效性。第三，把不同种类的、功能各异的信息服务机构有机地结合起来。应加强

各单位信息资源的交流共享，进一步推进企业的技术创新。

六、培育国有企业的创新文化和企业家创新精神

企业文化是企业的灵魂，是企业核心竞争力的内在表现，而创新文化是科技型企业文化的核心。在培育创新文化方面，国有企业应重点强调、积极融入创新思维和创新理念，从精神、制度和物质等多方面开展国有企业创新文化培育工作。一是确立企业创新价值观，制定通过创新实现企业价值增值的发展规划，引领全员参与创新，强化员工在技术创新中的作用，更新员工的思维方式，特别是让一线技术人员静下心来搞创新。二是培养企业员工追求创新、努力进取的精神，鼓励员工有好奇心和勇气，培养坚强的毅力，促使员工勇敢地面对创新风险、理性地接受失败，建立员工的危机意识和竞争意识。三是鼓励企业通过加强舆论宣传，建立创新活动实践平台，充分调动每个人的积极性和创造性，激发创新潜能，在实践中营造创新的氛围，培育创新文化。四是注重优化完善员工工作、生活环境，让员工感受到温暖不仅是企业自身的责任，更是国有企业作为国家代表的义务。为员工提供优越的工作环境、舒适的工作条件，使员工创新活动有较高的物质回报和精神奖励。五是通过规范企业的创新行为，在建立创新管理制度、激励制度、考评制度等基础上设置完善的创新体系，建立科学客观的创新活动评判标准，从而培育和构建企业的创新制度文化。

创新精神是企业家精神的重要组成部分。习近平总书记强调要弘扬企业家精神，提出“企业家要做创新发展的探索者、组织者、引领者，勇于推动生产组织创新、技术创新、市场创新，重视技术研发和人力资本投入，有效调动员工创造力，努力把企业打造成为强大的创新主体”。在培育企业家创新精神方面，国有企业要从积极打造激励企业家创新的社会舆论环境、不断涵养支持企业家创新的社会文化环境、大力提升企业家的创新意识和创新能力，以及持续拓展企业家国际视野①等方面着手，多措并举，使企业家乐于创新、勇于创新、敢于创新，通过培养、保护企业家的创新精神，进一步提升企业家的创新能力。

---

① 杨东德．大力弘扬和培育企业家创新精神[N]．经济日报,2020-11-03(011).

课题组成员名单

王　巍　中国航天科技集团有限公司院士
陈　政　中国航天科技集团有限公司研究发展部副部长
李志平　中国航天科技集团有限公司研究发展部处长
徐　涛　中国航天科技集团有限公司高级工程师
穆京京　中国航天科技集团有限公司高级工程师
胡良元　中国航天系统科学与工程研究院研究员
马雪梅　中国航天系统科学与工程研究院高级工程师
李雅琼　中国航天系统科学与工程研究院工程师
郝昀琦　中国航天系统科学与工程研究院工程师
雎冬名　中国航天系统科学与工程研究院工程师
徐　茜　中国大连高级经理学院副教授
马大明　中国大连高级经理学院副研究员
于长宏　中国大连高级经理学院讲师

“国有企业自主创新能力研究”，由中国航天科技集团有限公司、中国大连高级经理学院等单位完成，国务院国资委支持厅局为科技创新局。“国有企业自主创新能力研究”课题分为一个总课题和三个子课题，总课题负责人为中国航天科技集团有限公司院士王巍，三个子课题分别为“国有企业自主创新能力基础理论及现状研究”“国有企业自主创新能力典型案例分析——以航天科技集团有限公司为例”和“提升国有企业自主创新能力的体制机制与政策支持体系研究”，由中国航天科技集团有限公司负责。

国有企业公司治理机制研究

在过去20年里，相对于全球范围内的私有化和放松管制趋势，国有企业[①]一直在世界经济中保持着强大的地位，在许多发达国家和发展中经济体实施公共政策方面发挥着重要作用。理论和实践均已证实，高标准实现国有企业公司治理，对确保国家竞争力、金融稳定和维持全球经济增长至关重要。构建治理规范和运行有效的国有企业治理机制，使交易变得更透明和更具竞争力，会降低资本成本和实现更高的经济估值，从而提高对投资者的吸引力。当国有企业实现规范治理，财政负担减少，金融风险得到控制时，就能实现更有效的资源分配。理解和解决这些问题对提高经济生产力和社会福祉至关重要。为了提高公共服务的交付品质和资源的分配效率，政府必须以商业方式管理国有企业，并在公共目标的约束下，引导其履行社会责任、更有效地提供服务。[②]

本报告对中国国有企业的治理结构和机制进行了研究，为理解国有企业改革的线索，国有企业治理问题的一般性共识、差异化模式和下一步治理改革提供了经济学讨论。我们的核心观点是，渐进推进的中国国有企业治理改革取得了很大成绩，已从最初的“市场化探索”“公司化转型”“规范化监管”进入最

---

① 国有企业并没有一个统一的概念，一般是指“政府通过直接和间接的所有权对其具有重要控制权的商业实体”。如《OECD国有企业公司治理指引》指出“国有企业(SOEs)是指占有全部、多数所有权或重要的少数所有权由国家掌握重要控制权的企业”。2020年底中欧结束投资协定谈判，协定(有待双方议会批准)并未直接使用“国有企业”这一术语，而是使用了“涵盖实体”(Covered Entities)的表述，淡化了所有权概念，政府具有控制力的各类企业以及政府扶持的垄断企业全部被纳入“涵盖实体”范围。

② EDIMON G, NAQVI K. Reforms, opportunities, and challenges for state - owned enterprises[M]. Asian Development Bank Publications, 2020.

近的“多元化治理”阶段。“多元化”不仅表现为混合所有制背景下国有企业形态的多样性、利益相关者和治理主体参与决策及监督的广泛性，也体现为近年“分类监管”思路下的国资监管模式差异性和授权放权改革下国有企业微观激励机制的灵活性，以及党的领导和党组织嵌入形成国有企业治理模式的复合性。未来的改革，应继续坚持党的领导与现代企业制度相结合，兼顾规范和效率、业绩与责任，重点推进专业董事会建设、多元参与和差异治理创新、信息披露和透明度改进，从而实现国有企业的“良治”。

第一章　国有企业改革与公司治理变革的历史回顾

1978 年改革开放以来，国有企业改革一直处于中国经济体制大变革的中心环节。国有企业改革围绕所有权变革、公司化治理与效率提升等主线而展开，而治理机制的转变与制度化在其中居于关键位置。与苏联和东欧国家不同，中国依循的是“渐进式”改革道路，相应地，国有企业改革也经历了不断试验和探索过程，由此使国有企业成为随整体经济改革和发展而不断变化的一个动态概念。[①]

第一节　第一阶段（1979—1992 年）：“市场化探索”

1984 年中共十二届三中全会通过了《关于经济体制改革的决定》，改革开放由农村转移到城市，以搞活国有企业为中心环节全面展开，明确“所有权同经营权是可以适当分开的”，提出国有企业改革的目标是“使企业真正成为自主经营、自负盈亏的社会主义商品生产者和经营者，具有自我改造和自我发展能力”。此后对国有企业实施了承包制、租赁制和资产经营责任制等改革措施，积极推行以厂长负责制、工效挂钩、劳动合同制为内容的企业领导、分配、用工等管理制度的改革，增强企业的内在活力。政府改变了国有企业的利润分配方

① 关于国有企业发展历程有大量文献。可参见黄群慧.“新国企”是怎样炼成的——中国国有企业改革 40 年回顾[J]. 中国经济学人,2018(1):58－83。

式，允许税后利润由国家和企业共享。[1] 1988 年，国务院成立了国有资产管理局，标志着国有资产管理进入专业化时代，但国有资产管理并未形成统一的管理架构。进入 20 世纪 90 年代后，上海证券交易所（1990 年）和深圳证券交易所（1991 年）先后成立，1992 年国务院证券委员会和中国证监会设立，借由资本市场来推动金融改革和国有企业改革。此阶段“市场化探索”的成果是确立了国有企业管理者的角色和职责，建立了管理者问责机制，分离了国有企业的所有权和经营权，给予管理者更多的自主权和扩大业务的激励，现代公司治理的“实验”首先得以在上市公司层面展开。

第二节　第二阶段（1993—2002 年）：“公司化转型”

1992 年党的十四大明确提出“我国经济体制改革的目标是建立社会主义市场经济体制”，1993 年中共十四届三中全会通过了《关于建立社会主义市场经济体制若干问题的决定》，明确提出建设“产权清晰、权责明确、政企分开、管理科学”的现代企业制度是我国国有企业改革的方向。同年《中华人民共和国公司法》通过并颁行，为建立现代企业制度和公司治理结构提供了法律基础。之后 1997 年党的十五大确立了公有制为主体、多种所有制经济共同发展的基本经济制度。这一时期，改革的主要线索是引导国有企业确立与市场经济要求相适应的资本和产权的观念，按照建立现代企业制度的方向，实施“抓大放小”，通过国有经济布局与结构战略性调整，初步解决整个国有经济部门如何适应市场竞争优胜劣汰的问题，从而改变了国有经济量大面广、经营质量良莠不齐和国家财政负担过重的局面。

此时期，国有经济布局和结构调整取得积极进展。一批国有大中型企业改制为国有独资公司、有限责任公司或股份有限公司，许多全国性的行业总公司改组为控股公司。国有企业改革深入石油化工、电力、电信、航空等垄断性行业，形成了多家企业竞争的市场格局。通过改组、联合、兼并、租赁、承包经营和股份合作制、出售等形式，对中小型国有企业进行了改革。国务院确定的

---

① 1979 年国务院颁布企业改革规章制度，重新界定了国家与企业的关系，改革重点是权力下放。国有企业的利润仍全部归国家所有，但国有企业管理者在商业事务上的决策有了更多的自主权和自由。中国从 1983 年开始实行“利改税”。

建立现代企业制度百户试点企业和各地选择的2700多户试点企业，绝大部分进行了公司制改造（见图1）。

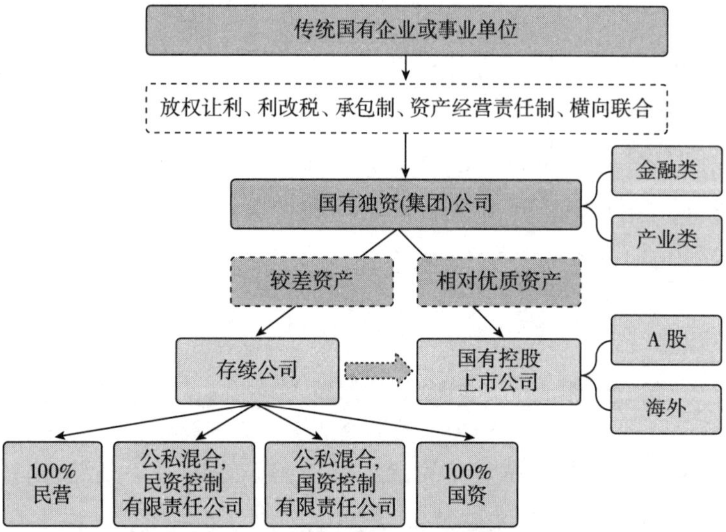

图1　国有企业的公司化改造路径

此时期值得注意的一大事件是独立董事制度的引入。为了抑制上市公司大股东资金占用，1997年中国证监会发布《上市公司章程指引》，规定上市公司根据需要，可以选择性地设立"独立董事"。2001年，中国证监会发布《关于在上市公司建立独立董事制度的指导意见》，规定上市公司董事会成员中应当至少包括1/3独立董事，这标志着独立董事制度在中国正式建立①。2002年中国证监会与国家经贸委联合发布《上市公司治理准则》，进一步完善了独立董事制度。该准则尤其强调独立董事的"独立性"，明确"独立董事应独立于所受聘的公司及其主要股东，且不得在上市公司担任独立董事外的其他任何职务"等内容。

此外，国企薪酬管制及工资总额政策调整调动了企业和职工的生产积极性，初步建立了经理层激励机制。1992年，国务院放宽了企业的工资支付权，允许企业在国家设立的工资总额预算内自主设定企业内部的工资结构，但企业必须为超标的工资缴纳33%的工资调整税。1993年后，劳动部等出台规定：工资增

① 一般认为独立董事起源于美国。美国1940年《投资公司法》定义，独立董事是指独立于管理层，与公司不存在可能影响其作出独立判断的关系的董事会成员。1999年美国证监会在《建议规则》中要求独立董事在上市公司董事会中占比超过2/3，2002年美国萨班斯法案要求上市公司董事会审计委员会必须全部由独立董事组成。

长率必须低于劳动增长率。2002 年有关部门开始推行国有企业高管年薪制，规定中央企业的高管薪酬不得超过职工平均工资的 12 倍。

第三节 第三阶段（2003—2012 年）：“规范化监管”

2003 年后，随着国资委成立，国有企业公司化改制进程加快，2007 年党的十七大进一步明确通过公司制股份制改革优化国有经济布局，随后国有企业进一步集中，中央企业数量从 2003 年的 196 家减少到 2012 年的 112 家。混合所有制经济[①]显现雏形，到 2012 年底混合所有制工业企业数量占规模以上工业企业单位数量的 26.3%，资产占 44.0%，利润总额占 41.8%。中央企业及其子企业引入非公资本形成的混合所有制企业，已经占到总企业数的 52%。

此时期的一个重大制度变化，是国有资产监管体制的形成。2002 年 11 月党的十六大决定启动国有资产管理体制改革，次年国资委正式成立，由国资委负责监督管理国有企业，实现国有资产保值增值目标，以解决长期以来的多头管理、机构臃肿、监管效率低下的问题。2006 年底，从中央到地市全部组建了国有资产监督管理机构。国资委制定和建立了包括企业清产核资制度、企业发展战略和主业管理制度、企业经营业绩考核制度、国有资本经营预算制度等在内的企业国有资产管理法规和制度体系。同时，还推进了一系列有针对性的改革和结构调整措施，如推动企业内部及企业之间的重组、推动企业三项制度改革、推动企业改制上市、建立规范的董事会试点、减轻国有企业的社会负担、解决企业的历史遗留问题等。

在前期改革过程中，国有大企业的传统体制未被触动，其问题在迅速发展的市场环境中日益暴露。2004 年 6 月 7 日，国务院国资委发布通知，要求在中央企业建立和完善国有独资公司董事会试点工作。[②] 2005 年 4 月，《国务院关于 2005 年深化经济体制改革的意见》明确提出以建立健全国有大型公司董事会为

---

① 混合所有制经济是指在同一组织形式（如企业）中，资产的所有权分属于不同性质所有者的经济形式，即不同所有制性质的投资主体共同出资组建的企业。出资人包括国家、个人、法人以及外国投资者等。改革开放后，最早的混合所有制经济起步于中外合资企业，而且是大型国有企业引进外资。1997 年党的十五大报告正式提出了“混合所有制经济”概念。2002 年党的十六大提出“要深化国有企业改革，进一步探索公有制特别是国有制的多种有效实现形式”，“除极少数必须由国家独资经营的企业外，积极推行股份制，发展混合所有制经济”。

② 国务院国资委确定的第一批试点企业有 7 家：神华集团有限责任公司、上海宝钢集团公司、中国高新投资集团公司、中国诚通控股公司、中国医药集团总公司、中国国旅集团公司、中国铁通集团有限公司。

重点，抓紧健全法人治理结构、独立董事和派出监事会制度。这标志着中央企业在集团公司层面的治理架构得以确立。本阶段改革的另一重点是引入资本市场约束，倒逼国有特大型企业的公司化、股份化转型，并通过制度创新来解决良好公司治理的剩余限制因素。一批特大型国有企业重组部分资产在国外上市，通过主辅分离和改制推进了一大批大中型企业重组。2005 年中国证监会会同相关部委着手解决股权分置问题，并针对大股东通过关联交易侵占利益等出台政策；2007 年后中国证监会又将监管目标转向提高上市公司规范运营和治理水平，促使上市公司建立股东权益和社会公众权益保护机制，完善上市公司融资和财务会计制度。在一系列资本市场新规则推动下，上市公司的“治理短板”有所改善，作为控股母公司的相关国有企业“规范化监管”程度也相应提高了。

第四节　第四阶段（2013 年以来）：“多元化治理”

以党的十八大召开为标志，国有企业改革进入“分类改革”阶段，强调不同功能国有企业应采用不同治理模式。2015 年 9 月，中共中央、国务院颁发《关于深化国有企业改革的指导意见》，标志着新时期全面深化国有企业改革的主体制度框架初步确立。根据《关于深化国有企业改革的指导意见》以及相关的配套政策文件，国有企业被分为公益类国有企业、主业处于充分竞争行业和领域的商业类国有企业、主业处于重要行业和关键领域的商业类国有企业三类。不同类型的国有企业，将会有不同的国资监管机制、混合所有制改革方案、公司治理机制以及国有经济战略性调整方向等。以 2016 年国务院发布《国务院国资委以管资本为主推进职能转变方案》为标志，国资监管事项得到明确，迈出了从以管企业为主的国资监管体制向以管资本为主的国资监管体制转变的重要一步。2017 年国务院办公厅发布的《关于进一步完善国有企业法人治理结构的指导意见》进一步明确了国有企业公司治理机制的核心要素：坚持党的领导、发挥政治优势，股东会、董事会、经理层和监事会分别为公司权力机构、决策机构、执行机构和监督机构。

2013 年以来，国务院国资委通过强强联合、优势互补、吸收合并、共建共享，推动了中央企业重组整合，到 2021 年 11 月国资委监管的中央企业已经调整到 96 家，大多数央企管理层级由之前的 5 ~ 9 层减至 4 层以下。中央企业推进的混改事项达到4000余项，引进各类社会资本超过1.5万亿元，混改企业的户数已经达到中央企业法人单位的70%以上，上市公司的总资产占到了中央企业整体的68%，利润占到了86%（王绛，2020）。[①] 通过改组组建国有资本投资/运营公司、划转部分国有资本充实社保基金、“三供一业”移交社会、国有企业厂办大集体改革、企业“瘦身健体”、重组整合、去“僵尸企业”、去产能等重大举措，国有企业发展质量和效益得到了提升。

此阶段国企治理机制最引人注目的变革，是在国家有关国有企业改革精神的要求下，党组织嵌入国有企业法人治理结构。2016年10月，习近平总书记在全国国有企业党的建设工作会议上指出：“坚持党对国有企业的领导是重大政治原则，必须一以贯之；建立现代企业制度是国有企业改革的方向，也必须一以贯之。”在此大背景下，中央和地方国有企业纷纷修改章程，加大了推行“双向进入、交叉任职”的进入规模和调整力度，国有企业的党组织嵌入程度得到强化。

第二章　国有企业公司治理的中国化探索

公司治理作为不完全契约下的公司所有权、控制权的一系列制度安排，既是一种全球化的概念，更是一种深受国家传统影响和现实国情约束的“地方性共识”，因而具有明显的“调适性”特征。每个国家公司形态的特殊性皆源自其历史和政治因素，而这些因素各国并不相同，这就意味着公司治理可能有多元的解决方案。

第一节　中国特色的国企治理实践：五个典型化事实

一、混合所有制背景下资本结构、控制权和国有企业形态的“多元性”

经历了公司化改造后的国有企业，既有国有全资公司（由多个国有投资主体设立），也有国有独资公司（由一个国有投资主体设立），还有国有控股公司、国有上市公司（包括国内和国外上市），以及国有参股公司等多种企业形态。从

① 王绛．十年来国资国企改革回顾与新形势新任务[J]．现代国企研究，2020(11)：5.

主营业务来看，既有国有产业集团公司，也有国有资本投资公司和国有资本运营公司。就公司的盈利目标而言，既有国有商业类企业，又有国有公益类企业。从监管主体归属来看，既有中央管理的国有企业（中央企业），也有地方管理的国有企业（省国有企业和市属/县属国有企业）。国有企业不仅规模数量仍然庞大、涉及面广，而且种类多元、千差万别。

二、近年“分类监管”思路下国资治理模式的“差异性”

商业类国有企业以增强国有经济活力、放大国有资本功能、实现国有资产保值增值为主要目标。公益类国有企业则以保障民生、服务社会、提供公共产品和服务为主要目标，在运营管理中要引入市场机制，不断提高公共服务效率和能力，必要的产品或服务价格可以由政府调控。公益类国有企业可以采取国有独资形式，具备条件的也可以推行投资主体多元化，还可以通过购买服务、特许经营、委托代理等方式，鼓励非国有企业参与经营。

商业类国有企业可细分为三种不同情况：一是主业处于充分竞争行业和领域的商业类国有企业。这类企业原则上都要实行公司制股份制改革，积极引入其他资本实现股权多元化，国有资本可以绝对控股、相对控股或参股，并加大改制上市力度，着力推进整体上市。二是主业处于关系国家安全、国民经济命脉的重要行业和关键领域，主要承担重大专项任务的商业类国有企业。这类企业要保持国有资本控股地位，支持非国有资本参股。三是处于自然垄断行业的商业类国有企业。这类企业要以“政企分开、政资分开、特许经营、政府监管”为原则积极推进改革，根据不同行业特点实行网运分开、放开竞争性业务，促进公共资源配置市场化。对需要实行国有全资的企业，要积极引入其他国有资本实行股权多元化。

在分类推进改革、分类促进发展、分类实施监管、分类定责考核等方面，政府对各类企业的管理也存在一定差异。对主业处于充分竞争行业和领域的商业类国有企业，重点加强对集团公司层面的监管，落实和维护董事会依法行使重大决策、选人用人、薪酬分配等权利，保障经理层经营自主权，积极推行职业经理人制度。对主业处于关系国家安全、国民经济命脉的重要行业和关键领域，主要承担重大专项任务的商业类国有企业，重点加强对国有资本布局的监管，引导企业突出主业，更好地服务国家重大战略和宏观调控政策。对公益类国有企业，则要把提供公共产品、公共服务的质量和效率作为重要监管内容，加大信息公开力度，使其接受社会监督。

在激励和考核方面，对商业类国有企业，要根据企业功能定位、发展目标和责任使命，兼顾行业特点和企业经营性质，明确不同企业的经济效益和社会效益指标要求，制定差异化考核标准，建立年度考核和任期考核相结合、结果考核与过程评价相统一、考核结果与奖惩措施相挂钩的考核制度。具体而言：对主业处于充分竞争行业和领域的商业类国有企业，重点考核经营业绩指标、国有资产保值增值和市场竞争能力；对主业处于关系国家安全、国民经济命脉的重要行业和关键领域，主要承担重大专项任务的商业类国有企业，要合理确定经营业绩和国有资产保值增值指标的考核权重，加强对服务国家战略、保障国家安全和国民经济运行、发展前瞻性战略性产业以及完成特殊任务情况的考核；对公益类国有企业，重点考核成本控制、产品质量、服务水平、营运效率和保障能力，根据企业不同特点有区别地考核经营业绩和国有资产保值增值情况，考核中要引入社会评价。

三、授权放权改革下国企监管和激励机制的“灵活性”

为最大限度减少对企业生产经营活动的直接干预，更多依靠公司治理结构开展工作，以管资本为主履行好出资人职责，《国务院国资委授权放权清单（2019 年版）》（以下简称《清单》），从规划投资与主业管理、产权管理、选人用人、企业负责人薪酬管理、工资总额管理与中长期激励、重大财务事项管理等方面分类别对各中央企业，综合改革试点企业，国有资本投资、运营公司试点企业以及特定企业明确了分类授权放权事项，为企业经营“松绑”，以全面激发微观主体活力。《清单》明确了中央企业可以直接审批所属企业的混改方案（涉及国家经济命脉的重要行业和关键领域除外）、中央企业可以直接决定所属企业的资产重组事项等。在激励机制方面，《清单》明确了中央企业审批所属科技型子企业股权和分红激励方案，企业实施分红激励所需支出计入工资总额但不受当年本单位工资总额限制等，并明确支持中央企业所属企业按照市场化选聘、契约化管理、差异化薪酬、市场化退出的原则等进行改革。

四、利益相关者和治理主体共同参与国企决策与监督的“广泛性”

在社会主义市场经济的框架下，中国国有公司治理改革秉承利益相关者合作前提下的“共同治理”原则，采用内部和外部协同，党纪、国资监管、社会监督和国企法人治理相融合的机制。

中国特色的国有企业共同治理模式，来自“四位一体”的并行机制：党的领导（党纪约束）、国资管理（国资管控）、法人治理（公司法及公司章程规定的股东会、董事会和监事会规范运作）、社会监督（外部审计、中介监督、公众和人大监督等）。国有企业具有政治和经济双重属性，从国有企业的政治属性出发，通过党的纪律监督、监察监督、派驻监督、巡视监督等，保证党和国家方针政策、重大部署在国有企业贯彻执行，保证党对国有企业的领导，这是政治原则。国有企业的法人治理结构，主要是从国有企业作为市场竞争主体的经济属性上维护股东的权利，合法合规运作以实现企业经营效益最大化，这是经济原则。对于国资监管部门对国有企业以“管资本”为主的管控，是规范国有企业资本运作，以保证国有企业履行和实现国有资产保值增值的责任，维护资本安全，提高资本回报，更好地服务国家战略目标。对国有企业的社会监督，主要是指人民群众（以及各级人民代表大会）、社会团体、中介机构、新闻媒体等各种力量共同参与的社会监督网络，对国有资产安全以及国有企业社会责任等享有知情权，并对之加以外部监督。

法人治理结构仍是国有企业治理的核心。以董事会和监事会为例。按照《中华人民共和国公司法》及国资监管规定，一个标准的国有企业董事会由三方面的代表组成，包括股东董事（在金融国有企业则为股权董事①）、职工董事②和独立董事（或外部董事），以充分体现股东、职工与外部相关利益者“共同治理”的原则（见图2）。

---

① “股权董事”是“国有股权董事”的简称，是在2018年《中共中央 国务院关于完善国有金融资本管理的指导意见》出台之后，衍生形成的一个新概念。该概念首次正式出现在大众视野，是在2019年1月23日财政部发布的《关于印发〈金融机构国有股权董事议案审议操作指引〉的通知》（财金〔2019〕6号）中，文件规定“本指引所称国有股权董事（以下简称‘股权董事’），是指由履行国有金融资本出资人职责的机构、国有金融资本受托管理机构（以下统称‘派出机构’）向持股金融机构派出的代表国有股权的董事”。

② 《中华人民共和国公司法》第四十四条规定：“两个以上的国有企业或者两个以上的其他国有投资主体投资设立的有限责任公司，其董事会成员中应当有公司职工代表。”“职工董事”正式登上国有企业法人治理的舞台，是在2006年3月3日国务院国资委发布的《关于印发〈国有独资公司董事会试点企业职工董事管理办法（试行）〉的通知》（国资发群工〔2006〕21号）中，该办法提出：“本办法所称职工董事，是指公司职工民主选举产生，并经国务院国有资产监督管理委员会（以下简称国资委）同意，作为职工代表出任的公司董事。”“公司董事会成员中，至少有1名职工董事。”并且对职工董事的任职条件、权利义务、选举罢免流程等均有明确的要求。

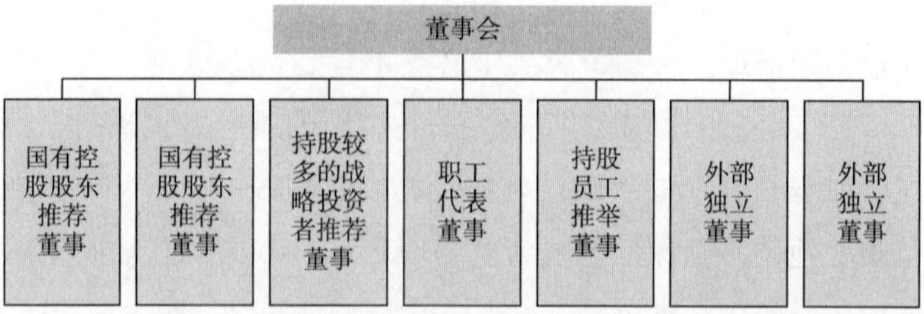

图2　混合所有制下典型国有企业的董事会组成：以7人为例

五、党的领导和党组织嵌入形成国企治理模式的“复合性”

党的领导和党组织内嵌到国有企业公司治理，是最具中国特色的一项国有企业制度安排。国有企业法人治理结构特殊的地方在于，除了传统三会（股东会、董事会、监事会），还存在另外三会（党委会、工会、职代会），而且后三会，特别是党委会，发挥着实质性决策作用。按照《国企改革三年行动方案（2020—2022年）》的提法，党委会“把方向、管大局、保落实①”，董事会“定战略、做决策、防风险”，经理层“谋经营、抓落实、强管理”，各治理主体有明确的功能定位（见图3）。

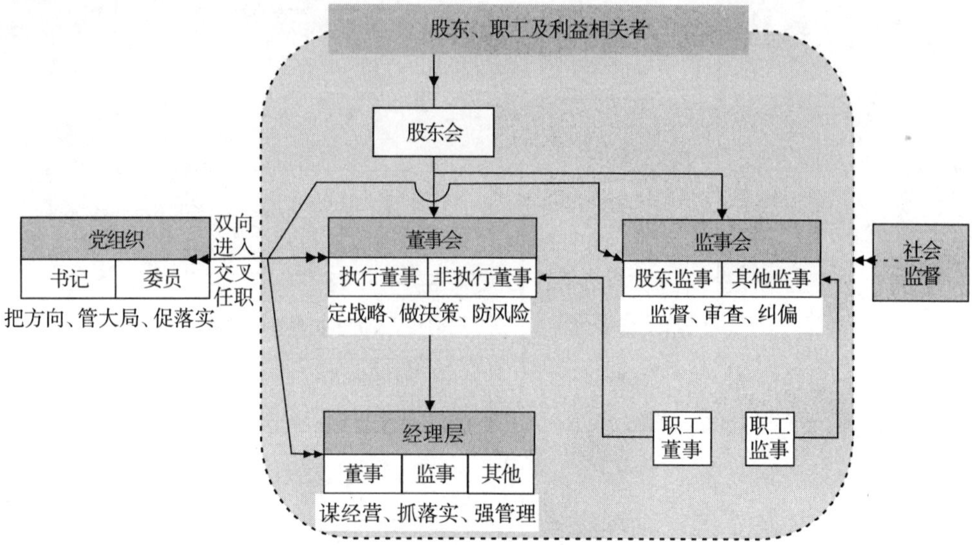

图3　一家典型国有企业的治理结构

① 2021年5月，中共中央办公厅印发《关于中央企业在完善公司治理中加强党的领导的意见》中，“保落实”改成了“促落实”。

党组织参与国有企业治理事实上由来已久。在计划经济时期，党组织直接干预国有企业公司治理，一切重大决定必须由党委集体讨论决策。1978 年底至 1988 年，“厂长（经理）负责制”确立，党组织的领导方式进行了改革，其地位也由传统“领导核心”向“政治核心”转变；1989—2016 年，国有企业党组织保持政治核心地位，以保证监督为主要职责；2016 之后，国有企业党组织领导核心和政治核心作用有机结合，核心任务为“把方向、管大局、保落实”，之后又于 2021 年把“保落实”改为“促落实”。一方面，党委会对国有企业发展方向和战略大局的把握，有助于协调政治、社会、经济多重目标之间的平衡；另一方面，党委会作为国资代表，确保国有企业各项重要决策的落实，有助于解决国有企业所有者缺位的根源性问题。

当前，党组织参与国有企业公司治理的途径分为党委会参与治理和纪委参与治理两种（见图 4）。党委会参与治理，即党委会通过“双向进入、交叉任职”的方式进入国有企业治理。“双向进入”包括：符合条件的党委会成员通过

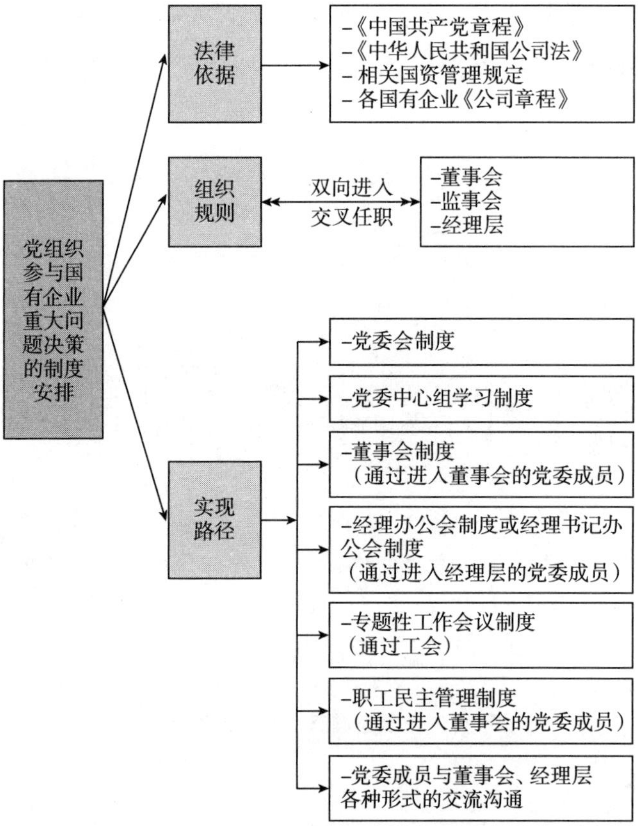

图 4　党的领导融入公司治理的制度安排与实现路径

法定程序进入企业董事会、经理层和监事会；符合条件的董事会、经理层和监事会成员，按照党章及相关规定进入党委会。“交叉任职”是指符合相关规定的，一人可同时担任党委书记和董事长、党员董事长和党委副书记、党委书记和副董事长等。纪委是党的纪律检查机关，主要任务包括维护党的章程，检查党的方针、路线、政策及具体实施情况，协助党风建设和反腐工作。纪检监察部门是国有企业内部行使监察职能的部门，但不同于监事会，纪检监察部门是在党组（党委）的领导下开展工作，其作用就是监督企业各项工作按照相关规章制度有序进行，职责是监督管辖的党员领导干部的公务行为，对出现的问题及时进行调查，并根据事件的严重程度采取相应的惩罚措施。

第二节　调研中反映的国企治理新老问题

一、一些国企高管对国企面临过多的行政性约束表示了担心

近年“放管服”改革成效突出，各层级政府放权让利、优化服务，有利于企业发展，但在不少方面却管得更多更细。政府对国有企业的行政监管当然必不可少，但干预过度也许又会重陷“政企不分”的困境。国有企业经理人尽管在主观上有长期经营的意愿，但实际工作中往往不得不面对过多的非生产性任务和频繁的行政化调度，影响企业家精神的发挥。出于防范风险等方面的需要，某些国有企业总部自身甚至也蜕变成了“准行政化”机构，这极大地抑制了各级经理人的积极性和能动性。

二、将党的领导融入国企治理带来的新问题

当前国有企业基本完成了党建入章程，从法理与程序上保障了党委会“前置讨论”的领导和把控地位，但是许多企业为了规避政治风险，事无巨细，均要经党委会讨论研究，这导致某些国有企业的党委会包办过多，不堪重负，效率低下，对经理人员的激励与监督职能反而相当“弱化”。在某些大型中央企业，因其复杂的“金字塔”式母子公司体制和层层嵌套结构，代理链条很长，委托—代理问题较一般国有企业更为严重，各层级在决策时要么只“遵照上级指示”，要么打着党委会“集体决策”名义，其实质是采取“怠政卸责”、不担当不作为的机会主义行为。

三、董事会、监事会存在不同程度的弱化和虚化，内部治理机制未能统一协调以更好地发挥治理效能

某些国有企业的董事会成了党委会和经理层之间的“夹心层”，不同程度地被虚置了。董事会难以行使实质性的人事权、薪酬考核权，对经理人员的约束力度十分有限。专业委员会并不“专业”，只是开会履行程序。独立董事或外部董事并不“独立”，或者不“懂事”、不了解实际情况，或者虽深知企业内情但不敢议事、不愿议事。监事会并不“监事”，很多时候形同虚设，监事处于被领导地位，监督职权得不到保障，监事队伍不够专业。调研中还发现，职工董事、职工监事，往往都是由国有企业高管（如副总经理）出任，对普通职工的代表性并不强。

四、经理层选聘考核、薪酬激励机制的市场化程度还有待提升

目前国有企业经理层的选聘、薪酬激励思路主要基于行政手段，市场机制并未得到充分体现。调研发现，国有企业中“党管干部”，其选聘与考核权归属监管机构或集团母公司，与市场关联度较低，职业经理人市场的声誉激励和竞争约束相对较弱。尽管主管部门和企业自身均有相当的意愿推动经理人的市场化配置，但国有企业高管兼具企业家和政府官员双重身份的客观事实，却使得实际操作困难重重。国有股份比例越高，其高管薪酬激励相对于企业绩效来说就越低，国有控股上市公司的高管薪酬指数均值远低于总体均值。① 就经理层薪酬结构而言，绩效薪酬占比小，股权激励覆盖面较窄，总体上中央企业控股境内外上市公司只有不到30%实施了股权激励，覆盖面还有待提高。② 实施限薪等薪酬管制政策，固然有助于防止拉大高管团队和员工的内部薪酬差距，但也容易打击经理人员的积极性。

五、国有企业信息披露问题比较突出

非上市国有企业信息披露制度存在主体积极性、自主性较低，内容不够全

---

① 高明华，郭传孜，邵梦影，等．中国上市公司治理分类指数报告 No. 19(2020)[M]．北京：中国纺织出版社，2020.

② 国务院国资委有关负责人就《中央企业控股上市公司实施股权激励工作指引》答记者问。

面且缺乏可比性，财务信息等关键信息披露缺乏，信息披露渠道狭窄，信息披露监管不健全等问题。尤其是中央企业信息披露对象单一，其纵向报告方式限制了会计信息的透明度，不利于公众和社会监督。

第三章　将党的领导嵌入公司治理

建设中国特色现代企业制度，必须始终坚持“两个一以贯之”，明确党组织在公司治理中的重要地位和作用，充分发挥党组织“把方向[①]、管大局[②]、促落实[③]”的领导作用。

第一节　将党的领导融入国有企业治理体系

党委（党组）、董事会与经理层形成公司治理结构，监事会代表监督机构，党委（党组）是领导核心。重点从政治层面考虑“干什么”和“不能干”的问题，通过“双向进入、交叉任职”领导体制，依照“讨论前置”程序对“三重一大”事项行使把关权和决定权，对董事会和经理层的决策起到“把关定向”作用。董事会是公司治理结构中的决策机构，重点在战略决策、高管管理、薪酬管理和风险管理等方面发挥主导作用。董事会与党组织是协调一致、相辅相成、独立与配合的关系，董事会拥有经济层面决策权，依照工作程序独立研究、作出决策。通过“双向进入、交叉任职”领导体制，经理层成员和党组织领导适度交叉，党委书记（兼董事长）和总经理一般分设，这样的制度安排适应了公司制决策层和执行层分开的惯例。而“前置研究讨论”的目标是党组织把好政治关，经理层算好经济账，共同作出最优决策，在党委会上被否决的事项不

① 在企业定位上把方向，在发展战略上把方向，在深化改革上把方向，自觉在思想上政治上行动上同党中央保持高度一致，坚决贯彻党的理论和路线方针政策，确保国有企业改革发展方向正确，推动国有企业深化改革，提高经营管理水平，坚定不移把国有企业做强做优做大。

② 坚持在大局下行动，服从服务于党和国家工作大局，认识适应新常态、把握引领新常态，议大事、抓重点，坚持党组织对企业战略、发展规划、重大改革措施等“三重一大”事项的领导，通过党组织广泛征求意见，思想碰撞、讨论酝酿、集思广益，通过民主集中制实现民主决策、依法决策、科学决策，推动企业全面履行经济责任、政治责任、社会责任。

③ 管干部聚人才、建班子带队伍、抓基层打基础，领导群众组织并发挥其作用，凝心聚力完成企业中心工作，把党中央精神和上级部署不折不扣地落到实处。

能再进入董事会或未设董事会的经理层会议。监事会属于公司内部的监督机构，仅行使监督权而不享有经营决策权。

国有企业必须把党的政治建设摆在首位。一是推进党的领导与完善公司法人治理相统一。明确党组织研究讨论是重大问题决策的前置程序，坚持和完善交叉任职的领导体制。集团总部按照要求落实党组书记与董事长“一肩挑”，各级子企业也应当落实党委书记与董事长“一肩挑”，此外专职抓党建工作的副书记应当进入董事会。二级单位全面实现党委书记、董事长“一肩挑”，专职副书记应配尽配，推动党的领导与公司治理有机统一。二是加强董事会建设，推动企业科学民主决策，确保企业发展方向正确。在子企业层面，常态化开展党建入章程工作，完善“双向进入、交叉任职”领导体制，落实党委前置研究讨论程序，加强所属企业董事会建设，落实董事会各项权利。三是加强基层党组织建设。严格落实管党治党主体责任，建强建优基层党组织，创新基层党建活动方式方法。

第二节　国有企业治理模式的优化重点

按照国企改革的政策要求和部署，统筹考虑集团层面公司治理模式优化问题，重点是健全治理结构和完善法人治理机制。

一、健全治理结构

一是完善公司董事会制度。董事会制度建设是完善公司治理结构的核心。企业应该在董事会建设基本架构之下，建设一套符合公司特点的董事会配套机构、规则、程序和制度，重点是制定董事会会议制度，规范议事程序及决议形成，建立董事会决议的执行和反馈机制，建立董事会、经理层、监事会与国资委及各级子企业之间的信息沟通制度等。同时，需要健全董事调研配合支撑机制，配合董事履职所需的工作调研，并提供良好的保障条件，同时公司有义务为外部董事、职工董事等提供与企业业务有关的培训，支持董事及时了解企业实际、充分掌握经营信息，提高决策的有效性。

二是健全专门委员会。根据《中央企业董事会工作规则（试行）》对专门委员会的设立提出的明确要求，企业需要设立战略与投资委员会、薪酬与考核委员会、审计与风险委员会，根据工作需要设立提名委员会和其他专门委员会，为董事会科学决策提供支撑。在专门委员会成员的构成上，战略与投资委员会、提名委员会中外部董事应占多数，而薪酬与考核委员会、审计与风险委员会应全部由外部董事组成。

三是设置董事会秘书及其办事机构。董事会秘书及董事会办公室是董事会规范有效运作的重要办事机构。国务院国资委在中央企业董事会试点的相关规定中，确定了董事会试点中央企业董事会秘书的公司高级管理人员地位。董事会秘书由董事长提名，董事会决定聘任或解聘。董事会秘书在公司治理中发挥重要的作用，建议在公司章程中明确董事会秘书的职责、地位、权利和义务，以保证董事会秘书更好地履行职责。

二、完善法人治理机制

一是完善决策机制。首先，明确公司党组织与董事会在公司决策体系中的功能定位。其次，健全完善与公司法人治理结构相适应的领导体制和工作机制。把党建工作总体要求纳入公司章程，明确党组织的职责权限。企业重大决策必须先由党组织研究提出意见建议，凡涉及国家宏观调控、国家发展战略、国家安全等重大经营管理事项均应经党组织讨论后由董事会审议，充分发挥党组织领导核心作用、董事会战略决策作用，把董事会定战略、做决策、防风险的基本职责落到实处。坚持把党管干部原则与董事会依法产生、董事会依法选择经营管理者以及经营管理者依法行使用人权相结合，党组织按照党中央关于企业领导干部的标准培养推荐候选人，董事会依法独立行使聘用权，保证和落实公司党组织在企业选人用人中的主导作用。探索党委会与董事会联席会议，进一步健全党组织参与企业重大问题决策的机制。依法、规范参与企业重大问题决策，把握企业改革发展的方向，监督党和国家的方针政策在企业的贯彻执行，保证决策方案的科学性、决策程序的民主合法性和决策实施的有效性。

二是完善监督机制。党组织的监督职能主要侧重于对领导干部的监督、对重大决策的监督。应当切实履行企业党组织的保证监督职能，确保党和国家方针政策在企业贯彻执行。落实党组织在企业党风廉政建设和反腐败工作中的主体责任与纪检机构的监督责任，健全党组织参与重大决策机制，强化党组织对企业领导人员履职行为的监督，确保企业决策部署及其执行过程符合党和国家方针政策、法律法规。

第三节 探索推动党组织在公司治理中进一步发挥作用

一是推动党的领导作用更加聚焦。落实董事会职权和党组织法定地位，厘清党委（党组）、董事会、经理层的权责界面，真正做到使党组织发挥领导作用、董事会发挥决策作用、董事长办公会发挥授权决策作用、经理层发挥经营管理作用。紧紧围绕党组织把方向、管大局、促落实职责定位，落实“三重一大”决策制度，破解党组织前置研究讨论泛化问题，优化决策流程，提高决策效率，有效防范决策风险。

二是优化“三重一大”制度体系，细化工作流程，将决策主体与决策流程清单化。制度建设是基础，落实“三重一大”决策制度是将党的领导融入公司治理的重要举措。重点制定各治理主体权责划分办法，明确集团董事会会议、党委会议、办公会议集体决策“三重一大”事项的范围和相关规则。动态修订完善“三重一大”决策相关制度，将三会清晰的权责划分总结在一张表上。优化“三重一大”制度体系，确保每一项具体工作都有配套的制度安排，对重点工作均细分流程，细化到列出项目清单，如在“三重一大”事项、党风廉政建设和反腐败重点工作等方面，对党委和其他治理主体的责权给予清晰界定，对工作方式方法、程序、节点予以明确，从根本上扫清责任盲点，保障党组织顺畅地内嵌于公司治理的各个环节。

第四章 国有企业的董事会建设与其职能发挥

董事会是最重要的一种公司治理机制，高质量的董事会是良好公司治理的基石。只有基于国有公司的特性，建构一个高质量的董事会，才能由董事会根据自身所处环境制定公司战略、控制公司业务，在恰当的氛围（对董事会职责的正确认识）下，由恰当的人（有效董事会的组建）按照恰当的程序（董事会的委员会、会议与运作）完成恰当的工作（董事会的宗旨、任务，监控与战略指导），从而提高董事会决策的有效性。以下我们从董事会的职能、结构和董事的任期三方面展开探讨，尝试提供优化董事会建设的一些原则思路。

第一节　董事会职能：构建战略性、专业化的董事会来提高决策质量

董事会是勇挑重担、积极参与公司的战略制定过程，还是采取通常的消极做法，只做一些监督和审核性的工作，是衡量一个国有公司董事会质量高低的重要标尺。董事会"定战略、做决策、防风险"，定战略居于首位是有道理的。战略错误是企业最大的风险，在错误的战略之下，决策越正确，损失越大。大量的实证研究表明，在全部的公司价值损失中，只有很小比例是由违规或董事会监督失败所造成的，近九成的公司失败是由公司战略或者运营失误导致的。要避免战略失败的厄运，个人凭感觉、专断的战略决策方式必须让位于依靠董事会集体智慧的民主的战略计划过程。

战略制定既是董事会的一项基本职责，也是董事会所能发挥的最能为公司增加价值的作用。董事会要在遵守规则类问题（检查公司的过去和现在）和战略决策类问题（塑造公司的未来）之间均衡分配时间和精力。董事会的职责中，绩效要比合规更为重要，没有绩效，公司就没有存在的价值。战略性董事会一个明显的好处，是能给公司带来其他途径可能难以得到的高级专家。他们不仅能够提高公司的战略计划能力，也能给公司带来战略性的伙伴关系和商业机会，以及更为方便的融资渠道。战略性董事会还可以为公司的重大事项及战略性决策提供一个思想库，确保公司管理层的责任感，支持更规范化的管理，吸引更优秀的员工进入公司等。

一方面，国有企业所有权集中，谁负主要责任的问题清晰，这可以带来优势，包括战略选择上的坚定性和独特性，以及风险控制上更强的动力。但另一方面，国有企业也可能会因本身的法人地位不独立，受制于长官意志和大股东诉求而忽视环境变化，导致决策效率较低、公司战略过时和组织僵化，从而贻误市场机会，给公司带来灾难性后果。公司治理质量决定着一个企业是被集中所有权的缺陷所束缚，还是有效地发挥集中所有权的优势。在现实运作中，很多国有公司董事会没有在战略决策中发挥多大作用，一些看上去似乎发挥了战略决策作用的公司董事会，实际上只是制定一些数量性的指标（如增长率和盈利），而把具体的战略制定责任留给了经理层。在这些公司中，战略问题只是在

由经理层提出和提请之后，董事会才会讨论，而不是在由经理层提供的翔实信息基础上，董事会自主和定期地讨论战略问题，制定战略性决策，交由经理层具体实施和执行。[①]

战略性董事会是一个专业团队。从把董事会作为一个团队角度来看，一个常用的董事会类型分析框架是：以董事们对董事会工作的在意程度和对他们相互关系的在意程度两个维度，把董事会分为“橡皮图章型”“乡村俱乐部型”“代表型”和“专业型”四种类型。①董事们对董事会工作和相互关系都不太在意，如有些公司甚至不召开董事会，公司打印好了董事会决议，董事们逐个签字，这是走到极端了的“橡皮图章型”董事会。②董事们对相互关系非常在意而对董事会工作不太在意的董事会属于“乡村俱乐部型”董事会，很多经理人高度控制的公司董事会就属于这种类型。③董事们不太在意相互关系而高度在意董事会工作的董事会属于“代表型”董事会，这可能是中国相当多的国有公司董事会现状。甚至在很多人的心目中董事会就应该是这个样子，总是为各自股东或其他利益相关者的利益而吵架。④董事们对相互之间关系和董事会工作都高度在意的董事会，是我们真正需要的董事会——“专业型”董事会。这样的董事会是一个独立有效的领导集体，董事们能够相互理解和尊重，同时能够进行严肃认真甚至激烈的争论和讨论，团结而不是一团和气，争论而不是吵架。

构建一个独立、有效和专业化的，能够更好发挥战略职责的董事会，是改进国有公司治理的关键环节。这需要我们防范“代表型”董事会的弊端，以每个董事的能力和知识为基础建构国有公司董事会，战略性地招募合适的董事。

首先，要防范“代表型”董事会的弊端。“代表型”董事会是指董事会中有各个方面的代表，各利益相关方要在董事会中形成制衡关系。这种制度安排削弱了董事会的整体性，结果是董事会战略决策职能缺失，董事会变成了一个进行谈判和利益博弈的场所。国有公司必须按照规范的董事提名程序进行董事候选人提名，由股东会选举。一旦当选，权利和义务就都是对等的。无论是中小股东、国企员工，还是公司债权人，哪个方面的利益受到侵犯，都由所有董事共同承担法律责任。要通过严格和强力追究所有董事的法律责任，来阻吓董事权力行使中的偏袒行为。尽管这是一种事后性措施，但却是我们唯一可以选择

① 仲继银. 董事会与公司治理[M]. 北京:企业管理出版社,2018.

的方式。

企图通过“代表型”董事会构成安排来事前制衡董事权力行使中的偏袒行为，实际是得不偿失的。一方面，这些“代表”很容易被收买，未必真能“代表”，使这种安排所希望有的“得”未必能够实现；另一方面，这样做导致了董事会制度功能上的本末倒置，失去了董事会作为公司制企业实现“集中管理”的工具的价值，得到了一个吵架而不是一个理性地讨论、分析问题和战略决策的董事会。

其次，宜以每个董事的能力和知识为基础建构国有公司董事会。现代商业的复杂性导致任何一个个人甚至是一个小的团队，都不可能非常熟悉董事会所面临的所有方面的问题。但是董事会要对所有这些问题进行明智的讨论，并提出指引。这就需要以每个董事能够带来的能力和知识为基础建构董事会，以使董事会作为一个整体具备领导和管理公司所需要的广泛的专业技能。要通盘考虑每一位董事的专业和知识背景，使董事会作为一个整体拥有理解整个产业、进行公司治理以及对组织的设计和管理作出贡献和把握公司经营的能力。要识别所需要的知识领域，包括经营战略、管理人员开发、技术、组织设计、变革管理、财务、政府事务、经济法和国际经验等。可以采用“专业矩阵”方法（董事会成员在一个轴，关键的专业知识领域在另一个轴）来思考这一问题。画出这一矩阵之后，可以很快发现董事会的专业才能缺口，据此指导董事选聘。

当然也要注意董事背景的多样化。建立一个背景多样化的董事会，可以提高国有企业董事会决策的质量，避免“思维共振”的风险。具有不同年龄、才能和背景的人在一起高效地工作，可以提出不同的有用观点和看法，以促进公司发展。

最后，要战略性地招募合适的董事。即使公司董事最终是由股东大会选举产生，公司也要有一个通盘的考虑，应该制定董事会规则，明确董事会的结构和需求，把一些良好的聘请经理人的程序借鉴到聘请董事的工作中来。战略性董事会是一个能够高效运作的高层领导团队，董事的质量和相互合作至关重要。要强调的是，战略性董事会是一个专业团队，构建一个独立、有效和专业化的，能够更好发挥战略职责的董事会，是改进国有公司治理的关键环节。

战略性董事会的本质是其独立性，要尽可能地减少内部人在董事会中的比例，最好只有一个或者两个。因为内部人效忠的对象总是他的上级或上司，而不是全体股东和整个公司；内部人关注的焦点也总是其职业前途而不是股东价值。内部人所掌握的信息要通过有效的治理机制而被董事们充分利用，而不是成为其可以凭借的个人优势。

各种现实和潜在的利益冲突都不利于董事会战略职责的发挥。偏离纯粹股东利益的股东会使公司战略制定偏离最优目标，过多考虑纯粹董事之外利害关系的董事也会影响公司董事会战略职责的有效发挥。战略性董事会中要尽可能减少各种各样与公司有纯粹股东和纯粹董事之外利益关系的人。有一种不良现象是任人唯亲，只招募亲信或友朋进入国有公司董事会，把公司限制在了现有的能力范围之内。尽管董事之间的信任非常重要，但任用太多的亲信为董事，会导致偏袒，失去公正。

第二节　董事会结构：外部董事占多数，但更重要的是质量

观察现行的国有企业董事会，一般由三类人员构成：内部执行董事、外部非独立董事和外部独立董事。内部执行董事通常由董事长（书记）、党员总经理、专职副书记、党员职工董事组成；外部非独立董事一般由股东委派，不在企业任实职。非上市的国有企业大都没有独立董事，只有上市的国有控股公司按照证监会的要求设置独立董事。国控上市公司，执行董事（内部董事）和外部董事（独立董事和外部非独立董事）大体是4∶5的比例。国有企业的这种董事会结构，可能存在一些问题：董事会和经理层职能高度混同，导致权责利不清而影响企业决策和问责。现行体制下国有公司董事长和总经理等负责人都由党的组织部门或国资委委派，加之董事长和总经理更换频繁，以及政府的强力反腐，国有企业固有的“内部人控制”困境在近年有所缓解，但仍存在信息不对称，以及产生“眼睛向上”、怠政卸责等新的机会主义问题。

外部董事是国有企业董事会建设工作推进中的一个“亮点”，也是一个“难点”。很多人说，我们缺乏合格的外部董事人才，没有一个成熟的外部董事市场，因此无法建立起主要由外部董事组成的有效的董事会。其实这句话等于什么都没说。“成熟的外部董事市场”和“主要由外部董事组成的有效的董事会”之间，不过是鸡和蛋的关系。不建立以外部人员为主并让其发挥实际作用的董

事会，自然也就没有“合格的外部董事人才”，更谈不上“成熟的外部董事市场”了。

提高董事会的独立性，由更多独立人士出任公司董事的现代做法，是从早期以大股东和经理人为主导的董事会实践中逐渐发展出来的。因为利益冲突的存在，大股东和经理人都不是公司董事——全体股东利益看护人的最合适人选。大股东和经理人都有强烈的通过制造虚假信息而牟利的动机（前者是股份高位套现，后者是奖金和股票期权兑现），这种可以利用公司控制权获取巨额私人收益的诱惑，使他们很难保持对全体股东利益的忠心。

良好治理的一个重要基石是不存在利益冲突的外部董事占董事会成员的绝大多数。解决这一问题的一种做法是从外部董事中任命一位“领导董事”或称“首席外部董事”，负责将外部董事们团结为一个整体发挥作用。从 2002 年的上市公司独立董事制度指引到 2018 年修订版的上市公司治理准则，中国证监会对董事会独立性和如何发挥独立董事作用等方面进行了规范，其中也含有独立董事联系人制度等。

增加外部董事对于改进公司治理质量有积极作用，但更重要的是提高整个董事会的质量。董事会真正发挥作用的前提是全体董事作为一个整体发挥作用，内部董事和外部董事一样承担起董事的职责。在对外部董事寄予期望之前，首先要让内部董事们真正对全体股东以及整个公司负起责任来。外部董事总是因难以足够了解公司业务而无法发挥实际作用，内部董事则总是因为太了解了而无法独立。要通过对董事会进行系统设计来提高董事会的独立性和有效性。在外部董事来源上，可以把眼界放开一些，使搜索面更广一些，无须局限于“以央企退休老总为主和以跨国公司经理、专家学者为辅”的思路，国内一些著名的股份制企业、上市公司老总和民营企业家都可以成为候选对象。寄希望于没有关联关系也没有利益关系的独立董事来全面改进公司治理、保护中小股东，是指望世外超人来拯救世界。①

---

① 仲继银．为什么独董保护中小股东的期望会落空？［J］．董事会，2021(8)：5.

第三节　董事任期：合理的董事任期安排，促进董事会的能力更新

中国公司法规定董事任期每届三年，任期届满可以连选连任。既然可以连选连任，并且也没有连选连任的期数限制，那么三年任期的概念也就没有什么实际意义。为了保证平稳过渡和董事会运作的连续性，可以安排每年1/3的董事任职到期，重新选举。

在董事会成员任期未到辞职或其他原因导致董事会成员空缺的情况下，国外公司可以由余下董事会成员任命一位新董事会成员替补，该任命将由下一次股东大会进行确认。而中国公司需要续任董事到位后前任董事的辞职才能生效，这是给董事辞职设置了不必要的障碍。如果是不可抗力导致某位董事不能履职怎么办？可以考虑由余下董事任命替补董事的做法。

第五章　国有企业经理层的多样化激励约束机制

国有企业要建立现代企业制度，经理层激励约束机制的设计就必须符合现代企业制度的基本运行规律，适应市场化和国际化发展趋势，在最大限度调动经营者潜能的同时，形成经理层自我监督和自我修正机制。如何通过多样化激励约束机制的有效配置发挥企业家精神、促进国有企业稳健经营和持续创新，同时促使经理人自我约束、减少机会主义行为和“道德风险”，是国有企业公司治理的关键问题之一。

第一节　构建经理层多样化激励机制

一、个人报酬激励

主要的激励手段有工资年薪、福利津贴、年度花红、承包提成、动态累积递延奖金、期股、认股权、实股等。短期薪酬激励有效性的关键，并非在于金额多少，而是要奖惩有度。当前国资委对中央企业有明确的考核方案，但问题

在于监管机构或集团母公司对经理层考核的透明度不高、结果不公开。同时，董事会对于经理层的选聘、激励与监督缺乏独立决策权，根据经理层业绩好坏来给予奖励或者惩戒的难度很大。若要进一步完善短期薪酬的激励机制、激发短期薪酬的激励有效性，还需落实董事会在薪酬考核中的作用，同时使考核结果公开、透明。在长期薪酬方面，股权激励是引导经营者行为长期化的最典型的一种报酬制度，在承认其正面激励效应的同时，也必须正视股票期权潜在的负面影响。实施股权激励需要比较完善的市场经济体制，包括健全的资本市场、完善的相关法律和规章、规范的公司治理结构、完善的监管体系以及透明度较高的公司信息披露制度等。若缺乏相应的配套制度和强有力的约束机制，股权激励蕴含的巨大利益驱动足以促使公共企业的高管人员作出不正当行为。要进一步规范股权激励制度，进一步提高股权激励的有效性，除了逐步健全资本市场外，还需在各项股权激励约束条件上再做研究。

二、政治晋升与经营控制权激励

国有企业的经理人往往具有行政级别，优秀的国有企业领导人被提拔到更高一级的政府行政岗位是“控制权回报”的典型表现。但在机构精简化、企业去机关化的背景下，控制权回报应更多体现在企业经营自主权上。鉴于国有企业的控制权普遍存在行政性配置的现象，经理层面临相当的行政性约束，因此在控制权激励中，要基于“信任原则”，在守法守规和不背离董事会战略决策的前提下，减少对经理经营权的限制，最大限度地对其赋权，以此激发其企业家精神的最大潜能。

三、声誉激励机制

声誉机制是经理人市场上经营者的质量信号。声誉的“质量”在很大程度上又决定着经理人声誉机制作用的有效性。声誉既是经理人长期成功经营企业的结果，也是其拥有的企业家能力的重要证明。经理人声誉机制作用有效性的提高有赖于社会法律环境、规章制度的完善和正确的道德伦理、意识形态的形成。成功的企业家具有较高的经营能力和社会声望，拥有较高的人力资本价值，这是其职业生涯的本钱和获得较高有形报酬的筹码。社会声望是高管显性薪酬的补偿，在当前国有企业“限薪令”的背景下，为了增强国有企业高管职位的吸引力，需要重视企业的非薪酬契约在公司治理与高管激励中的特殊作用。

第二节 完善经理层监督约束机制

约束机制界定经营者的权责利空间，并规范其行为。国有资本属于全民所有，但实践中全民监督难以落实，希望通过全民监督来实现国资保值增值的管控并不可行。同时，由于国有企业的政治目标或行政化属性，行政逻辑长期主导国有企业的运营实践，国有企业高管兼具企业家和政府官员双重身份，高管任免也多出于一纸命令，更现实的问题是约束过度与约束不到位共存。约束过度是指行政性的随意约束，约束不到位则是制度约束和市场约束欠缺。宜从权力约束、制度约束、市场约束和法律约束等多方面，来规范和完善国有企业的约束机制。

权力约束主要表现在通过建立规范的法人治理结构，形成严格的内部监督体系。内部监督体系包括股东监督、公司职工的民主监督，以及党组织对党员经营者的纪律监督。党组织除搞好自身建设、参与国有企业的重大决策外，还必须发挥监督党员高层经理人员贯彻执行党规、遵守国家各种法规的作用。

制度约束主要体现在：首先，必须健全规章制度，通过建立严格的机制与人事管理制度，明确规定各级管理职能机构和高层经理人员在财务方面的权限范围。其次，必须健全审计、会计机构监督考核机制。在审计、会计等机构对经营者绩效定期监督考核的基础上，国有资产管理部门宜设计一套相对完整、科学规范的经济指标体系，把反映企业获利水平及国有资产保值增值程度的经营管理费用支出的指标作为考核的重点和奖惩的依据。

市场约束是对国有企业经理人最为有效的约束和监督手段。要逐步创造公平的、充分竞争的商品和要素市场、企业家市场、资本市场，做好制度安排，形成对经营者的外部竞争压力，把企业盈利的目标与实现个人效用的目标紧密相连。同时，市场竞争也激励和约束经营者行为长期化和在经营管理中不断创新。要创造公平竞争的市场环境，必须“硬化”预算约束，同时消除不公平竞争等因素的干扰。

法律约束也是行之有效的外部约束机制。必须加快完善有关法律法规，规范企业家市场和产权市场的形成和运作，直接约束企业经营者在经营活动中的违约行为，用法律的形式规定经营者权力边界和责任范围，对国有企业的经理人行为进行监督。

完善国有企业的约束机制，首先要明确国有企业经理层监督约束主体及监督职权。国有企业数量众多、资金庞大、层级复杂，外部监督主体有国资委、审计、工商、纪检监察和巡视等，内部有党组织、董事会、监事会、职代会等，多元主体之间如何形成合力是国有企业治理中的难点之一。多元监督模式下，只有各监督主体相互借力、形成合力，协调配合、有机融合，实现经理层自我约束和外部监督的有机统一，才能形成内外衔接、上下贯通的良好有效、运转合理的监督机制。

其次，要探究党组织最佳监督程度。按照公司章程，董事会依然是最终决策主体，党组织的前置研究讨论不是前置决定，不能代替其他治理主体直接决定。对于国有独资公司、国有控股公司甚至混合所有制公司，“双向进入、交叉任职”的领导体制一般不会带来掣肘和摩擦。对于上市公司，尤其是海外上市公司，党委会宜事先就前置研究的事项与董事尤其是独立董事充分沟通，以免出现前置讨论结果在董事会被否决的情况。经理层不同于党委会和董事会，经理层是总经理负责制，后两者的会议机制是票决制，因此基本上不存在经理层自我监督的问题，股东、经理人员和非经理层可通过党委会等形式对总经理起到监督作用，党组织没有必要成为直接的决策指挥中心。

再次，对不同类型国有企业、不同监督对象进行分类监督约束。对不同类型、不同层级国有企业的监督对象、内容、责任主体，监督方式应有差别，分类分层监督更利于精准治理。

最后，完善责任追究机制。近些年，相关政策和法律逐步出台和完善，为经理层的监督约束提供了有力的法规保障。但监督是否有效还取决于责任是否清晰到个人。追究重点在于健全“负面清单”制度与清晰界定权责，违法的按照国家法律诉诸司法程序，违反公司章程和管理规定的，诉诸公司行政处置。

第三节　探索激励与约束相容的国企经营者多样化薪酬模式

一、年薪制

年薪制在我国试点和推广的时间不长，取得了一定效果，也存在不少问题。归纳学界研究，问题在于：①实施对象界限不清。②年薪由谁来确定。有些企业实行年薪制后，年薪由资产所有部门确定，由企业发放。③年薪标准如何测算。④风险收入确定不合理，收益与责任不对称，限制过多，经营者不能真正对企业经营绩效负责。⑤年薪结构单一，长期激励项目缺乏。⑥限薪制背景下，年薪水平对经营者的激励作用有限。⑦外部条件欠缺，尤其是职业化的企业家群体和经营者人才市场缺位。

二、经理持股制（股票期权和受限股票）

按经营者年限和取得股票期权的途径不同，经理股票期权主要有以下四种模式：①将经营者的部分现金奖励转化为企业股份。②经营者以赊账、贴息或低息贷款的方式购买企业股份。③在股本结构中设立经营者岗位股份。④经营者特别奖励的股份。

在我国现有条件下，以股票期权的方式向国有企业经理人员支付激励性报酬的做法尚在试行之中，已有的实践也多是现实版“改良”，不免存在一些问题：①“有限责任”需要真正落实，股票期权才能发挥应有的作用。②股票来源问题。③股票期权授予范围及授予数量问题。④纳税问题。⑤公司股本结构变化对期权影响问题及股票期权所引起的公司注册变更如何处理的问题。⑥缺乏合理的定价、流通和退出机制，股权市场化存在相当大的限制。由此看来，在我国国有企业中推行和规范股票期权制，还有赖于与经营者持股有关法律、法规的完善，以及经理人市场的成形与资本市场的成熟，如此才能实现企业家人才的充分流动和股票期权的交易。

三、国有企业经营者群体持股

经营者群体持股，使经营者成为企业“内部股东”是现阶段国有企业改革的重要途径之一，是重构和强化国有企业动力机制，既满足“经济人”假设，又最大限度符合国有资产权益的新型激励约束的探索方向。经营者持股的方式多种多样，既可以采取经营者投入股金的方式，也可以采取将经营者的一部分收入直接折算成企业股金的方式。这种方式既有助于实现国有企业经营机制的转换，也有助于完成国有企业的战略性重组，在一定程度上统一了所有者和经营者的利益关系，可以充分、稳定地激发经营者的积极性，有利于企业的长远发展，符合现代企业制度和国有企业战略性重组的要求，国有企业的改革可大胆地试验这种方式。

四、国有企业经营者与员工持股

当前业界与理论界积极探索的经营者与员工持股方式，是一种将所有者、经营者与员工三者利益结合起来的激励和约束机制的创新，是一种有关价值分配的制度创新，更是一种企业股权结构的再造。在现代企业，尤其是高科技与知识密集型企业中，人力资本已经越来越重要了。在目前的企业制度下，必然的选择是让人力资本拥有股权，部分地将经营者与员工由事前确定的交易关系转向事后确定，使经营者与员工有条件地拥有剩余索取权和承担风险，从而制度性地将经营者、员工与股东的关系拉近，结成利益共同体和命运共同体。

第六章　混合所有制公司治理：探索差异化治理机制

推行混合所有制，是党中央提出的把国有企业改革为现代企业的一个重要战略举措。“完善治理、强化激励、突出主业、提高效率”的混合所有制改革十六字方针表明了推进混合所有制改革的一个重要目的就是改进公司治理。“完善治理和强化激励”都直接属于改进公司治理范畴，“突出主业和提高效率”则是通过改进公司治理可以达到的目的。

第一节　实现从“混”到“改”的跃升

一、引入战略投资者，保持适度集中的股权结构

从混改的主体来看，战略投资者比财务投资者对公司治理的关注度更高，参与决策和治理的专业知识更丰富，能力也更强。因此，混改时应优先选择有

益于公司持续发展的战略投资者，尽量规避仅关注短期盈利的财务投资者。从持股的比例来看，股权集中度可以反映大股东对公司的控制能力，集中度过高或者过低都不利于公司治理绩效的改善。因此，在混改中应保持适度集中的股权结构，实现大股东利益与公司利益的统一，提高其对经营者进行监督的积极性（王欣和韩宝山，2018）。

二、促进多种资本优势互补，发挥异质股东的制衡效应

混合所有制改革的核心目标在于发挥不同类型资本的优势互补效应。与国有资本之间的股权多元化相比，国有资本与非国有资本的混合结构对公司绩效提升作用更加明显（郝阳和龚六堂，2017）。为此，国有企业在推进混改过程中，应优先考虑与具有较强实力且存在互补关系的非国有资本开展合作。在混改后的公司治理中，要确保异质股东代表能够平等参与公司重大决策和治理机制设计，真正发挥异质股东之间的相互制衡作用，切实提升治理能力。众多股东和公司之间存在业务协同关系，这本身就和股权制衡作用有冲突，是改进公司治理的一个不利因素。股东和公司之间存在业务协同，就会产生纯粹股东利益（分红和资本增值）之外的利益，就会使公司董事会成为各方利益代表进行谈判的一个论坛，这样公司董事会就很难成为一个独立的只忠实于公司和全体股东共同利益的理性决策机构。

第二节　适当设置分级股份制度

分级股份并没有改变同类股份中同股同权的原则。分级股份制度下，拥有更多投票权的相关人员，其投票权大小还是直接取决于其所持有股份的多少，也就是没有根本改变股份多、发言权大的逻辑。分级股份公司遵循“同级股份同权”原则，并没有违背“同股同权”原则，不能说分级股份是“同股不同权”。

其实，我们可以把分级股份制度看作一种两合公司的现代翻版。两合公司发行的是无限责任股份和有限责任股份这两类股份，前者有管理（选举管理者的）权力，后者没有管理（选举管理者的）权力（如法国米其林公司）。分级股份公司发行的是投票权比重大的股份和投票权比重小的股份这两种股份，前者拥有较大的每股投票权，后者拥有较小的每股投票权。

《中华人民共和国公司法》第四十二条规定“股东会会议由股东按照出资比例行使表决权；但是，公司章程另有规定的除外”，实际为按投票权进行的分级股份提供了依据。但是现实中，只有个别非上市公司实际实行了。在上市公司中，从科创板依照《中华人民共和国公司法》第一百三十一条设定了特别表决权股份后，开始有公司实际实行。

在混合所有制改革中，既可以在一些国民经济命脉领域里把国有资本设为表决权比例更高的股份，从而可以更多引入民营资本而不会失去国有资本的控制权，又可以在一些市场化、竞争激烈的创新性领域里，给主创人、发明人和核心技术人员等以投票权比例更高的股份，从而实现让关键成功要素持有人拥有更大发言权的有效治理安排。

第三节　适当使用分类董事制度

常见的两种分类方法是，按董事任职期限分类和按股东或股份类别分类。按董事任职期限分类，就是把公司董事分为三组，任职到期时间错开，每年只有1/3的董事任期届满。对于按任期分类的董事，在其任职到期之前解聘需要理由，而不是像普通董事那样，股东可以在选举董事的股东会议上以“多数同意”原则而无须理由解聘。这使分类董事制度成为保持董事会独立和相对稳定的重要方法，因为并购者即使持有了控制性股份，也不能马上完全控制董事会。

通过分类董事制度保护公司管理层控制权有一个严重副作用，就是会抵消公司控制权市场的作用。公司管理层的稳定固然重要，但是如果这种稳定达到了可以不受挑战，没有任何可竞争性的程度，它就走向了反面，会使公司成为经理人牟求私利的工具。公司控制权市场构成了对管理层控制权的一种挑战，使管理层职位具有可竞争性。因此，那些股权高度分散的公司，已经不宜实行分类董事制度。

在多元股东的混合所有制企业中，按任期进行分类的董事制度带来的管理层稳定性是有积极作用的。这类企业股东整体仍有巨大的控制权，经理层侵害股东利益的问题可以直接受到股东的控制，而由分类董事制度带来的管理层稳定性可以在一定程度上抵消股东冲突对公司的不利影响，有利于公司战略上的稳定和长期价值创造。

按股东或公司股票类型进行的董事分类，本就是在公司具有明显不同利益诉求的股东时采用的方法。不同行业混合所有制企业具有不同的特性，国有资本在其中的定位也会有所不同。可以根据这类企业的不同特性和国有资本的不同定位，适当使用按股东或公司股票类型进行分类的董事分类制度。如在一些具有行业特殊性和战略重要性的混合所有制企业中，设立国有股权特别董事，其可以多拥有1票，甚或可以拥有某种特别投票权，其提名、聘任和解聘均由国有股权方决定。

第四节　员工持股与员工参与：股权激励效应的实现

员工持股可以通过多种多样的方式实现。员工可以直接购买公司股票，可以作为奖励获得，也可以通过股票期权或者利润分享计划而得到股票。员工股票购买计划在给员工提供一种利益的同时，也能为公司提供新的资本。员工股票期权计划为公司提供了一种以股权来酬劳雇员的方式，从而节约了公司所短缺的现金。

一方面，员工持股能把员工与企业利益捆绑得更紧，带来正向的激励作用。另一方面，要对其发展过度的潜在危险有充分认识。如果员工持股过多，会导致不合理的员工个人资产组合，使员工承担过重和无力承担的风险，埋藏下潜在的社会问题。任何公司都不是绝对安全的，都有倒闭的可能。员工的人力资本已经完全投入到一个企业中了，如果再把他们大部分的个人财产也投入到同一个企业中，该企业一旦遭遇困境或者倒闭，员工将同时失去他们的工作和个人财产，这是一种不可承受的风险，违反了最基本的风险分散原则。

更重要的一个问题是，如何能让员工持股真正带来激励效应。员工面对持股计划时要问的主要问题是“我能从这里得到多少钱”“我是否真正被作为股东来对待”。如果在这两个问题上得到满意的答案，员工持股就会产生激励效应。

员工对影响他们工作事项的决策的参与机会是能够提高员工对股权激励响应程度的重要因素。相比之下，企业的规模和业务类型、员工的资历和岗位类别，以及员工是否拥有董事席位和员工拥有公司的股份比例等许多人们通常认为很重要的因素，实际对员工所有权激励效应的发挥不起什么作用。

只有员工参与能够将员工持股的激励作用转化为企业的效益。卓越绩效来自为顾客提供比竞争者更高的价值。做到这一点需要对信息的处理和基于信息处理的积极和明智的行动。在大多数公司中，信息的集中限于经理层，决策也是如此。其隐含的假设是只有高层经理才有能力和激励去完成这类工作。然而事实上，没有人比员工与顾客有更为频繁的接触了，也没有人比员工距离每日的产品生产和服务提供活动更近。员工经常有富有价值的想法可以与管理层分享。

有效地实施员工持股，效果要强于推动员工更卖力地工作。让员工卖力地工作也许并不是最有效率和效果的事情。相比让员工“卖力”工作，更重要的是采纳员工的思想和员工所占有的信息，找出做最重要事情的最佳方式。要做到这一点，需要经理从员工中寻求有益见解，需要建立一些临时或永久性的员工委员会来解决问题。

不同的公司之间，员工参与的结构和方式方法差异很大，但是其基本的要素都是组成各种员工小组分享信息、生成想法和形成建议。削减监督层次，给员工更多的自主权，组建为管理层提供咨询意见的员工顾问委员会，管理层与随机挑选的员工之间定期组织会议，设置建议箱等，只要能够提高员工参与程度的各种办法都可以采用。

第七章　改进国有企业的透明度与信息披露机制

全民作为国有企业的“股东”，作为国有企业的最终所有者，依法享有对国有企业的知情权。国有企业由于股东的特殊性，信息披露比一般企业更加重要。许多国家要求国有企业向社会公众真实、准确、及时、完整地披露公司治理、财务状况、重大经营事项、重大风险事项、社会责任等方面的信息，将信息披露作为国有企业公司治理的关键内容和重要基础。我国至今尚未建立有效的国有企业信息披露制度，国有企业在信息披露方面的表现远远不能满足社会公众的需求。建立国企信息披露制度，应成为当前国有公司治理改革的一项重要任务。

第一节　国际经验借鉴

提高国有企业的财务和非财务绩效的透明度是强化国有企业董事会和管理层的问责制、保证国家作为所有权者享有知情权的关键所在。《OECD 国有企业公司治理指引》（以下简称《指引》）就从信息披露对象、信息披露内容、信息披露渠道、信息披露标准和信息披露监管等方面对国有企业信息透明和公开进行了明确规定，其成员国进行了国有企业信息披露制度方面的实践和探索。

《指引》认为，在信息披露方面，无论国有企业上市与否，都应在会计、信息披露、合规和审计等方面保持与上市公司同等的高标准。对于大型国有企业，或主要由公共政策目标驱动的国家所有权实体，则尤其应当适用高标准的透明度和披露要求。国有企业应当报告其财务和经营业绩、非财务信息、薪酬政策、关联交易、公司治理结构和治理政策。国有企业应当披露其是否遵守以及具体遵守的公司治理准则。在披露财务和非财务绩效时，遵循国际公认的报告标准是一种良好实践。

在信息披露的内容方面，OECD（经济合作与发展组织）特别要求国有企业应维持透明的所有权结构和控制权结构，以便全体股东清晰了解其对企业现金流和投票权所享受的份额。国有企业有必要确保董事会成员和核心高管薪酬的高度透明化。建立健全国有企业内部风险管理体系，对风险进行识别、管理、控制和报告，也是一些国家的最新做法。为了公允、全面地说明国有企业的财务状况，有必要对国家和国有企业之间的相互义务、财务援助或风险分担机制进行恰当披露。披露事项应当包括国家拨款或国有企业接受的补贴、国家为国有企业经营提供的担保，以及国家代表国有企业作出的承诺。披露标准应当与现行的法律规定（例如关于国家援助的法律规定）保持一致。此外，《指引》（第六章 B）还要求："国有企业的年度财务报表应当由独立外部审计机构按照高质量标准进行编制。专门的国家监察程序并不能替代独立的外部审计。"

制定并公布国家所有权报告，是一些国家管理国有企业的良好做法，其经验值得借鉴（见表 1）。《指引》（第六章 C）指出："所有权实体应当针对国有企业建立一套统一的报告体系，并于每年公布国有企业总体情况报告。良好实践表明，通过互联网发布报告有利于公众更为便捷地获取信息。”挪威贸易、工业与渔业部每年发布的《政府所有权报告》指出国家所有权政策目标是“国家对国家所有权的长远目标，意味着公司的董事会必须充分考虑以下因素，如良好的环境、重组、多样性、道德，以及研究与开发，来促进长远的发展。展示积极的社会责任意味着，在所有经营区域，从公司合作伙伴的选择到其投资于本地和全球范围内的员工工作条件，都应结合考虑金融和道德的手段。公司社会责任管理意味着公司必须争取向所有利益相关者表现一贯的良好实践。致力于社会责任并不是也不应该被视为一个无关业务战略和业务发展的独特元素”。挪威政府定期对其所属的国有企业的经营绩效进行监督和评估，并与国有企业的外部审计机构和国家监察机构保持沟通。每年发布合并的国有企业年度报告（挪威贸易、工业与渔业部，2013），对全部68家国有企业的所有者权益、资产损益情况、业绩表现、投资活动、风险管理、政府补贴、高管薪酬政策和水平、企业社会责任、公司治理等进行全面的报告，并对外公布。

表1　OECD成员国国有企业报告事项

国家	一般事项报告	特殊事项报告
奥地利	报告给公众会议	同私有企业
比利时	向部长和公共部门报告，公共服务和商业活动的科目不同	
捷克	向法定代表和财政机关报告数据和信息	在有效的法律体系内
丹麦	向商务公司署报告重要事项	不向债权人和供应商提供专门报告
芬兰	私有企业向作为所有者的政府报告，上市公司向市场公开信息	
法国	向议会报告，作为年度预算草案的附属	
德国	政府可以在与公司和商业法相容的基础上通过其在监事会和公众会议中的代表要求一个详尽的报告	
希腊	董事会向经济财政部、监事部、议会提交年度报告	只针对上市公司的顾客和供应商
匈牙利	向相关部门报告	报告需经作为所有者的政府认可
意大利	非上市公司向财政部报告定性信息和定量信息，审计部门向议会提供每个国有企业的审计报告	自愿
荷兰	向议会报告损益情况	
波兰	向财政部报告经监事会认可或经公众会议年度审核的财务状况	

续表

国家	一般事项报告	特殊事项报告
斯洛伐克	向建立者递交财务报告，同监事会讨论向相关政府部门和税务总局提交报告，根据需求决定是否向公众公布	在合法范围内
西班牙	指导国有企业和政府间的规范关系	
瑞典	议会和普通公众工会收到年度报告，国有企业季度报告有固定要求	同私有企业
英国	财务和非财务信息	基本相同，仅人员相关事务不同
挪威	董事会向议会和公众公布年度公司科目和年度报告，包括财务和非财务信息	同私有企业
瑞士	联邦制定目标，每年接受固定的年度管理报告	作为年度报告部分
澳大利亚	财务和非财务报告	年度报告中关于专门责任和特殊功能的信息
加拿大	年度报告包含财务报表和涵盖五年历史绩效的总结、未来五年公司计划和预算，政府编制一个包含所有国有企业的年度报告	大多数公司必须向政府提交一个有待政府批准的公司计划和预算
日本	烟草有限公司向财政部报告商业计划，电信公司向公共管理部长报告资产负债表和运营报告	
新西兰	董事会向持有其股份的部长递交经过验证的商业计划和年度报告	根据公司法案

资料来源：根据《OECD 国有企业公司治理指引》及其修订整理。

第二节 国有企业信息披露制度及存在的问题

我国国有企业信息披露制度的推进过程中，国资委和证监会等监管当局发挥了重要作用。国有企业的股份制改革以及国有企业治理机制的完善，推动了信息披露制度的变革。国有企业的信息报告制度中行政化的程度在逐渐弱化，市场化的程度得到不断加强。信息披露制度的受众增多，内容也有所增加，从强制性的内容向自愿性、选择性的内容扩充。具体而言：

（1）强制性披露阶段。这一阶段的国有企业信息披露制度以行政报告制度为主。政府主管部门作为信息报告的接收方，与企业之间的关系为政企关系。这种信息披露制度体现出强制性、控制力以及不计成本。国有企业根据国家颁布的法律法规要求进行报告，信息披露的对象主要是政府部门和企业员工，不涉及企业的其他利益相关者。

上海证券交易所和深圳证券交易所的成立，对传统的国有企业信息披露制度形成了冲击。因为资本市场要求信息公开、透明，以便于监管上市公司，保护广大投资人的利益。上市的国有企业开始按照证券市场的要求进行信息披露。

(2) 强制性与自愿性披露并存。国资委的成立解决了国有企业改革中存在的国有资产出资人缺位问题，也改变了国有企业经营信息以行政报告为主的状况。国资委以财务监督和风险控制为重点，强化出资人监管，将财务监督作为履行出资人职责的重要手段。此外，国资委还组织开展了资产核查工作，基本摸清了国有大企业的资产情况，并在核实企业账本、提高会计信息质量、加强重大财务事项管控等方面进行了大量工作。同时，积极探索和完善监事会制度，将监事会的监督由事后监督改为当期监督。国资委还出台法令规范了经营活动事前的信息披露、经营活动事中的信息披露以及经营活动事后的信息披露。

随着诚通集团参照上市公司格式和要求公开发布年度报告，国家电网、中远集团、中国海油、中铝集团等中央企业陆续发布了企业社会责任报告，国有大型企业的信息披露由原来的以行政报告为主的强制性报告阶段逐渐进入强制性信息披露与自愿性信息披露共存的阶段。

但从目前国有公司信息披露的现状看，存在的问题仍然不少：

(1) 现有法规的执行力度不足。国有企业已经建立了较为完善的向国有资产管理机构报告的制度，目前有系列法律法规对国有企业信息披露进行了一定程度的规范。以《中华人民共和国企业国有资产法》为例，按照规定国家出资企业应当依照法律、行政法规和国务院财政部门的规定，建立健全财务、会计制度，设置会计账簿，进行会计核算，依照法律、行政法规以及企业章程的规定向出资人提供真实、完整的财务、会计信息。此外，《企业国有资产监督管理暂行条例》也规定了所出资企业中的国有独资企业应当按照规定定期向国有资产监督管理机构报告财务状况、生产经营状况和国有资产保值增值状况。同时，各级资产管理部门依据相关法规进一步强化了信息报告制度，企业报告的信息涉及企业经营管理的方方面面，包括发展战略和规划、投资计划、境外投资并购、非主业投资、对外担保、资产转让、年度工作总结、高管持股等，其中一些还需要备案或审批。

（2）公开信息披露程度不够。尽管国有企业和国资监管部门都拥有大量的信息，但我国尚未建立起完备的企业信息公开披露制度。无论是国有企业还是国资监管部门，似乎都缺乏信息公开披露的动力。如今国有企业信息披露的比例不高，所披露信息的质量也处于较低水平。前述有关法规确实提及国有企业的信息披露，但都是原则性规定，缺乏具体执行标准，在实际操作中存在监督不到位的情况。如《中华人民共和国企业国有资产法》规定，国务院和地方人民政府应当依法向社会公布国有资产状况和国有资产监督管理工作情况，接受社会公众的监督。《国务院国有资产监督管理委员会国有资产监督管理信息公开实施办法》也规定国资管理部门主动向社会公布所出资企业生产经营总体情况、所出资企业国有资产有关统计信息、所出资企业国有资产保值增值及经营业绩考核总体情况。但是，政府有关部门一般只公布国有资产的加总数据，粗略的数据使得社会公众根本无法真正了解国有企业的真实运行情况，因而也无法对企业进行有效监督。

（3）信息披露质量不高。中央企业普遍存在不重视年报披露的情况。部分中央企业网站上可以查阅到年报，但是比例不高，多数中央企业并没有披露年报。在已经披露年报的企业中，披露的标准也不同。少数企业如中国石化披露了详尽的财务报告，包括完整的资产负债表、利润表、现金流量表以及股东权益变动表，而多数企业披露的财务信息不完整，与上市公司的标准相比存在较大差距。

与传统的企业信息披露相比，中央企业更重视社会责任披露。其披露的内容主要涉及绿色环保、社会贡献、员工发展、慈善捐助、技术创新等方面的内容，同时各领域的企业还会结合业务特点介绍相应贡献，如电力、能源类中央企业注重披露能源供应方面的贡献，核工业、兵器工业中央企业关注披露国防建设方面的贡献，航空、通信类中央企业则突出披露客户服务方面的贡献，等等。中央企业在信息披露方面表现出较强的选择性，在一定程度上反映了企业信息披露的动机。中央企业重视社会责任的披露，希望公众认可自身对社会的贡献。中央企业不重视年报的披露，则表现出一定的内部人控制的特征。

第三节　国有企业信息披露的下一步改革思考

一、分阶段有计划开展国有企业信息公开披露工作

加强信息披露、建设阳光国有企业，不仅仅是反腐和防止国有资产流失的需要，更是完善国有企业公司治理的基础性条件，也是消除舆论对于国有企业质疑的重要手段。通过信息披露，让社会公众了解公司状况、参与公司治理，透明化的国有企业发展和改革将得到公众的认可与支持。

提高国有企业透明度已经成为社会共识，但落实行动才是关键。考虑到国有企业改革的紧迫性和复杂性，建议采取“先铺开、后规范”的方式，加快改革步伐。具体而言，先要求所有政府直接管理的国有企业定期披露公司治理、财务状况、重大经营事项、重大风险事项、关联交易、企业负责人薪酬等事项，对披露标准暂不做规定。在实行两年以后，根据社会公众的反馈意见进行评估总结，再制定统一的信息披露标准。不断完善国有企业信息披露制度，要求国有企业按照全面、真实、及时的原则进行信息披露，尤其要披露竞争相关的议题信息、财政预算、社会责任、重大事件，以及贷款优惠利率和补贴等。

二、分阶段有步骤参考上市公司标准制定国有企业信息公开披露标准

借鉴 OECD 成员国国有企业治理的经验，我国国有企业可参考上市公司标准制定信息公开披露标准，分阶段有步骤地实现信息披露。国有企业的最终股东是全国人民，因此国有企业对全社会真实、准确、完整、及时地披露信息既是义务，也是获取股东支持的条件。证券市场的灵魂在于信息公开披露制度，我国在过去二十多年的证券市场实践中积累了丰富的经验，对上市公司的信息披露制定了比较完善的规则，对定期报告、临时报告的内容作出了明确要求，对信息披露的责任也进行了详细规定。这些保护投资者的规则多数可以直接借鉴。由于大量国有企业资产已经上市，如中央企业大约 70% 的资产已经进入上市公司，国有企业参照上市公司标准开展信息披露已经具备了一定基础，只需将信息披露从核心资产扩大到集团母公司。

三、进一步提升企业社会责任报告的质量

鼓励国有企业持续创新，全面、深入、系统地披露履责情况，发挥报告引领作用，带动中国企业社会责任信息披露水平进一步提升。目前国有企业发布报告的虽然占到报告总额的半数以上，但是发布报告的国有企业比重还有望继续增长。特别是地方国有企业，释放政策效应鼓励更多的地方骨干国有企业投入发布社会责任报告行列，带动中国企业社会责任披露水平整体提高。此外，推动更多地方国有企业发布社会责任报告，发挥报告促管理的作用，带动企业社会责任管理实践升级，增强企业可持续发展能力。

第八章　结论与建议

本报告立足于中国国有企业的治理结构和机制研究，梳理了国企改革“市场化探索”“公司化转型”“规范化监管”以及近年“多元化治理”的四阶段历史线索，总结归纳了中国特色的国有公司治理的典型化事实，重点讨论了国有企业的党的领导融入公司治理、董事会建设、经理层激励与监督约束机制、混合所有制中的差异化治理、透明度和信息披露等关键论题和解决对策，为下一步治理改革提供了经济学思考和政策建议。如何兼顾规范和效率双原则、优化治理结构和机制、实现国有公司的“良治”，将成为政策制定者和实践者共同思考的重点。

一、构建国有资本管理体制和国有公司治理机制之间相融相济、激励相容的一套制度体系、运行模式和行为方式

以市场经济发达国家作为标杆，虽然有形的公司治理制度和规则建立可以模仿，但是要让这一套做法生根和本土化，需要一个学习、调试和修整的过程。国有资本管理和国有公司治理之间的机制相容，包括从国有经济布局到国有公司战略管理，以及国有公司的董事会权力和高管团队建设等各个方面，这也正是当前国企改革需要突破的一些关键问题。

国有企业实行公司化改组之后，特别是在没有足够比例的其他资本进入情况下，真正按公司制企业模式运作，完善现代公司内部治理机制是当务之急。

但要使董事会真正发挥作用，既需要符合市场规则的国有资本管理体制、企业监管模式和相关法规政策的配套与支持，也需要各相关人员（从行业监管者、国资管理者、中介机构，到公司股东、董事会成员和高管人员）对现代公司治理的基础规则、外部治理机制和内部治理机制等都有基本认识和正确理解，并达成一定的共识，拥有一种同频和共享的公司治理知识、认识与价值观。

二、借鉴共性经验，把现代公司治理原则和机制落到实处

现代公司治理原则是各国通过长期实践提炼出来的，是经验与教训的结晶，是国际社会的共同财富，国企改革应当对之深入研究、善加借鉴。已经走到今天的国企改革，进一步的突破就是要让公司化后的国有企业，或准确地说是国有独资、控股和参股公司，像市场化的公司那样运作，并在公平的市场竞争中发展和壮大。这需要从国资管理到企业行为，都把现代公司治理原则和机制落到实处。宜通过法人董事设置，提高国有股东权利行使的效率和质量，消解国有股权董事个人被俘获的可能性；注重实质而非形式的公司治理运作规范，提高国有企业的决策质量和效率；注重程序而非结果的决策者责任追究，促进国有企业领导人强化责任担当和创新精神。

国资管理上，要真正从管资产、管企业向管资本转变。无论国有企业出身还是民营企业出身，只要进行了公司化改革，就都是现代公司，都要按公司法和公司治理规则进行运作，都要在产品和资本两个市场上竞争。国有资本可以良禽择木而栖，挑选市场竞争中的优胜者进行投资，从竞争力弱的企业中退出。无论公司化之前是国有企业还是民营企业，有国有资本进入的则是国有公司，国有资本退出的则不再是国有公司。

在这样一种市场导向的国有资本管理体制下，国有公司也和民营公司一样面临市场化的融资压力，要通过改进公司治理和创造公司价值来竞争获取包括国有资本在内的各种资本。国有资本要做更负责任、更具耐心的长期资本，成为优秀公司争相获取的对象，成为推动公司治理改进、把现代公司治理原则落到实处的一种市场力量。这应该是国有资本投资、运营公司试点和国有企业混合所有制改革的要义所在。

就国有公司内部治理来说，把现代公司治理原则落到实处，需要解决的核心问题是公司管理模式的行政化和公司高管的“政府官员化”，以及其中存在着

的一些与懒政、怠政官员同样的所谓“为官不为”问题。在公司层面上，“能力不足不能为”是董事会制度建设和职业经理人市场发展问题，“动力不足不想为”是市场导向、与公司价值挂钩的激励机制设计问题，“担当不足不敢为”则是注重程序而非结果的董事勤勉责任标准、作为董事责任安全港的经营判断准则和董事责任保险问题。

三、加强董事会建设，强化董事和监事的责任，提高专业化和勤勉程度

已有的改革在修订公司章程、完善董事会结构等规则和形式上付出很多努力，下一步的主攻方向是因地制宜，将公司治理“最佳实践”在各个层面行为上加以落实，比如，应通过战略性董事会的建设来提高董事会决策的有效性。改进董事会运作应深入到每一位董事的思想意识之中，并完全贯彻到审计、薪酬等关键的公司治理职责中去。过去国企董事会与经理层之间交叉过大的问题已经基本消失，现在的主要问题是控股股东管理人员和上市公司董事会、监事会成员之间的交叉过大问题。高管报酬还主要是现金报酬，在高管报酬的给付机制上改进不大。

国有企业公司董事会和监事会中的公司内部人比例都在下降，独立性有所增强。但是国资第一大股东性质和身份结构的特殊性，导致董事会和监事会中外部人比例的增加只是提高了其相对于公司经理层的独立性，而难以提高其相对于控股股东或公司实际控制人的独立性。这种单向的董事会和监事会独立性的提高，虽然也可以在一定程度上促进董事会和监事会作用的发挥，但是实际效果非常有限。在增加外部人比例这一结构问题已经解决了之后，董事会和监事会实际作用的发挥，还需要大力提高董事和监事的勤勉程度。把更高标准的公司治理从法规和原则落实到实际行为，需要一段相当长时间的学习、适应与调整。改进中国公司治理的关键环节在于“执行”，在于一些新的公司治理最佳实践的落实和推广，而不是法规和原则规定上的进一步“提高标准”。

四、从身份管理转向岗位管理，将国企经理人任期制、契约化和薪酬市场化落到实处

国资部门近年在国有企业推行的经理层成员任期制和契约化管理，是基于

中国特色现代企业制度的新型经营责任制，是激发企业内生活力动力的重要举措，是实现国有企业高质量发展的必然要求，其本质是基于岗位的管理，而不是针对身份和级别的管理。实践中，中央企业和地方国有企业通过明确任职期限、签订并严格履行聘任协议，在实现任期管理的规范化、常态化方面取得了相当成效。下一步宜突出契约目标的科学性和挑战性，坚持业绩导向，强化精准考核、有效激励。应真正强化岗位意识和契约精神，坚持物质激励与非物质激励相结合，保护和弘扬企业家精神，最大限度调动经理层成员干事创业的积极性和主动性。坚持业绩导向，坚持薪酬与业绩直接联动，在契约中明确业绩贡献与薪酬兑现的关联规则，改变“事后算账”做法，让每位经理层成员“看得懂、算得明”，做到“能否坐得住，契约说了算”“干得好不好，指标说了算”“收入多与少，业绩说了算”，真正体现“业绩升、薪酬升，业绩降、薪酬降”和考核的刚性退出，进而普遍形成“能上能下、能进能出、能增能减”的激励机制，激发企业发展动力和活力。应推动落实考核结果奖惩刚性兑现，同时根据有关规定建立薪酬追索扣回制度，体现薪酬兑现的强激励、硬约束。同时根据岗位价值、目标难度、考核结果等因素，合理拉开经理层成员间薪酬差距，打破“高水平大锅饭”现象。此外，还应灵活探索多种中长期激励机制，鼓励国有企业结合实际，对经理层成员灵活开展股票期权、受限股票、分红激励、超额利润分享、虚拟股权、跟投等中长期激励，不断丰富完善经理层成员薪酬结构。

五、保护中小股东，善待利益相关者，完善多元治理

美国、日本及欧洲等发达国家和地区在公司治理改革方向上有一个重要的两难选择问题，就是股东主权至上还是利害相关者导向，美国是股东主权至上，日本和欧洲国家则偏向于利害相关者导向。但是这两种模式中的任何一种都不是只顾一个方面而忽略另一个方面，实际只是一个重要性的顺序问题。股东主权至上论的逻辑是把利害相关者问题转化为长期股东利益问题，利害相关者导向论则强调社会各个方面在同一个层面上对公司行为的约束和利益诉求。从股东、董事到经理这一公司治理的委托代理链条上，董事、经理是实际掌握公司经营权力的阶层。如果没有以法律上对董事、经理要对股东和整个公司负责的严格要求，也没有有效的公司控制权市场发挥作用，董事和经理人市场发育也不充分，公司事实上也会成为经营者的公司，而不再是所有者的公司。

在中国这样一个“股东文化”刚刚起步的国家，在强调公司社会责任的时候，一定不能忽略了公司对股东的责任。中国的公司治理发展还处在初级阶段，甚至还谈不上股东主权和利害相关者导向之间的选择问题。在中国公司治理中，股东权利和利益相关者作用这两个方面的表现都还很差。改进国有公司治理，无须急于移植发达国家那些领先和最新的理念与做法，还需要进一步夯实良好公司治理的一些基本的制度基础。通过各种手段和各种渠道保障股东权利、提高股东在公司治理体系中的地位和作用可以采取的措施很多，如改变国有资本的考核规则、保护民营资本的所有者权利、改进对中小股东的法律救济体系和完善衍生诉讼制度等。

六、引导国有公司自主改进治理

国有公司的治理水平提升在逐渐从一种完全迫于监管压力的“强制性制度变迁”过程，转变为一定程度上源自市场压力的、企业自主性的“诱导性制度变迁”过程。新修订的公司法，在加强公司自治方面有所进步，为企业自主改革公司治理提供了一定的法律支持，但是还需要资本市场竞争机制发挥作用，尤其是融资方面的竞争，才能激发企业经营者自主改进公司治理的积极性。

公司治理的根本意义还是公司价值和长期经营业绩的提高，任何形式上的规范都要服从于实际效益和良好行为的改进。下一步有关推进公司治理的法律、法规和政策取向都应该是提升最低标准、强制落后者改进，增加企业自主选择的空间、鼓励领先者更为领先两个方面并重。要调整改进公司治理的“政策基调”，减少强制性的具体措施和治理机制安排，增加示范性和可选择性的制度安排。清理有关公司治理的法律和法规中一些僵硬的已经不合时宜的教条和框框，给企业自主性的公司治理改进和创新行为留出足够空间。有关立法和监管机构，也要在成为“防止、限制和指令”者的同时，担负起保驾护航的角色。

七、完善信息披露制度，发挥资本市场的作用

一个高标准的、有自觉因素的信息披露水平是与公司自主改进公司治理、加强董事会责任意义、提高股东和其他利害相关者作用以及发挥资本市场完整功能等密切相关的，需要这几个方面在整体上形成一种相互促进关系，进而形成一种公司治理的自我增强机制。

中国公司治理形式改进多于实质改进，源于监管要求的改进大于源于市场压力的改进，原因有两个方面。一方面是监管者急于求成，过度学习发达市场上的一些表面做法而忽略了很多系统性的要素。另一方面是市场发育迟缓，羁绊于一些改革初始时期设置的、目前已经完全不适应市场发展的条条框框，不能发挥出资本市场的完整功能。这一点可以从公司治理水平与公司股票的市场溢价之间相关性很低上得到部分证明。继续改进中国公司治理，强制性标准的作用已经有限，下一步的主要动力应该来自多元化股东的积极行动和高度竞争的资本市场的压力。

资本市场有效性的决定因素很多，制度设计和监管政策是一个方面。中国资本市场的制度设计缺陷还没有完全得到改正，监管政策上还有很深的“主管部门”习惯。没有把上市公司看作完全的自我负责的法律实体和市场行为主体，太多的事情是由证监会（以及国资委等）作为“主管部门”来批准的。上市、增发和配股，都缺少市场化因素。跟改革后国有企业一只眼睛看市场、一只眼睛看市长的行为类似，上市公司是一只眼睛看市场、一只眼睛看证监会和国资委。

在混合所有制体制下，应该适当加速推进董事经理持股，逐步放松上市和融资方面的管制，让公司来竞争，让市场来选择，同时把对公司高管的选择权和评判权都交给市场。良好公司治理在公司价值和股票价格上会得到表现，其与董事经理们自觉改进公司治理的积极性之间将出现显著的互相促进的正相关关系。

八、探索试行“环境、社会及治理”（ESG）框架和报告制度

随着全球人口增长、人口结构转变、气候变化和自然资源紧缺带来的压力不断增加，可持续发展已成为政治、社会和商业活动的主要议程。中国政府已把发展绿色经济和改善社会平等纳入“十四五”规划的重点，并且在响应《巴黎协定》方面发挥引领作用，作出了 2030 年碳达峰、2060 年前实现碳中和的“双碳”庄严承诺。在此背景下，国资监管当局可以在国有公司治理中有条件、分阶段地探索试行国际上比较成熟的“环境、社会及治理”框架和报告制度（Environment，Social Responsibility and Corporate Governance，ESG）。ESG 包括信息披露、评估评级和投资指引三个方面，是社会责任投资的基础，是绿色经济体系的重要组成部分。作为公共企业，国有公司建立 ESG 综合制度框架，在绿色发展、社会公正和有效治理方面做出表率，是题中应有之义。

课题组成员名单

黄群慧　中国社会科学院经济研究所所长
张　玮　国家电网有限公司政策研究室主任
周海洋　国家电网有限公司政策研究室副主任
赵九斤　国家电网有限公司政策研究室综合处处长
赵宏波　国家电网有限公司政策研究室综合处专责
仲继银　中国社会科学院经济研究所研究员
王宏淼　中国社会科学院经济研究所研究员
张小溪　中国社会科学院经济研究所副研究员
楠　玉　中国社会科学院经济研究所助理研究员
欧阳耀福　中国社会科学院经济研究所助理研究员
林　菁　中国社会科学院经济研究所博士生
史　丹　中国社会科学院工业经济研究所所长
余　菁　中国社会科学院工业经济研究所研究员
刘湘丽　中国社会科学院工业经济研究所研究员
赵剑波　中国社会科学院工业经济研究所副研究员
王　欣　中国社会科学院工业经济研究所副研究员
陈　楠　中国社会科学院工业经济研究所博士研究生
刘陆禄　中国社会科学院工业经济研究所博士研究生
李维安　南开大学讲席教授、中国公司治理研究院院长
张耀伟　南开大学中国公司治理研究院副教授
孟乾坤　南开大学中国公司治理研究院博士生
刘昱沛　南开大学中国公司治理研究院博士生
曹甜甜　南开大学中国公司治理研究院博士生
陈兴晔　南开大学中国公司治理研究院博士生
侯文涤　东北财经大学工商管理学院博士生
李侠男　天津财经大学商学院博士生
高明华　北京师范大学教授、公司治理与企业发展研究中心主任
戚聿东　北京师范大学经济与工商管理学院院长
方　芳　北京师范大学经济与工商管理学院副教授

杨　丹　北京师范大学经济与工商管理学院副教授
郭传孜　北京师范大学经济与工商管理学院博士生
谭祖坤　北京师范大学经济与工商管理学院博士生
薛佳安　北京师范大学经济与工商管理学院硕士生
张　勇　国网能源研究院有限公司管理咨询研究所所长
李浩澜　国网能源研究院有限公司管理咨询研究所研究员
程佳旭　国网能源研究院有限公司管理咨询研究所研究员
朱文浩　国网能源研究院有限公司管理咨询研究所研究员
高　靖　英大传媒投资集团有限公司主任编辑
吴谋远　中国石油天然气集团有限公司经济技术研究院副院长
余　岭　中国石油天然气集团有限公司经济技术研究院发展战略所技术专家
周　晶　中智管理咨询有限公司党委书记、总经理
陈和午　中智管理咨询有限公司事业合伙人、研究院副院长

“国有企业公司治理机制研究”由国家电网有限公司、中国社会科学院经济研究所、南开大学、北京师范大学、中国社会科学院工业经济研究所等单位共同完成，国务院国资委支持厅局为企业改革局。“国有企业公司治理机制研究”课题分为一个总课题和四个子课题，总课题由经济研究所研究员仲继银负责，子课题一“中国特色现代企业制度建设的理论创新”、子课题二“国有企业各治理主体的职责定位和权责边界研究”由中国社会科学院工业经济研究所所长史丹负责，子课题三“国有企业董事会规范高效运作的机制研究”由南开大学讲席教授李维安负责，子课题四“国有企业经理层激励与监督约束机制研究”由北京师范大学教授高明华负责。

混合所有制企业经营机制研究

混合所有制经济是我国基本经济制度的重要实现形式，发展混合所有制经济是新时代深化国有企业改革的主要措施和重要突破口。在国有企业改革的纲领性政策《中共中央 国务院关于深化国有企业改革的指导意见》引领下的“1 + N”文件体系中，混合所有制改革作为重要内容得到详细论述和部署。目前，在中央层面已陆续开展了一系列混合所有制改革试点工作，各地方企业的混合所有制改革也在持续深入推进。上述一系列举措为进一步深化混合所有制改革提供了系统的政策指引、奠定了坚实的实践基础、积累了丰富的研究素材。

需要指出的是，混合所有制改革不仅涉及国有经济实现方式的改革，同时也涉及国有企业经营机制的改革，两者互为表里、缺一不可，需协调系统推进。但目前，一方面，还普遍存在对于两者的意义混淆和认识模糊，以致推进混合所有制改革的目标不清晰，经营机制转换不到位，主要表现为“重混轻改”“以混代改”，部分企业的“混改”仍只流于股权形式的变动，而没有深入完善企业的治理结构，国资监管机构和国有大股东对混合所有制企业的行政性管理未发生根本性改变，“混改”企业完全照搬国有独资公司的管控模式；另一方面，以《中央企业混合所有制改革操作指引》的出台为标志，混合所有制改革在实现方式方面已逐步形成了较为成熟的可操作框架，相较之下，经营机制方面的改革还处于探索阶段，亟须围绕《国企改革三年行动方案（2020—2022 年）》提出的要求，针对“混改”企业经营管理过程中的实践问题，形成目标清晰、切实可行的政策指南和操作框架。

基于上述问题，本课题将围绕混合所有制企业经营机制转换，从治理结构、差异化管控模式、选人用人与激励分配机制、风险控制与合规经营等多方面入手，展开系统性研究，提出切实可行、全面稳妥的改革建议和政策指引，以推动混合所有制企业更好地适应市场化、现代化、国际化新形势，不断提升企业活力、创造力、竞争力和抗风险能力，充分发挥顶梁柱和主力军作用，进而为增强国有经济控制力和影响力、引领创新发展和促进经济社会高质量发展作出更大贡献。

第一章　混合所有制企业治理结构

本章立足于混合所有制企业发展的实际，对我国混合所有制改革的“治理结构”进行全面解读，并结合当前及今后一段时期的宏观经济形势和国有企业改革发展脉络，厘清治理结构的改革思路，把握治理结构的实现形式，找准治理结构中的重点难点，提出完善混合所有制企业治理结构的政策建议与具体措施。通过对混合所有制企业治理结构的全方位识别，构建起适于混合所有制企业的治理结构体系，助力国有企业改革工作取得突破性进展。

第一节　混合所有制企业治理结构的政策依据和现状分析

混合所有制企业治理结构改革政策是“1+5”政策体系，包含总体意见、员工持股、操作指引等方面。2015 年国务院发布纲领性文件——《国务院关于国有企业发展混合所有制经济的意见》，明确要健全混合所有制企业法人治理结构。2017 年国家发展改革委发布《关于深化混合所有制改革试点若干政策的意见》（发改经体〔2017〕2057 号），对混合所有制改革试点中的员工持股与试点联动等治理结构问题提出方向性意见。2017 年国务院办公厅发布《关于进一步完善国有企业法人治理结构的指导意见》，对健全各司其职、各负其责、协调运转、有效制衡的国有企业法人治理结构提出具体意见。2018 年国务院发布《关于推进国有资本投资、运营公司改革试点的实施意见》，对国有资本投资、运营公司设立党组织、董事会、经理层，规范公司治理结构，建立健全权责对等、运转协调、有效制衡的决策执行监督机制，充分发挥党组织的领导作用、董事会的决策作用、经理层的经营管理作用，作出了明确规定。2019 年发布的《中央企业混合所有制改革操作指引》（国资产权〔2019〕653 号）对中央企业“混改”进行了进一步规范。2020 年审议通过的《国企改革三年行动方案（2020—2022 年）》对混合所有制企业治理结构改革提出了明确要求。

总体来看，在上述政策体系指导下，当前我国混合所有制企业治理结构优化取得了积极进展，但也存在一系列问题。从成绩来看，现代企业制度进一步完善，授权放权进一步科学合理，企业法人治理进一步优化，董事会定战略、做决策、防风险的重要作用得到充分发挥，企业激励约束机制进一步健全，企业核心竞争力进一步增强。从问题来看，存在误把混合所有制改革混同于“股权多元化改革”、忽视混合所有制改革“分类分层”前提、不重视法律制度建设的重要前提、重股权轻治理、政策效能仍发挥不充分等问题。

第二节　混合所有制企业治理结构的关键问题与重点难点梳理

基于混合所有制企业治理结构的实践，可归纳出四大关键问题和重点难点。

一、党的领导如何表达

一是当前混合所有制企业中党的建设取得了重要成效，但不同股权结构的企业中党的建设仍可以在差异化、多元化方面进一步优化提升。二是当前混合所有制企业中党的领导决策作用已经得到了制度保障，但党的领导决策与不同治理结构的边界仍需进一步厘清明晰。三是当前混合所有制企业中党的领导监督作用得到了充分发挥，但不同管控模式的企业中党的领导和监督作用的范围和细度仍需进一步廓清明确。

二、非公股东权益如何保障

一是大部分混合所有制企业中非公股东已经能够有效参与公司治理，但实现机制仍有待进一步完善优化。二是混合所有制企业中非公股东已经越来越多地参与了公司决策，但具体路径仍有待进一步明晰拓展。三是许多混合所有制企业中的非公股东已经对公司发展作出了一系列贡献，但方式方法仍有待进一步丰富多样。

三、管控模式如何优化

一是纵向结构混位失衡、横向结构界限不清。一方面，鉴于集团总部具有“利益调整难度大”和“改革复杂程度高”的特征，国有企业混合所有制改革主要集中于子公司层面和项目层面，存在比较突出的“混下不混上”的纵向结构失衡问题；另一方面，现实中国有企业难以根据既定标准找到合理坐标，分类“混改”执行难度较大，最终导致混合所有制改革呈现出“行业分布界限不清”的横向结构问题。二是“混改”方式途径需要多元化，创新传统管控模式。国有企业需在实践中结合企业具体情况合理选择“混改”模式，并从资本引进类别、资本引进方式、资本引进目的、资本引进情境等多个维度积极探索适用于更多新场景的改革模式，以便在活化模式的基础上提高企业经营绩效。

四、科学的激励机制如何建立

科学合理的激励机制缺失，导致“混改”企业在机制建设中存在一系列需要完善的治理问题，如高管任免、资源配置与经营决策偏行政化，以及保障机制尚不到位所导致的“国有企业不愿混，民营企业不敢混”等障碍。

第三节　对混合所有制企业治理结构的关键问题和重点难点的理论分析

针对混合所有制企业治理结构中的关键问题和重点难点，结合混合所有制企业实践中呈现的具体问题，我们将进行深入的理论分析和总结，深挖背后的体制性因素和共同因素。

一、一个共同背景是从国有企业到混合所有制经济

从历史逻辑来看，发展混合所有制经济是适应新发展阶段的国有企业发展新取向。改革开放以来，党和国家出台了一系列关于国有企业发展改革的政策措施。特别是党的十八大以来，随着全面深化改革不断推进，国有企业改革进

展主要转向发展混合所有制经济。从现实逻辑来看，发展混合所有制经济是新形势下坚持完善基本经济制度的必然选择。习近平总书记作关于《中共中央关于全面深化改革若干重大问题的决定》的说明时指出，要坚持和发展党的十五大以来有关论述，积极发展混合所有制经济，强调国有资本、集体资本、非公有资本等交叉持股、相互融合的混合所有制经济，是基本经济制度的重要实现形式，有利于国有资本放大功能、保值增值、提高竞争力。这是新形势下坚持公有制主体地位，增强国有经济活力、控制力、影响力的一个有效途径和必然选择。

二、两大基础难题是资本结构难精准和多元产权难制衡

混合所有制改革的初衷就是要通过建立起多主体参与的资本结构，形成多元产权主体相互制衡的治理机构，从而既能保证国有资本的地位，又能获得市场主体的效率。然而，改革过程中却存在两个当前难以厘清或解决的难题：一是资本结构中国有资本究竟占多大份额才是合适的；二是基于国有资本的强势地位，如何保证多元主体能够扎扎实实获得相互制衡的权力。企业资本结构决定着企业所有权的分配，是企业治理结构的重要组成部分，企业治理结构是否完善，在很大程度上取决于企业资本结构是否合理。这意味着，要提高国有企业混合所有制改革治理结构的有效性，其基础性的制度安排就是要合理地选择国有企业的资本结构，以发挥资本结构的治理作用。

三、三项共同障碍是股东会和董事会的形式主义、外部董事和监事会的监督缺位、党委会和董事会的边界不清和角色混同

一是股东会和董事会分别代表了所有权和管理权，在混合所有制企业中，公司治理的形式主义比较严重，有时还会出现“两权合一”的现象。二是混合所有制企业配备外部董事主要是为了保证出资人利益，防止“内部人控制”，但在实际运行中的效果并不理想，往往“花瓶董事”多，外部董事比例低，薪酬机制不合理。三是党委会和董事会的角色混同，比如，党委会和董事会的成员多有重合，会出现兼任董事的党委委员在党委会上不知不觉开始扮演“董事”角色现象；没有按照权责划分清单做好分工，对生产经营方面的一些相同议题，党委会和董事会重复开会讨论，造成决策效率低下；党委会和董事会的议事规

则等配套制度不完善，议事范围没法做到有效衔接，造成决策边界不清等。

第四节　混合所有制企业治理结构的改革思路

混合所有制企业治理结构的改革，应以“完善治理、强化激励、突出主业、提高效率”为原则，灵活规范设立党委会、股东会、董事会、监事会、经理层“四会一层”组织，建立健全权责对等、运转协调、有效制衡的决策执行监督机制，充分发挥党组织的领导作用、董事会的决策作用、经理层的经营管理作用，推动形成协调运转、有效制衡的中国特色现代公司治理结构。具体的改革思路包括以下四个方面。

一、完善董事会治理结构

明确董事会和经理层的权责边界，主要从人、财、事三个方面界定董事会和经理层的权责边界，包括人事任免、薪酬考核、战略管理、章程制度、预决算管理与投融资担保管理等。董事会作为公司的决策机构，其职责是在出资人的授权下进行重大事项的决策和审批，包括年度发展战略、年度预决算方案、年度投资计划、重大投资项目、融资事项等。而以总经理（总裁）为首的经理层则负责企业日常经营、执行董事会决议，并可在一定授权范围内进行决策。明确董事会和经理层权责边界的核心在于给予经理层明确充分的授权，董事会对授权范围内的事项进行备案，但不再介入经理层的决策。在具体设计时，需要针对“人、财、事”等方面的细项进行权责界定，比如在“财”这一方面，需要按照授权额度界定董事会和经理层在年度预算管理、利润分配管理、年度投资计划、融资计划、投资事项、融资事项等项目上的职责，如由谁审议、由谁最终审批等。

二、建立适应混合所有制企业的股权董事、监事管理机制

应该尽快实现“一个完善”，逐步实现“三个转变”。“一个完善”是指完善集团外派董监事制度体系（分为管理体制建设和管理机制建设）。“三个转变”是指对董监事管理由分散化向归口化转变、对董监事委派由兼职化向专职化转变、对董监事任职由安置化向专业化转变。具体的方向设想包括：一是完善集

团外派董监事管理体系；二是健全对外派董监事的管理制度；三是明确不同股权关系下的不同外派方式；四是按照分类管理的原则区别实施；五是加强外派董监事遴选考核奖励；六是开展对董监事资格和能力的系统培训；七是加大对外派董监事的支持力度。

三、梳理完善公司治理，促进党的领导融入

明确“双向进入、交叉任职”的原则，即国有企业中符合条件的党委成员可通过法定程序分别进入董事会、监事会和经理层任职，董事会、监事会、经理层中符合条件的党员可依照有关规定和程序进入党委会担任党内职务，以加强党委会对企业重大决策和经营的领导。重大问题决策、重大项目投资决策和大额资金这三项概念的应用范围应与党委会前置模式相匹配。在党委会前置于董事会的模式之下，党委会的重大审议事项除党建工作和重要干部任免外，在原则上应与董事会一致，包括战略发展和投融资计划、章程制度、预决算与利润分配，以及超过经理层授权范围的投融资与担保事项。

四、采取分类管控策略，优化管控模式

借助混合所有制改革契机，重新梳理内部管控关系。我们建议，形成集团、战略业务单元（SBU）和业务单元（BU）三个管理层级，其中“混改”主要在战略业务单元（SBU）和业务单元（BU）推进，做实战略业务单元（SBU）层级，其中，从集团管资本、战略业务单元（SBU）管资产、业务单元（BU）负责生产和运营三个层面定义内部管控关系。集团总部作为资本层，以股权关系为管理纽带对战略业务单元（SBU）进行管理；战略业务单元（SBU）划分业务板块，作为专业业务管理平台负责业务推进；业务单元（BU）则为具体的经营单位。具体的管理条线上，集团一般采用逐层管控模式，总部仅对二级平台实行管控，不直接管理三级子公司。同时，以事业部制和区域部制等创新体制为依托，对公司内部的业务板块和公司区域的管理关系进行梳理，优化“条块”。最后，进一步区分和梳理党群系统和行政业务系统的条线边界，应以层级和分类为原则，建立不同层级的党群与行政系统的条线权力范围，形成既管得住又不管死的灵活高效的管控体系。

第五节　完善混合所有制企业治理结构的政策建议

通过前述分析总结，针对当前混合所有制企业治理结构中存在的关键问题和难点，我们着重从以下四个方面提出完善混合所有制企业治理结构的政策建议。

一、根据企业差异化特征更好发挥党的领导作用

第一，对绝对控股或在原国有企业基础上改制的混合所有制企业，重点推动党的领导与公司治理相融合，确保发挥把方向、管大局、促落实的“高线”作用。一是要合理规范界定党组织在公司治理结构中的位置，形成完整的“四会一层”治理体系，使该级党组织拥有完整的本级企业管理权限范围内“三重一大”事项的前置性决策权、完整的监督权以及向上级党组织建议的权利；二是要设定公司治理结构的权力行使程序，保障各个治理结构权力的正确有效行使，特别是在用人、监督、激励等事关企业发展的重要方面。

第二，对相对控股或引入民营企业实施“混改”的混合所有制企业，注重围绕企业战略发展和生产经营，保证发挥把方向、抓协调、促发展的“中线”作用。一是形成准“四会一层”治理体系，明确党组织在重大决策中前置发挥“把方向”作用的条件和机制，厘清“把方向”的权力清单，用权力清单来划定治理边界，做到“法无授权不可为”。二是拓展党组织在新条件下的新使命新任务，形成党组织协调各方利益、促进企业发展的新机制新路径。其中，重点是构建好不同性质股东的利益相容机制，探索建立各级党组织有机融入生产经营环节中的机制与模式，发挥“政治堡垒、战斗堡垒”的作用，形成自上而下与自下而上相结合的“把方向、抓协调、促发展”作用机制。

第三，对国有资本和非公资本共同投资新建企业，抓好顶层设计，同步加强企业党建工作，筑牢党组织发挥作用的“下线”，确保党组织“不虚化、不淡化”。一是做好顶层设计，优化“三会一层”治理结构，明确各方权责范围，包括在本级公司层面不设置党组织，党的决策和监督功能由上级党组织行使，重大事项由国有股东代表前置请示上级党组织后再履行股东会、董事会程序，从而保证企业沿着严格遵守国家法律法规，诚信经营、规范管理的正确方向发展；

二是同步加强企业党建工作，做到党的组织覆盖和工作覆盖，建强基本队伍，健全基本制度，不断完善“三基建设”，推动基层党组织以更加有力的措施、更加完善的体系发挥好战斗堡垒作用，在企业发展中更好地扮演“抓监督，促发展”的重要角色。

二、以强化董事会治理为核心优化治理结构

第一，建设专业、科学的董事会，充分向董事会授权。董事会是混合所有制企业的决策机构，对股东会负责，要支持董事会依法行使职权，落实董事会在中长期发展战略规划、经营层选聘、业绩考核、薪酬管理、工资总额管理、重大财务事项管理等方面的权力。同时，董事会要依法向经营层授权，依法明确董事会对经理层的授权原则、管理机制、事项范围、权限条件等。

第二，改善董事会结构，支持董事会科学决策。混合所有制企业的董事会一定要破除传统的思维模式，坚决防止一股独大、大股东控制的董事会结构，赋予中小股东发言权，引入外部董事，降低企业董事会与经理层重叠度，形成多方制衡的董事会，这有利于混合所有制企业后续的机制改革及可持续发展。

第三，要选优用好独立董事。一是明确独立董事的立场，国有控股混合所有制企业中的独立董事不应代表具体某一方股东的利益，而应站在公司法人的整体立场独立地进行专业决策；二是优化独立董事的配置，把好“入口关”，设置专门的选任机构进行全方位选聘；三是强化激励约束机制，结合市场行情确定固定薪酬，并建立与独立董事的履职情况、公司业绩等相挂钩的弹性薪酬。

第四，要发挥好专业委员会的“智囊”作用。对于国有控股混合所有制企业董事会专委会，除上市公司应按照相关规定进行设置外，其他类型混合所有制企业应结合实际，以有利于开展工作为原则，与党组织、监事会及公司相关职能部门有效衔接。

第五，优化董事会成员配置。在选聘董事时，国有控股股东要破除行政化、身份的影响，选择真正能够为企业发展作出贡献的董事，减少大量兼职的现象。董事会成员数量方面，在国有相对控股混合所有制企业中，应让“非国有股东委派的董事＋独立董事”多于国有股东委派的董事。

三、多方面多维度打造非公股东发挥作用的路径

第一，确定非公股东有效参与公司治理的路径与措施。要明确混合所有制

企业的现代公司治理制度，破除非公有制企业参与“混改”的担忧。一是要坚持以资本为纽带、以产权为基础的公司治理原则；二是要完善公司章程，建立非公股东参与公司治理的规范路径和具体机制；三是要明晰非公股东进入“三会一层”的具体措施。

第二，确定吸纳非公股东代表进入企业党委的路径与措施。要给予非公股东进入企业核心决策层的机会，破除非公股东“贡献无门”的困境。一是做好顶层设计，探索制定非公股东代表进入企业党委的制度；二是拓宽“双向进入、交叉任职”的应用范围和对象；三是探索非公股东代表在党委会发挥作用的具体措施。

第三，确定国有股东与非公股东的事前沟通协商路径与措施。要切实尊重非公股东的权利，确保其在重大事项上能够与国有股东进行平等对话。一是要建立国有股东与非公股东事前沟通协商的机制；二是要明确国有股东与非公股东事先沟通协商的路径；三是要丰富国有股东与非公股东事先沟通协商的方式。

第四，确定非公股东参与国有股东战略研讨等重要会议的路径与措施。要保障非公股东对企业发展战略方向与战略举措的知情权、研讨权与发言权，构造非公股东“建言献策”的途径。一是以提交提案、主题发言、参与研讨等为形式，打造非公股东参与国有股东战略研讨等重要会议的路径；二是以特邀、列席、分组讨论等为抓手，丰富非公股东参与国有股东战略研讨等重要会议的措施。

第五，国资委可以每年邀请重要非公股东座谈，解决非公股东在与国企合作中的问题。由国资委牵头，每年定期召开非公股东座谈会，为非公股东提供反映问题的高层沟通渠道与特殊建议渠道。

四、加快形成混合所有制企业评估五维指标体系

第一，明确不同维度在混合所有制改革评估体系中的地位和权重。评估体系的五个方面各有侧重，是对混合所有制企业改革成效不同面向的综合，但是也有地位上的差异和区别，从而为之后确立相应的权重奠定基础。一是明确党的领导在“混改”评估体系中的先导地位，赋予党的领导在评估体系中不低于五分之一份额的权重；二是聚焦体制创新在“混改”评估体系中的突出地位，赋予体制创新在评估体系中不低于四分之一份额的权重；三是强调运行效率在

“混改”评估体系中的引领地位，赋予运行效率在评估体系中不低于五分之一份额的权重；四是强化国资效益在“混改”评估体系中的核心地位，赋予国资效益在评估体系中不低于五分之一份额的权重；五是重视竞争能力在“混改”评估体系中的重要地位，赋予竞争能力在评估体系中不低于十分之一份额的权重。

第二，建立不同维度在混合所有制改革评估体系中的具体指标。混合所有制改革决不能把国有企业的特色搞丢了，决不能把党的领导弱化了，同时还要持续创新探索新体制新机制，提升国有企业的运行效率，稳步迈向建设世界一流企业的高质量发展目标。一是明确党的领导衡量指标，建议从党委会前置程序设定、党委成员“双向进入、交叉任职”状况、基层党组织建设、党组织开展活动时间等方面建立具体的衡量指标；二是明确体制创新衡量指标，建议从公司治理完善度、专职董事制度、监事会制度、经理层效率、市场化选人、竞争力的薪酬体系等方面建立具体的衡量指标；三是明确运行效率衡量指标，建议从公司劳动生产率、利润率、成本收益比、资产负债率等方面建立具体的衡量指标；四是明确国资效益衡量指标，建议从公司国有资本回报率、国有资本保值率、公司市场份额、劳动人员福利、社会责任等方面建立具体的衡量指标；五是明确竞争能力衡量指标，建议从产业链控制力、抗风险能力、与世界一流企业生产率及利润率之比等方面建立具体的衡量指标。

第二章　混合所有制企业差异化管控模式

党的十八大以来，我国混合所有制改革在多个层面取得了重大进展，但在管控模式方面尚未发生根本性改变，基本沿用了管理国有独资企业的传统模式。这种“一刀切”式的管理方式，不利于发挥“混改”企业体制机制优势和增强企业活力。为此，国务院国资委于2019年10月印发《中央企业混合所有制改革操作指引》，明确要求混合所有制企业应该在管控模式方面加快探索。《国企改革三年行动方案（2020—2022年）》进一步提出，支持国有相对控股混合所有制企业，根据法律法规和公司章程实施更加市场化的差异化管控。探索对混合所有制企业实施差异化管控，不仅是“十四五”时期国企改革的重要任务，更是激发其自身活力的客观要求。

第一节 混合所有制企业差异化管控的界定

根据“集团管控三分法”的相关理论，按照集团集权、分权程度的不同，以及不同管控类型的特点，结合混合所有制企业的国有股占比、所处行业特性以及战略地位等因素，本研究将国有集团对下属混合所有制企业的管控模式分为三种（见表1）。按照建立中国特色现代企业制度目标要求，这三种管控模式在一定程度上体现了企业以法人治理管控为主导，并结合不同情况进行了不同的集权分权管控。

一、“法人治理型+有限授权放权”管控模式

“法人治理型+有限授权放权”管控模式，偏于集权式管控。集权式管控模式下，集团对下属企业日常经营直接管理，强调的是直线式管理。“法人治理型+有限授权放权”具有典型的集权管理特点，管理层次稍简单、管理跨度较大。该管控模式优点是由集团公司作出统一决策，有利于保障下属企业的行动一致性，能较好地整合集团整体资源优势；缺点是不利于调动下属企业管理层的积极性，对于集团决策层的素质、能力有极高的要求。“法人治理型+有限授权放权”管控对于国有独资、全资下属企业和国有绝对控股企业，依然是一种主流的管控模式。

二、“法人治理型+权力清单”管控模式

“法人治理型+权力清单”管控模式，属于集分权结合式的管控。法人治理型管控要求国有股东在现代企业制度框架下按照市场化规则以股东身份参与企业治理，行使股东相应权利，不干预企业日常经营。这一管控模式注重战略管控维度，集团对下属企业的发展充当领航员的角色，下属企业按照集团制定的整体战略规划，细化协作开展日常经营工作。该管控模式优点是集团专注于战略决策、优化资源配置，实现了决策与执行分离，提高了决策及执行效率和企业的抗风险能力，有利于对下属企业的激励与专业化经营；缺点是若集团的战略与下属企业发展不相匹配，管理协调功能无法充分实现，容易出现一定程度的管控失效。“法人治理型+权力清单”管控模式是国有相对控股混合所有制企

业管控优化的核心方向，也是差异化管控的重要模式。如中国建材集团有限公司积极探索对旗下相对控股混合所有制企业实施“法人治理型＋权力清单”式的差异化管控，并出台了指导意见及实施细则，明确了差异化的管控范围、管控重点、管控方式、管控途径，以及实施改革的重要举措。这一系列举措扩大了“混改”企业经营自主权，规范了管控关系，增强了“混改”企业活力。

三、“法人治理型”管控模式

“法人治理型”管控模式，偏于放权式管控。“法人治理型”管控模式从集分权角度来看，属于财务管控型，是一种倾向于分权的管控模式，体现了分散决策、分散经营的思想，管理层次较多、管理跨度较小。集团重点关心下属企业财务目标的实现，通过财务的手段和途径进行管控，不干涉下属企业日常经营管理、战略决策等事项。其优点是管理相对简单，灵活性和适应性较强，集团与下属公司间权责边界清晰，有利于发挥下属企业的积极性。

表1　混合所有制企业差异化管控基本类型

<table>
<tr><th colspan="2" rowspan="2">“混改”
企业类型</th><th rowspan="2">国有股占比</th><th colspan="3">所处行业性质</th><th rowspan="2">管控模式选择</th></tr>
<tr><th>商业一类：
完全竞争性</th><th>商业二类：
涉及国民经济
命脉、安全
重要行业关键
领域，提供国计
民生公
共产品及服务</th><th>战略新兴、
科技先导、
未来产业制高点</th></tr>
<tr><td rowspan="3">国有
绝对
控股</td><td>Ⅰ</td><td>＞50%</td><td></td><td>√</td><td></td><td rowspan="3">“法人治理型＋有限授权放权”管控模式（偏于集权式）</td></tr>
<tr><td>Ⅱ</td><td>＞50%</td><td></td><td></td><td>√</td></tr>
<tr><td>Ⅲ</td><td>＞50%</td><td>√</td><td></td><td></td></tr>
<tr><td rowspan="2">国有
相对
控股</td><td>Ⅰ</td><td>33%～50%
第一大股东
相对控股</td><td>√</td><td></td><td>√</td><td rowspan="2">“法人治理型＋权力清单”管控模式（集分权结合式）</td></tr>
<tr><td>Ⅱ</td><td>＜33%
具有实际
控制权</td><td>√</td><td></td><td>√</td></tr>
<tr><td>国有
参股</td><td colspan="2">＜33%
没有实际控制权</td><td>√</td><td></td><td></td><td>“法人治理型”管控模式（偏于放权式）</td></tr>
</table>

资料来源：笔者归纳整理。

第二节　混合所有制企业差异化管控面临的主要问题及其成因分析

近年来，国有企业对不同类型“混改”企业实施差异化管控进行了积极探索，通过推进混合所有制改革，体制机制动能进一步释放，在推动国有企业经营机制转化和加快发展方面取得了明显成效。

一、存在的主要问题

从问卷调查统计来看，在设计的12项推进差异化管控面临的问题中，居前三位的是：国有企业因工资总额受限，难以开展市场化薪酬激励；法人治理结构不健全不完善，制约有效管控模式的实施；推进差异化管控的相关政策法律法规及实施细则不健全，缺乏可操作依据。在对典型企业实地调研中，反映出的问题主要表现在以下几个方面。

一是有效管控模式尚未建立，“一刀切”式的管控方式制约了“混改”企业活力释放。对不同国有股占比的“混改”企业实施有差异的管理，是对企业科学管理的客观要求，是建立现代集团企业管控制度的重要内容。尽管一些国有企业集团对旗下混合所有制企业实施分类管控进行了积极有益探索，但由于缺乏明确的政策指引，对“混改”企业管控如何分类、分类标准如何把握、管控内容中集权和放权边界如何划分以及集分权程度如何掌握等诸类问题，一时难以界定，制约了有效管控模式的形成，导致大多数企业仍然采取行政化、不加分类的“一刀切”式的管控方式，这在很大程度上制约了“混改”企业的优势发挥和活力释放。

二是法人治理结构不健全，制约有效管控模式形成。目前混合所有制企业股东（大）会、董事会不健全、不完善，尤其是非公资本股东、非公股东推荐的董事人数少，难以形成有效协调、优势互补、相互制衡的法人治理结构。国有股权董事制度相对滞后，致使国有股权董事履职行权缺乏制度基础。从现实来看，国有股权董事履职能力参差不齐，整体素质有待提高。因此，为适应治理型管控转变要求，应进一步为国有股权董监事履职行权提供服务支撑、条件保障。

三是存在党管干部与市场化选择经营者的协调问题。目前“混改”企业党组织与董事会权责边界不清、运转不畅的问题仍一定程度存在。如何加强党管干部原则与市场化选人用人机制的有机结合，进一步理顺党组织与其他治理主体的关系，还需要在实践中积极探索，加强相关制度建设。

二、成因分析

从“混改”企业实践来看，造成现有问题的原因主要有以下几个方面。

一是改革转型的内生动力不足。从集团公司层面来看，因习惯原来的行政化、文件式管理，在推进对“混改”企业采取差异化管控过程中，缺乏改革转型的主动性、积极性和创造性；因缺乏明确政策依据，担心管理失控、管理不到位，由此承担管理不善、监管不力的责任以及造成国有资产流失的嫌疑。

二是缺乏“混改”企业差异化管控的操作性政策指引。从实际调研的情况来看，无论是企业还是地方国资监管部门均普遍认为，尽管《国企改革三年行动方案（2020—2022 年）》及有关政策提出了推进国有控股混合所有制企业实施差异化管控模式，但对混合所有制企业分类依据、分类标准难以把握，对董事会授权分权的事项及其程度等尚缺乏政策指引及操作性细则，很大程度上制约了差异化管控的实施。

三是需加快国有资本监管体制系统性改革。国有资本经营从初始委托到集团公司旗下三级子公司已形成至少五层级委托链条，委托代理链条过长。如何明确不同国有股东的功能定位，如何界定不同层级国有股东代表的授权范围、权限，都会对处于中间层级的企业集团对旗下“混改”企业的管控授权产生影响。而国有资本监管机构作为委托国有股东的功能定位、监管权责划定、监管方式及监管延伸层级等都会对“混改”企业管控产生重要影响。因此，有必要对国有资本委托代理链条上各级国有股东代表进行功能定位，明确各层委托代理权责，推进顶层设计和系统性、整体性改革。

四是存在市场化经营与承担社会责任的协调问题。一方面，国有企业作为市场经营主体，拥有一般企业的属性，需要生存发展，具有追求效益效率的本原动力。另一方面，在紧急情况下，国有企业还有不计成本承担社会责任、维护社会公平稳定的义务。当国有企业市场化改革及经营发展与国有企业功能的特殊性不协调、不一致时，市场化机制的形成便会受到一定的制约，进而对市场化管控模式的形成产生影响。

第三节　构建混合所有制企业差异化管控模式的基本思路

未来应围绕“1+N”政策体系的要求，适应以管资本为主的国资监管体制，构建国有资本投资运营的新机制，以母子公司架构为载体，对不同类型国有控股混合所有制企业实施差异化管理。据此，我们提出构建混合所有制企业差异化管控模式的基本原则、分类选择和重点任务。

一、建立差异化管控模式的基本原则

对不同国有股占比、不同行业领域特性、不同治理水平的混合所有制企业应分类实行差异化管控。建立集团公司与旗下“混改”企业差异化管控模式，应遵循以下原则。

一是体现注重管资本为主的原则。从管资产向管资本的转变，需要在管理思维、管理方式、管理手段等方面作出实质性的转变，这要求混合所有制企业的管控模式也要适应国有资本监管体制和国有资本运营方式的变革。构建有效的管控模式，要注重提高国有资本的流动性，推进国有资本向关乎国民经济命脉和经济安全的重要行业和关键领域集中，向引领高质量发展的战略性新兴产业集中，向涉及国计民生的公共产品及服务领域集中，不断优化国有经济结构和布局，充分发挥国有经济主导作用。

二是体现以法人治理型管控为主导，做实董事会并充分发挥董事会功能作用。建立和完善集团公司和旗下“混改”企业法人治理结构及运行机制，充分发挥母子公司董事会功能作用，建立完善派出股权董事制度，推进从行政为主管控向法人治理为主管控的转变，逐步形成以法人治理为主导，适应制度化、规范化、市场化、国际化的管控模式。

三是体现合理有度授权放权。将应由企业依法自主决策的事情归位于企业，最大限度减少对企业日常生产经营活动的干预，更多依靠公司法人治理结构行使权力。结合混合所有制企业国有股占比大小、所处行业领域的战略地位、治理结构完善程度及决策水平、母子公司重要资源关联性等影响因素，对国有股权派出董事和“混改”企业董事会进行明确合理授权，充分体现国有股东意志，

确保国有股东有效行权。确保“混改”企业董事功能和权力有效发挥，做到集权有度、分权有序、授权合理、行权有道、上下贯通、协调运转，以更好地保障企业自主经营权。同时，根据内外影响因素变化，审慎调整授权放权内容及权限，以适应高效管控、高质量发展的要求。

四是体现管控到位不越位，放权不缺位。在充分发挥法人治理型管控和董事会功能作用的情况下，对于超出治理型管控范围、董事会功能作用不能覆盖的部分，可选择实行“清单管理”，形成治理型管控到位不越位，清单管理放权不缺位的配套机制。

五是体现管好管住与放开搞活相结合。对于发展较为成熟、管理基础好、治理水平高的“混改”企业，应在明确责任的前提下，充分放权，能放尽放。同时，加强事中跟踪监管、事后成效评估，并作出必要的动态调整。

二、分类建立差异化管控模式

对于国有绝对控股、相对控股及参股的混合所有制企业，基于不同股权比例及实际控制力、不同战略地位、不同治理水平及管理基础等因素，应选择不同的管控模式。

一是对于国有绝对控股混合所有制企业可选择实施“法人治理型＋有限授权放权”管控模式（偏于集权式）。对于涉及国民经济命脉、经济安全的重要行业和关键领域，提供国计民生公共产品和服务等商业二类的混合所有制企业（国有股占比大于50%），以国家战略利益、民众公共利益为主导，可视企业战略地位、治理水平及管理能力等因素，选择“法人治理型＋严格有限授权”管控模式。重点明确界定集团公司的管控功能定位，以资本为纽带，理顺母子公司管理体制，建立和完善法人治理结构，明确企业党委的功能定位及治理融入机制，清晰划定管控界面的管理权责，建立健全派出股权董事制度，合理适度授权，充分发挥董事功能作用，确实保障国有股东权益，充分体现国有股东意志。深化内部三项制度改革，不断增强自身发展的内生动力。

对于涉及战略性新兴产业，科技先导型、抢占未来产业链制高点、具有前瞻性发展布局的国有绝对控股混合所有制企业，选择“法人治理型＋灵活有序授权放权”管控模式。适应科技研发型企业的发展规律和特点，发挥国有股东、战略投资者、关键员工持股平台优势，建立健全法人治理结构，注重发挥董事会功能作用。充分调动科研领军人才、关键骨干技术人才的积极性，体现智力资本的价值，积极探索建立智力资本、知识产权、科研成果评估作价入股的股权激励机制，推进骨干员工持股计划，严格业绩考核评价、岗位竞争末位淘汰的约束机制。

对于处于充分竞争行业领域的国有绝对控股混合所有制企业，选择“法人治理型 + 灵活有序授权放权”管控模式。可视企业的发展阶段、治理能力、管理基础及制度建设等情况，充分对“混改”企业授权，扩大企业经营自主权，发挥不同资本融合“混改”优势，加快体制机制变革，增强企业经营灵活性，提升企业市场竞争力。

二是对于国有相对控股混合所有制企业可选择“法人治理型 + 清单事项”管控模式（合理集分权式）。对于处于充分竞争行业领域的商业一类国有相对控股混合所有制企业（国有股占比在 33% ~ 50%，国有股东作为第一大股东，或国有股占比小于 33%，但具有实际控制权），应建立符合市场化、法治化、国际化要求的现代企业制度，可选择“法人治理型 + 清单事项”管控模式。明确界定集团公司的管控功能定位，以资本为纽带，理顺母子公司管理体制，建立和完善法人治理结构，明确企业党委的功能定位及治理融入机制。以发挥董事会功能作用为依托，以派出股权董监事为载体，明确授权行权权限，建立以董事会为界面的非穿透管控事项。以放权搞活、增强活力为导向，该放的权力充分下放，不干预“混改”企业日常经营活动。对于治理型管控覆盖不到的审计、纪检、安全、环保、网信安全等事项，以穿透清单方式，明确管控事项，划清责任主体，建立健全违规责任追究制度。

三是对于国有参股混合所有制企业可选择以法人治理为主导的管控模式（偏于放权式）。对于处于充分竞争行业领域的商业一类国有相对控股混合所有制企业（国有股占比小于 33%，且没有实际控制权），按照建立现代企业制度的要求，建立以法人治理为主导的管控模式。切实建立健全法人治理结构，明确企业党组织的功能定位及治理融入机制。强化董事会建设，充分发挥董事的功能作用。建立完善股权董事管理制度，通过选择、授权、派出股权董事体现国有股东意志，通过“混改”企业法人治理机制行使相应的权利。

三、实施“法人治理型 + 清单事项”管控模式的重点任务

为加快推进国有相对控股混合所有制企业实施“法人治理型 + 清单事项”

管控模式，深度转换企业经营机制，要重点完成以下几方面任务。

一是要划清管控界面，推进体制根本变革。明确差异化管控主体，清晰界定产业集团公司，国有投资、运营公司与所出资企业或混改企业的管控界面，理顺母子公司管理体制，强化战略引领与服务功能建设，有效发挥治理管控功能作用，建立明确的清单管控事项，推进从管资产到管资本的体制变革。

二是要明确董事会授权事项。明确“混改”企业董事会在战略规划、职业经理人选聘、考核及薪酬激励、投融资决策、企业购并、资产重组等方面的授权，增强“混改”企业面向市场的适应性、灵活性，打破制约经营机制的桎梏，确保构建有效管控模式的自主性，增强“混改”企业经营生机和活力。

三是要明确建立穿透管控清单事项，增强构建有效管控模式的覆盖性。对于董事会等公司治理功能覆盖不到的事项，要理顺上下级行政管理关系，以直接垂直穿透方式，通过党委、纪委、审计、巡察、安全、环保等部门实施。通过明确责任主体和清晰划定管控清单，做到覆盖到位、责任清晰、奖罚分明、信息共享、高效运行。

第四节　构建混合所有制企业差异化管控模式的政策建议

根据上述分析，我们就混合所有制企业差异化管控模式的构建，提出以下几方面政策建议。

一、构建“法人治理型+清单事项”的管控模式

一是明确功能定位，理顺管控体制。国有企业集团公司承担对旗下混合所有制企业差异化管控的主体责任，国有股东负责制定落实对混合所有制企业差异化管控制度，国有资产监管机构应为混合所有制企业差异化管控提供政策性指导。

明确集团公司作为出资主体、国有股东定位与所出资企业的股权关系，划清职责界面。集团公司作为国有资本出资主体和国有股东，依法依规行使股东权利，不干预所出资企业的经营自主权，并基于法人治理机制，通过委派授权股权董事及法人治理机制实现国有股东的意志。为保障股权董事尽职尽责履职，集团公司总部应设专门服务机构予以支持。所出资企业有责任义务将股东会决

议、董事会决议按时上报集团总部。理顺国有股东与所出资企业的关系，将国有股东的权力用好、权益保障好，确保国有资产不流失、确保国有资产保值增值。

二是实施清单管控，明确授权放权事项。通过管控清单，界定国有股东与所出资企业的管控界面、职责权限及行权路径。理顺集团母公司与子公司的管理关系，推进从行政化管控向规范的法人治理型管控转变。集团公司可通过"穿透事项管控"或"非穿透事项管控"两种途径，对旗下相对控股混合所有制企业实施"法人治理型+清单事项"差异化管控。

非穿透事项管控是指集团公司通过法人治理结构及运作机制行使权利力，借助委派授权股权董事，发挥"混改"企业董事会作用。包括把公司章程制定、企业发展方向、经营预算、管理层人事管理、投融资、薪酬分配、内控体系等企业经营事项，还权于"混改"企业董事会、监事会及经理层，有效激发企业的内生动力。非穿透事项清单管理是有效发挥法人治理型管控的重点。

穿透事项管控是指对于董事会功能覆盖不到的事项，采用上下级行政管理方式实现，加强"混改"企业风险管控，严防各类风险发生。"混改"企业应按照相关规定及时向股东披露有关信息，国有股东按照规定程序及时有效予以处置。涉及内容包括党建、纪检、党管干部、审计、安全、环保、科技创新、信息化等重大事项。

国有相对控股混合所有制企业要自觉遵守安全生产、环境保护、网信管理等相关法律法规和政策要求，独立承担违法违规责任。国有企业集团应发挥定期或不定期指导、巡回督查、评估纠错的作用，依据其差异化管控清单划定责任主体。

二、积极推进从行政化管控向法人治理管控转变

积极探索以管资本为主线，以完善法人治理结构为基础，以派出授权股权董事行权为重点，建立健全专职股权董事管理制度体系，包括建立《派出专职董事暂行管理办法》《专职董事考核暂行管理办法》《专职董事薪酬管理办法》以及《议案管理办法》等制度体系，推进从行政化管控到治理型管控的根本转变。

对于国资监管机构监管制度及政策要求，国有企业集团公司不可简单向旗

下相对控股的混合所有制企业下达，避免沿用下发文件、审批备案、职能延伸等行政化手段监督落实、强制执行。

三、明确治理管控的组织功能及职责定位

国有股东要遵照公司法及公司章程规定，落实国有企业集团公司制定的差异化监管清单，对旗下混合所有制企业实施以股权关系为基础、以派出股权董事为依托的治理型管控。集团公司作为国有资本出资股东，要真正履行出资股东的权利和义务，确实保障国有股东的各项权益。集团公司的党委、董事会、经理层作为国有股东决策层，对出资企业派出股权董监事，并通过出资企业法人治理结构行使职能，充分体现国有股东的意志。同时，集团公司为派出股权董监事履职提供必要的服务支撑，并建立派出董事的考核机制，实施定期考核。派出的股权董事有责任和义务向集团公司国有股东决策层定期报告履职情况。

国有相对控股混合所有制企业可根据企业具体情况及需要，自主决定是否内设监事会或监事。对于不设立监事会或监事的，相关职责可由董事会下设的专门委员会或企业内设审计机构及专职人员承担，通过统筹企业内部纪检监察、巡视、审计、法律、财务等监督功能，增强内部监督和风险防控的整体性有效性。

四、明确对国有相对控股“混改”企业董事会授权事项

要切实落实《关于深化国有企业改革的指导意见》提出的要求，维护董事会依法行使重大决策、选人用人、薪酬分配等权利。要切实落实《关于开展落实中央企业董事会职权试点工作的意见》的明确要求，坚持党的领导，坚持依法治企，坚持权责对等，切实落实和维护董事会依法行使中长期发展决策权、项目投资决策权、经理层成员选聘权、业绩考核权、薪酬管理权以及职工工资分配管理权等，推动形成各司其职、各负其责、协调运转、有效制衡的公司治理机制。

建立董事授权制度，对派出董事合理授权。国有股东委派的董事应保证相关决策符合国资监管规定，并及时向国有股东反馈决策情况。派出的股权董事应从公司整体利益出发，综合考虑国家、社会、环境等多方面因素，作出科学判断和参与决策。建立董事履职考核制度，健全对股权董事的评价激励机制。

严格执行董事履职记录和工作报告制度，及时调整履职不合格的董事，提高董事会决策能力和效率。

五、推进差异化管控运行评估

国有企业集团公司和国有股东应建立旗下相对控股混合所有制企业差异化管控运行成效的年度评估制度。从企业治理水平、战略执行、经营效率与效果、风险防控等多方面评估差异化管控实施效果，并结合企业运营状况动态调整差异化管控清单事项内容，对治理结构完善、运作规范、管理水平高、经营发展稳健、实施效果优良的混合所有制企业，可加大授权放权力度，进一步扩大企业经营自主权。对于因企业经营管理条件发生变化、经营风险增加、不适宜继续开展差异化管控的情况，要及时进行调整，强化管控力度，乃至终止实施差异化管控。

第三章　混合所有制企业选人用人与激励分配机制

选人用人与激励分配机制改革作为国有企业市场化经营机制改革的重要组成部分，嵌入整个国有企业改革发展的宏观体系，在改革开放40多年中伴随三项制度改革历程取得了突破性进展。本章将以政策要求为前提，以“混改”企业选人用人与激励分配机制实践状况为基础，从改革的系统设计统筹推进、重点优化资源配置、建立评估检验常态化机制三个方面展开讨论，为推动“混改”企业选人用人与激励分配机制的进一步完善，提出具有可操作性的实施方案。

第一节　选人用人与激励分配机制的实施要求与现存问题

面向新发展阶段，《国企改革三年行动方案（2020—2022年）》提出要积极稳妥深化“混改”，深度转换经营机制，支持混合所有制企业建立灵活高效的市场化经营机制，对选人用人与激励分配机制改革提出了更高的要求。混合所有制企业现行的选人用人与激励分配机制相对于上述要求尚存在一定的差距，需在进一步改革过程中解决一系列问题。

一、新阶段的混合所有制改革对“改机制”提出了更高的要求

“混”资本是手段，“改”机制才是本质。在国有经济体系中，混合所有制企业由于其天然的市场化属性，在国企改革三年行动中被置于改革先行者的位置，要求其“在劳动、人事、分配三项制度改革上率先取得突破”。十三届全国人大三次会议上，国务院国资委强调，“十四五”期间在多数国企“混改”阶段性任务完成的基础上，整体的“混改”重点将转入市场化机制改革。

目前，“改机制”已进行多方面实践并取得成效。在推进“混改”实践过程中，由于与“混资本”结合更为紧密，企业在“改机制”层面的实际操作主要聚焦于开展经理层任期制和契约化管理或职业经理人制度建设以及核心骨干员工持股方面。“混改”作为国企改革的突破口，承担着重要的使命，在今后应进一步深化市场化经营机制改革，加大改革力度。然而，在实践中，为数不少的企业重视引资本而轻视或忽略“改机制”，站位不高、举措不强：在选人用人方面，系统盘点、更新和升级人才配置思路与体系的企业并不多见，存在“混改”后仍难以匹配新发展需求的情况；在激励分配方面，强调“增量改革”，调整存量和基础资源配置的举措相对较少，整体上与国家层面对“混改”“改机制”的要求存在一定差距。

二、“混改”企业在“改机制”方面存在的问题

一是缺乏整体策划、充分论证。横向上，“混改”企业作为特殊群体，“改机制”需兼顾外部要求（国资系统对不同改革试点和专项工程的要求）和内部诉求（解决选人用人与激励分配机制的具体痛点难点），实现“改机制”的系统集成、协同高效。纵向上，选人用人与激励分配机制应与治理机制、管控模式等实现纵向联动，承接企业整体战略，为企业经营发展注入活力。但在改革实践中，企业更多为了应对单项改革任务或解决某一发展阶段面临的具体问题进行单点突破，缺乏整体策划与充分论证的现象较为普遍。

二是未能匹配发展需求、优化资源配置。一般而言，国企“混改”后国有股权占比下降、企业市场化基因显著增加，将更加关注价值管理。但目前的改革实践中，在选人用人方面，系统盘点、创新和升级人才配置思路和体系的企业并不多见，存在“混改”后仍难以匹配新发展需求的情况；在激励分配方面，

强调“增量改革”，调整存量和基础资源配置的举措相对较少。

三是忽视常态化检验评估。选人用人与激励分配机制深入企业基础管理层，且覆盖所有价值创造者和实现者，其转变具有“牵一发而动全身”的复杂性和难度。为了有效推进相关举措，企业应边推进改革边总结评价，将摸索经验和阶段性总结相连接，动态补短板、强弱项、推检验，以支撑和实现“混改”的整体目标。但实践中，检验评估工作尚未形成常态化机制，内容设计也存在难点。

第二节　选人用人与激励分配机制的整体策划

随着国企三年行动的深入推进，以及前一阶段“混改”成效的不断累积沉淀、积极总结，“系统集成、协同高效”推进“混改”的观念正逐步深入人心。对于“混改”企业来说，重新检视“改机制”的目标意义，将选人用人与激励分配机制的设计前置“混改”论证阶段，并思考如何更好地实现“改机制”的系统集成，将更有助于提升“混改”的综合成效。

一、基于“混改”总体目标确定机制改革重点

选人用人与激励分配机制改革与企业整体经营管理形成纵向联动，是激发活力、提高效率的关键抓手。为充分发挥微观触手的作用，应将机制改革纳入企业发展规划体系，综合考虑树立机制改革目标、明确改革重点、提升改革质量。

一是把握市场要求、抓牢问题导向，综合确定机制改革目标。制定改革目标首先应该正确把握“市场化”要求。“市场化”不是一个简单的“拿来主义”概念。一方面，“市场化”不是仅关注是否使用了“市场化的工具”，落实了“市场化的举措”，也不是脱离实际应用场景的简单借鉴或引用，而是应基于企业经营背景，结合政策导向，以支撑企业作为独立市场主体参与市场经营为目标，与实际需求接轨。另一方面，激励分配机制的市场化也不直接等于高工资，或炫技式的激励组合，而是要建立一套更加灵活、与企业目标相匹配的资源配置规则。综合来看，机制的市场化改革并非对机制的颠覆性改革，而应结合企业实际和发展目标，进行借鉴和融合。

制定“改机制”的具体目标时应抓牢问题导向，力戒形式主义。选人用人与激励分配机制改革应以改善企业现行制度体系运行不畅、与市场化经营机制转变的新要求匹配度不高、适用性不强为初衷和目标，谨防“交作业”心态，大胆务实推进。

“改机制”的具体目标需结合战略规划，服务战略性目标。改革目标制定应结合战略规划，甚至作为支撑机制进行同步谋划。选人用人与激励分配机制既是现代企业管理中的专业职能，也是“混改”配套机制的重要内容，自下而上与企业整体经营管理、公司战略形成纵向联动，与公司整体战略密不可分。

二是匹配“混改”目标、抓牢业务重点，策划机制改革重点。“混改”相关政策虽已对“改机制”提出相应要求，但仅是提供改革“通行证”及合规指导，更重要的是应基于明确的改革目标匹配相应的改革重点，提升改革的针对性。针对扶持培育新兴业务、发展成熟竞争业务和扭转亏损企业颓势三大类“混改”目标，机制改革的具体设计应存在显著差异。

对于扶持培育新兴业务应聚焦风险捆绑。新兴业务尚处于发展早期，但战略地位重要，核心人员的捆绑与承诺对于企业发展至关重要，核心人才的引入、中长期激励等手段是选人用人与激励分配机制改革的重要内容。

对于发展成熟竞争业务应关注内部公平。竞争业务所在企业发展相对成熟，其选人用人与激励分配机制设计一方面应重点关注新老员工的分化所带来的薪酬内部公平性问题；另一方面须匹配基于利益捆绑的中长期激励机制。区别于新兴业务，竞争业务子公司的中长期激励应更加强调利益捆绑，激励属性更强而投资属性更弱。

对于扭转亏损企业颓势应强调问题导向。扭转颓势是亏损企业“混改”的重要目标，机制改革应聚焦问题背后的管理问题，做到有的放矢地进行符合市场标准的刚性约束和有效激励，通过职业经理人制度和干部竞聘上岗等方式，充分激发管理队伍活力。

二、“改机制”与“混资本”同期谋划、同步发力

“混改”是系统工程，“混改”目标的实现需以整体设计为指导。如何高效推进、如何协同资源、如何实现“混资本”和“改机制”的“1+1>2”效果，是摆在每个推进“混改”企业面前的问题。2019 年出台的 653 号文中已明确要

求“混改”方案中除需阐述“混资本”内容外，还应包含深化三项制度改革、强化正向激励等“改机制”内容。两者是“混改”系统工程的“一体两翼”，应同步策划、同步推进。

一是关注“混资本”的差异影响，做好“改机制”的基础谋划。“混资本”主要解决外部投资者引入和企业发展实现路径转变的问题。关注“混”的方式、对象、比例的差异，积极思考“改机制”中的治理结构与管控方式，为后续选人用人与激励分配机制改革奠定管理基础显得尤为重要。

就“混资本”方式而言，不同“混改”方式下，股东注入“混改”企业的资源、融合难度、企业原有的管理基础均存在差异，将直接影响后续机制改革的重点和难度。例如，吸收合并（资产重组）重点在于融合，合资新设则通常具备实施大步伐“改革”的基础。

就“混资本”对象而言，一方面，投资目的的差异可能导致投资者对机制改革关注度的差异。如战略投资者多以积极股东身份参与公司治理，通常较财务投资者对治理结构、管理机制给予更多关注。另一方面，投资者若为某一领域的头部企业，经验和资源丰富，对管理机制具有自己的理解和倾向，可能影响后续机制改革方向。

就“混资本”比例而言，国企改革三年行动明确支持相对控股混合所有制企业实施更加市场化的差异化管控，这给予了选人用人与激励分配机制更大的设计空间，而有的国企集团在人力资源管理等方面给予相对控股的投资企业更大的市场化权限。但是，目前政策和实践均有待进一步完善，尚处于探索阶段。

二是围绕目标，统一认识，同步推进“混”“改”举措落地。“混资本”与“改机制”具有交互性，并非完全独立或具有严格的先后顺序。提前谋划设计“改机制”的举措，一方面有助于“混资本”中更好筛选认同度高的战略投资者；另一方面也有利于在过程中有机融合股东、企业、投资者的想法，不断完善“混改”整体设计和支撑举措，让“混资本”与“改机制”的具体任务落地更加顺畅，资源配置更加合理，目标实现更加有序高效。

三、纵横联通、立体设计，闭环推进“改机制”各项内容

一是纵向贯通优化治理和选人用人与激励分配机制改革。国企改革的顶层设计，特别是其法人治理结构的设计，既是影响国企改革中人力资源变革的核

心要素，也是决定国企改革中人力资源变革有效与否的关键。选人用人与激励分配在企业管理系统中处于落实和支撑的地位，既受到法人治理的指引和影响，也具有反向优化的作用。

就选人用人机制而言，“混改”企业需要在企业治理结构科学规范、“三会一层”权责清晰的基础上，建立市场化的职业经理人选聘机制，确保职业经理人的中立性和专业性。与之相对应，职业经理人机制的正常运行，需要真正落实董事会相关职权，配套建立约束激励机制。

就激励分配机制而言，规范、科学的治理机制是中长期激励工具的实施条件。就政策层面而言，中长期激励相关政策文件中均将“法人治理结构健全”作为前提条件。究其原因，中长期激励工具兑现周期较长，目标及实施过程存在较大不确定性，需要凭借规范的议事规则保证相关决策的科学性，借助完善的监督体系实行严格的监督与风控。此外，积极实践中长期激励也可能反向推动治理结构优化。

二是横向拉通选人用人与激励分配两大专业，形成有效协同。按照一般的管理逻辑，选人用人机制聚焦人才选聘、职级体系、发展通道等岗位相关内容，是激励分配机制设计的基础和前置程序。而激励分配机制则是人才引入后“用好人”的重要支撑，是激发人才活力、发挥人才价值的重要抓手。同时，激励分配机制是市场化人才双选过程中，企业与候选人双方的重要考量内容，将直接影响市场化选人的结果。

四、与其他改革任务、专项行动协同策划，发挥乘数效应

国有企业具有多样性特征，且改革试点与专项工程在范围和内容上也有一定的交集。三项制度改革更是成为多项改革试点、专项工程落实机制转换的重要内容。因此，在与其他改革试点、专项工程同步推进“混改”过程中，既需要考虑“交叉”内容的系统设计，提升改革综合成效，也需要考虑“拓展”内容的协同设计，用足用好改革政策。

在选人用人与激励分配机制方面，“混改”与“科改”示范、“双百行动”的“交叉”大于“拓展”。但是，对于选人用人、中长期激励等存在交叉的内容，不同改革试点、专项工程的具体适用政策、实施要求可能存在差异。因此，在满足多个政策适用条件时，需要综合考虑择优选择。此外，工资总额管理、

股权激励“上持下”，则是对于混合所有制企业机制改革内容的补充和拓展。

第三节　选人用人与激励分配机制的升级优化

“混改”给企业检视自身提供了不同的视角和机遇，核心在于夯实已有管理体系基础，结合“混改”整体目标要求抓住重点，最终实现精准突破。

一、抓准职业经理人，推动经理层成员市场化闭环管理

2020 年初，国务院国有企业改革领导小组办公室出台了“双百企业”“双指引”（国企改办发〔2020〕2 号），为“双百企业”率先全面推进经理层成员任期制和契约化管理、积极推行职业经理人制度提供了范式指引。对于“混改”企业来说，相较于任期制和契约化管理，职业经理人制度的“市场化”元素扎根更为深入，表现也更为多元，更加匹配“混改”场景下的系统要求，对企业系统实现“改机制”具有更强的“领跑”作用。

在实践中，虽然有不少企业选择起点要求低、实施难度小的任期制和契约化机制作为配套“混改”的工具，但也在不断学习职业经理人机制中的“市场化”做法，在“混改”过程中进行了积极有效的实践探索。“混改”作为一个动态改革过程，与之相匹配的“改机制”举措也不可能是一步到位的。职业经理人机制是“改机制”的核心所在，由经理层入手建立更加符合市场规则的管理机制更有利于“改机制”举措的整体推进。

二、灵活组合中长期激励工具，激励关键核心人才

一是把准中长期激励工具包，助力“混改”出效果。中长期激励不仅是企业激励分配专题中的一个重要组成部分，更是现代企业吸引人才、留住人才的重要支撑。国有企业在中长期激励方面的起步并不晚，但整体推进速度、广度、深度与其他类型的企业尚存在差距。以上市公司股权激励为例，截至 2020 年底，国有控股 A 股上市公司实施股权激励的比例不到 1/3，与同期 A 股整体股权激励覆盖率差距明显。然而，在同一市场、同台竞技中，仅使用短期激励工具，很难充分获得支撑企业生存发展的高质量人才，也使人才更难形成有效的内生动力推动企业前进，实现高质量发展。

为破解发展困境，近十年不断在国有企业系统内推动中长期激励机制的建立和发展：从科技型企业的股权和分红激励，到上市公司的股权激励，再到超额利润分成，进而鼓励和支持项目跟投。目前，国资系统内已经形成了“3+2”的政策体系，为不同企业类型设定了差异化的中长期激励跑道，并鼓励企业根据实际情况用好政策包和工具箱，形成组合拳效应。

“混改”目标具有综合性和长期性，其实现离不开人才活力的有效激发，需要考虑对核心骨干团队的有序合理捆绑。当前，133号文既是“混改套餐”中的核心环节，又是中长期激励“3+2”政策体系的重要组成部分，是国有企业在“混改”场景下实施中长期激励的专门政策。

在“混改”实践中，除了实施“同股同价同权”的员工持股外，企业对其他中长期激励工具的需求也层出不穷，如同样有支撑科技创新和科技成果转化的中长期激励需求，有调动和团结多价值环节岗位人员共同实现超额经济目标的需求，等等。因此，企业的发展需要多元力量的综合作用，单一中长期激励工具的引入既不能代表机制的建设完成，也不利于调动多方力量。“混改”作为综合性改革，需要匹配企业不同发展需求，有效组合多种中长期激励工具，实现“1+1>2”的效果。

二是立足企业发展需求，用好中长期激励“组合拳”。在“混改”的框架下，中长期激励的组合丰富且多元。对于组合型的中长期激励手段，不能简单地认为是重复激励而加以禁止，而是要区分具体情形，以达到相互补充、扬长避短的效果。当然，在组合激励实施过程中，也要警惕政策明令禁止的激励行为，在“守底线”的前提下，实施好差异化的中长期激励。

三是借鉴其他所有制优秀举措，推动中长期激励创新突破。现有政策已对多项中长期激励工具的使用进行了规范和指引，但相比其他所有制企业，国有混合所有制企业依然存在因害怕过度激励，未能用足用好政策的情况，或者在政策面未能明确给出实施路径前，不敢采用“法无禁止即可行”的原则大胆使用新规则。如178号文中虽已明确中央企业控股科创板上市公司对于科创板股权激励相关规定的适用性，但由于政策没有规定具体的实施细节，符合条件的国有企业尚未有一家开展第二类限制性股票激励计划。目前仅有航天宏图、澜起科技、光峰科技等十几家民营科创板上市公司公告了第二类限制性股票激励计划，更多的是组合使用“第一类限制性股票+第二类限制性股票+股票期权”工具。

三、系统调整基础资源配置规则，强化人才留用支撑

当今，人才的竞争是企业竞争的重点，企业的一切创造力都源于人。“混改”是国有企业市场化的积极探索，应在选人用人与激励分配方面多方发力，从根本上规避“劣币驱逐良币”现象，优化人才结构。

一是建立职业经理人的竞争性市场。内外部优秀的经营管理人才只有在职业经理人市场中竞争、流动，才能真正实现国有企业“聚天下英才而用之”。

第一，宏观层面推动建立职业经理人蓄水池。当前国有企业内部、外部都不乏优秀的专业经营管理人才，但是这些人才并没有参与市场竞争和流动，真正意义上的职业经理人市场尚未形成，导致可供国有企业选择的市场化职业经理人数量不足。应通过规范的法律制度、信用制度、社会化培养和评价制度等对职业经理人制度运行进行规范管理，形成健全可流通的职业经理人竞争市场。

第二，微观层面建立和畅通职业经理人来源渠道。在企业微观层面，把握“市场化 + 专业化”的大方向，依据选人策略合理设置筛选评价规则，匹配企业经营发展目标或需求问题，“内转外引”双向选择，畅通职业经理人来源渠道。

第三，建立健全职业经理人配套管理制度。结合内外部职业经理人的薪酬预期合理设定薪酬水平，同时还要确保设计原则的一致性。此外，系统摸排和梳理党建考核、容错机制和日常监督制度，让职业经理人能在更加科学合理的平台为企业发展充分发挥自身作用。

二是发挥“独立董事”的专业化作用。“独立董事”在我国早期多出现于上市公司，主要是为了防止内部人控制公司，维护中小股东权益。在国有企业深化改革的过程中，越来越多的企业引入具有选人和考核分配背景的“独立董事”。一是可以更好地优化董事会组成结构，强化董事会的内部制衡；二是“独立董事”的第三方视角、市场化思维和专业知识，可以提高董事会决策的科学性和独立性，降低决策风险。

对于混合所有制企业来说，在“改机制”层面，多数改革事项均需通过董事会决策，可考虑通过引入具备党建、人力资源管理等方面专业知识和管理经验的专家型董事，丰富董事会的专业配置，在完善治理结构的同时，使公司在选人用人与激励分配方面的改革决策效率更高，实现经营机制与市场接轨。

三是调整配置规则实现差异化薪酬。“混改”企业更高的市场化要求会促进

薪酬差距朝着企业绩效最优的方向改进。2018 年国务院国资委 39 号文提到“混改”试点中央企业可以探索实行更加灵活高效的工资总额管理和周期制管理。后续政策进一步明确工资总额特殊事项清单管理，科技型企业、“科改”示范企业等分红激励的改革政策中均涉及单列内容。目前，“混改”企业对于单列管理探索较少，主要采取中长期激励的方式构建差异化的薪酬体系进行补充，有待进一步创新突破。

综合来看，对于“混改”企业而言，改革的市场化目标是从根本上提高企业基础资源配置效率，优化人才、薪酬配置模式，系统性调整管理体系和配置规则，使其更加贴近业务发展，提升企业核心竞争力。

第四节　选人用人与激励分配机制的检验评估

选人用人与激励分配机制是支撑“混改”企业向纵深推进、赋能企业高质量发展的重要内容。同时，因其直接触及企业重要生产要素“人”的管理，所以具有自身的复杂性和推行难度。评估检验选人用人与激励分配机制，对于阶段性总结改革经验，找不足、补短板、强弱项，实现“混改”目标具有重要意义。

一、以终为始，将检验评估设置为转变机制的必要环节

“混改”是一项系统工程，需要借助 PDCA 流程管理的思路进行闭环管理。一方面需要保证改革在长周期内按照目标导向有计划地推进；另一方面需要配套改革内容实现动态优化，保证改革不断迭代推进，有效支撑改革目标实现。

检验评估对于提升“混改”企业机制改革效果具有重要意义。首先，检验评估是机制改革的“专项绩效考核”，帮助企业明确机制改革目标和方向，并通过配套奖惩机制倒逼企业落实改革举措，发挥“指挥棒”作用。其次，检验评估是机制改革的“预警纠偏机制”，帮助企业发现机制改革中存在的问题并迭代优化。最后，检验评估是机制改革的“经验提炼总结”，帮助企业及时总结优秀经验，树立标杆典型并宣传推广，推动机制改革日趋完善。

二、用好检验评估找问题，明确结果促发展

结合当前实践情况来看，从中央到地方，各级监管机构已经纷纷行动，将

选人用人与激励分配作为“三改”评估的核心内容，对改革成效进行检验评估。通过评估，摸清了被监管企业在各项改革行动上的覆盖面和深度，并归纳总结出改革成效与不足。

在评估思路和方法上，监管机构主要从宏观需求出发，一方面，侧重政策落地和实施群体的效果及反馈，评估结果能够为后续“混改”政策完善、细化配套措施、形成横向交流经验等提供坚实的工作基础；另一方面，实施改革评估能够起到一定程度上的示范引领作用。

相比之下，企业引入检验评估完善“改”，更多是“点”上的任务，是响应企业个性化发展需求的必要举措，因此并不能简单照抄照搬监管机构的案例经验，而要通过评估找问题，以解决问题促发展。

从实施选人用人与激励分配机制改革评估的角度，混合所有制企业与其他所有制企业并无显著差异，可以在借鉴其他国有企业三项制度改革评估优秀经验的同时，结合“混改”企业市场化经营机制的目标要求，形成与企业自身实际紧密结合的评估机制，持续推动企业发展。

此外，需特别关注实践过程中的一系列问题和难点，积极思考，同题异答。例如，企业如何建立动态的举措盘点与周期评估相结合的机制；如何更好连接选人用人、激励分配举措与企业业务发展关系，形成更加有效的投产效果识别机制；如何调动非人力资源领域的组织和资源，形成合力推动“改机制”再升级等。

三、企业选人用人与激励分配机制的评估思路

一是坚持目标导向，保障评估的适当性。确定单个“混改”企业选人用人与激励分配机制等管理机制的评估标准存在一定难度，为提高评估内容的适当性，应关注以下几方面内容。

第一，寻找双方均认可的指标及目标确定依据。如“混改”伊始确定的改革目标、“混改”承诺等就是很好的评估指标来源。

第二，避免过度追求量化评估指标。一方面，由于管理的自身特性，确定评价指标的量化标准存在操作难度；另一方面，选人用人与激励分配机制对企业业绩改善的贡献难以划分清晰。

第三，给予治理机制足够的关注。一方面，混合所有制企业多元化股权结

构增加了公司治理的复杂性；另一方面，公司治理作为管理的“顶层设计”，将直接影响选人用人与激励分配机制的设计。基于此，对治理机制合规性以及与选人用人与激励分配机制相关部分匹配度的评估十分必要。

二是匹配改革阶段，体现评估的动态性。在总体改革目标的指引下，“混改”各阶段虽同步筹划到位，但在落地环节存在先后顺序，总体改革目标的实现以各阶段目标实现为基础。因此，针对选人用人与激励分配机制的检验评估应兼顾过程和结果，根据企业改革的推进情况进行针对性的动态设计，以贴合不同阶段的改革目标。

结合当前实践经验，在单个混合所有制企业纵向改革推进周期内的检验评估可根据企业“混改”的实施阶段进行区分，如企业完成“混改”一年以下可仅评估其是否制定方案，而完成三年以上，则需要根据相关指标情况综合衡量其改革成效。评估要紧密结合企业发展阶段的具体情况，标准动态迭代，并不断滚动形成长效评估机制。

三是区分过程和结果，建模型选指标。在前期定好目标、做好策划的基础上进行评估需要遵循科学的评估逻辑，主要分为制定评估策略、建模型选指标、明确应用场景三大步骤。

首先，制定评估策略。在“混改”推进的不同阶段，“改机制”的各项举措也应该动态迭代，尊重企业发展生命周期特点，依循管理发展逻辑，在“建、改、优、规”的过程中锚定评估的基准点。

其次，建模型选指标。对于“混改”中期和后期的机制改革情况可以分别搭建过程类、结果类的评估模型并选择相应的评估指标，助推“混改”目标实现并推动企业发展。

最后，明确应用场景。企业需要根据实际情况选择适用的应用场景，按照闭环管理原则，对“路径”产生的框架、指标、评估方法进行修正和完善，使之更加贴近实际，支撑评估目标的实现。

第四章　混合所有制企业风险控制与合规运营机制研究

针对混合所有制企业转换经营机制过程中遇到的管理风险、经营风险与合规问题，在系统梳理相关调研案例和政策文件的基础上，构建混合所有制企业风险识别、风险防控和风险应对的理论体系，为各地深化混合所有制改革、激发企业内在活力提供参考借鉴。应以三年行动方案对国企风控与合规的总体要求为出发点，着重分析混合所有制企业的管理风险和经营风险及其防范路径，最终系统构建混合所有制企业的风控与合规运营机制，为减少国有企业混合所有制改革中的经营和管理风险提供有效建议。

第一节　混合所有制企业经营风险与防范措施

混合所有制企业经营风险与防范问题是未来探索的重点领域。本部分从战略发展风险识别、评估及防范措施，财务风险识别、评估及防范措施，审计风险识别、评估及防范措施三方面分别进行讨论。

一、战略发展风险识别、评估及防范措施

混合所有制企业承接了新的历史任务，面临新的历史机遇，同时也需要应对新的挑战。混合所有制企业战略发展风险主要涉及混合所有制企业经营方向问题。

经过多轮的改革，混合所有制企业不再是各级政府部门的附属品，而是拥有高度的自主经营权。但是，在这种自由经营的条件下，企业应该如何发展、如何自主决策成为企业管理者面临的首要问题。在新的世界经济格局下，企业应如何面对市场变化，特别是在“双循环”战略背景下，国有企业如何平衡国内市场与国际市场的关系、如何调节不同市场主体之间的矛盾、如何在不同经济政策与政治制度之间发挥自身经营优势等都是处理好混合所有制企业经营问题的关键。虽然，在某些情况下，改革会激励企业创新发展、做大做强，但是在另一些情况下，改革也会让企业变得畏首畏尾，不敢前行。因此，探究哪些改革因素可以激发企业活力、推动混合所有制企业发展，总结哪些问题抑制企业前进、阻碍混合所有制企业发展，成为混合所有制企业改革的关键。

当前，混合所有制企业战略发展稳中向好，但是依然存在改革速度缓慢、经营方向不明等特定风险。对此，应通过强化混合所有制企业政治责任、社会责任、经济责任来加以防范。

防范混合所有制企业战略发展风险，就是要让企业拥有正确发展方向，明

确政治站位，抓牢制度基础，充分利用行业优势。在新发展阶段，混合所有制企业必须明确社会责任、勇于担当，才能有效防范战略发展风险。此外，混合所有制企业应与时俱进，承担好经济改革的重大任务。在新发展阶段，混合所有制企业应以“十四五”规划为行动指南，积极调整发展战略，跟进党中央的决策部署，承担起社会主义经济建设的主体责任，既要规避相关的战略风险，又要为深化改革添砖加瓦、保驾护航。

二、财务风险识别、评估及防范措施

财务风险是指混合所有制企业因借入资金而产生的丧失偿债能力的可能性以及企业利润（股东收益）的可变性。混合所有制企业在筹资、投资和生产经营活动各环节中无不承担一定的风险，风险程度因负债方式、期限及资金使用方式等不同而不同，面临的偿债压力也有所不同。因此，混合所有制企业除了规划资金数量、筹措所需资金以外，还要正确权衡不同筹资方式下的风险程度，并提出规避和防范风险的措施。

由于混合所有制企业的资本组成多样，资产成分相对复杂，因此其面临的财务风险也具有多样性。识别与评估混合所有制企业财务风险可以从以下几方面入手。

一是充分利用现有制度识别混合所有制企业财务风险。混合所有制企业往往拥有一定的国资背景，应充分利用其制度优势、专业优势、人员优势，通过物防、技防、人防三个方面发现和识别其财务风险。首先在思想上高度重视，认清企业财务管理的重要性，提高企业财务治理水平，通过系统的制度化流程，识别、评估企业的财务状况，及时发现潜在的财务风险，并且制定相应的机制体制，定时评估企业财务状况，防患于未然，把相关风险降到最低。其次在相关投资决策过程中设立动态监测机制，及时掌握相关财务状况，分析财务风险存在的原因，积极降低财务风险。

二是借鉴历史经验主动预测混合所有制企业财务风险。混合所有制企业中的财务风险在其他企业中也曾出现过，因此应主动探索、发现其他相关企业中的财务风险，对比自身财务状况，发掘自身潜在的相似风险。首先，梳理国有企业财务管理制度发展史，总结各个时期常见的财务风险因素。通过分析不同时期不同企业的财务风险特点与发生概率，对比混合所有制企业自身特色，以史为鉴，取长补短，预测风险。其次，通过外部环境的发展变迁探究企业自身的财务风险，特别是通过对相关国家的企业制度与财务管理制度的研究，可以充分发掘不同时期不同国家对企业的要求，以及不同国家在哪些重点领域中不断进行风险防范，通过分析国家层面的宏观政策，探究财务风险的聚集点。

混合所有制企业的财务风险防范应因时而变、因地制宜。由于混合所有制企业的财务风险种类多样、变化多端，因此在应对不同财务风险时，应采取不同的针对措施、运用灵活多样的解决方案分别加以防范，做到有的放矢。

一是混合所有制企业资本运营风险的防范。资本自身的流动性与逐利性造成了资本运动的变化多端，以及经济危机的周期性产生。企业如何合理利用资本并且控制资本的功能与风险，成为当前众多企业应好好把握的关键。首先，在企业资本运营方面，应形成系统的管理方案，控制资本的规模与流动。通过相应的制度约束、人工分析、技术调整，合理运用资本，扩大企业规模，增强企业实力。其次，要探究企业资本运营过程中财务风险产生的原因，通过财务因果机制消除引发财务风险的隐患，从源头上规避相关风险。在混合所有制企业的相关金融活动中，应规避高风险财务操作，消除财务风险隐患，利用财务因果机制，主动控制风险水平，避免金融风险突发。

二是混合所有制企业并购过程中风险的防范。混合所有制企业成分多样，往往存在多次并购活动，因此控制其在并购过程中的相关风险尤为重要。在不同经营主体合并的过程中，由于历史制度、产权结构、法人关系的差异，或多或少地存在财务冲突。如何化解企业并购过程中的财务冲突，解决相关财务矛盾，也是化解财务风险的重要方面。首先，在混合所有制企业并购前，应充分调查财务审计相关情况，明确债务归属等具体问题，从而为之后的分析决策提供客观依据。在并购的实施阶段，针对不同类型混合所有制企业的财务特点，制定专属的并购方案，以求实现财务风险的最小化。在并购后，应调查审计相关流程的实施效果，汇总出没有解决的相关财务问题，掌握各个经营主体运行情况。其次，在混合所有制企业的并购与经营活动中应加强企业的内控管理，充分利用信息化手段，实时监控企业财务运行状况，防微杜渐，及时化解相关财务风险。

三、审计风险识别、评估及防范措施

混合所有制企业审计风险是指对含有重大不实事项的财务报表产生错误判

断的可能性。审计风险包括内在风险、控制风险和检查风险：被审单位会计处理过程中发生重大不实事项的可能性为内在风险；被审单位内部控制系统不能发现和改正已发生的重大不实事项的可能性为控制风险；审计人员在执行审计程序时，不能查出重大不实事项的可能性为检查风险。它们之间存在如下关系：审计风险 = 内在风险 × 控制风险 × 检查风险。

混合所有制企业的审计风险有其自身特点。混合所有制企业资本组成多样，导致其内部关系与外部关系复杂，相关的审计风险也多种多样。审计风险识别方法包括混合所有制企业审计风险内部识别和混合所有制企业审计风险外部评估。

就混合所有制企业审计风险内部识别来看，它是通过企业内部自身审计、自我管理、自我监督，尽早尽快发现相关财务问题，以便第一时间解决相关风险。经过数十年的发展，混合所有制企业内部审计已经成为日常性工作，能够在第一时间发现相关财务风险，及时消除财务隐患。国有企业的内部审计逐步规范化、常态化、信息化。

就混合所有制企业审计风险外部评估来看，由于混合所有制企业的内部识别与外部评估标准具有差异性，在进行外部评估时会产生与内部识别不同的问题。因此在进行外部评估时，应紧贴政策导向，及时调整内部审计流程与方法，及时发现自身存在的审计风险，合理解决审计问题。

混合所有制企业的审计风险防范应结合自身特色，形成系统性、高效性、针对性的防范体系。

一是积极应对全面深化改革背景下混合所有制企业审计面临的挑战。在全面深化改革时期，各项制度在不断变化与调整中，相关法律法规也在不断完善。混合所有制企业应积极应对改革，及时调整自身各项制度，完善相关审计制度，降低审计风险。值得借鉴的方法是通过改变自身的经营行为，应对审计制度的变化，从而积极应对深化经济改革的挑战，由外到内地激发企业经营活力，为新时代社会主义经济建设添砖加瓦、保驾护航。

二是加强混合所有制企业资本内部审计规制体系构建。在防范混合所有制企业审计风险过程中，加强混合所有制企业资本内部审计规制体系构建是不可或缺的一环。内部审计是应对企业审计风险的首要屏障，加快完善企业内部审计规则可有效防范审计风险的发生，构建常态化、专业化、系统化的内部审计体系，及时调整内部审计规则，防患审计风险于未然。

审计风险是混合所有制企业的常见风险，关系到企业财务运行的安全稳定。因此，应建立常态化审计制度，打造专业审计团队，通过内部识别与外部评估及时发现混合所有制企业审计风险、防范财务风险。另外，应建立混合所有制企业风险评估体系，探索审计风险因果机制，提前规避重大风险因素，提高审计风险防范水平。

第二节 混合所有制企业合规管理体系建设

当前在我国打造混合所有制企业合规管理体系具有以市场化、法治化、国际化为特征的背景。国际方面，不确定性与对抗性风险始终存在；国内方面，已经大约有 25 个中央部级机构出台了有关推动企业合规的文件措施，包括人社部设立企业合规师职业这样的规定，从各个角度对企业合规提出了要求。根据中国国家标准化管理委员会发布的《合规管理体系 指南》（GB/T 35770—2017）和国务院国资委发布的《中央企业合规管理指引（试行）》等文件要求，结合国内外企业推进企业合规体系建设的实践经验，在混合所有制企业中进行合规管理体系建设，应坚持分类建设的前置性原则，围绕制度体系、组织体系、运行机制和企业文化建设四个方面进行。

一、分类建设混合所有制企业合规管理体系

混合所有制企业的合规管理体系既具有诸多相通性，也因企业的分类而具有差异性。在建设混合所有制企业合规管理体系时，应按照前置性原则分企业性质区别对待。

在进行合规管理体系建设时，对于国有控股和国有实际控股混合所有制企业，要突出对国有企业合规要求的贯彻落实，但要注意尽可能地避免因过于僵化保守地执行相关要求而影响企业的市场化管理和经营；对于非国有控制混合所有制企业，可以相对淡化对国有企业合规要求的贯彻落实，但要特别注意对合规的重视，避免企业管理和经营时过于冒险和随意，造成国有资本的流失。

二、加强合规管理制度体系建设

合规管理制度为组织及其成员提供行为上的指引和规范，是落实企业合规管

理措施的基础和依据。企业合规管理制度是对企业合规管理活动的制度性安排的统称，一般包含企业合规经营目标和理念，以及各业务职能领域活动的制度性规定和要求。企业合规管理制度的表现形式或内容组成包括合规行为准则、制度规范、各项合规专项管理办法、合规管理的工作流程、管理表单等管理制度类文件。从制度设计角度出发，合规管理制度与企业的其他管理制度并无不同，适用于其他类型管理制度的原则和做法大部分适用于合规管理制度。

具体而言，建立健全合规管理制度，可以参考以下几项原则：第一，风险导向原则；第二，公正、公开原则；第三，实用有效原则；第四，适度合理原则。对于建立合规管理制度的框架，明确企业实现合规的总体原则和行动承诺，明确所要求的职责、绩效水平和行动评估标准，可以从以下三个层次入手：第一，合规纲领或者准则，它是最重要、最基本的合规制度，是其他合规制度政策的基础和依据。主要规定公司合规经营的大政方针，以及每一个员工必须遵守的合规基本原则等。第二，合规管理规范，它主要为企业日常运营活动中的主要合规风险领域提供具体指导原则和标准，包括针对特定主题或特定合规风险领域制定的具体合规要求和规范，适用于全体员工或特定业务单位。第三，合规管理工具和程序，它是对前两类制度的补充和完善，主要为员工提供评估具体合规问题的参考和工具。

三、加强合规管理组织架构建设

在建立合规管理制度的基础上，协调管理职能和优化资源配置、强化合规职责及其组织领导是建立有效合规管理体系的重要支柱之一。合规职责涵盖合规治理、合规管理机构、合规管理协调、领导者的作用等内容。强化合规职责首先要依据合规治理原则，明确决策层和最高管理层在合规管理方面的职能，解决合规管理工作中的权力配置问题。合规职责的落实需要以合规部门与组织内外部机构的有效沟通协调为保障。当然，领导者作为“关键少数”，在履行各项合规要求中应作出表率，其示范带头作用是落实合规职责的关键，对于树立合规管理理念、推动合规管理体系的建立和运行起到关键作用。具体包括以下几方面内容：

一是确立合规管理部门角色及职能。合规治理是以保证公司合规经营为目的，通过原则性的制度设计，解决合规管理工作中的权力配置问题。合规治理能够帮助股东和股东代表，特别是公司党委会、董事会准确了解公司内部各级职业经理人和员工的履职情况，及时发现和纠正公司内部的不合规问题，针对各级管理人员的合规履职情况设计监管职能、责任和义务，保障公司价值观、目标、战略的顺利实现。

具体而言，党委会、董事会履行的职责主要包括：第一，审议批准公司的合规政策，监督合规政策的有效实施；第二，审议批准高级管理层提交的合规管理报告，对公司合规管理的有效性作出评价，使公司经营管理中的不合规问题得到及时有效的解决；第三，授权董事会下设的风险管理委员会、审计委员会或专门设立的合规管理委员会对公司合规管理进行日常监督，任命合规团队并授予其必要的权力，给予其支持和资源；第四，确保最高管理层的岗位职责中包括合规责任，确保公司在经营过程中坚持合规承诺，适当处理不合规行为。

监事会作为公司内部的监督机构，其角色定位就是防止董事会、管理层滥用职权，损害公司和股东利益。监事会的合规管理职能，就是监督董事会和高级管理层合规管理职责的履行情况。

最高管理层作为以经理为首的高级管理团队，统一领导各个层次的经营管理活动。其主要职能是制定经营目标、方针、战略，制定利润的使用、分配方案，制定、修改和废止重大规章，指挥和协调各组织机构的工作和相互关系，确定它们的职责和权限。

二是确立合规管理组织架构。通常情况下，公司的合规管理组织架构分为三个层级。第一个层级，在决策层即董事会中设立合规委员会，作为公司合规管理体系的最高负责机构，制定合规管理的目标、方针和政策，审阅报告和决议，统领全公司合规管理工作。第二个层级，在合规委员会之下设立合规管理协调委员会，主要由与合规管理相关的职能管理部门组成，例如人力资源、法律、审计、财务等部门。合规管理协调委员会主要负责职能部门之间的分工和协作，保证公司内部各种风险管理和监督资源的有效协同。第三个层级，在合规管理协调委员会之下设立合规管理部门，负责合规管理的日常工作。根据公司规模和实际工作量，合规管理部门的规模可大可小，岗位人员数量并不固定。绝大多数公司都任命最高管理层中的一员为合规管理部门的总负责人，全面负责合规管理工作，同时任命一系列专职的合规官来负责日常合规工作。一些规模较小的公司，也可以考虑把合规管理任务外包给合规专家。

四、加强合规管理实施机制体系建设

企业制定了合规管理制度，但更重要的是确保这些制度被真正地贯彻下去并有效地执行，而不是只停留在表面上。要把企业的合规风险管理真正落实到业务操作层面，就必须要把政策制度上的规定转变为可执行的流程，因此建立合规管理实施机制也是构建有效合规管理体系的重要支柱之一。具体包括以下几方面内容：

一是合规培训与沟通。合规管理的培训和沟通是合规管理体系的重要组成部分，对企业有效运行合规管理体系起到至关重要的作用。企业应在成立之初就建立一个整体的合规培训机制，并持续运行。通常而言，合规培训由企业专门负责培训管理的部门来协调实施，如果没有专门的机构，则可由合规管理体系的运营部门来实施。

二是建立合规考核机制。企业可以制定单独的合规绩效考核机制，也可以将合规考核标准融入总体的绩效管理体系中去。通过合规绩效考核，对有重大合规贡献的员工给予表彰或奖励；对有合规问题的员工给予积分扣分或相应的处罚。

三是合规举报与调查。为保障合规管理机制的有效运行，企业应建立完善的举报体系，具体可以从以下几个方面进行：建立正确的举报信息收集理念；拟定举报信息的规范格式；配置信息收集举报人员；动态跟进举报信息；举报信息的分类和分享。

四是合规处理和改进。应该对违规行为人或未能对违规行为采取防范措施的人进行纪律处分。违规行为一经查实，企业应立即对违规行为人采取纪律处分，主要处理方式包括训诫、口头或书面警告、降级、降职、调职、最终警告、解雇。企业还可向执法部门报告违法情况以及向违规者提起民事诉讼。

五、加强合规管理文化体系建设

中国国家标准化管理委员会发布的《合规管理体系 指南》（GB/T 35770—2017）对“合规文化”的定义是：“贯穿整个组织的价值观、道德规范和信念，与组织的机构和控制系统相互作用，产生有利于合规成果的行为准则。”国务院国资委发布的《中央企业合规管理指引（试行）》第二十七条规定，中央企业应“积极培育合规文化，通过制定发放合规手册、签订合规承诺书等方式，强化全员安全、质量、诚信和廉洁等意识，树立依法合规、守法诚信的价值观，筑牢合规经营的思想基础”。可见，企业形成的合规文化是该企业长期传承、沉淀下来的以规则为导向的行为规范、思维方式和价值观念，也是建立有效合规管理体系的重要支柱之一。重视合规、认可合规以及与合规具有相同性质的要素（如诚信）的价值和作用，将有助于企业树立正确的合规价值观以及道德准则和信仰，并与组织的结构和控制系统相互作用，从而产生良好的合规行为规范。

课题组成员名单

黄群慧　中国社会科学院经济研究所所长
常张利　中国建材集团有限公司副总经理
魏如山　中国建材集团有限公司副总经理
张　华　中国建材集团有限公司资本运营部总经理
黄振东　中国建材集团有限公司改革办副主任
陈军荣　中国建材集团有限公司党委组织部副部长
贺朝栋　中国建材集团有限公司党群工作部副部长
金　星　中国建材集团有限公司办公室副主任
徐　千　中国建材集团有限公司党委组织部副部长
丁　泉　中国建材集团有限公司资深经理
牛振华　中国建材集团有限公司高级经济师
武　鹏　中国社会科学院经济研究所副研究员
刘洪愧　中国社会科学院经济研究所副研究员
张彩云　中国社会科学院经济研究所副研究员
张　弛　中国社会科学院经济研究所助理研究员
杨瑞龙　中国人民大学一级教授
周业安　中国人民大学经济学院副院长
杨其静　中国人民大学期刊管理中心副主任
聂辉华　中国人民大学经济学院教授
杨继东　中国人民大学经济学院教授
刘瑞明　中国人民大学国家发展与战略研究院教授
葛　晶　中国人民大学国家发展与战略研究院讲师

许金华　中国企业改革与发展研究会常务副会长
张晓文　国家发改委经济管理与体制改革研究所研究员
刘方勤　中国企业改革与发展研究会研究部主任
李秀兰　中国企业改革与发展研究会副秘书长
张　静　中国企业改革与发展研究会办公室副主任
程亚男　中国企业改革与发展研究会会员部副主任
周　杰　中国企业改革与发展研究会研究员
石　颖　国家发改委经济管理与体制改革研究所副研究员
赵　雷　国家发改委经济管理与体制改革研究所助理研究员
朱珊珊　中国企业改革与发展研究会高级研究员
王　嘉　中智管理咨询有限公司研究院副院长
乔丽玮　中智管理咨询有限公司咨询经理
赵　璐　中智管理咨询有限公司研究助理
刘　欣　中智管理咨询有限公司咨询助理
刘纪鹏　中国政法大学资本金融研究院院长
王志乐　北京新世纪跨国公司研究所所长
刘　彪　中国政法大学资本金融研究院研究员
胡历芳　中国政法大学资本金融研究院副教授
华忆昕　中国政法大学商学院讲师
杨俊峰　中国政法大学资本金融研究院研究员

“混合所有制企业经营机制研究”，由中国建材集团、中国社会科学院经济研究所、中国人民大学、中国企业改革与发展研究会、中智管理咨询有限公司和中国政法大学等单位共同完成，国务院国资委支持厅局为产权管理局。“混合所有制企业经营机制研究”课题分为一个总课题和四个子课题，总课题由经济研究所副研究员武鹏负责，子课题一“混合所有制企业治理结构研究”由中国人民大学教授杨瑞龙负责，子课题二“混合所有制企业管控模式研究”由中国企业改革与发展研究会常务副会长许金华负责，子课题三“混合所有制企业选人用人与激励分配机制研究”由中智咨询研究院副院长王嘉负责，子课题四“混合所有制企业风险控制与合规运营机制研究”由中国政法大学资本金融研究院院长刘纪鹏负责。

国有企业职业经理人制度研究

职业经理人起源于19世纪中期的美国，迄今已有近180年的历史。其作为所有权与经营权分离背景下的产物，是社会化大生产不断发展和分工持续深化的必然结果。目前，发达市场经济国家中绝大多数规模化经营的企业都已建立了职业经理人制度。伴随着社会主义市场经济的发展，职业经理人制度在我国也有着丰富的实践。在新时代深化国资国企改革的背景下，建立和健全职业经理人制度已成为重要的改革抓手，这将有利于国有企业赢得持续的竞争优势，更好地实现以规范经营决策、资产保值增值、公平参与竞争、提高企业效率、增强企业活力和承担社会责任为重点的改革目标。

为此，党的十八届三中全会《中共中央关于全面深化改革若干重大问题的决定》首次明确提出要推行职业经理人制度。其后，中央陆续出台了《关于国有企业发展混合所有制经济的意见》《关于深化人才发展体制机制改革的指导意见》《关于进一步完善国有企业法人治理结构的指导意见》《中央企业领导人员管理规定》等一系列政策文件，就建立和完善国有企业职业经理人制度进行了多方面的阐述，提出了具体的要求。国务院国有企业改革领导小组办公室印发《“双百企业”推行职业经理人制度操作指引》，明确了“双百企业”在推行职业经理人制度时的范围和职责，同时指出推行职业经理人制度的基本流程与操作要点。《国企改革三年行动方案（2020—2022年）》提出要健全市场化经营机制，推行经理层成员任期制和契约化管理，加快推行职业经理人制度。

围绕上述要求，本报告在深入调研分析既有实践的基础上，梳理现存问题，总结有益经验，结合理论分析构建国有企业职业经理人制度的总体框架，在依法合规的前提下完善相关工作的实施细则，提出具有可行性的操作导引和政策建议。在全面深化国企改革进程中，推行职业经理人制度有利于我国国有企业进一步完善现代企业制度、健全法人治理结构、激发经营层活力、更好适应市场竞争要求、打造具有国际竞争力的企业家队伍和国有企业。

第一章　国有企业职业经理人制度的理论基础与发展历程

有关国企职业经理人的研究累积了大量文献，许多研究运用国外已有的理论范式从不同视角对职业经理人制度进行了分析，但由于国企的特殊性，直接运用这些理论范式无法全面地理解国企职业经理人制度。因此下面我们将在对国企职业经理人制度相关概念进行界定的基础上，梳理已有的理论基础，总结其启示，并从宏中微观视角构建国企职业经理人制度理论框架。

第一节　国有企业职业经理人的界定和范围

职业经理人的概念由法国学者萨伊率先提出，他认为职业经理人是可以凭借自身职权最大限度整合企业内经济资源、提高企业生产率和产量的人，强调职业经理人卓越的业务能力。[①] 在此基础上，管理学大师德鲁克则表示，职业经理人还必须是能够有效承担企业绩效责任的人[②]，在德鲁克看来，职业经理人不仅需要具备精湛的业务能力，还必须忠于委托人，以绩效为导向。

关于国企职业经理人，存在两种观点：一是狭义上的国有企业职业经理人，即国企高级管理人员；二是广义上的国有企业职业经理人，不仅包括高级管理人员，还包括中层和基层管理人员。其中，中层管理人员指具有一定知识和实践经验，并能够承担相对重要管理工作的处于中等级别岗位的管理者，例如部门（副）经理、（副）总监等。而基层管理人员指直接负责生产任务并带领一线

---

① 萨伊．政治经济学概论[M]．陈福生，陈振骅，译．北京：商务印书馆，1963.

② DRUCKER P F. The effective executive[M]. New York: Harper & Row, 1966.

员工完成既定指标的管理者，例如业务主管、班长、组长等。[①] 根据《“双百企业”推行职业经理人制度操作指引》（以下简称《操作指引》），国企职业经理人指的是按照“市场化选聘、契约化管理、差异化薪酬、市场化退出原则选聘和管理的，在充分授权范围内依靠专业的管理知识、技能和经验，实现企业经营目标的除组织任命的干部以外的高级管理人员”，国企职业经理人的范围主要包括总经理、副总经理、财务负责人和按照公司章程规定的其他高级管理人员。

结合国有企业推行职业经理人的初衷以及其作为关键少数的特性，本研究结合实际将研究范围定义为狭义的国有企业职业经理人，即除组织任命的干部以外的高级管理人员，主要包括总经理、副总经理、财务负责人和按照公司章程规定的其他高级管理人员。

第二节　国有企业职业经理人制度的基本理论

梳理国企职业经理人制度的相关文献，发现理解国企职业经理人制度的基本理论主要有不完全契约理论、委托代理理论、人力资本理论及管理层权力论。

一、不完全契约理论对国有企业职业经理人的解释

不完全契约理论指出经济活动中各参与方的行为必须受到不完全契约的约束，同时履约成本与其相应合法收益成正比。根据不完全契约理论，职业经理人需要与企业所有者订立有效的契约才能进入企业全面接管经营管理业务。而企业董事会倾向于将薪酬与经理人业绩联系起来确定其基本薪酬，进而签订契约。[②③]

国内众多学者开始运用不完全契约理论分析国企职业经理人制度。有学者指出国企与职业经理人签订的契约更加讲求效率，但另有学者得到完全相反的结论。[④] 理论上，国企不可能大幅增加对职业经理人的股权激励，否则将出现股权激励过度的负面结果。实践中，不完全契约理论强调的均衡状态在现实中也

① 左蕊．基于胜任力模型的国有企业基层管理者培训需求研究[J]．中国中小企业，2020，300(11)：151 - 152.

② JENSEN M C，MURPHY K J. Performance pay and top - management incentive[J]. Journal of political economy，1990，98(2)：225 - 264.

③ 姜付秀，朱冰，王运通．国有企业的经理激励契约更不看重绩效吗？[J]．管理世界，2014(9)：17.

④ 陈冬华，陈信元，万华林．国有企业中的薪酬管制与在职消费[J]．经济研究，2005(2)：10.

非常态。因此，在不完全契约理论的指导下，如何发挥国企职业经理人的有效性以最大化国有股东的利益成为研究的关注点。①

尽管不完全契约理论指出基于不完全契约的职业经理人薪酬很有可能是有效的②，但由于契约签订过程中的信息不对称、人的有限理性和交易成本等，国企与职业经理人订立的契约仍然是不完备的。由此，为最大化国有股东的利益，国企与职业经理人不完全契约的订立必须满足两个约束条件：符合职业经理人利益（条件约束）；职业经理人所得收益不能小于一般企业为其提供的收益（参与约束）。由此可归纳得到国企如何通过设计不完全契约以最大限度保障国有股东利益的路径模型（见图 1）。

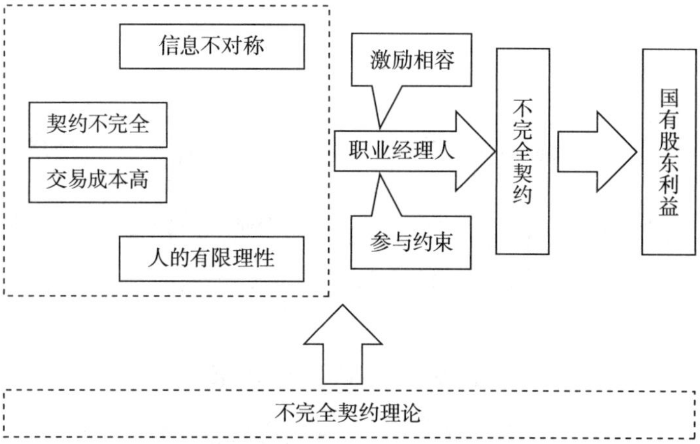

图 1　不完全契约理论对国有企业职业经理人的解释示意图

资料来源：笔者绘制。

二、委托代理理论对国有企业职业经理人的解释

委托代理理论指出企业所有者兼顾经营不利于生产经营活动，企业应在保障所有者拥有剩余索取权的情况下让渡经营权。所有权和控制权的分离产生了委托代理关系。通过委托代理关系，委托人授权给代理人为其利益从事某项活动，但委托人难以监控代理人的活动，由此产生了委托代理成本。③

不同于一般组织内部的委托代理关系，国企的行政化色彩使其内部委托代

① 吕峻．股权性质、管理层激励和过度投资[J]．经济管理，2019，41(9)：15.

② 刘西友，韩金红．上市公司薪酬委员会有效性与高管薪酬研究——基于“有效契约论”与“管理权力论”的比较分析[J]．投资研究，2012，31(6)：13.

③ 李锡元，徐闯．国企实施职业经理人制度的本质、核心和路径[J]．江汉论坛，2015(2)：5.

理关系更为复杂[①]，导致国企职业经理人制度存在更高的委托代理成本。鉴于此，基于委托代理理论，国企职业经理人制度最核心的实践就在于建立起有效的激励约束机制，通过合理地设计契约，并构建有效的激励与约束机制促使职业经理人的行为目标不偏离国企目标，比如给予职业经理人多元化的激励。[②]

从委托代理理论视角出发，国企委托人（外部与内部）与职业经理人间的利益诉求不一致以及非对称信息滋生了高额代理成本，即隐藏信息、隐藏行动、道德风险和逆向选择，国企试图设计合理的监督、激励和约束机制以降低委托代理成本从而追求效益的最大化，这便是委托代理理论对国企职业经理人制度的解释（见图2）。

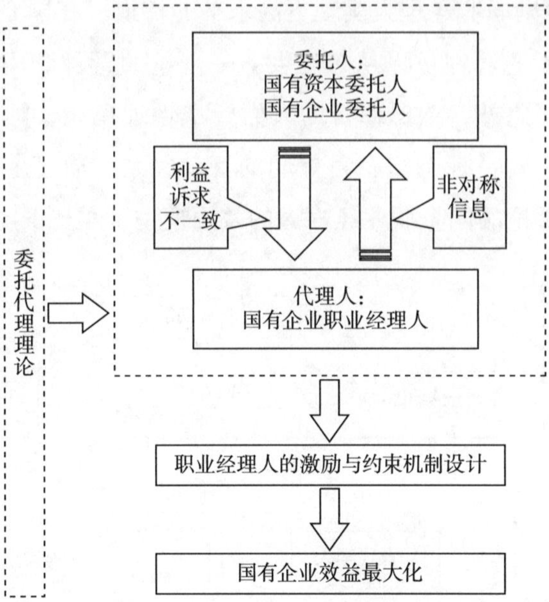

图2　委托代理理论对国有企业职业经理人的解释示意图

资料来源：笔者绘制。

三、人力资本理论对国有企业职业经理人的解释

人力资本理论指出人力资本是个体通过学习、经验积累等后天努力获得的蕴含在人身上的各种生产知识、劳动与管理技能以及健康素质的存量总和。作

---

① 张维迎，吴有昌，马捷．公有制经济中的委托人—代理人关系：理论分析和政策含义[J]．经济研究，1995(4):11.

② JENSEN M C, MURPHY K J. Performance pay and top - management incentive[J]. Journal of political economy, 1990, 98(2): 225 - 264.

为企业战略规划、实施、执行并监督的重要力量，职业经理人具有明显的异质性人力资本特征。

许多研究运用人力资本理论分析了国企职业经理人的人力资本特征、分类和选聘，比如相关研究指出国企职业经理人应具备政治品格、丰富的经营管理知识、正直守信的道德情操等个性特征①，这些研究并非将对职业经理人的管理视为一个全新的系统，而是建立在人力资源管理的基础上将国企职业经理人视为人力资本来投资与管理。

由此，国企对职业经理人的管理主要是通过整合人力资源管理的各种手段（协调与控制）激励职业经理人实现更高水平的价值。在国企中，基于人力资本理论对职业经理人的管理可以从外在要素——量的管理和内在要素——质的管理两个维度进行。此外，依据伯特的人力资本管理模型，国企还应更加注重职业经理人的个人绩效目标与国企目标间的互动关系。通过上述分析，可归纳得到基于人力资本理论的国企职业经理人的效用模型（见图3）。

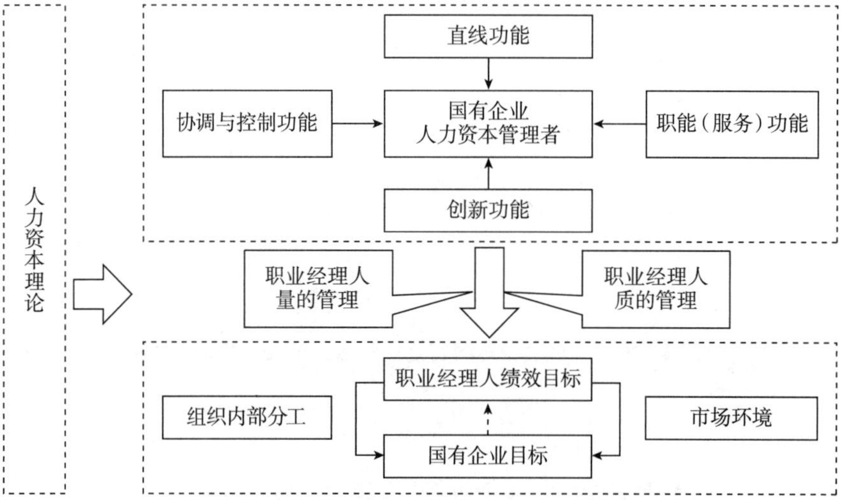

图3　人力资本理论对国有企业职业经理人的解释示意图

资料来源：笔者绘制。

四、管理层权力论对国有企业职业经理人的解释

管理层权力论指出股东并不能完全控制管理层薪酬契约的设计，因为经理

① 明茨伯格．经理工作的性质[M]．孙耀君，王祖融，译．北京：中国社会科学出版社，1986.

人完全可以利用手中的权力影响自身薪酬，而且权力越大操纵薪酬的能力越强，从而获得超出符合股东利益的所谓公平议价的租金。① 依据该理论，职业经理人薪酬的决定因素已经不再是竞争性的市场力量，而是有能力的职业经理人对管理租金的不断攫取。

管理层权力论逐渐成为解释国企职业经理人薪酬体系的重要依据。② 在薪酬水平方面，相关研究表明国企职业经理人薪酬的社会愤怒成本更高，因此更可能采用非货币薪酬、在职消费等提升自身总薪酬。在薪酬业绩敏感性方面，相关研究表明管理层权力降低了国企职业经理人的薪酬业绩敏感性。在薪酬结构方面，相关研究表明大部分国企综合使用了货币薪酬、持股比例和在职消费的不同组合。

管理层权力论对国企职业经理人制度的解释集中体现在职业经理人权力影响其薪酬体系的四重关联方面。一是管理层权力与股权激励，即职业经理人权力对股权收益有一定影响；二是管理层权力与信息操纵，即职业经理人更有可能操纵信息获取机会主义佣金；三是管理层权力与分红，即职业经理人持股会弱化管理层权力对国企现金股利支付的负面作用；四是管理层权力与股东权力，即国企职业经理人权力越大，会计稳健性则越强。通过上述分析，可归纳得到基于管理层权力论国企职业经理人的薪酬体系的影响模型（见图4）。

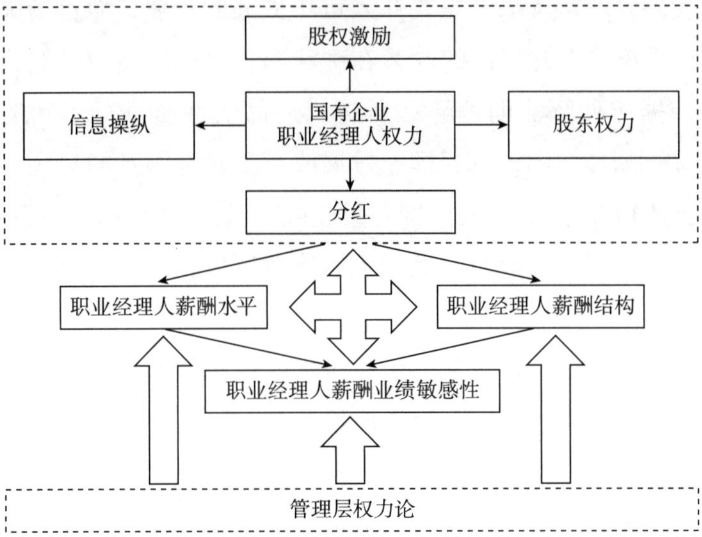

图4　管理层权力论对国有企业职业经理人的解释示意图

资料来源：笔者绘制。

① 伯切克，弗里德．无功受禄[M]．赵立新，等译．北京：北京法律出版社，2009.

② 张弛．国有企业高管薪酬研究的理论探索[J]．学习与探索，2021(5)：109－118.

五、新时代国有企业职业经理人制度的理论框架

建立符合中国国情、具有中国特色的国企职业经理人制度不能照搬国外已有理论范式，而需结合实际探寻相应的理论架构，从宏观、中观、微观三个层面构建新时代国企职业经理人制度的理论框架（见图5）。

一是宏观理论基础：社会主义制度的自我完善及由此衍生的中国特色市场化改革思路。完善社会主义制度的目标决定了中国经济改革不仅要建立现代市场经济体系，还要坚持社会主义基本制度。由此，中国社会主义市场经济改革呈现出了鲜明的中国特色，而国企职业经理人制度改革作为其中一部分也表现出了相同的属性。国企职业经理人制度的改革主线是走向市场化，包括所有权和经营权分离、建立契约关系等。实质上，党和国家在国企职业经理人制度改革的市场化道路中既发挥着监督作用又起着内生调节作用。[①] 鉴于此，国企职业经理人制度改革只有走中国特色国企职业经理人市场化道路才能不断提升国企活力和创造力。[②]

二是中观理论基础：国有经济范围界定及由此衍生的分类分层改革方式。国有经济范围的具体界定与市场经济在不同行业的失灵密切相关。为实现经济平稳可持续发展，国家及国企需要介入市场失灵的行业，而市场失灵根据行业或产品有不同类型，由此目前的政策在确定国企改革思路时已经指向了分类分层改革，即依据所处行业的差异和所提供产品的性质进行不同的改革。根据2015年国务院国资委、财政部、国家发展改革委联合印发的《关于国有企业功能界定与分类的指导意见》，我国国有企业可以划分为商业类（商业一类、商业二类）和公益类。国有企业职业经理人制度改革应在深化国有企业分类改革要求下探索分类改革方式。

三是微观理论基础：人力资源管理与价值循环理论结合及由此衍生的“四位一体”改革内容。以人力资源管理理论为基础，紧扣“市场化选聘、契约化管理、差异化薪酬、市场化退出”四个重点环节形成人力资源管理的有效体系，科学合理选人用人育人留人，以使人力资源得到充分配置，并创造更多价值和效益。以价值循环理论为核心，顺应价值循环规律，将四个重点环节通过人力

① 张宇，孟捷，卢荻．高级政治经济学（第二版）[M]．北京：中国人民大学出版社，2006：670.

② 张宇．中国模式的含义与意义[J]．政治经济学评论，2009(1)：21.

资源价值链内嵌到价值循环中，充分分析、评价、分配和发挥人力资源价值。

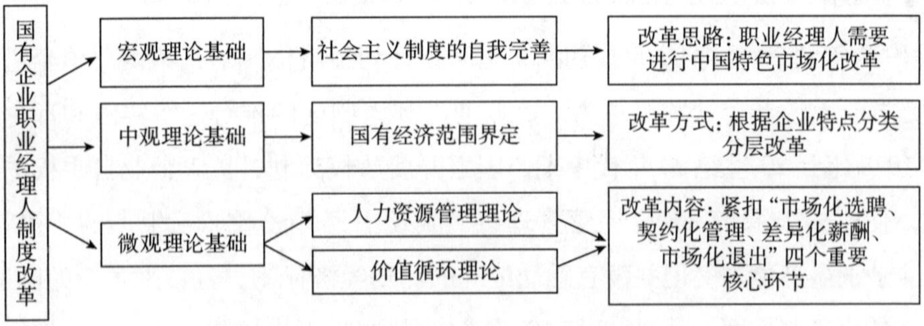

图5　新时代国有企业职业经理人制度改革理论框架

资料来源：笔者绘制。

第三节　中国国有企业职业经理人制度的发展历程

国有企业的改革是一项系统性工程，其体制机制、结构布局、社会定位、治理结构和经营观念等均要从计划经济的轨道转变到市场经济的轨道。本报告聚焦于其中一个重要方面：国有企业职业经理人制度的发展沿革。整体而言，国企职业经理人制度改革可以归结为两条主线：一是企业经理人逐步掌握国有资本循环各环节决策控制权；二是建立并完善对企业经理人的激励约束制度。职业经理人制度的发展先后经历了1978—1992年的改革准备阶段、1992—2003年的初步酝酿阶段、2003—2013年的试水调整阶段以及2013年至今的推广深化阶段（见图6）。

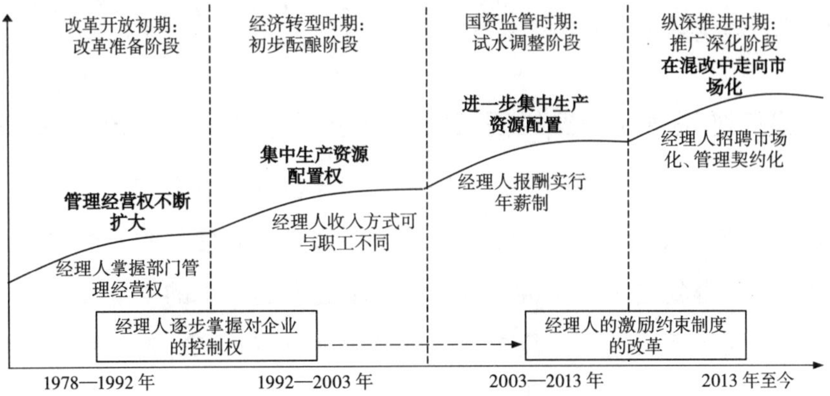

图6　中国国有企业职业经理人制度发展历程

资料来源：笔者绘制。

一、改革开放初期职业经理人制度改革准备阶段（1978—1992年）

从1978年到20世纪90年代初期，国家在计划经济体制的框架内对国企进行了多次放权让利改革，这些改革为之后职业经理人制度的推行做了实践和理论准备。从1978年到20世纪80年代中期，国家开展放权让利、扩大企业自主权的改革实践，使厂长掌握了一部分经营管理权，激发了经营者和职工生产的积极性，提高了企业的生产能力，但并没有触动传统的计划经济体制，且带来了新的问题，尤其是在约束机制方面。从20世纪80年代中期到90年代初期，国家开始推行承包经营责任制，一定程度上实现了所有权和经营权的分离。厂长负责制是承包经营责任制的重要内容。在承包经营责任制的推行下，厂长逐渐掌握经营管理权。同时，国家为激发国企厂长积极性也初步调整了报酬机制。但随着改革开放的深入，这一制度受政府管理部门过度影响及缺乏监督等潜在缺陷也逐渐暴露。

二、经济转型时期职业经理人制度初步酝酿阶段（1992—2003年）

从1980年财政实行“分灶吃饭”开始，宏观经济体制的改革持续推进。1992年，党的十四大明确提出，“我国经济体制改革的目标是建立社会主义市场经济体制”。随着诸多宏观经济体制从计划经济走向市场经济，国企的微观管理制度也进行了更为彻底的改革。2002年国家开始酝酿国企职业经理人制度改革，《2002—2005年全国人才队伍建设规划纲要》初步提出建设一支职业经理人队伍，逐步实行职业资格制度，探索与制定职业经理人资质评价体系和市场准入规则。企业管理政策和制度的松动使得很多国有企业积极探索改善企业管理，很多企业的管理实践脱颖而出。

三、国资监管时期职业经理人制度试水调整阶段（2003—2013年）

2003年，国务院国资委成立，解决了长期存在的国有资产出资人缺位和国有资产多头管理问题。国资委成立后，国企现代企业制度、监督机制与职业经理人的激励制度得到进一步完善。一是公司制股份制改革的推进及改制上市工作的顺利进行使经理层进一步集中了生产资源配置权；二是外部稽查特派员制度和外派监事会制度的建立强化了国企负责人的自律意识，内部独立董事制度的设立也打破了内部人控制；三是实施国企高管年薪制，将高管薪酬分为基本年薪和绩效薪酬，以企业会计年度为考核周期，确定经营者薪酬数量和薪酬形式以更好地激励高管，同时逐步探索实施股权激励制度。不仅如此，国资委坚持党管干部原则和市场化配置企业经理层相结合，加快推进国有企业经理层选拔方式的转化。其中一个突出亮点是在企业经理层的市场化全球公开招聘方面进行了积极的探索。国资委联合中组部在2003年面向海内外公开招聘，为中国联通等6家中央企业选聘了7位高管人才。这是国资委对经理层市场化招聘的第一次正式尝试。之后国资委对国有企业职业经理人制度的探索不断推进，呈现出招聘岗位规模扩大、选聘层次提高、报名人数增加、招聘程序更为规范以及招聘与引进海外高层次人才结合更加紧密等特征，在推进国有企业职业经理人制度的艰难之路上作出了有益的探索，积累了许多宝贵的经验。

四、纵深推进时期职业经理人制度推广深化阶段（2013年至今）

国资委兼有双重角色——国有资本出资人的经济角色和政府管理部门的政治角色，如何在改制过程中加以协调以避免影响国企经济效率需进一步在改革中探索。2013年，《中共中央关于全面深化改革若干重大问题的决定》正式提出建立国有企业职业经理人制度。2015年以后，中央出台了关于国资国企改革的“1+N”系列政策文件，根据2015年中共中央、国务院发布的《关于深化国有企业改革的指导意见》，国企改革进入了分类改革的新时期，职业经理人制度实施方向逐步清晰。在完成国企改革的顶层设计之后，国务院国资委将“推行职业经理人制度”作为2016年国企改革十项试点任务之一。2018年“双百行动”成为新时代国企改革的范式，职业经理人制度建设的重要性日益凸显。国企推行职业经理人制度已成为党中央、国务院以及各级国资监管部门关注的焦点。

第二章　国有企业职业经理人制度的改革现状

党和国家的多项文件和决定均为推行国有企业职业经理人制度指明方向。经过多年探索，职业经理人在推进完善公司治理、健全市场化运行机制、深化国资国企改革等方面发挥了巨大作用，部分中央企业母公司及二、三级企业不断推进制度改革，有序推进国有企业“管理人员能上能下、员工能进能出、收入能增能减”的制度创新。

第一节　国有企业职业经理人制度改革的政策进展

一、党的十八大前国有企业职业经理人相关政策基本进展

党的十八大前，相关政策为国有企业职业经理人制度建立奠定了扎实基础，重要节点详见图7。

2001年，在国务院国资委还未成立时，中组部在国企改革背景下开始探索国有企业经理层的市场化发展之路。国务院国资委成立以来，加快推进国有企业经理层选拔方式的市场化，更以全球海选等形式选聘人才，探索国有企业高管的市场化发展之路。[①] 2001年，国家经贸委、人事部、劳动和社会保障部三部门下发的文件“三项制度改革”提出建立企业管理人员能上能下、职工能进能出、收入能增能减的机制，在国家层面为推行职业经理人制度奠定了政策基础。2002年中共中央办公厅、国务院办公厅印发《2002—2005年全国人才队伍建设规划纲要》，第一次提出建设一支职业经理人队伍。随后相继出台系列涉及职业经理人的政策文件。2003年，《中共中央 国务院关于进一步加强人才工作的决定》提出探索社会化的职业经理人资质评价制度。2005年，《国务院关于鼓励支持和引导个体私营等非公有制经济发展的若干建议》提出“建立职业经理人测评与推荐制度”。2010年，《国家中长期人才发展规划纲要(2010—2020年)》提出“加快推进企业经营管理人才职业化、市场化、专业化和国际化”“建立社会化的职业经理人资质评价制度”。这些政策文件为之后建立并完善职业经理人制度的评价体系以及壮大职业经理人队伍奠定了政策基础。

党的十八大前，出台的各项政策文件在国家层面上为国有企业推行职业经理人制度奠定了政策基础，明确了国有企业建立职业经理人制度的改革方向，国有企业开始走上了市场化选聘职业经理人的道路并推动职业经理人培训以及资质的评价体系的探索。

---

① 余智梅. 央企高管:中国式“海选”之未来[J]. 国企,2011(9):64－71.

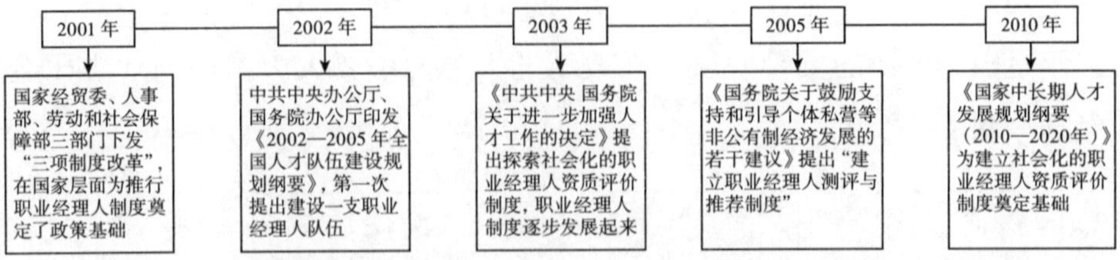

图 7　党的十八大前国有企业职业经理人制度主要政策节点

资料来源：笔者绘制。

二、党的十八大后国有企业职业经理人相关政策密集出台

党的十八大后，党中央、国务院及有关部门高度重视职业经理人工作，密集出台了一系列有关政策，在国有企业中引领和推进职业经理人相关工作的开展，重要节点见图 8。

一方面，中央关于职业经理人的政策要求不断丰富完善。2013 年党的十八届三中全会《中共中央关于全面深化改革若干重大问题的决定》提出“建立职业经理人制度，更好地发挥企业家作用”，进一步深化了企业内部管理人员能上能下、员工能进能出、收入能增能减的制度改革。2015 年印发的《中共中央 国务院关于深化国有企业改革的指导意见》，指出实行内部培养和外部引进相结合的方式选聘职业经理人并探索完善中长期激励机制，职业经理人制度改革方向逐步清晰。同年 9 月《国务院关于国有企业发展混合所有制经济的意见》提出推行混合所有制企业职业经理人制度。2016 年，中共中央办公厅印发《关于深化人才发展体制机制改革的意见》，对国有企业推行职业经理人制度提出了明确要求。2017 年，《国务院办公厅关于进一步完善国有企业法人治理结构的指导意见》提出要因企施策，有序推进职业经理人制度建设，逐步扩大职业经理人队伍。2018 年，中共中央办公厅、国务院办公厅印发《中央企业领导人员管理规定》，为中央企业建立职业经理人制度在人员选聘、薪酬分配以及建立试点等方面提供了具体实施举措。同年，国务院国资委出台《国企改革“双百行动”工作方案》，促进国有企业职业经理人制度由点向面全面展开，也促使更多的国有企业加入职业经理人试点行列。2020 年，国务院国有企业改革领导小组办公室印发《“双百企业”推行职业经理人制度操作指引》，明确了“双百企业”推行职业经理人制度的范围和职责，同时指出推行职业经理人制度的基本流程与操作要点，为规范实施相关工作提供了重要参考。2020 年，中央全面深化改革委员会第十四次会议审议通过《国企改革三年行动方案（2020—2022 年）》，指明今后三年是国企改革的关键阶段，在改革的大方向中要大力推进商业类子企业职业经理人制度。

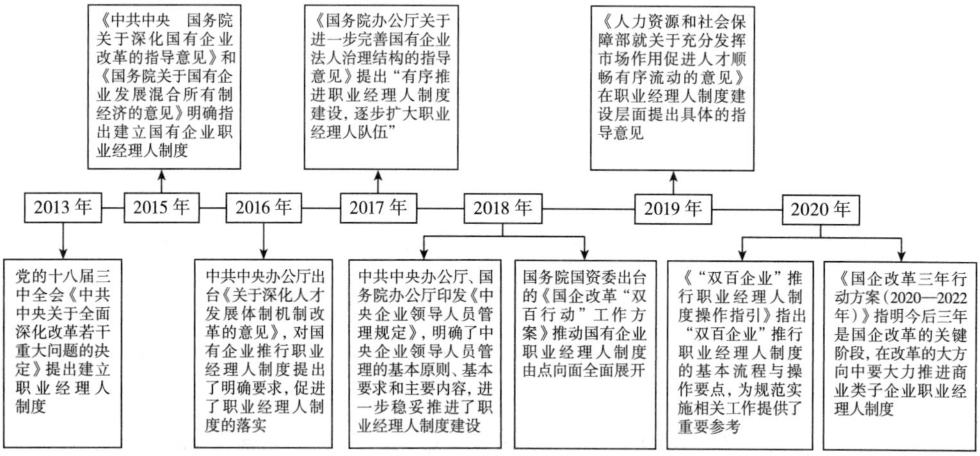

图 8　党的十八大后国有企业职业经理人制度主要政策节点

资料来源：笔者绘制。

另一方面，各地方省（市）陆续出台职业经理人相关管理办法。在党中央、国务院及有关部门政策的指引和推动下，各地方省（市）、自治区也在加速推进国有企业改革的进程。自 2014 年开始，各地方省（市）陆续出台职业经理人相关管理办法，对职业经理人的标准、退出、薪酬激励、过渡期安排等进行了规范（见表 1）。

表 1　地方省（市）出台的国有企业职业经理人专项政策统计

地区	政策文件	年份
广东省	关于《省属企业推行职业经理人制度操作指引》的通知	2020 年
上海市	《关于本市国有企业全力打响上海“四大品牌”的实施方案（2018—2020）》《上海市分类推进人才评价机制改革实施方案》	2019 年
浙江省	《关于推进省属企业职业经理人制度建设的试行意见》	2016 年
	《浙江省属企业负责人经营业绩考核与薪酬核定办法》	2019 年
天津市	《天津市市管企业职业经理人管理暂行办法》	2018 年
河北省	《关于推行职业经理人制度的指导意见（试行）》	—
黑龙江省	《关于全省国有企业开展市场化选聘职业经理人试点的指导意见》	2018 年
海南省	《海南省省属国有企业推行职业经理人制度指导意见（试行）》	2017 年
安徽省	《省属企业实行职业经理人制度试点工作方案》	2014 年
广西壮族自治区	《自治区直属企业实行职业经理人制度的指导意见（试行）》	—

续表

地区	政策文件	年份
宁夏回族自治区	《银川市国有及国有控股企业职业经理人管理办法》	—
湖南省	《湖南省省属监管企业实行职业经理人制度指导意见（试行）》	2016年
成都市	《关于市属国有企业市场化选聘企业负责人业绩考核与薪酬管理的指导意见（试行）》	—
洛阳市	《洛阳市国资委监管企业职业经理人选聘和管理暂行办法》	2015年
深圳市龙岗区	《深圳市龙岗区区属国有企业职业经理人管理暂行办法》	2018年

资料来源：笔者整理。

第二节　国有企业职业经理人制度改革的重要进展

目前，随着国资国企改革的深入，国有企业职业经理人制度已在部分中央企业和二级企业先试先行，在董事会建设、市场化选聘、契约化管理等方面进行积极探索。随着中央不断推出深化国有企业改革的配套性政策，各地方也在积极加速推进国有企业改革的进程。地方国有企业在职业经理人试点改革的实践探索中，因地制宜、因企施策，积累了宝贵经验。

一、国有企业职业经理人制度的总体推进情况

一是中央企业职业经理人制度建设日趋完善。随着国企改革三年行动的纵深推进，截至2021年7月底，68户中央企业建立了针对所属商业类子企业职业经理人的相关制度。从企业功能类别来看，商业一类建立职业经理人制度的比例最高，达到65.45%（见表2）。从行业分布来看，军工、机械设备制造、建筑行业职业经理人制度建设完成度较高（见表3）。

表2　中央企业职业经理人制度的建设情况（按企业功能分类）　（%）

功能定位	建立相关制度比例
商业一类	65.45
商业二类	34.55
公益类	0.00

资料来源：根据国企改革调查数据整理。

表 3　中央企业职业经理人制度的建设情况（按所属行业分类）　　（%）

所属行业	建立相关制度比例
军工	16.36
机械设备制造	12.73
建筑	10.91
商贸	7.27
发电	9.09
冶金	7.27
矿业	3.64
石油石化	5.45
交通运输	7.27
服务	1.82
电子	3.64
通信	3.64
汽车	1.82
房地产	1.82
电网	3.64
地勘	0.00
仓储	0.00
化学	1.82
建材	1.82

资料来源：根据国企改革调查数据整理。

二是中央企业职业经理人签约实施比例整体较低。中央企业子企业按照制度规定与职业经理人签订了有关合同与契约的共 2138 户，占比为 5.86%。从企业功能类别来看，商业一类、二类企业的签约实施率在 50% 左右，公益类企业签约实施率较低（见表 4）。截至 2021 年 12 月，中央企业子企业在职的职业经理人共 5214 人，占中央企业子企业经理层成员总数的 5.15%。分析来看，每家企业平均选聘职业经理人数量在 2～3 人（2.44），说明中央企业推行职业经理人按照单个岗位开展市场化选聘的居多，经理层成员整体推行的较少。

表 4　中央企业职业经理人签约情况（按企业功能分类）　　（%）

功能定位	签约率
商业一类	49.28
商业二类	50.45
公益类	0.28

资料来源：根据国企改革调查数据整理。

三是个别地方国有企业先行先试推进速度较快。从地方国有企业实施情况来看，天津、上海、四川、陕西、厦门5家省市级国资委一级企业选聘职业经理人人数最多。其中，天津市推进速度最快、选聘人数最多，自2018年出台《市管企业职业经理人管理暂行办法》起，截至2021年7月底，已经在17家市管国企选聘了90个职业经理人（见表5），社会人员应聘成功的占比达到1/3，取得了显著成绩。

表5 地方国有企业职业经理人制度的推进情况

序号	省市级国资委	开展职业经理人选聘的一级企业数量/家	一级企业选聘职业经理人数量/人
1	天津市国资委（2021）	17	90
2	上海市国资委（2018）	13	75
3	四川省国资委（2018）	7	23
4	陕西省国资委（2018）	2	12
5	厦门市国资委（2018）	3	11

资料来源：根据国企改革调查数据整理。

注：以上数据可以根据三年行动量化指标系统信息进行更新。

二、国有企业推行职业经理人制度的典型方式

根据中央企业及各地方国有企业推行职业经理人制度的情况，总结形成职业经理人推行的四种典型方式，分别为“四化管理方式”“现有领导人员转身方式”“市场化的经理人方式”“个别岗位市场化选聘方式”（见表6）。国有企业应根据自身管理实际、所处行业和发展阶段，选择符合企业特点的方式，推动企业高质量发展。

一是“四化管理方式”。指根据《操作指引》要求，严格按照市场化选聘、契约化管理、差异化薪酬、市场化退出的方式，开展的职业经理人制度建设。代表企业包括部分“双百企业”、天津市国资委所属企业、山东省国资委部分职业经理人试点企业、航天科技集团公司相关试点企业、中建材集团相关试点企业等。以天津市属企业为例，天津市国资委形成了“制定招聘方案—发布招聘公告—实施综合考评—进行组织考察—作出聘任决定—建立聘任关系”等一套完善程序和工作机制。在经理层改革选聘工作中，把发挥党组织把关定向作用贯穿到各个方面、各个环节，严格履行各项程序，在工作方案制定、公告发布、

人选资格审核、综合考评、组织考察以及聘用人选等环节，均由各级党组织逐级研究审批。对于报名应聘人员，不受企业内外、级别高低、资历深浅限制，本着人岗相适原则，对于表现突出的不拘一格、大胆选用。对于表现优异但落选总经理岗位的3名人选，结合班子建设实际，聘任为副总经理。按照“一企一策”原则，制定职业经理人薪酬考核方案，设立“目标值”和“门槛值”，体现强激励、硬约束导向，建立了科学、系统、规范的经理层管理体系。职业经理人目标值普遍比组织任命领导人员高10%。通过一系列选人用人制度创新，给企业带来了全新的市场化经营管理理念，起到了明显的“鲶鱼效应”，进一步激发了企业内生动力和创新活力。

二是“现有领导人员转身方式”。指现有经理层成员通过自愿申请的方式，放弃国有企业体制内干部身份，整体转身为“市场人”，采取契约化管理、薪酬水平对标市场的管理方式。代表企业包括云天化下属企业、中节能下属试点企业等。以云天化为例，2018年12月启动现职经理层身份转换。2019年1月10日，在云天化股份年度工作会议上，总经理段文瀚和52名干部一起“自我革命”，“先站起来，再坐下去”，宣读团队宣言，重新签订劳动合同书、聘用合同书、年度/任期业绩合同书，云天化股份总部和15个主要分子公司经理层成员将全面实施契约化管理。身份转换后，各级经理层成员不再保留国企领导干部身份，不再纳入现行干部管理体系进行管理，而是按照《职业经理人管理办法》进行管理，从原来的国企领导干部，就地转变为市场化的职业经理人。改革后，云天化股份逐步形成激励导向明确、管理科学、制度健全、激励精准的良好态势，核心管理团队思维方式发生重大变化。根据云天化发布的2021年第三季度业绩预告，公司前三季度归属于上市公司股东的净利润为27.72亿～28.72亿元，同比增加超25倍；归属于上市公司股东的扣除非经常性损益的净利润达26.76亿～27.76亿元，创下了上市以来的最高水平。

三是“市场化的经理人方式”。指在市场化程度高的国有企业推行的，对高管人员普遍实行市场化聘任、市场化薪酬、市场化退出的管理方式。不强调是否根据《操作指引》实施，人员既有来自市场化选聘的，又有市场招聘的，退出方式根据具体情形和原因，既有退出企业的也有内部安排的。代表企业包括华润集团、广东粤海集团等。

专栏：华润特色的职业经理人管理方式

华润集团作为总部设在香港的国有重点骨干企业，提供的产品和服务与百姓生活息息相关，历经三次转型发展，业务涉及大消费、城市建设运营、大健康、综合能源、产业金融、科技与新兴产业六大领域，现已成为一家以实业为核心的多元化控股企业集团，市场化程度高已经成为华润鲜明的特征，职业精神已经成为华润经理人突出的表现。在推进企业改革发展的过程中，华润积极贯彻落实中央政策精神要求，结合企业战略转型实际，形成了具有华润特色的职业经理人管理方式。

一、推行职业经理人制度注重做到“四管两放”

华润长期在民生领域深耕细作，业务与大众生活息息相关，形成了兼具驻港央企、红色基因、聚焦民生、多产业协同、市场化竞争的鲜明特征。华润业务发展的诸多特点，也影响经理人队伍形成了一些显著特点，比如经理人来源多元化、行业充分市场化、人员相对专业化和职业化等。华润在推行职业经理人制度建设中，将坚持党管干部、党管人才作为根本遵循，注重做到“四管两放”，不断激发经理人的干事创业活力和创造力，推动党管干部原则与市场化机制有机融合。

“四管”就是“管方向、管政策、管制度、管人头”，以此保证对职业经理人管理的方向不偏移，保证党对干部人事工作的领导权和对重要干部的管理权。“两放”就是“机制上放活、工作上放手”，让经理人能够在政策允许范围内施展管理才能，充分释放经理人蕴含的人力资本。

二、通过四步法营造“去行政化”、取消“官本位”的组织文化

一是凝聚思想共识，接受华润文化理念。无论经理人是内部培养还是外部引进，无论是港澳台外籍还是体制内党政干部，只要加入了华润，就要认同华润文化理念，遵循“引领商业进步，共创美好生活”的使命愿景，经理人的选拔任用全部履行“凡提四必”选任程序，按规定落实好“一规范”要求。二是充分参与市场竞争，追求高质量发展。要求经理人以实力去竞争、以付出求回报、用业绩来说话，不以政治素质掩盖职业素质、不以行政机制掩盖市场机制、不以党建目标掩盖利润目标。三是尊重市场规律，恪守商业规则。华润注重引导经理人树立职业意识、强化商业思维，结合自身特点开发了华润6S战略管理体系、5C价值型财务管理体系、TOP人力资源管理之道等系列现代化企业管理工具，有力地推动了企业管理思想的解放和公司生产力的解放。四是建立契约关系，实行市场化管理。在管理制度体系里和管理语境中，各级企业高级管理人员全部实行聘任制，职务名称与市场化接轨，从员工到经理人，均没有所谓体制内的"行政级别"。

三、按照"市场化选聘、系统化培训、契约化管理、差异化薪酬、机制化退出"五个路径实施

第一，市场化选聘。首先，营造市场化选聘氛围。目前集团直接管理经理人及下属业务单元各级经理人，无论内部培养还是外部引进，均通过"聘任"赋予职务，卸下"政治身份"包袱，集团内部形成了尊重市场用人规律的氛围。其次，明确选聘人才标准。华润以国企领导人员20字标准为基本遵循，结合华润业务多元化特点，构建了华润经理人能力素质模型（见图9），包括"政治素质过硬、引领价值导向、塑造组织能力、具备专业水准、持续创造价值"五大一级维度和20项二级维度，将好干部标准在华润细化和具体化。最后，采用灵活选人用人方式。活用四种选聘职业经理人渠道，以内部提拔方式为主，适时补充公开竞聘、外部引进、交流轮岗的方式。2019年以来，集团党委通过内部推选、交流提拔、竞聘等方式提拔晋升经理人79人，推动经理人跨单位平级交流57人，外部引进7人，因违规违纪或经营不善免职退出直管序列16人。

图9　华润经理人能力素质模型内涵解释说明

第二，系统化培训。华润对管理的经理人，不是"一招了之""一聘了之"，而是利用华润的培训资源，帮助经理人融入华润、持续提升素质能力。华润围绕“三个顺应”完善培训体系，一是顺应时代需要，加强思想政治教育。全面覆盖各级组织、境内境外的2900余名经理人。二是顺应战略需要，开展企业高质量发展系列培训。如开展“集团高层培训”“数据科学家培养”“国际化人才培养”“互联网之道”“基金经理”等项目。三是顺应组织需要，分层分类培养经理人。分层次开展行业领军人才、关键岗位人才、后备人才的培训项目。实施优秀年轻干部专项培养计划，集团和业务单元层面甄选和累计培养“75后”“80后”优秀年轻干部1928人。

第三，契约化管理。落实国企改革三年行动方案，推动经理层任期制和契约化管理，通过“三种纽带”建立“三种契约”。一是以《党建工作责任书》为纽带，建立与经理人之间的“一岗双责”、廉洁自律的“责任契约”；二是以华润“诚实守信、业绩导向、以人为本、合作共赢”的价值观为纽带，建立与经理人之间的思想认同、职业操守等“文化契约”；三是以业绩合同、综合考评为纽带，严格任期管理和目标考核，与经理人签订聘任协议、年度和任期业绩合同，建立与经理人之间具体绩效任务的“管理契约”。截至2021年底，已全面实施经理层任期制和契约化管理，覆盖集团下属1997家法人公司。

第四，差异化薪酬。完善“强激励、硬约束”的市场化激励机制。坚持“业绩与薪酬双对标”原则，建立激励约束机制。选择行业一流上市公司作为业绩对标组，每年年底根据企业在行业对标组的综合业绩排名确定业绩对标考核结果。明确以“行业业绩对标分位值高于行业薪酬对标分位值5~20个分位为合理区间”作为评价规则，通过“双对标”引导经理人密切关注行业主要竞争者的发展水平与趋势，形成比学赶超、争创一流的竞争机制。积极推动上市公司股权激励，审慎开展混合所有制改革企业员工持股、拟上市公司鼓励员工参与战略配售，引导经理人关注企业长期价值，做强做优做大国有资本。

第五，机制化退出。通过明确退出规则、畅通经理人退出渠道、高效执行退出机制“三步走”，畅通经理人退出的“出口”，确保经理人队伍正常的新陈代谢。一是建立经理人退出规则。明确经理人强制退出的8种具体情形，拓宽经理人退出通道。定期对二级单位领导班子和集团直管经理人履职进行盘点，对评价靠后的经理人提出提醒谈话、调整分工或岗位、退出领导班子、辞退等建议。二是完善经理人保障计划。经理人退出后将按规定享受相应的保障计划。对于为华润事业发展作出重要贡献的经理人，退休时可由集团党委研究决定，授予荣誉称号。三是强化退出制度落地执行。坚持优者上、庸者下、劣者汰，对违纪违法、经营不善、不胜任现职务、不担当不作为等经理人，根据具体情节该免职的免职、该调整的调整、该降职的降职，使能上能下成为常态。仅2021年以来，因加强考核评价、推行末等调整和不胜任退出，集团党委及二级企业党委管理的经理人调整226人，其中免职85人、降职降级50人。

华润持续推进职业经理人制度建设，探索构建“根本遵循、关键要素、实施路径”三个层次的长效模式，经理人队伍结构日益科学合理，形成了开放、包容、发展的组织文化，激发了经理人干事创业活力，为推动华润转型创新和高质量发展提供了坚强的人才支撑。截至2021年底，集团总资产20471亿元，实现营业收入7692亿元，利润总额和净利润分别为810亿元和601亿元。自国资委对中央企业实施经营业绩考核以来，集团业绩考核已15年连续5个任期获评A级，在“财富世界500强”排名再进10位，提升至第69位。

四是“个别岗位市场化选聘方式”。对企业班子成员中的一个或几个岗位，采取市场化选聘的方式，按照职业经理人和内部任命干部进行“双轨制”管理。代表企业包括各省份国有企业、国家电投某海外公司、中铁集团某海外公司、央企下属金融类公司等。以某省公开选聘职业经理人为例，某省省属企业为进一步推动改革发展，提高经营管理水平，面向省内外市场化选聘18名职业经理人、1个经营管理团队。相关职位包括某集团有限公司副总裁1名，某工业股份有限公司副总裁1名，某运输集团有限公司副总经理1名等。对市场化选聘职业经理人的资格条件进行设置，包括基本条件和任职资格。明确不得参加选聘的情形包括：个人原因造成企业亏损或资产损失数额较大的；个人在企业经营管理活动中有弄虚作假记录的；受过司法机关刑事处罚的；被人民法院列入失信被执行人名单，尚在执行中和解除执行未满三年的；处于党纪、政纪处分影响期内的；涉嫌违纪违法，正在接受有关机关审查尚未得出结论的；国家法律法规、党纪政纪和有关政策另有规定不能担任企业领导人员职务的；党政机关、事业单位等报名人员近三年年度考核曾被评为基本称职（基本合格）、不称职（不合格）的；出于其他原因不适合参加选聘的。对选聘程序进行规范，包括报名、资格审查与履历业绩评价、面试和体检、组织考察、协商决定聘用、公示及办理签约手续。对所有选聘职位提供有市场竞争力的薪酬，实行协议薪酬制，具体由双方协商确定，并按“一人一策”方式，协调解决配偶工作、周转住房、子女入学等方面的实际需求。通过市场化公开选聘，可以拓宽人才渠道，但在后续管理中，需要对市场化选聘职业经理人和组织任命干部进行“双轨制”管理，市场实践表明效果有限。

表6　国有企业职业经理人的典型开展方式

项目	四化管理方式	现有领导人员转身方式	市场化的经理人方式	个别岗位市场化选聘方式
方式	按市场化选聘、契约化管理、差异化薪酬、市场化退出“四化”原则管理	现有领导人员自愿申请转身	对领导人员进行市场化管理	个别岗位公开选聘
实施范围	全体经理层成员	经理层成员	经理层成员	经理层成员个别岗位，一般为总经理、营销副总、投资副总等
身份认定	市场人（市场来、市场去）	市场人（个别企业存在退出岗位）	不做认定	市场人
选任方式	市场化聘任	内部转身	市场化选聘是来源之一	市场化聘任
劳动合同管理	重新签订劳动合同	重新签订劳动合同	按照劳动合同管理	按照劳动合同管理
组织人事档案	一出：人事档案 一进：党组织关系	企业做法不同	不做特殊规定	企业做法不同
市场化选聘	需要开展	不需要	根据情形不同开展	需要开展
人员来源	外部+内部	内部	外部+内部	外部
薪酬水平	按照业绩与薪酬对标确定，对标+协商	现有薪酬的一定倍数（如1.2~1.5倍）	系统内经理人整体按照市场化对标确定	单一岗位按照市场化对标确定
退出方式	退岗退企	退岗	根据具体考核和管理情况退岗退企	退岗退企

续表

项目	四化管理方式	现有领导人员转身方式	市场化的经理人方式	个别岗位市场化选聘方式
出国（境）管理	证件本级党组织管理、出国（境）请假手续	按照干部管理要求	按照干部管理要求	企业可以自行明确
个人事项申报	企业可以自行明确	需要申报	需要申报	企业可以自行明确
退休	按规定退休，符合条件，可协商确定	按规定退休	按规定退休	按规定退休，符合条件，可协商确定
培养发展	加强对职业经理人的思想政治教育，提升职业经理人的专业能力和职业素养	按照现有干部培训体系	按照现有干部培训体系	企业可以自行明确

资料来源：笔者整理。

第三节　国有企业职业经理人制度改革的主要成效

经过多年探索实践，国有企业在职业经理人选拔、培养、绩效评价、畅通身份转换通道与退出机制、契约化管理和内部流动等方面取得了显著成效，职业经理人在新时期深化国有企业改革、健全市场化运行机制、提升国有企业竞争力等方面发挥了巨大作用。

一、规范企业法人治理结构，董事会职权进一步落实

通过改革外部董事管理制度，严格董事选聘和履职管理，使董事会真正成为企业的决策主体。[①] 在试点与实践中，有 31 个地区进行了董事会重大决策、选人用人和薪酬分配等权利的探索，真正促进了企业法人治理结构的协调运转，压实了董事会决策、经理层执行责任，激发了企业活力。

二、深化企业“三项制度改革”，企业活力得到不断释放

推行职业经理人的国有企业通过压力层层传导，大部分企业的“三项制度改革”推进效果显著。通过推进经理层任期制和契约化管理，探索企业领导人

① 宁向东．国有企业改革与董事会建设[M]．北京：中国发展出版社，2012.

员差异化薪酬分配办法，建立健全了与劳动力市场基本适应、与企业经济效益和劳动生产率相挂钩的工资决定和正常增长机制，大大推动了企业内部管理人员能上能下、员工能进能出以及收入能增能减。

三、加快企业“去行政化”步伐，推进国企干部制度改革

在试点企业中，职业经理人制度改革加快了企业“去行政化”的步伐，一些企业建立了从“身份管理”向“岗位管理”过渡的用人机制。推动企业内部人员以同等条件优先应聘，被聘用后放弃“体制内身份”，进入职业经理人市场，成为“社会人”，在不同所有制企业间自由流动，实现了“去行政化”，同时，在“去行政化”过程中也推动了社会保险体系的完善。

四、完善企业激励约束机制，推动企业高质量发展

相较于上级任命干部的国有企业，职业经理人试点企业的绩效和薪酬管理机制更加完善，激励约束效应显著增强。在试点企业中，职业经理人采用任期激励方式，其收入与其经营业绩考核结果直接挂钩，改变了以前只重视短期目标、年度考核的单一做法，建立和完善了以企业可持续发展为导向、以任期为考核周期的中长期激励机制。

第三章　国有企业职业经理人制度的现存问题

目前，职业经理人制度在“市场化选聘、契约化管理、差异化薪酬、市场化退出”等方面已做出了积极探索，但实施职业经理人制度的国有企业比例较低、范围有限，结合调研和调查问卷分析来看，主要是在选聘、契约化管理、薪酬、退出、监督管理等环节仍存在难点和问题。

第一节　国有企业推行职业经理人制度整体进展不充分

为深入了解国有企业职业经理人制度建设情况，课题组共发放问卷170份，回收有效问卷145份，回收率为85.3%。在填答问卷企业中，商业一类企业占53.4%，商业二类企业占40.8%，公益类企业占5.8%。从推行职业经理人制度

的企业层级来看，主要集中在二、三级公司（占比分别为64%和52%）。从推行职业经理人制度的岗位来看，主要集中在二、三级公司的经理层（占比分别为65%和63%）。虽然超过80%的调研对象认为有必要实施职业经理人制度，但由于缺乏成熟可借鉴经验，尚处于边试边改边完善状态，缺乏有效发力点，具体包括以下主要共性问题。

一、职业经理人制度推进效果有待提升

问卷调研显示，近五成的受访者表示所属国有企业推行职业经理人制度总体效果一般，整体进展不容乐观，职业经理人制度仍有进一步完善的空间（见图10）。

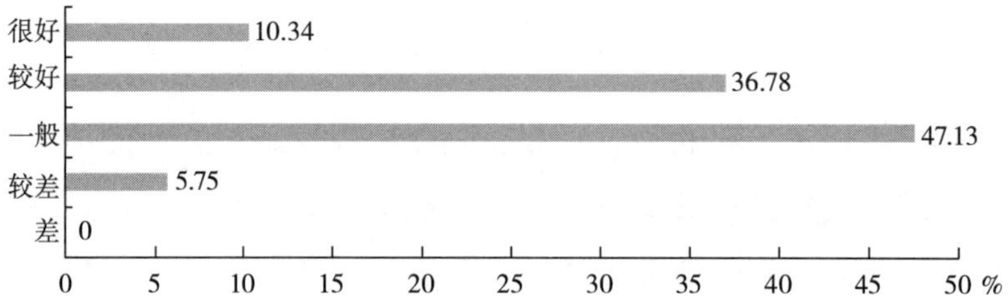

图10　推行职业经理人的总体效果

资料来源：笔者绘制。

二、仍需进一步落实董事会职权

国有企业董事会成员构成不够科学、权利落实不到位。企业集团层面一般建立了规范董事会，但很多子企业没有建立董事会，存在大量有执行董事而没有董事会情况，有的子企业虽建立了董事会，但运行不规范。部分国有企业董事会以内部执行董事为主，本级经理层兼任所属企业董事会成员，尚未实现外部董事占多数；董事会成员为内部人员，缺乏专业的外部独立董事，没有形成有效制衡。调研显示，仍有较多国有企业董事会的重大事项决策权，对经理层的选聘权、薪酬管理权、业绩考核权等重要权利未落实到位；股东大会、党委会、董事会、监事会、经理层之间权责不清晰问题仍在一定范围内存在，管理边界和治理主体的责任不清，造成企业授权无法到位，阻碍了职业经理人制度有效落地（见图11）。

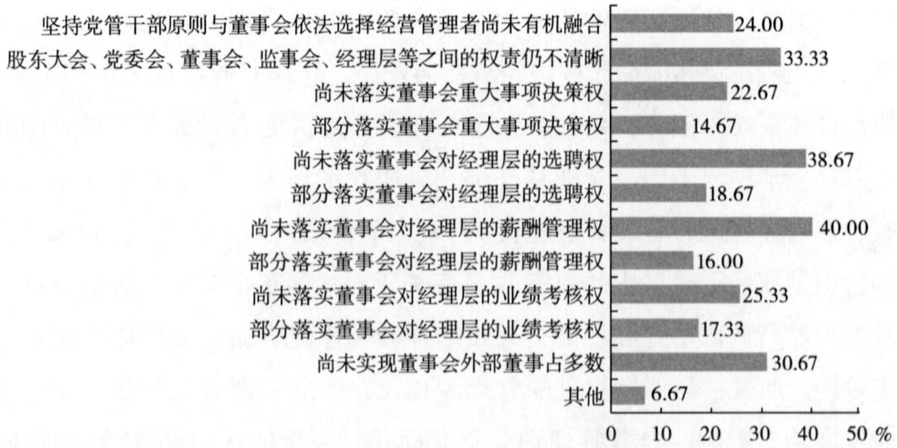

图 11　董事会建设存在的不足

资料来源：笔者绘制。

三、市场化选聘和市场化退出环节存在较多问题

《操作指引》包括市场化选聘、契约化管理、差异化薪酬、市场化退出、监督管理五个关键环节（以下简称“五化”）。近 50% 调研对象认为市场化选聘和市场化退出环节面临较多新问题，差异化薪酬环节中的工资总额等难点问题一直未得到妥善解决（见图 12）。

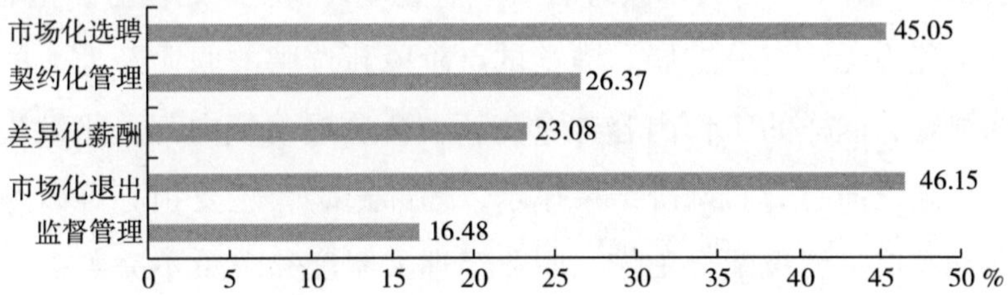

图 12　推行职业经理人制度过程中难度最大的环节

资料来源：笔者绘制。

第二节　国有企业推行职业经理人制度主要环节存在的难点

一、市场化选聘环节

一是职业经理人来源不够广泛。国有企业职业经理人通过内部管理者转化和外部管理者引进两种方式产生。虽然国有企业都是通过市场化方式选聘职业

经理人，但是，相当高比例的职业经理人都由内部管理者转化而来。我国职业经理人市场机制仍然滞后于我国经济社会发展，外部职业经理人市场不够成熟，资质认证体系尚未健全，信任缺失下的选聘会加大企业的经营风险，因此，整体外部环境都不利于国有企业从外部选聘职业经理人。问卷调研显示，大多数国有企业内部转化的管理者超过职业经理人队伍的80%，甚至达到100%。外部管理者引进数量距离《中共中央 国务院关于深化国有企业改革的指导意见》中要求的“实行内部培养和外部引进相结合……合理增加市场化选聘比例”尚有一定差距。而且，与外部引进的管理者相比，内部管理者长期服务于企业，受企业发展模式影响，经营管理理念相对固化。大量地从内部选聘职业经理人，企业易产生“观念固化、稳定有余、创新不足、质量不高”等问题。

二是内外部管理者对职业经理人制度存在较多顾虑。由于大量国有企业内外部管理者持观望态度，延缓了推进职业经理人制度的进程。内部管理者对职业经理人的认知与定位并不清晰，保守思想较为严重，没有准备好“救生圈”之前不愿走出舒适圈，既想转换身份，又害怕制度惩罚，他们对市场化选聘的包容接受问题突出。调研结果显示，内部转化者的顾虑来自对职业经理人制度的认识不足，主要担心被解聘后失去工作和原有政治待遇，希望转变身份后还有机会转回（见图13）。外部管理者对职业经理人制度缺乏信心，担心难以融入国有企业，能力无法充分施展。毕竟试点阶段新选聘的职业经理人的工作业绩暂时无法显现，同样的工作内容却拿高薪，会造成薪酬内部公平缺失，彼此思想不统一，缺乏向心力。调研结果显示，外部选聘者主要担心难以融入企业文化、企业原有成员消极配合工作、职业经理人制度和政策不完善引发潜在风险以及契约规定权力无法落实等（见图14）。

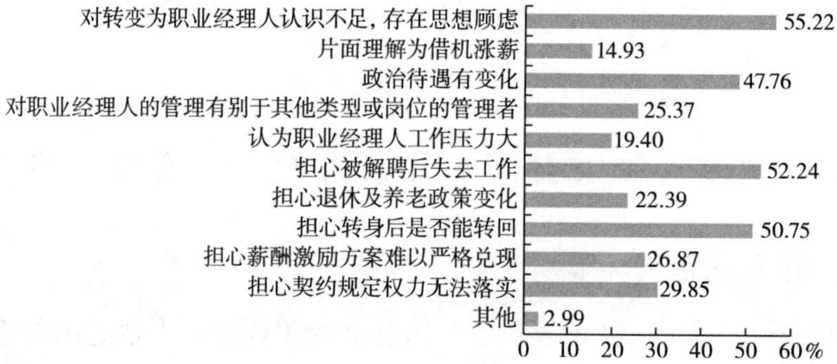

图13　内部管理者的顾虑

资料来源：笔者绘制。

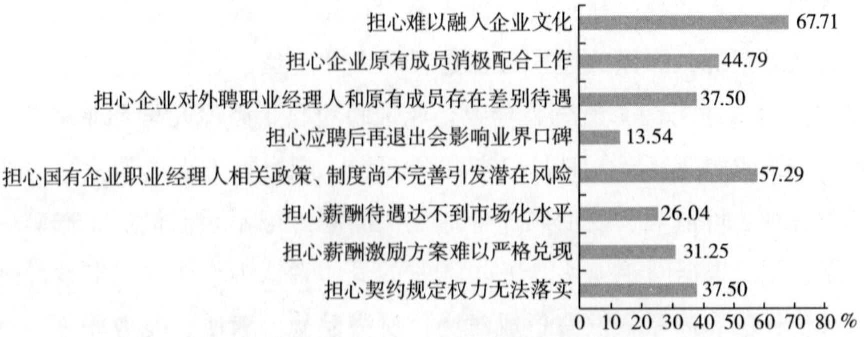

图14　外部管理者的顾虑

资料来源：笔者绘制。

三是职业经理人市场滞后（见图15）。一方面，职业经理人市场尚不完善，导致优秀专业化人才短缺。随着市场化改革推进，我国职业经理人市场已具备了基本功能，但整体上发展还不成熟，市场运行机制还不够健全，缺乏职业经理人库。符合“职业化、市场化、专业化、国际化”标准的高素质职业经理人较为有限，适合成为国有企业职业经理人的德才兼备经营人才更为稀缺，导致职业经理人不具备充分可替代性。又由于职业经理人无法通过短期的学习与培训快速形成，国有企业对职业经理人的需求逐渐增加，因此，总体上不可避免地出现职业经理人供给结构性短缺问题，在这种情况下，国有企业对职业经理人并没有太多的选择空间与还价底气，致使职业经理人的市场化选聘未能达到预期效果。另一方面，职业经理人的信用体系没能及时建立，资格认定存在风险。选聘过程中背景调查对象单一，未全面了解职业经理人相关信息。因背景调查中获取信息不深入，在岗位需求定位不清晰情况下难以全方位判断候选人匹配性。此外，由于缺乏公正科学的职业经理人信用评价机制，监督约束作用不够，国有企业无法全面了解职业经理人履职信用信息，致使职业经理人失信收益大于失信成本，导致企业和职业经理人双方产生“信用危机”。

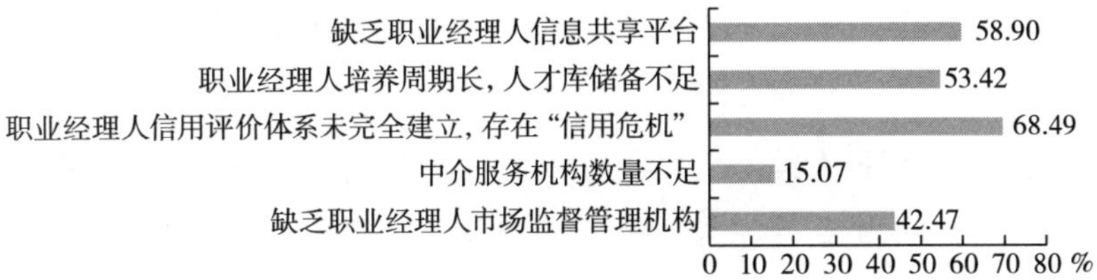

图15　职业经理人市场存在的问题

资料来源：笔者绘制。

四是选聘需求不明确，精细化程度不高。首先，在进行职业经理人市场化选聘之前，缺乏系统、严谨的需求分析过程和人才定位，容易混淆“最优秀人才”和“最适合人才”两个概念，导致企业选聘的职业经理人与企业需求不匹配。其次，在选聘职业经理人时，只考虑到知识、能力等方面的要素，对职业经理人的世界观、价值观、政治倾向等深层次问题考虑不足。最后，选聘标准不精准、不科学。根据问卷统计，超过 70% 的受访者认为企业缺乏职业经理人能力素质评价标准和体系，没有形成对岗位所需品德、素质、能力等进行科学系统评价的能力，正在使用的职业经理人胜任素质模型的公正性和可靠性仍需验证，任职资格界定还需进一步精细化。

二、契约化管理环节

一是市场化意识和契约精神尚需培养。市场化经营理念是否深入人心是国有企业能否顺利实施职业经理人制度的重要前提。调研发现，对职业经理人制度接受程度较高的企业，内部市场化经营管理机制都较为完善。这类企业主业处于充分竞争行业和领域，为应对市场竞争压力，积极主动优化“五化”方面管理制度，形成了良好企业文化，典型代表是商业一类企业。例如，华润雪花啤酒是最早探索市场化制度的央企子公司，1993 年华润将沈阳雪花啤酒厂收入旗下时就面临着来自行业内民企、外企、国企的激烈竞争，目前已经发展成为拥有全球啤酒单品销量第一的品牌，也培养了一大批具有高度市场意识和专业能力的经理人，形成了充分市场化的企业氛围，很多早年加入雪花啤酒的员工，甚至不知道华润雪花啤酒是国有企业。相比之下，商业二类企业实施职业经理人制度则面临较多困难。这类企业处于关乎国家安全、国民经济命脉的重要行业和关键领域。由于市场化竞争压力不足，市场化经营理念尚未被管理人员完全认可，推动他们转化为职业经理人或者配合外聘职业经理人工作过程都存在不同程度难点，在军工企业里表现尤为明显。通过外部引入方式选聘的职业经理人，容易出现与企业现有业务理念、企业文化存在差异的现象，造成外部选聘的职业经理人自我归属感较弱，增大融入难度。部分由企业内部领导人员转换而来的职业经理人，思想观念偏保守，没有及时转变经营理念、工作思路，没能完全按照合同约定履行责任与义务，为企业改革注入的动力不足。

二是劳动合同签订不规范。关于劳动合同签订问题，《“双百企业”推行经理层成员任期制和契约化管理操作指引》指出“本企业内部人员实施契约化管理不需要重新签订劳动合同”；但是，《“双百企业”推行职业经理人制度操作指引》要求“一般应重新签订劳动合同”。问卷调研结果显示，有部分国有企业管理者转化为职业经理人之后，并没有重新签订劳动合同，合同管理不规范，契约化管理执行不严格（见图16）。

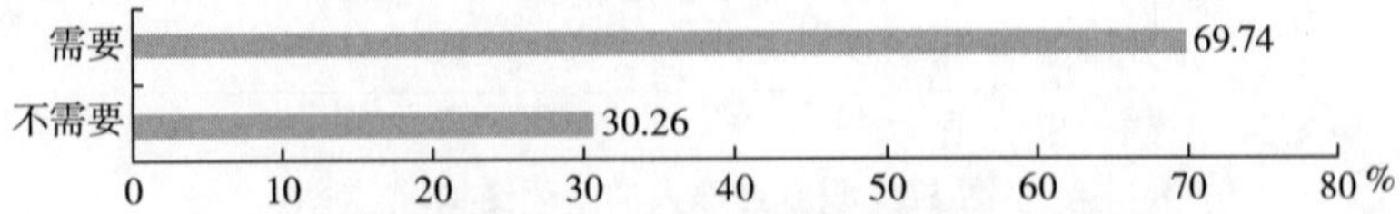

图16　内部管理者转换身份后劳动合同是否需要重新签订

资料来源：笔者绘制。

三、差异化薪酬环节

一是工资总额管理机制不够灵活。多数国有企业反映工资总额不够。第一，在高度市场化环境中，试点企业职业经理人薪酬处于市场较低水平，而业绩分位数处于行业内较高水平。以华润集团为例，遵循“业绩与薪酬双对标”原则，市场化程度较高的二级公司经营业绩可以达到行业头部公司70～90分位数水平；但是，职业经理人薪酬只处于外部人才市场35～45分位数水平。第二，多元化经营企业中子公司工资总额分配不平衡。集团内部行业跨度较大，各企业市场化程度差异较大，导致子公司工资总额差异较大，市场化程度高的子公司抢占了更多母公司工资总额，例如军民融合企业。

二是缺乏中长期激励机制。调研显示，职业经理人薪酬结构仍以基本年薪和绩效工资为主，对职业经理人的中长期激励不足（见图17）。据调研反映，职业经理人中长期激励机制不完善主要有三点原因。首先，受到最高收益和行权条件等限制，既有中长期激励工具激励力度不足。《关于国有控股混合所有制企业开展员工持股试点的意见》（国资发改革〔2016〕133号）规定，员工持股总量原则上不高于公司总股本的30%，单一员工持股比例原则上不高于公司总股本的1%。其次，审批过程复杂，要求严格，沟通和实施难度大，降低了申报公司的积极性。例如，中央企业三级公司申报股权激励方案要通过二级公司、集团总部、国资委的层层审批。最后，由于股权激励方案涉及国有资产流失等重要问题，试点公司上级管理部门审批过程中均十分谨慎，降低了决策效率（见图18）。超过70%的受访者认为，缺乏中长期激励机制非常不利于国有企业吸引、保留人才，尤其在充分竞争行业。多数国有企业处于积极探索中长期激励机制阶段，总体上希望能给予职业经理人更高股权激励。

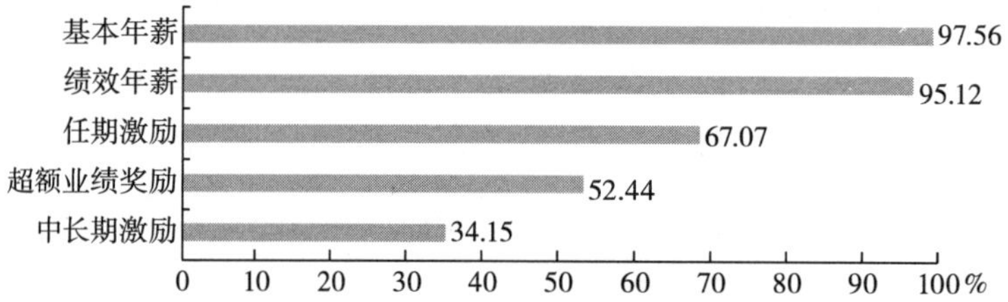

图 17　职业经理人的薪酬结构

资料来源：笔者绘制。

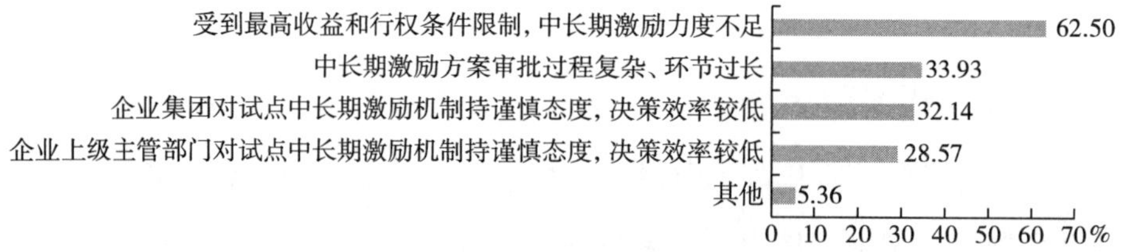

图 18　推进中长期激励机制过程中存在的难点问题

资料来源：笔者绘制。

三是“双轨制”薪酬缺乏内部公平感。在部分职业经理人制度试点企业经理层中，既有职业经理人，又有非职业经理人，引发“双轨制”薪酬现象。职业经理人对标市场上同行业同规模企业高管的薪酬水平；而组织任命的“体制内”企业领导人员薪酬受到管控，只能享有远低于市场化的薪酬待遇，导致职业经理人薪资待遇明显高于党委和董事会成员。“双轨制”薪酬不利于国有企业推行职业经理人制度。一方面，企业领导人员由于不同身份而获得差别薪酬待遇，容易产生心理不平衡感，影响工作积极性，甚至消极工作。另一方面，缺乏内部公平感的企业领导人员会出现不积极配合、不作为等行为，不利于新引进职业经理人迅速融入团队，破坏经理层团队氛围和整体功能，甚至引发工作矛盾与内部分裂。2018 年，对安徽省省属国有企业职业经理人制度试点工作的调查显示，有 42.86% 的人员认为“有的企业负责人对职业经理人薪酬待遇超过自己产生心理不平衡，不愿推行职业经理人制度”，从侧面也反映了这一问题。

四、市场化退出环节

执行职业经理人退出不彻底，内外部选聘职业经理人退出方式不一致。从职业经理人的退出方式来看，关于“外部选聘与内部选聘的职业经理人退出方式是否一致”这一问题，问卷调研的结果（见图19）显示差异很大，只有不到半数的受访者所在企业采用了统一退出方式。《操作指引》要求“如果职业经理人没有按照约定完成合同任务，就应该解除（终止）聘任关系”。但在实际操作过程中，多数国有企业都没有彻底执行这项要求。内部选聘的职业经理人在退出时多数会采取“可双向选择集团其他职业经理人岗位”方式（见图20），主要缓冲方式包括留用观察一年、转为专业技术序列岗位、退居二线、内退、转为普通员工等。外部选聘的职业经理人更多地采取“解聘并解除劳动合同”方式（见图21）。

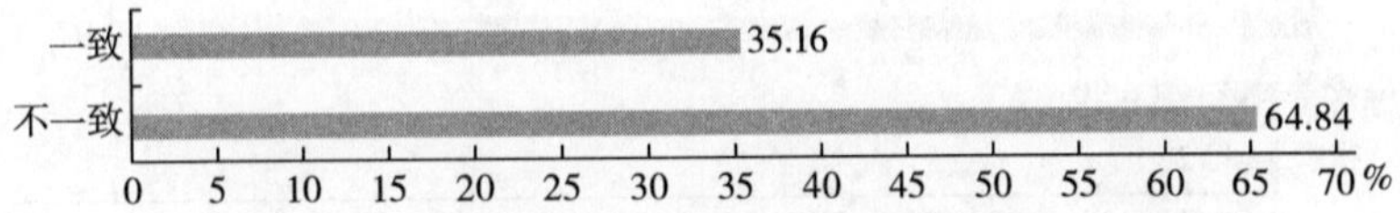

图19　内外部选聘的职业经理人退出方式的一致性

资料来源：笔者绘制。

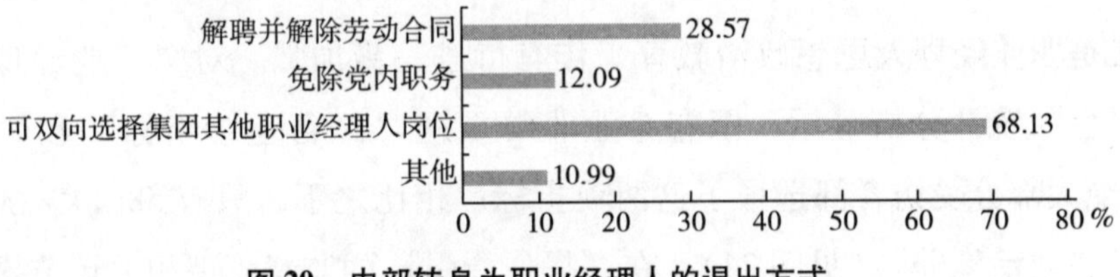

图20　内部转身为职业经理人的退出方式

资料来源：笔者绘制。

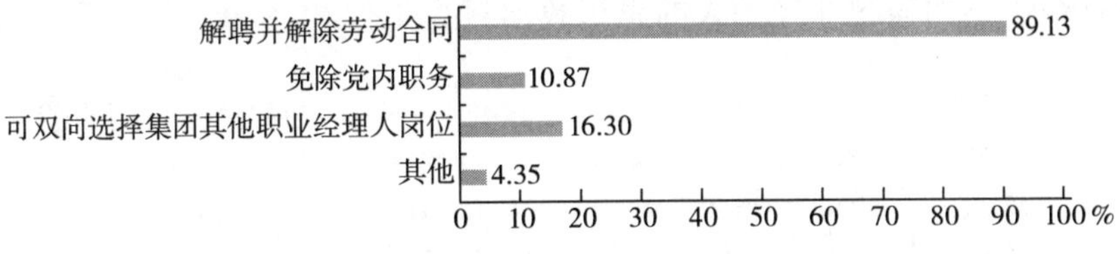

图21　外部选聘职业经理人的退出方式

资料来源：笔者绘制。

五、监督管理环节

一是培养体系尚需完善。调查结果显示，在《操作指引》中列出的六项监督管理要点中，较多受访者认为国有企业在培养发展职业经理人方面存在问题（见图22），而职业经理人培养体系有效性一般是其中一个较大难题（见图23）。

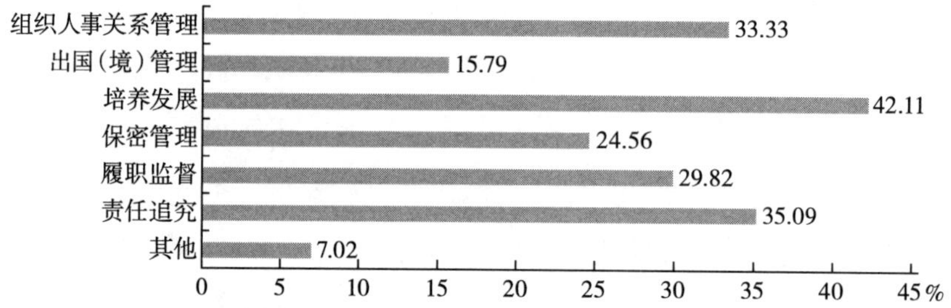

图22　对职业经理人监督管理过程中存在较多困难的环节

资料来源：笔者绘制。

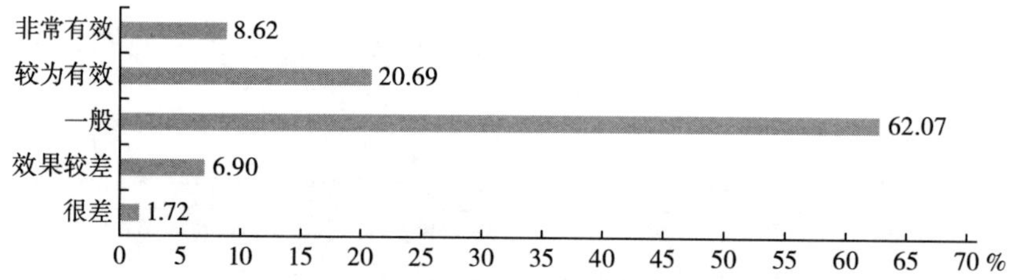

图23　职业经理人培养体系现状

资料来源：笔者绘制。

二是职业经理人思想政治教育工作有待进一步加强。对“职业经理人主要考核内容”统计分析显示，国有企业非常重视“经营业绩指标”和“廉洁自律”，绝大部分受访者都选择了这两项指标；相比之下，只有58.14%的受访者选择了“政治素养”（见图24）。在《操作指引》的监督管理相关环节操作要点中，要求加强对职业经理人的思想政治教育，提高职业经理人的政治素质。因此，国有企业要加强职业经理人的思想政治教育工作。

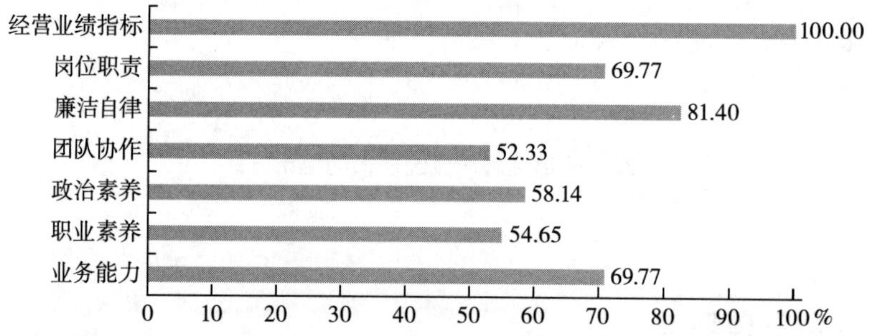

图24　职业经理人主要考核内容

资料来源：笔者绘制。

三是配套管理机制不完善。职业经理人制度对国有企业管理者实行全面市场化管理，打破了原有传统行政管理模式，但管理部门出台的新制度配套机制不完善，国有企业落实监督管理制度缺乏政策依据，面临较多实操难题。在职业经理人个人事项申报、因私出国（境）管理、履职待遇和业务支出、兼职（任职）管理等问题的处理上，存在认识模糊地带。以组织人事关系管理为例，对于有共产党员身份的职业经理人，聘任合同签订后其党组织关系需转入所在企业党组织统一管理。但是，职业经理人退出后，其党组织关系转出时间、转出地点等暂无明确规定。如何管理职业经理人人事档案也未形成明确的管理规定和配套制度。

四是退出后追索扣回困难。在追索扣回方面，对于职业经理人追索扣回机制的触发条件、追索扣回人员范畴、追索扣回薪酬的范畴和追索扣回的主体与保障没有明确的规定，如何建立职业经理人有效追责追溯机制通常被忽略。问卷调研显示，有44%的受访者认为“追索扣回配套管理机制不完善，职业经理人退出后追索扣回存在困难”。

第四章　完善国有企业职业经理人制度的政策建议

在中国国有企业推进职业经理人制度是一项系统性的制度创新，应依据历史轨迹和现实基础逐步推进，通过坚守宏观改革方向、遵循中观改革原则和推进微观改革模式，逐步形成具有中国特色的国有企业职业经理人制度体系。

第一节　坚持宏观改革方向：党管干部原则与市场化改革相融合

国有企业兼具政治、经济和社会属性，国有企业职业经理人既要坚持党的领导及党管干部原则，又要将加强党的领导与市场化发展统一起来，建设具有中国特色的现代职业经理人制度体系。

一、坚持党管干部原则

坚持党管干部原则是职业经理人制度建设的重要原则，党组织不仅外在于国有企业，起着监督作用，而且本身也是国有企业治理结构的内生组成部分，发挥着内生的调节作用，不断推动国有企业治理结构的改善。

一方面，加强党领导下的职业经理人制度建设。坚持党的领导是中国特色社会主义最本质的特征，是国有企业的独特优势。坚持党管干部原则是前提，不能弱化、淡化或扭曲这一原则。一是坚持党的干部路线、方针、政策，落实党的干部标准，发挥提名人选、组织考察和政治把关的领导作用，保持市场化选聘工作的正确方向。二是将党组织传统干部工作纳入职业经理人管理中，在薪酬激励上，将组织决定与市场决定相结合；在考核管理上，将组织考核管理与契约管理相结合；在退出机制上，将组织调动与市场化配置相结合。三是发挥党的监督优势，综合运用党的巡视、纪检监察、监督、审计等监督资源，实现对职业经理人的全过程全方位监督，减少信息不对称，降低委托代理风险。

另一方面，加强对职业经理人政治素养的培养。政治素养是国有企业职业经理人最基础的要素。国有企业在国民经济中的地位和作用决定了国有企业的职业经理人需要讲政治，要不断培养经理层既从经济视角又从政治角度思考问题的能力，强化其政治忠诚度并提升其政治能力。一是国有企业的职业经理人要具有坚定的政治立场与政治信念。这要求他们一要始终坚持并全面理解贯彻党的基本路线、方针与政策，将党的路线方针政策、党中央重大决策部署等落实为国有企业的具体工作目标、任务和措施，牢固国有企业改革与发展的大方向；二要自觉维护国有企业党组织的领导地位，坚持党对企业的政治领导；三要增强政治辨别力与判断力，把握时代脉搏，正确分析国际国内形势。二是国有企业的职业经理人要具有大局意识和责任意识。这要求他们一要以宽广的眼界审时度势，并以政治家的眼光权衡利弊与得失；二要正确处理整体利益与局部利益、长远利益与眼前利益的关系，同时谋求整体利益与长远利益；三要认识到国有企业承担的政治与社会责任，同时领导企业员工担负起国有企业在国民经济中的骨干与支柱作用。三是贯彻执行民主集中制原则。这要求国有企业职业经理人在具体的经营管理工作中贯彻落实民主集中制原则，注重疏通民主渠道，加强企业民主作风建设。

二、坚持市场化改革方向

国有企业改革的其中一条主线便是走向市场化，国有企业职业经理人制度作为国有企业改革的一部分，要坚持市场化的改革方向。

一方面，坚持机制改革市场化原则。市场化的实质就是通过市场机制实现对优秀经营管理者这种稀缺资源的自动调节与合理配置。市场化包括但不限于选拔市场化、流动市场化、评价市场化、激励约束市场化。选聘由市场充分选择，流动由市场力量推动，价值由市场进行评估并获得出资人的认可，薪金通过市场交易实现，监督体系由市场构建。按照"市场化选聘、契约化管理、差异化薪酬、市场化退出"原则，职业经理人的选聘和管理结果由市场检验。

另一方面，坚持实质重于形式原则。"市场化进退""差异化薪酬""契约化管理"是每个开展职业经理人试点的企业都必须关注的重要因素。改革的重点不是将这些词汇写入方案，而是把握其中的本质。经理人既要转换身份，更要根据市场化的考核指标，严格履行契约化管理、差异化薪酬，将工作重点聚焦在经营业绩上，并不断丰富强化自己的管理知识与管理经验，这样才能成为优秀的职业经理人。简言之，不能为了追求某种特定的形式进行改革，重点是明确改革的目的，以及为了达到目的所能采取的最适合的手段。

第二节　遵循中观改革原则：分类、分层与分阶段相结合

国有企业职业经理人制度改革应该基于企业所处的行业、层级和阶段有先后、有主次并且有轻重地推行。

一、遵循分类改革原则

与西方国有企业相比，我国国有企业数量众多，功能多样。2015 年 12 月，国务院国资委、财政部、国家发展改革委联合发布《关于国有企业功能界定与分类的指导意见》，将国有企业划分为商业类和公益类两类，其中，商业一类国有企业为主业处于充分竞争行业和领域的国有企业；商业二类国有企业为主业处于关系国家安全、国民经济命脉的重要行业和关键领域，主要承担重大专项任务的国有企业；公益类国有企业为以保障民生、服务社会、提供公共产品和服务为主要目标的国有企业，并就分类改革、分类发展、分类监管、分类考核提出了分类施策的方向。

鉴于我国国有企业发展现状以及商业二类国有企业、公益类国有企业的特殊性，国有企业绝大多数分布在商业类，从职业经理人推行的现实可行性角度

出发，应优先在市场化程度较高、“混改”程度较高、股权相对多元化的商业一类国有企业中推行，待形成成熟经验后，可考虑向商业二类和公益类国有企业逐步推广（见表7）。

表7　根据国企类别推进国有企业职业经理人制度

一级分类	二级分类	国有企业职业经理人制度推进原则	国有企业职业经理人制度推进方式
商业类	主业处于充分竞争行业和领域（商业一类）	试点推进	根据企业功能定位、发展目标、责任使命，兼顾行业特点和企业性质，对职业经理人执行差异化考核制度
	主业处于关系国家安全、国民经济命脉的重要行业和关键领域，主要承担重大专项任务（商业二类）	谨慎推进	
公益类	—	暂不推进	重点考核职业经理人在成本控制、产品质量、服务水平和社会评价等方面的业绩成效

资料来源：笔者整理。

二、遵循分层推进原则

按照分层推进，先试点后推广，先子公司后集团公司的操作思路，由下至上、由点带面推进国有企业职业经理人制度；中央企业母公司层面，由于领导人员尚不具备推行职业经理人条件，暂时不考虑推进职业经理人制度；中央企业下属单位全面推进经理层任期制和契约化管理，积极推进职业经理人制度。地方国有企业可以选择在业务相对单一、人员相对较少、层级相对较低、经营相对闭环的省属企业项目公司、工程项目部等积极推进实施，为国有企业推行职业经理人制度积累经验（见表8）。

表8　根据国企层级推进国有企业职业经理人制度

国企分类	国企层级	业务复杂程度（业务复杂打“√”，相对单一打“×”）	人员数量（人数多打“√”，相对较少打“×”）	国有企业职业经理人制度
中央企业	母公司	√	√	暂不推进
	子公司	×	×	鼓励推进
	新设公司	×	×	积极推进

续表

国企分类	国企层级	业务复杂程度（业务复杂打“√”，相对单一打“×”）	人员数量（人数多打“√”，相对较少打“×”）	国有企业职业经理人制度
地方国企	母公司	√	√	鼓励推进
	子公司	×	×	鼓励推进
	新设公司	×	×	积极推进

资料来源：笔者整理。

三、遵循分阶段施策原则

根据企业发展与成长的动态轨迹，基于企业组织结构、规模扩张率和收入增长率等指标，企业发展可以分为初创、成长、成熟、衰退四个阶段。处于不同发展阶段的企业，需要找到与其特点相适应并能不断促其发展延续的特定组织结构形式和经营管理者，使得企业可以从内部管理方面找到一个相对较优的模式来保持企业的发展能力，在每个生命周期阶段充分发挥特色优势，进而延长企业的生命周期，帮助企业实现自身的可持续发展。对于初创期的企业或者以阶段性任务为目标的企业，企业规模较小、业务相对简单，可积极推进职业经理人制度，将特殊贡献奖励作为职业经理人短期激励方式之一；对于已经进入平稳期或者规模正在收缩的企业，企业规模较大、业务相对复杂，利润实际上很难实现大的增长，可结合国企的分类和层级标准，鼓励推进职业经理人制度，对职业经理人进行任期激励比股权激励更有效。

第三节　推进微观改革模式：进一步完善“六化”主要环节

针对目前国有企业职业经理人制度改革存在的问题，应持续推进以“市场化选聘、契约化管理、差异化薪酬、体系化培训、市场化退出和流程化监管”为主要环节的改革模式。

一、进一步完善市场化选聘

市场化选聘是实行国有企业职业经理人制度最为首要和关键的一步，没有市场化选聘，职业经理人制度就无从谈起。

第一，将党管干部原则与市场化选聘有机结合。在市场化选聘环节，既要坚持党管干部、党管人才原则，又要发挥市场机制作用。一是形成党委和“三会一层”协调运转的公司治理机制。将企业党组织内嵌到公司法人治理结构之中，确立其法定地位，把“三会一层”（股东会、董事会、监事会和经理层）拓展为“四会一层”（党委会、股东会、董事会、监事会和经理层），建立董事会、经理团队、党委会有效协同、高效运行的治理机制。二是落实董事会作为市场化选聘的主体。国有企业探索向其董事会授权，赋予其在市场化选聘方面更大的自主权，逐渐在企业内转变思想观念，营造出市场化选聘氛围，建立契约精神文化。明确董事会为市场化选聘职业经理人的主体，充分发挥党组织在确定选人标准、规范选拔程序、参与考察、推荐人选等方面的把关作用。三是规范履行职业经理人选聘程序。坚持党管干部原则与董事会依法选择经营管理者以及经营管理者依法行使用人权相结合，可由董事会提名委员会确定候选人名单，企业党组织考察上报并得到上级同意后，反馈给董事会提名委员会，并由董事会正式提出名单，最后由董事会采取适当形式选拔职业经理人，严格执行民主推荐和考察、外部引进人才的背景调查、干部选拔“四凡四必”等程序，确保选人用人风清气正。

第二，明确国有企业职业经理人的选聘标准。国有企业是推进国家现代化、保障人民共同利益的重要经济支柱，国有企业的职业经理人不仅要履行使国有资本保值增值的经济责任，还要服从服务于国家战略和发展改革大局，在关键时刻、紧要关头承担相应的政治责任和社会责任。一是明确选聘国有企业职业经理人的基本条件。选拔那些政治立场坚定、致力于为国有资产保值增值做出贡献、具有社会责任感的职业经理人，探索符合中国国有企业实际的职业经理人选聘基本条件。国有企业职业经理人应具有坚定的政治立场，忠实代表和维护国家利益，始终坚持并全面理解贯彻党中央和国务院的基本路线、方针与政策；致力于实现国有资产保值增值的改革目标，提高国有经济竞争力，放大国有资本功能；具有强烈的社会责任感，能够担负起发挥国有企业在国民经济中的骨干与支柱作用的责任。二是强调选聘国有企业职业经理人的特有条件。职业经理人的职责所在是合理利用企业的资源，帮助企业获取最大的利润，从而推动企业不断发展前进。专业的管理能力和良好的职业境界对于国有企业职业经理人至关重要，应择优选拔驾驭能力强、熟悉业务的经营管理人才。三是突出选聘国有企业职业经理人的多维条件。根据企业所处行业发展态势、企业战略规划及不同企业高管素质能力要求，从职业操守、职业能力、业绩表现等维度，分企业、分岗位、差异化设定职业经理人资格条件，突出对国有企业职业经理人领导力、国际影响力、带动力等方面的要求。

第三，灵活扩大国有企业职业经理人选聘渠道。市场化选聘应坚持任人唯贤的原则，灵活使用内部提拔、公开招聘、委托推荐等选聘渠道，挖掘培养内部人才与直接引进外部人才双管齐下，通过公开竞聘、竞争上岗，激发队伍活力和动力。一是建立国有企业职业经理人才池。以省份或者大型集团公司为单位建立人才池，通过联网联通的形式与央企、其他地方国有企业人才市场连接互通，促进各人才池之间的信息流动，打通人才流动通道，最终在全国范围内形成一个自由流动的职业经理人才市场，打造职业经理人才库，扩大职业经理人市场的容量和弹性。二是丰富选人方式，扩大选聘渠道。打破企业内外、级别高低、资历深浅限制，坚持五湖四海选贤任能，采取内部竞聘、公开招聘、市场选聘、股东引荐、猎头等第三方服务机构推荐等多种方式公开遴选。三是规范选聘流程，多元化设置选聘主体。精简有效地设置选聘流程：发布招聘公告—收集报名信息—开展资格审查—面试环节（笔试、面试）—履职谈判—组织考察—背景调查—提出人选意见—确定人选。企业可结合实际需要增设环节，同时及时向候选人反馈各环节面试结果，适时拒绝不符合条件或标准的候选人。选聘过程中，各个环节的评价主体尽量多元化，根据实际需要纳入董事会人员、党委人员、企业经营人员、外部专家、第三方机构等。

第四，提升内部领导人向职业经理人转化意愿。一是从个人角度，提升领导人员岗位适应力。持续推进职业经理人制度的宣导工作，促进领导人员加快理解职业经理人角色定位。通过适度给予领导人员干事压力，让他们在不断攻克难题过程中树立信心，培养领导人员事业心。从领导团队能力、团队合作能力、塑造组织能力三方面系统培养领导人员领导力。二是从企业角度，加大组织支持力度。重点营造和谐文化氛围，健全权责清晰、有效制衡的公司法人治理结构，细化职业经理人制度操作要点，提升职业培训体系的有效性和针对性。三是从社会角度，完善职业经理人市场成熟度。建议成立国企职业经理人管理联盟，在制度层面建立权威的职业经理人信用管理体系和资质认证机制，加强企业外部监督和约束机制，有序扩大职业经理人市场规模。

二、进一步完善契约化管理

第一，通过“三书”“两办法”形成契约化管理机制。“三书”，即《岗位聘用合同书》《年度经营业绩考核责任书》《任期经营业绩考核责任书》，旨在用契约化方式规范董事会与职业经理人之间的权责关系，以固定任期和契约关系为基础，对职业经理人的任期、职责权限、年度和任期经营业绩考核指标、考核方式、薪酬兑现、退出机制等进行契约化约定。“两办法”，即《经营业绩考核管理办法》《薪酬管理办法》，旨在对经理层成员的权责利、经营目标、激励以及未能完成经营目标的退出机制等进行明确规定。同时，建立科学的市场化绩效考核体系。在改革过程中通过《岗位聘用合同书》把薪酬基础水平约定好，通过《年度经营业绩考核责任书》把年度责任分清，通过《任期经营业绩考核责任书》把任期责任分清，通过《经营业绩考核管理办法》和《薪酬管理办法》管好怎么算、怎么发。

第二，因时制宜完善职业经理人的考核体系。逐步建立和完善党建考核、业绩考核和综合考核“三位一体”的经理人考核评价体系。一是增强党建责任考核。根据中共中央办公厅印发的《关于在深化国企改革中坚持党的领导加强党的建设的若干意见》的要求，职业经理人作为受托人应严格落实国有企业党建工作责任制，党员职业经理人必须履行“一岗双责”，每年应要求其与公司党委签订《党建目标责任书》，从内在和外在标准评价党建情况。二是科学考核经营业绩。根据职业经理人的类别，区分正副职以及分工，分类设置任期考核内容。建立科学的任期考核评价标准，在现有年度考核基础上，增加任期考核，引导职业经理人更加关注企业长远发展。尤其是对于创新性企业，原有考核指标也许难以适用，需要在实践中进一步探索新的考评体系。三是探索综合评价考核。坚持市场对标，兼顾中长期和短期评价，实现综合评价工作的系统化和机制化。在考评目标上，从企业的战略目标中分解出职业经理人的关键业绩指标（KPI），与年度经营目标相结合，建立基于企业战略的职业经理人绩效考核与评价体系，形成有牵引、有激励、有约束力的长效考核机制；在内容上，探索运用平衡计分卡（BPC）的思想和方法，对职业经理人进行财务指标、客户指标、内部流程以及员工学习与成长等非财务指标的全面考核；在指标设计上，借鉴国际上最先进的实践经验，选择投资回报率、净利润、经济增加值、同行业 KPI 对比等组合式绩效指标，综合考核评价职业经理人；在考核评价主体的选择上，将考核评价的权力赋予企业董事会。

第三，根据契约履行情况决定职业经理人的去留。应由董事会决定国有企业职业经理人的任期和试用期，通过劳动合同、聘任合同与经营业绩责任书等契约形式对经理人实行严格的任期制，严格进行任期管理和目标考核，形成以业绩为导向的职业经理人综合考评制度。将任期与经理人的考核结果挂钩，每三年对职业经理人履职进行一次检视，对考核评价较好的经理人重启聘任程序，加强历练，后续重点关注和培养使用；对考核评价不达标、不称职等经理人，采取市场化退出措施，解除聘任关系。

三、进一步完善差异化薪酬

一方面，根据行业差异化薪酬制度，国有企业职业经理人的薪酬根据行业类型分类设计。在竞争型行业和商业类国有企业中，职业经理人的薪酬制度应采用完全市场化模式，基于行业内职业经理人市场的平均薪酬水平来确定职业经理人的薪酬水平，企业经理层的市场化选聘比例越高，其薪酬与业绩的相关度越高。这有助于避免部分商业类国有企业因管理层的薪酬水平不具有市场竞争力而导致人才流失等问题。在自然垄断行业和公益类国有企业中，职业经理人薪酬制度可以基于具体行业情况不断提高其市场化水平。避免在绩效激励的影响下，职业经理人被鼓励采用涨价或者降低质量的方式来提高绩效，从而损害由于这些行业的信息不对称而明显处于劣势地位的消费者的利益。

另一方面，拓宽和创新职业经理人的激励渠道。一是强化业绩对标与薪酬对标结果运用。确保业绩考核与激励水平相匹配，强化对标考核结果运用，刚性兑付考核结果。通过“双对标”，引导经理人密切关注行业主要竞争者的发展水平与趋势，形成比学赶超、争创一流的竞争机制。二是适度引入股票期权等中长期激励机制。引入期权激励需要与真实的业绩约束相结合，制定股票期权的约束条件。同时，实施股票期权需要考虑行业特点，在高成长性、高风险行业中企业实行股票期权的激励作用通常更为显著。三是探索项目风险抵押金制度。为了实现职业经理人和企业的风险共担，企业可以要求执行项目的职业经理人缴纳风险抵押金，这部分抵押金可以先从其薪酬中扣除。如果项目执行完全，那么抵押金全数退回，否则部分退回或者不退回。

四、进一步完善体系化培训

一方面，灵活开展培训工作。明确日常培训主题、培训周期与时长，采取线上线下相结合的方式灵活性开展培训。线下结合培训主题及培训时长，分批开展职业经理人培训工作；线上灵活采用移动学习平台，开展多样化、自主化和便捷化培训，强化职业经理人的思想理论武装、思想政治教育，全面提升政治素质。

另一方面，分类开展主题培训。做好职业经理人队伍顶层规划，针对行业领军人才、关键岗位人才、重点人才等不同定位，分类设置培训计划；针对不同培训主题开展专项培训，提升职业经理人的战略思维能力和科学决策等能力；针对年轻职业经理人队伍、女性职业经理人队伍等不同群体，根据发展需要有效地开展培训。坚持自我培养与外部引进并重，培养一批满足企业发展需要的职业经理人队伍及后备干部队伍。

五、进一步完善市场化退出

一方面，加深认识退出方式的多样性。一是提前退出。对于到龄退休和主动辞职的职业经理人，根据公司劳动合同相关要求，按规定程序办理离职手续。二是正常退出。对于考核不达标的职业经理人，应兑现职业经理人退出的程序化、规范化、制度化，以柔性化和人性化的实施方式保证职业经理人退出的良好成效。三是强制退出。针对做出违法乱纪行为、触碰红线被问责追究的职业经理人，应中止任期、免去现职，及时解聘，使其退出经理层岗位，不予发放相关待遇和激励。

另一方面，严格执行市场化退出。一是在签订聘任协议时，对触发退出条件和关于经济补偿的约定要具体准确。二是有效落实董事会的职权。国企董事会的相关管理者应该及时完成对职业经理人的年度考核，当职业经理人触发离职条件时要及时反应，启动离职解聘程序。三是根据聘任协议给予约定的经济补偿，避免在职业经理人退出时出现争端。

六、进一步完善流程化监管

第一，建立健全综合监督平台。充分发挥监事会作用，使其能够协调统合起纪检、审计、巡视等各个监督主体，形成监督合力，真正发挥应有的作用，将职业经理人的内部约束落到实处。具体而言，建立“对有违法违纪、严重失信失职行为的职业经理人，在中央企业甚至各级国资委所监管企业范围内实行职业禁入，一定期间不允许担任企业中高级管理人员”的职业禁入制度，加大对重大决策过错、腐败渎职等的惩处力度与威慑力，体现责、权、利、险相一致的原则，约束职业经理人的行为，使其严格履行应尽的义务。

第二，加强职业经理人信用管理。依法依规做好职业经理人信用信息的采集工作，包括个人基本情况、职业素养、职业能力和行为规范。加强职业经理人人事档案管理，建立职业经理人信誉档案库，加大职业经理人引进和聘用前的信誉审查及档案审查力度，完善人事档案过程管理。建立并完善职业经理人市场的统一信用体系，定期更新职业经理人个人诚信档案、以往个人业绩以及履职负面清单等，将企业经营状况与职业经理人的未来职业生涯进行深度绑定，约束职业经理人为了自身的良好声誉与日后职业发展而采取有利于企业的长期导向行为。

第三，建立职业经理人容错机制。按照习近平总书记提出的“三个区分开来”要求，辩证看待职业经理人在推进企业改革创新中出现的失误和错误，进行客观公正的评估和定性，鼓励担当作为，允许试错，为负责者负责，为干事者撑腰，从制度上消除职业经理人的后顾之忧，最大限度地激发职业经理人干事创业的动力。

第四，优化职业经理人日常管理。因私出国（境）由企业党委审批，按照国家规定，制定职业经理人出国（境）审批规定，明确不予审批情形和审批流程，确定常规审批周期。同时，利用信息化系统，实现审批线上化、可视化。人事档案方面，将人事档案脱离企业，纳入社会管理。企业人员一旦选聘为职业经理人，其劳动关系马上回归社会化管理，实现真正的“身份市场化”。

第五，推动职业经理人制度法制化。将国有企业职业经理人制度所涉及的各个方面的问题加以规范化、规则化，通过成文立法为国有企业职业经理人制度的实施提供具体而明确的法律规则，从而为监管活动提供合法性依据，做到“于法有据”“有法可依”。引入“商业判断规则”和“实质公平规则”，如果国企职业经理人已经尽到自身的注意义务，勤勉尽责地履行了自己应该履行的职责，就应当受到“商业判断规则”的保护；但对于职业经理人开展的与国企利益构成冲突的交易，必须运用“实质公平规则”进行审查。完善国企职业经理人法律责任追究的程序机制，在既有的监督机制之外引入特殊的派生诉讼机制，强调出资人可以在特定条件下启动对职业经理人的派生诉讼程序，避免实践中出现“有责任不追究”“重责任轻追究”现象。合理建构国企职业经理人的民事责任、行政责任、刑事责任规范体系，有效地约束国企职业经理人的行为，使他们能够在法律法规的约束下最大限度发挥能动性。

课题组成员名单

王祥明　华润（集团）有限公司董事长
黄群慧　中国社会科学院经济研究所所长
简　易　华润（集团）有限公司人力资源部总经理
魏　星　华润（集团）有限公司人力资源部副总经理
石明泽　华润水泥控股有限公司党群工作部部长
张　彧　华润（集团）有限公司人力资源部干部管理专业经理
曾庆军　华润（集团）有限公司人力资源部干部管理专业经理
佟　虎　上海康智管理咨询有限公司总经理
刘晓霞　上海康智管理咨询有限公司副总经理
石　颖　国家发展和改革委员会经济体制与管理研究所副研究员
孙小雨　中国社会科学院经济研究所助理研究员
张文锋　大连海洋大学海洋法律与人文学院副教授
李姗姗　中国社会科学院大学工业经济系博士生
张　慧　中国社会科学院大学工业经济系博士生
郝鑫泓　中国社会科学院大学经济学院博士生
陈　甦　中国社会科学院学部委员、法学研究所研究员
席月民　中国社会科学院法学研究所研究员
赵　磊　中国社会科学院法学研究所研究员
夏小雄　中国社会科学院法学研究所副研究员
卢　娜　中国社会科学院法学研究所管理 7 级职员
胡润波　中国大连高级经理学院副研究员
葛晶晶　中国大连高级经理学院讲师
马大明　中国大连高级经理学院副研究员

“国有企业职业经理人制度研究”，由华润（集团）有限公司、中国社会科学院经济研究所、国家发展改革委经济体制与管理研究所、中国社会科学院法学研究所和中国大连高级经理学院等单位共同完成，国务院国资委支持厅局为企业领导人员管理一局。“国有企业职业经理人制度研究”课题分为一个总课题和三个子课题，总课题由经济研究所所长黄群慧负责，执笔人是国家发展和改革委员会经济体制与管理研究所副研究员石颖，子课题一“重点国有企业的职业经理人制度改革实践”由华润集团人力资源部总经理简易负责，子课题二“国有企业职业经理人法律制度研究”由中国社会科学院法学研究所研究员陈甦负责，子课题三“国有企业职业经理人制度的相关评价体系与问卷调查”由中国大连高级经理学院副研究员胡润波负责。

国有资本投资公司研究

2013年11月，党的十八届三中全会通过《中共中央关于全面深化改革若干重大问题的决定》这一纲领性文件，明确了新一轮国有企业改革的方向和对国资监管体系的要求，将国有企业改革又一次推向了深化改革的前沿。全会不仅提出要积极发展混合所有制经济，还提出以管资本为主加强国有资产监管，改革国有资本授权经营体制，组建若干国有资本运营公司，支持有条件的国有企业改组为国有资本投资公司。自2014年7月开始，国务院国资委分三批在中央企业中选择19家企业开展了国有资本投资公司改革试点工作。2019年，国务院国资委进一步提出将国有资本投资公司试点作为改革的“综合试验区”，除承担本身改革任务外，符合条件的企业还可优先同时开展其他改革试点工作，充分发挥各项改革工作的综合效应。本课题基于国有资本投资公司相关理论、特征、定位和职责的研究，结合当前国有资本投资公司试点改革实践分析，提出推动我国国有资本投资公司持续健康发展的政策建议。

第一章　导论

改组组建国有资本投资公司作为综合改革试点举措，不仅是推动国资监管从管资产向管资本转变的改革，也是国有企业自身功能定位和管控体制机制的改革，是涉及国资国企两个层面的综合性改革，具体包含企业功能定位转变、优化产业布局、提升资本运营能力，推动监督与放权匹配等方面的改革。本课题基于国有投资公司理论研究，结合国内外实践案例分析，总结提炼国有资本投资公司持续健康发展的有效路径和规律。

第一节　政策实践概述

党的十八届三中全会提出了组建若干国有资本运营公司、改组设立国有资本投资公司的新的实践要求。本节将回顾过去近8年时间里，与改组组建国有资本投资运营公司的相关重要政策。

2013年11月，党的十八届三中全会通过《中共中央关于全面深化改革若干重大问题的决定》，第一次明确提出：完善国有资产管理体制，以管资本为主加强国有资产监管，改革国有资本授权经营体制，组建若干国有资本运营公司，支持有条件的国有企业改组为国有资本投资公司（以下简称国有资本运营公司和国有资本投资公司为“两类公司”）。

2015年8月24日，中共中央、国务院印发《关于深化国有企业改革的指导意见》（以下简称《指导意见》），进一步明确了“两类公司”的组建目标，即作为国有资本市场化运作的专业平台，通过资本运作优化国有资本布局结构，促进国有资本流动，实现保值增值。

2015年10月25日，国务院出台《关于改革和完善国有资产管理体制的若干意见》（以下简称《若干意见》），首次明确了“两类公司”的两种改组组建形式，即通过划拨现有商业类国有企业的国有股权以及国有资本经营预算注资组建，或者选择具备一定条件的国有独资企业集团改组设立。同时，《若干意见》还明确了国资监管机构、“两类公司”与其所出资企业三者之间的关系，即国资监管机构作为国有资本出资人，明确对“两类公司”授权的内容、范围和方式；“两类公司”对授权范围内的国有资本履行出资人职责，作为国有资本市场化运作的专业平台，依法自主开展国有资本运作，对所出资企业履行股东职责，维护股东合法权益，按照责权对应原则切实承担国有资产保值增值责任。

2018年7月14日，国务院发布《关于推进国有资本投资、运营公司改革试点的实施意见》（以下简称《实施意见》），对“两类公司”试点工作的目标及意义做了说明，并对试点的具体工作进行了详细的指导与规定，包括公司的功能定位、组建方式、授权机制、治理结构、运行模式、监督与约束机制等。《实施意见》明确区分了国有资本投资公司和国有资本运营公司的功能定位，即“国有资本投资公司主要以服务国家战略、优化国有资本布局、提升产业竞争力为目标，在关系国家安全、国民经济命脉的重要行业和关键领域，按照政府确定的国有资本布局和结构优化要求，以对战略性核心业务控股为主，通过开展投资融资、产业培育和资本运作等，发挥投资引导和结构调整作用，推动产业集聚、化解过剩产能和转型升级，培育核心竞争力和创新能力，积极参与国际竞争，着力提升国有资本控制力、影响力。国有资本运营公司主要以提升国有资本运营效率、提高国有资本回报为目标，以财务性持股为主，通过股权运作、基金投资、培育孵化、价值管理、有序进退等方式，盘活国有资产存量，引导和带动社会资本共同发展，实现国有资本合理流动和保值增值”。

2019 年 4 月 19 日，国务院发布《国务院关于印发改革国有资本授权经营体制方案的通知》（以下简称《通知》），这是国有资本授权经营体制改革的纲领性文件。《通知》提出了改革国有资本授权经营体制的多项重要举措，包括优化出资人代表机构履职方式、分类授权放权、加强企业行权能力的建设、提升企业资本运作能力以及健全完善内部监督监管体系。2019 年 6 月 3 日，国务院国资委印发《国务院国资委授权放权清单（2019 年版）》（以下简称《清单》），对授权内容进一步细化。《清单》重点选取了五大类 35 项授权放权事项，根据各中央企业的功能定位、发展阶段、行业特点等实际，将授权事项分为四种类型。2019 年 11 月，《国务院国资委关于以管资本为主加快国有资产监管职能转变的实施意见》正式印发，进一步明确了国资监管的理念、重点、方式和导向：一是从对企业的直接管理转向更加强调基于出资关系的监管；二是从关注企业个体发展转向更加注重国有资本整体功能；三是从行政化管理转向更多运用市场化、法治化手段；四是从关注规模速度转向更加注重提升质量效益。

第二节　相关理论

一、社会主义市场经济理论

社会主义市场经济理论的创立，从根本上否定了把社会主义同市场经济对立起来的传统观念，把人们从姓“资”姓“社”的争论中解放出来，冲破了传统计划经济体制最顽固的理论堡垒，最终回答了社会主义可以与市场经济结合的历史命题。我国社会主义市场经济理论的主要内容：①计划和市场都是经济手段，不是社会主义或资本主义的本质特征。计划和市场、计划经济和市场经济都是用来调节和发展经济的手段和方法，它们与社会制度的结合不会影响社会制度的本质。②社会主义与市场经济之间不存在根本矛盾，社会主义也可以搞市场经济。③计划和市场都要，两者相结合能更有力地发展生产力和加快经济发展。

二、企业本位论

企业本位论主张：①在经济体制改革过程中，扩大企业自主权是必要的，但是还没有解决问题的本质。经济改革的理论前提是必须明确企业的性质和地位。②企业应当具有独立的经济权益，企业保持独立性，并不违反社会主义原则。③企业必须是一个能动的有机体，而不是一块缺乏能动性的砖头。国民经济力量的强弱不仅取决于它所拥有的企业数量，更重要的是取决于每个企业的活力。④经济改革必须要使企业成为具有独立物质利益、自主经营并对其经营效果负责的有机体。企业本位论为中国经济体制改革在微观层次上的改革方向和重点提供了重要的理论依据和政策思路，即经济体制改革不仅仅是政府的简政放权和让利，而应当把增强企业活力作为经济体制改革的中心环节，使企业真正成为自主经营、自负盈亏的生产主体和经营主体。

三、超产权理论

20 世纪 90 年代以来，超产权理论的兴起，对传统产权理论提出了挑战，对西方发达国家产生了较大的影响。超产权理论的基本观点与主要贡献有以下几个方面：市场竞争是利润激励机制驱动经营者努力投入的先决条件，竞争所驱动的企业治理机制是决定企业长期绩效的一个基本因素。企业治理机制所要解决的是由所有权与经营权分离所造成的“代理人问题”，其核心在于有效处理企业内部股东与经营者控制权配置与行使、激励机制设计与实施、内部人监督与约束及企业定价等一整套制度安排。在产权、企业绩效和治理结构三者的关系中，治理结构起到了决定性作用，但是治理结构能否有效运行仍取决于市场的竞争程度。无论企业性质是国有还是私有，企业的效益仍由市场竞争程度和由此所产生的治理机制所决定。通过在公司内部建立起以商业利益为根本导向的、有效的治理结构，可以促使国有资本投资公司在市场竞争中接受检验，提高效益。

四、有效管理幅度理论

有效管理幅度理论认为，管理效果与管理幅度呈负相关关系，即管理幅度越小，同等条件下管理效果越好。与传统国资监管模式相比，国有资本授权经营三级架构体系从体制和机制上较好地解决了实际管理幅度和有效管理幅度之间的矛盾和冲突。在授权给国有资本投资公司之后，国资委的职责重心在于考核、评价国有资本投资公司受托责任的履行情况，即国资委由之前必须面向众多国有企业改为现在只需面向较少的国有资本投资公司，这相较于传统职能融合型国资监管模式可谓是极大地降低了实际管理幅度，从而增进了实际管理幅度与有效管理幅度的一致性，其结果必然是显著提高了国资监管效能。被投资公司经营的是具体的商品或服务，而国有资本投资公司经营的是企业股权。因此，国有资本授权经营三级架构体系中，国有资本投资公司通过对国有资本控制权和国有资本收益权的配置，降低交易成本，从而提升组织效率。

第三节　国外实践与借鉴启示

国有资本投资公司既不同于政府，也不同于一般意义上的集团或母公司，它是按照国有资产所有者的特殊要求，代表政府行使出资者权利，承担保值增值责任的特殊法人。从实践历程来看，我国的国有资本投资公司具有中国特色，尚处于发展的初级阶段。就国有资本投资公司而言，西方发达国家与之契合度高的案例较少。以下将分析总结意大利、日本和新加坡的有典型意义的国有企业的实践和成功经验，这对探索和发展我国国有资本投资公司制度有一定的借鉴意义。

一、国外实践

（一）意大利模式

世界银行调查结果显示，意大利工业复兴公司——伊里公司是全世界最早成立的国有控股公司。伊里公司是在1933年意大利经济萧条时期，政府为挽救意大利的商业银行及其拥有的工业企业而组建的公司。国家先成立工业复兴协会，并拨资建立基金。利用此基金，伊里公司通过承担银行亏损、接管银行在工业企业中的股份和贷款、购买或兼并其他公司等手段，向工业企业注入国有资本。1933 年，意大利政府决定将伊里公司改组为经营性的永久性公司，代表政府负责管理下属的控股公司，以及所属工业企业中的国有股份。作为国家股份的代表，伊里公司控制了全国许多重要工业和服务业的股份，在经济危机时期所起的调控作用和对缩小地区经济发展差距所起的平衡作用都是非常重要的，为意大利经济发展以及基础工业的发展作出了巨大贡献。作为国有企业，伊里公司所遵循的经营方针和目标都是由议会和政府确定的，采取依法授权经营方式。

伊里公司成功的重要因素在于其内部特有的产权关系。它所从事的不是资产的企业经营，而是资产的股票经营，构成国有资产产权经营的组织形式。伊里公司的产权管理包括两个层次：国会对伊里公司的管理和政府对伊里公司的管理。国会对伊里公司的管理是通过由 15 名参议员和 15 名众议员组成的两院常设委员会进行的。国会有权要求国家参与部提供有关伊里公司经营的其他资料，以及安排伊里公司的主席和总经理向该委员会提供有关伊里公司及其子公司经营发展的各种资料。政府对伊里公司的管理是通过专门负责管理国家参与制企业的国家参与部进行的。国家参与部拥有指导和监督国有控股公司以保证其经营活动符合政府经济政策目标的权力。伊里公司须向国家参与部提供有关股权收购与出售、新公司创立、增加投资或撤销下属公司等重要事务的资料。此外，伊里公司还须向国家参与部提交公司年度报告和会计报表。伊里公司受国家专门的法律与公司章程的约束，董事会是公司的最高权力机构，主要决定公司的发展方向和计划、重要人事任免及年度预算。

1992 年，意大利政府将伊里公司部分股份逐步转卖给私人企业或个人，从国有控股公司改变为有限责任公司，国家最终对集团控股 51%。

（二）日本模式

据 OECD 报告，日本已成为世界上国有企业数量最少的国家，国有企业基本被民营化，国有经济布局集中在社会基础设施，目前国有控股公司仅剩下日本邮政股份公司。2012 年，日本进一步调整了邮政民营化法案和经营体制，成立了日本邮政股份公司。主要采取如下改革实践：

一是实行全面监管的国有资产管理体制。政府对公司进行双层监管。日本财务省作为政府出资人代表，直接持有母公司日本邮政100%的股权，子公司股权由日本邮政直接持有。在监管上，按照业务及重要程度实行分类分层监管。总务省作为业务主管部门，负责母公司及核心子公司的日常业务监管，开展金融业务的子公司同时要接受金融厅监管。重大事项除总务大臣审批外，还必须经过总理大臣审批，例如，从事邮政法规定以外的业务；涉及集团和核心子公司股权变化或变更；集团和核心子公司董事会、监事会及会计监察人选的任用和解聘；集团经营年度计划；集团和核心子公司利润分配及处理，企业合并、分拆、解散决议；邮政费用的制定。集团母公司日本邮政的定位是控股公司，主要发挥业务战略调整作用，例如，行使股东权益；为各子公司的经营管理和业务提供支持；制订子公司的年度经营计划基本方针；子公司董事会及监事会人选的任用和解聘。

二是健全内部经营体制。2007 年按照业务分类将邮政公社分拆成邮便事业、邮局、邮政储蓄、简易生命保险四家专业子公司，与母公司日本邮政形成了“1 +4”公司体制，另外，为了管理金融业务，成立独立行政法人邮政储蓄简易生命保险管理机构。2012 年邮便事业与邮局合并成立日本邮便，变为“1 +3”公司体制。

三是完善公司治理结构，强化内外监督机制。第一，建立独立审计制度。设立监事会强化审计的独立性，监事会由三名成员构成，其中两名是法律和财务专业的外部监事，成员由股东大会任命，直接向股东大会报告，主要职责是审查董事会和会计委员会提交的报告，出席重要经营会议等。监事会下设监事室，负责日常事务。另外，建立内部监察体制。集团层面设立由 90 人组成的内部监察部门，同时在 50 个地区设立监察室（共 973 人），主要对经营活动完成情况及内部管理体制的适当性和有效性进行检查和评价。第二，实行外部董事制度，外部董事占董事会的一半以上。第三，设立执行董事制度，使经营执行层和战略决策层有机分离。在总经理职务下设立由执行董事组成的“经营会议”，负责日常重大经营事项的决策；下设风险管理、社会责任等 5 个委员会。第四，依法建立信息披露制度，提高经营透明度。除按照上市公司标准对企业经营状况进行披露外，还披露未来经营风险相关信息。

（三）新加坡模式

淡马锡成立于1974年，是新加坡最大的国有资本投资公司，隶属新加坡财政部，公司的主要职责是管理和运营新加坡政府对企业的盈利性投资。淡马锡的投资理念、公司治理、风险防控模式有很多值得借鉴之处。

一是明确“政企分开”原则。《新加坡宪法》规定，淡马锡有责任保护公司过去所累积的储备金，即在当届政府就职之前所积累的储备金。当不动用所累积的储备金时，新加坡政府实行“政企分开”原则，不参与淡马锡的投资或商业决策。

二是注重经营回报，授权董事会审批具体经营事项。首先，淡马锡把承担公共服务功能的法定机构从总公司剥离，保留的国联公司遵循市场效益原则，以利润最大化为目标，采取专业化的管理方式进行经营，不受政府特殊照顾，完全不具有行政色彩，主要任务是使国有资产增值。其次，淡马锡旗下的公司完全以商业考量进行自主和独立管理，不从政府获得津贴或者信贷支持。淡马锡建立了较为完善的公司治理架构，董事会每季度召开一次会议，董事会下设执行委员会、审计委员会、领袖培育与薪酬委员会，每个委员会主席均由一名独立于管理层的非执行董事担任，其中审计委员会均由独立董事组成。此外，对淡马锡旗下公司，淡马锡也坚持不介入其日常经营决策的原则。作为积极的股东，淡马锡相信使其投资组合产生卓越和可靠回报的最好方法是建立高素质、多元化、国际化的董事会，由董事会领导下属公司的管理层和员工。

三是专注创造可持续的长期回报。淡马锡围绕“转型中的经济体、增长中的中产阶级、显著的比较优势、新兴的龙头企业”四大主题开展投资活动，所采取的投资策略能够经受住短期市场波动，致力于创造可持续的长期回报。淡马锡作为公司，以投资组合为主，投资组合占投资比例的81%。投资组合以股权为主，包括私募股权基金等非上市资产。在投资时，淡马锡并不会预先设定集中投资的界限或目标值，因此，其投资组合年度回报预期波动幅度较大，个别年份会产生负回报。但正因如此，长期正回报的比例更高。

四是构建完善的风控措施。作为投资公司，淡马锡保有投资组合的灵活性，保持一定资金杠杆比例和资产流动性；建立了机构风险管理框架，设定了不同的风险容忍度，包括名誉风险、资金流动性风险、总体投资组合长期持续亏损风险等。淡马锡极为重视风险管控，为了使投资提案的风险具有可控性，规定必须由两个团队提交投资委员会进行审核。淡马锡风险管理部每月定期对公司总体风险进行评估，及时掌握企业风险状况。淡马锡虽然不为投资公司的责任和义务提供财务担保，但构建了问责制，能够在授权与守则之间获取动态平衡。

五是建立共享收益、共担损失的薪酬激励模式。淡马锡的薪酬框架是建立在公司发展基础之上的，鼓励员工从资产所有者的角度思考与行事，与股东共享收益、共担损失，激励员工与企业共发展。在基本薪酬的基础上，设置了年度现金绩效的短期激励、财务增值绩效储备的中期激励和投资共享计划的长期激励。当财务增值为负数时，中长期激励结余将会回拨，得以兼顾短期业绩与长期价值创造。

二、借鉴启示

（一）模式选择

我国国有资本投资公司选择何种模式，目前仍存在很大的分歧，通过对上述国外有关国有企业管理模式的梳理，结合我国国有资本投资公司的现状，可获得启示和借鉴。

作为经营国有资产产权的法人实体，意大利伊里公司这一组织形式具有很大的灵活性。第一，在市场机制完善的条件下，可以通过企业股票的购买与销售，较快地实现国有资产的转移。第二，便于按照国家产业政策的需要，通过购买企业股票或证券，对重点行业或企业进行扶植。第三，可以使国家通过控股达到以较少资本左右较大范围社会经济活动的目的。第四，由于国有控股公司本身也是企业，也要讲求经济效益，因此相较于传统的政府拨款方式，对新增国有资本的使用会产生更多的资本经济效益。第五，通过在金融市场筹集资金，保证次级控股公司及其所控制的下属企业投资的需要，成为集团的投资融资中心。

日本通过实施全面监管，完善治理结构对日本邮政进行管控。政府对日本邮政进行双层监管。日本财务省作为政府出资人代表，直接持有母公司日本邮政 100% 的股权，子公司股权由日本邮政直接持有。在监管上，按照业务及重要程度实行分类分层监管。总务省作为业务主管部门，负责母公司及核心子公司的日常业务监管，开展金融业务的子公司同时要接受金融厅监管。重大事项除经总务大臣审批外，还必须经过总理大臣审批。日本邮政的定位是控股公司，主要发挥业务战略调整作用。

通过对淡马锡模式的梳理可以发现，政府减少干预和重视市场主体自主经营，使得主权财富基金的经营能够远离政治势力的干涉。董事会机构健全，功能强大，保证了董事会能够充分地享有公司信息资源，以谋划决策，监督公司运转。独立董事制度使得决策和监督完全来自独立的判断，使相关的流程规避了干扰。淡马锡公司倾向于“建立稳健的公司治理制度，确保在严谨负责与快速灵活、权利授予、组织协调以及风险回报之间找到适度的均衡”，理念上强调严谨的治理是追求长期良好业绩的保证。价值导向的考核与激励制度将股东利益最大化和实现企业整体价值增长作为公司运营的目标，即企业盈利靠的是公司治理结构的现代化。

（二）启示

国外国有企业采用的发展模式各不相同，都是在特定的环境之中发展起来的，具有不同国家鲜明的地域、经济、政治、文化、社会等特征。在研究我国国有资本投资公司时，我们不能采取“拿来主义”，照搬照抄国外经验，而是要结合我国国有企业自身发展情况，对各种模式中行之有效的内容进行有取有舍的学习与借鉴。

首先，坚持实事求是和问题导向。国外实践表明，在一定约束条件下，国有资本投资公司能够管好，也能够高效率运作。无论采用何种发展模式，其中心任务都是要提高国有资本投资公司的经营效率和效益。在研究如何找准最佳实践模式的过程中，首先需要确立问题导向思维，在对政策研判的基础上，找准我国国有企业存在并需解决的实际问题，提出对症的解决措施。

其次，建立与管控文化相适应的授放权机制。由董事会对企业经营发展的若干重大事项进行决策，并承担相应责任；被监管企业以董事会治理为核心，按照市场原则独立运营，这是淡马锡模式的重要特点。虽然淡马锡模式自由度更大，但是由于新加坡有严苛的法律体系，国有资产流失现象并不严重。从我国目前情况来看，过度放权会带来内部人控制问题，因此让企业回归本质的同时要承担相应责任，不能无限放权。

最后，构建科学的内部治理管控机制。建立运转高效的治理机制才能有效应对市场风险。淡马锡支持投资组合公司建立由具有丰富商业经验的高水平、多元化人才所组成的董事会；构建投资组合风险管理框架，建立风险管理机制；谨慎管理资金杠杆比例和资产流动性。这些都是保障国有资本有效运营的措施。我国要借鉴淡马锡模式，充分重视董事会组织和队伍建设问题，完善董事会的组织结构和运作机制；重视董事会的结构，充分考虑董事会成员专业知识、从业背景、经验等方面的因素，使董事会成员之间实现能力与专长的互补；根据公司的实际需要设置专业委员会，并逐步加大由外部董事担任董事长的推进力度。

第二章　国有资本投资公司特征、定位与职责分析

第一节　主要特征

通过一系列政策文件可以看出，中央关于国有资本投资公司的政策针对性越来越强，内容越来越细，从公司顶层设计到具体的运营机制，都有相关的具体指导文件。由此，我们对国有资本投资公司的概念进行了概括的界定：国有资本投资公司就是处在国资委和实体企业之间的国有独资的、主要通过对重要行业和关键领域进行实业投资以实现国有资本保值增值和国家战略的企业法人主体。

国有资本投资公司不同于一般的产业集团，一方面，它不从事具体的生产经营活动，而专注于资本运作；另一方面，它对国有企业也不采取传统的行政管理方式，而以股权运为手段，通过产权代表和法人治理结构对国有企业实施监督和控制。同时，《实施意见》还对国有资本投资公司和国有资本运营公司的功能定位做出了明确划分。《实施意见》指出，国有资本投资公司主要从事战略性投资，通过在重要行业和关键领域打造具有竞争力和控制力的实体产业，达到贯彻落实政府制定的战略目的。具体而言，国有资本投资公司有以下几方面特征。

一、国有资本投资公司一般实行国有独资形式

国有资本投资公司原则上不采取股权多元化形式，而保持国有独资形式。与此对应，国有资本投资公司的出资主体是国有资产监管机构或政府，而不是企业法人。因此，由国有资产监管机构或政府对国有资本投资公司进行出资人

职责授权，国有资本投资公司据此对被授权的国有资本履行相应的投资运营责任。同时，国有资产监管机构或政府作为国有资产出资人代表行使国有股东的职权，依法对董事会、监事会以及董事、监事的履职情况进行监督和评价，国有资产投资公司接受国有资产监管机构或政府的监督和管理。由于国有资本投资公司的出资人职责是由国有资产监管机构或政府授权的，因此当国有资本投资公司的决策不符合国有资本布局的大政方针和政策时，国有资产监管机构或政府有权通过董事会派驻的代表进行强制干预。

二、国有资本投资公司一般由原有集团企业改组设立

根据《实施意见》，国有资本投资公司可采取改组和新设两种方式设立。在实践中，国有资本投资公司一般由具备相应条件的大型国有独资企业集团改组设立，比如国务院国资委选择中粮集团、国家开发投资公司进行改组国有资本公司的试点，而很少重新设立国有资本投资公司。另外，承担改组任务的试点企业通常兼具金融投资功能，其集团总部具有很强的资本运作和资本配置能力，如宝武集团、招商局集团等，其金融板块的利润都非常高。

之所以选择改组方式设立国有资本投资公司主要是出于两方面的原因：一方面，由于业务多元化的大型国有企业已经具备较大的资产规模优势以及较强的资本投资运营能力，国有资本运营公司应由主业处于竞争性领域、业务涉及领域广泛的国有大型企业集团改组设立；另一方面，由于业务专业化的大型国有企业对相关领域知之甚深而且具有成熟的经营管理经验，国有资本投资公司由其改组设立有利于发挥其独特优势。

三、国有资本投资公司是以管资本为主的产业控股集团

《实施意见》明确指出，国有资本投资公司以资本为纽带、以产权为基础依法自主开展国有资本运作，不从事具体生产经营活动。因此，国有资本投资公司可以归类为纯粹控股公司，其主营业务更多地接近投资公司或金控集团，如企业并购重组、股权投资与管理、上市公司市值管理等，而且其业务结构具有灵活性，能够避免业务结构固化对产业投资和资本流动的限制，更加强调投资

收益和风险防控的投资组合意识。[①]

从实践来看，试点企业基本上以打造市场化、专业化国有资本运作平台为目标，进行总部职能和组织机构的调整，优化管控方式，着力增强总部的资本运作能力、产业研判能力、投资决策能力和风险管控能力。多数试点企业参考中粮模式，按照“小总部、大产业”的原则，把资本经营与资产管理经营分开，压缩管理层级，形成定位清晰、职责明确的“集团总部资本层—专业化公司资产层—生产单位执行层”三级架构。通过精简优化集团总部，下放资产经营调度权与指挥权，做实二级专业化公司（平台），实现了集团总部向管资本的转型。

《实施意见》还明确指出，国有资本投资公司主要进行产业投资、带动产业发展，以投融资和项目建设为主，主要投向公共服务、科技进步、生态环保、战略性新兴产业等领域，通过产业资本和金融资本的融合，促进企业技术创新、管理创新、模式创新，提高国有资本竞争力、影响力、抗风险能力。因此，不同于一般的仅以短期获利为目的进行分散投资的纯粹控股公司，国有资本投资公司还具备鲜明的产业功能，相对清晰的主业，稳定的、专业化的经营领域，侧重在重要行业和关键领域发挥作用，是纯粹型产业控股公司。比如，按照国有资本布局和结构优化要求，国投先后退出了航运和煤炭板块，中粮退出了酒庄、木材等低效无效资产领域，招商局采取清算或转让方式退出了多家燃气公司，基本告别了燃气业务。[②] 与此对应，对所出资企业，国有资本投资公司侧重战略管控模式，追求战略协同效应和产业培育效果。同时，国有资本投资公司更多地采取全资、绝对控股及相对控股等方式进行投资，以确保对其所投资企业的控制力，从而实现相关的政策目标。

四、国有资本投资公司是按照商业化原则运营的独立市场主体

国有资本投资公司突出强调市场化与商业化的投资运营理念。《国务院国资委关于以管资本为主加快国有资产监管职能转变的实施意见》中明确指出：“加大授权放权力度，结合企业功能界定与分类、治理能力、管理水平等改革发展实际，根据国有资本投资、运营公司和其他直接监管企业的不同特点，有针对

① 项安波．国有资本投资运营公司应加快全面转型与能力提升[N]．中国经济时报，2021－02－22.

② 刘青山．国有资本投资、运营公司探索新体制、新机制、新模式[J]．国资报告，2017(10):66－70.

性地开展授权放权，充分激发微观主体活力。定期评估授权放权事项的执行情况和实施效果，建立动态调整机制。”因此，国有资本投资公司应当是独立的市场经营主体，真正成为政府“人格化积极股东”的市场代表。[①] 国有资本投资公司应具有人事任命、监督考核管理层、中微观战略制定等自主决策权力。在试点过程中，国资委按照“一企一策”的原则，明确对国有资本投资公司拓展授权内容，加大授权力度。总体而言，无论是国资委与国有资本投资公司之间的关系，还是国有资本投资公司与出资企业之间的关系，原则上都应该按照市场化原则以资本为纽带运作，而不是按照传统的国有资产管理体制下的行政化的隶属关系或管控关系来行事，从而避免过去由政府干预甚至直接决定国有企业行为而造成的工作积极性降低、流程化管理低效等问题。

五、国有资本投资公司要服务国家战略，发挥引领带动作用和防范化解风险作用

《实施意见》指出，国有资本投资公司要服务国家战略、发挥产业政策的导向作用、优化国有资本的布局结构，推动国有资本向重要行业、关键领域以及优势企业集中，如向前瞻性战略性产业集中，向产业链关键环节和价值链高端领域集中，向具有核心竞争力的优势企业集中，主要目标是保持国家在某些行业或企业的控制力，发挥政府的调控作用，弥补市场失灵，以及发挥政府资金对民间投资的导向和撬动作用，以社会效益为主兼顾经济效益。但无论是市场职能还是政策职能，都需要通过国有资本流动的市场机制来实现。[②] 组建国有资本投资公司试点企业大多是发展基础好、改革意愿强、市场化程度高的企业，在深化国企改革中要发挥率先垂范的作用，同时要加快建立健全风险监测预警机制、处置化解机制、早期干预机制和长效应对机制，充分发挥防范化解风险作用。

---

① 王曙光，王天雨．国有资本投资运营公司：人格化积极股东塑造及其运行机制[J]．经济体制改革，2017(3)：116－122.

② 宋韶君，钟军委．国有资本投资公司绩效评价思路及指标设计研究[J]．中国注册会计师，2019，241(6)：88－91.

第二节　功能定位

一、国有资本投资公司是政府与企业之间的隔离层

国有资本投资公司的第一个功能定位是政府与企业之间的“隔离层”。传统的国有资产管理体制一般采取“国资委—国有企业”的两层管理架构，国资委的法律地位属于机关法人，受国家有关行政法律法规的制约，与所属国有企业是上下级关系，对所属国有企业行使行政管理权。国有资本投资公司的设立，打破了传统的国有资产管理架构，代之以“国资委—国有资本投资公司—国有企业”的三层国资监管制度框架。这相当于在国资委与国有企业之间增设了一个“隔离层”，第一层级的国资委在清晰界定政府职能的基础上简政放权，第三层级的国有企业则在明确市场主体地位的基础上获得自主生产经营权。通过“隔离层”的作用，国资委成为纯粹的监管者，而国有资本投资公司作为出资人代表，对所出资企业依法行使股东权利，以出资额为限承担有限责任，自主开展资本运作，实现国有资本的保值增值，从而实现国资监管职能与出资人职能的分离，监管机构逐步退出对企业经营层面的管理，减少对企业的直接干预，将经营权归位于企业，真正实现政资分开和政企分开。国有资产监管机构的指令主要通过国有资本投资公司，按照规范的法人治理结构，以“市场化”的方式层层传导。

二、国有资本投资公司要服务于国家战略

国有资本投资公司的第二个功能定位是服务国家战略，确保国有资本在重要行业和关键领域中的主导地位和引领作用。相较于国有资本运营公司，国有资本投资公司更加强调发挥调整基础产业、发展战略性新兴产业的平台作用，提升产业培育和产融结合能力。国有资本投资公司不从事具体的产业经营，而是专注于某几个领域的产业投资，通过市场化、专业化资本运营手段，推动国有资本与资本市场相融合、盘活国有资本，实现从国有资产向国有资本的资本属性回归，释放资本增值内在动力，引导更多资本流向实体经济科技创新领域，

支持国有资本做强做优做大，把国有资本保值增值与提升产业竞争力相结合。[①]国有资本投资公司要适应竞争政策、支撑创新政策和落实产业政策，围绕功能定位和战略任务开展产业投资，优化产业布局、产业结构和投资组合；同时，加强投后管理，统筹配置产业资源支持产业公司成长发展，提升产业链分工地位、供应链战略管控能力、价值链核心环节增加值获取能力。[②]

三、地方国有资本投资公司要突出地方实际和企业特色

由于各地国有资本规模、经济发展水平差异较大，因而国有资本投资公司的组建要因地制宜，服务地方经济社会发展的需要，不可全面照搬先进省份的做法。在选择试点企业时，要考虑企业的实际情况，充分尊重企业的意愿。地方国有资本主要集中在公共服务领域和竞争性领域，组建国有资本投资公司的目的是做大做强主导产业、推动产业转型升级、优化国有资本布局，并不意味着所有的优势产业都需要组建国有资本投资公司，组建的数量应综合考虑地方国资规模、产业整合需要、政府战略意图等多种因素，可以先选择几家企业作为试点再进行推广。对于改组设立的国有资本投资公司，要有清晰的发展思路和战略定位，业务领域各有侧重、错位布局，更好地服务地方发展。[③]

在试点过程中，各省（区、市）逐渐摸索出具有地方和企业特色的国有资本投资公司组建模式。其中，比较有代表性的是重庆模式、上海模式、山东模式。重庆模式将现有企业按照产业类别划入“两类公司”，最终将80%以上的竞争类企业国有资产集中到支柱产业、战略产业、新兴产业和现代服务业。同时，新设一家资产管理公司，保留少数公益性企业。上海模式则按照功能类、竞争类和公益类的分类，改组设立两家功能类平台公司，推进竞争类企业整体上市，并划转整体上市企业部分股权，由平台企业持有运作，进行价值管理。山东模式将大部分现有企业改造为“两类公司”，对不能改造的企业划入“两类公司”进行重组整合；脱钩移交国资委的部门企业，新组建或者划入“两类公司”[④]。

---

① 宋韶君，钟军委. 国有资本投资公司绩效评价思路及指标设计研究[J]. 中国注册会计师，2019(6)：88 – 91.

② 项安波. 国有资本投资运营公司应加快全面转型与能力提升[N]. 中国经济时报，2021 – 02 – 22.

③ 王曙光，杨敏. 地方国有资本投资运营平台：模式创新与运行机制[J]. 改革，2018(12)：131 – 141.

④ 楚序平，俞立峰，张佳慧. 中国国有资本投资运营公司改革模式探析[J]. 清华金融评论，2017(7)：53 – 56.

第三节 业务布局

基于政策层面赋予国有资本投资公司的功能定位，国有资本投资公司的业务布局也匹配政策要求，呈现出以下基本特点。

一、国有资本投资公司的业务布局要聚焦重要行业和关键领域

根据服务于国家战略的功能定位，国有资本投资公司需要将业务集中布局在关系国家安全、国民经济命脉的重要行业和关键领域。从目前的19家中央企业的国有资本投资公司试点企业来看，所处行业均为关系国家安全、国民经济命脉的行业和领域，能够充分体现出国有资本对国民经济发展的控制力和影响力。例如，中粮集团定位于国家粮食安全战略和食品安全战略执行主体；宝武钢铁集团定位于坚定不移做强做优做大钢铁主业，成为中国钢铁行业转型升级的引领者；国投集团定位于保命脉、为民生。

二、国有资本投资公司的业务布局要聚焦核心主业

国有资本投资公司的业务布局体现出聚焦核心主业的特点，其意义在于通过资本运作来实现核心主业的高质量发展，从而推动国有经济的布局优化和结构调整。比如，中粮集团坚持做强粮油食品主业，推动转型升级，同时搭建农粮食品领域的国有资本投资平台、资源整合平台和海外投资平台，在国有资本布局结构调整和供给侧结构性改革中发挥带动作用。招商局集团聚焦于综合交通、特色金融、城市与园区综合开发运营三大核心产业，并积极推动三大主业向实业经营、金融服务、投资与资本运营三大平台转变。国家能源集团聚焦于能源产业，战略方向是成为全球最大的煤炭生产公司、火力发电公司、风力发电公司和煤制油煤化工公司。

三、国有资本投资公司的业务布局要积极面向战略性新兴产业

战略性新兴产业代表新一轮科技革命和产业变革的方向，是培育发展新动能、获取未来竞争新优势的关键领域，国有经济主要通过国有资本投资公司的培育与开拓来发挥主导作用。比如，国投集团已经确定了节能环保新能源战略，

成立前瞻性产业投资平台——中国高新和国投高科，加大战略性稀缺资源投资力度。中广核集团开始深耕环保产业，并逐渐将水务环保列为重点新兴业务。中国石化集团也已经着手布局固体废物处置、土壤修复等新兴产业。

第四节 职责边界

一、出资人授予国有资本投资公司的职责范围

如前所述，国有资本投资公司一般采取国有独资的形式。国资监管机构与国有资本投资公司之间是出资人与被出资人、授权与被授权的关系。《若干意见》中对国有资产监管机构与国有资本投资公司之间的关系进行了明确界定："政府授权国有资产监管机构依法对国有资本投资、运营公司履行出资人职责。国有资产监管机构按照'一企一策'原则，明确对国有资本投资、运营公司授权的内容、范围和方式，依法落实国有资本投资、运营公司董事会职权。国有资本投资、运营公司对授权范围内的国有资本履行出资人职责，作为国有资本市场化运作的专业平台，依法自主开展国有资本运作，对所出资企业行使股东职责，维护股东合法权益，按照责权对应原则切实承担起国有资产保值增值责任。"也就是说，国资委作为国有资本投资公司出资人，依照公司法等国家法律法规的规定履行出资人职责，享有获得资产收益、参与重大决策和选择管理者等权利，例如向国有资本投资公司委派董事会、监事会成员，以股东身份参与国有资本投资公司治理，履行监督考核职能，对国有资本的战略布局进行政策性引导。在国资委的授权范围内，国有资本投资平台作为国有资本的出资人代表，承担优化国有资本结构布局、促进国有资本合理流动、实现国有资产保值增值的责任。①

需要强调的是，国有资本投资公司是由国家授权而经营国有资本的公司制市场主体，国资委应仅以其出资额为限，以股东身份对其行使相应的决策和监督管理权，着力构建国有资本管理的制度性规范，建立并完善国有资本监管等相关政策的，充分发挥其负面清单列示及其在国有资本市场化运作、职业经理人选聘等

① 王曙光，杨敏．地方国有资本投资运营平台：模式创新与运行机制［J］．改革，2018，298（12）：131－141.

方面不可替代的作用。[①] 国有资本投资公司实现有效股权管理的前提是股东权利完整。为保障股东权利完整，国资监管机构需要避免穿透式管理，不直接干预国有资本投资公司的持股企业。这不仅是尊重股东法定权利的基本要求，也是发挥国有资本投资公司“隔离层”作用以完善政企关系的需要。[②]

二、国有资本投资公司对出资企业的职责界限

国有资本投资公司与出资企业之间是出资人与被出资人的关系。国有资本投资公司仅以股东身份，以持股比例和出资额为限对投资企业行使相应的经营决策、监督管理的权利及有限责任。《若干意见》中对国有资本投资公司和出资企业之间的关系做出了明确界定：“国有资本投资、运营公司依据公司法等相关法律法规，对所出资企业依法行使股东权利，以出资额为限承担有限责任。以财务性持股为主，建立财务管控模式，重点关注国有资本流动和增值状况；或以对战略性核心业务控股为主，建立以战略目标和财务效益为主的管控模式，重点关注所出资企业执行公司战略和资本回报状况。”

具体而言，国有资本投资公司主要依照公司法和公司章程，通过股东会、董事会行使与股权份额对应的股东权利；通过提交股东议案和行使股东投票权选举董事会、监事会等方式，体现股东意志、维护股东权益、影响公司决策、监督经理人员；以出资额为限行使股东权利，同时也仅以出资额为限承担相应责任。另外，国有资本投资公司兼具“用手投票”和“用脚投票”能力，开展股权管理；制定出资企业利润分配工作指引，规范国有资本收益的收缴，保障依法依规及时收取股东分红。国有资本投资公司主要以公司治理为渠道，做积极有限股东，既不缺位，也不越位，着眼于重大事项决策，但不干预出资企业的日常经营，所出资企业是专业化、市场化的独立经营主体，拥有完整的法人财产权和经营决策权。国有资本投资公司参与出资企业的股东大会、董事会及监事会，通过设立专业委员会等来完善公司治理体系的机构设置和机制设计；向出资企业派出专职股权董事和监事，对派出董监事进行业务培训，落实工作

① 王曙光,王天雨. 国有资本投资运营公司:人格化积极股东塑造及其运行机制[J]. 经济体制改革，2017，204(3)：116－122.

② 项安波. 提升国有资本投资运营公司股权管理能力[N]. 中国经济时报,2021－04－09.

报告制度，规范履职流程，加强考核管理，确保派出董监事有效履职行权。①

出资人代表机构作为授权主体，要依法科学界定职责定位，加快转变履职方式，依据股权关系对国家出资企业开展授权放权。

首先是实行清单管理。2019 年 6 月，国务院国资委印发《国务院国资委授权放权清单（2019 年版）》，重点选取了五大类 35 项授权放权事项列示。根据《通知》,《清单》以外事项由企业依法自主决策，《清单》以内事项要大幅减少审批或事前备案，做到“三个归位于”。值得注意的是，《清单》有三大亮点：一是更加明确相关条件和程序，确保授权放权落实落地；二是更加聚焦企业的重点关切，确保授权放权激发活力；三是更加强化分类授权，确保授权放权精准到位。

其次是强化章程约束。章程是企业的“宪法”，也是企业一切行为的依据，在公司治理中发挥基础性作用。因而，依法依规、“一企一策”地制订公司章程，并推动各治理主体严格执行章程尤为重要。

再次是发挥董事会的作用。《指导意见》明确强调：“要切实落实和维护董事会依法行使重大决策、选人用人、薪酬分配等权利，保障经理层经营自主权，法无授权任何政府部门和机构不得干预。”具体而言，一是出资人代表机构通过董事体现出资人意志，包括董事的委派、提名，以及工作目标和重点的明确；二是加强董事的沟通和考核，包括对接平台，人才储备库，选聘、考评与培训机制，以及履职报告、年度报告等。

最后是创新监管方式。一是分类监管，出资人代表机构以企业功能分类为基础，对国家出资企业进行分类管理、分类授权放权。二是从以往依靠审批监管，转变为强化事中、事后监管。充分运用信息化手段，统筹协同各类监督力量，严格责任追究制度。创新监管方式的最终目的是实现企业工作负担减轻、监管效能提升。

① 项安波．提升国有资本投资运营公司股权管理能力[N]．中国经济时报,2021－04－09.

第三章　国有资本投资公司试点实践

第一节　改革试点企业基本情况

党的十八届三中全会以来，国务院国资委分三批共选择19家中央企业开展了国有资本投资公司改革试点。第一批为国投集团和中粮集团，在2013年党的十八届三中全会上中共中央作出《关于全面深化改革若干重大问题的决定》，提出“以管资本为主加强国有资产监管，改革国有资本授权经营体制，组建若干国有资本运营公司，支持有条件的国有企业改组为国有资本投资公司”，2014年2家企业获批首批试点企业。国务院国资委向2家公司共下放了18项改革职权，包括资产配置、薪酬分配和市场化经营等多个方面。2016年，国务院国资委发布《国资报告：国企改革取得重要阶段性成果》，指出国有资本投资公司将在原有2家试点公司的基础上新增6家，包括神华集团（重组为国家能源集团）、中国宝武、中国五矿、招商局集团、中交集团、保利集团。2018年，在国务院印发《关于推进国有资本投资、运营公司改革试点的实施意见》后，国资委启动了第三批国有资本投资公司改革试点工作，增加了11家试点企业，包括航空工业集团、国家电投、国机集团、中铝集团、中远海运集团、通用技术集团、华润集团、中国建材、新兴际华集团、中广核集团、南光集团。

国有资本投资公司改革试点企业在成立时间、行业、产业结构和规模等方面都具有显著差异。从企业成立时间来看，多数试点企业拥有深厚的历史积累，成立最早的招商局集团的前身轮船招商局成立于1872年。从行业来看，试点企业的主要业务包含能源、交通、建材、矿产资源、地产、金融、贸易、消费、农粮、机械制造、工程建设服务等多个领域，以传统业务为主。从规模来看，2020年招商局集团的资产规模达到2.2万亿元，若包含招商银行则超过10万亿元，资产规模最大。而资产规模最小的新兴际华集团资产规模为1426亿元。华润集团的员工总数最多，约37.1万人，约是员工人数最少的中广核集团（4.25万人）的9倍；从经营绩效来看，华润集团营业收入达到6861亿元，不仅自身排名2021年财富世界500强第69位，旗下华润置地也列第470位。详见表1。

表 1　国有资本投资公司改革试点企业基本情况

产业组合	公司	成立时间	主要业务领域	资产规模/亿元	人员规模/万人	营业收入/亿元	2021 年财富 500 强排名
多元化	华润集团	1938 年（前身为我党在香港成立的“联合行”）	大消费、大健康、城市建设与运营、能源服务、科技金融	17989	37.1	6861	第 69 位，华润置地第 470 位
	招商局集团	1872 年（前身为轮船招商局）	综合交通、特色金融、城市和园区综合开发运营	22233（含招商银行 103000）	24.6	4159（含招商银行 8137）	第 163 位，招商银行第 162 位
	国投集团	1995 年	能源（水电）、交通（港口、铁路、油气管道）、矿产资源开发、金融	6823	4.9	1531	未进入
	通用技术集团	1998 年	贸易与工程服务、医药医疗健康、先进制造与技术服务	2257	8.7	1958	第 430 位
	保利集团	1993 年（前身为 1983 年成立的保利科技有限公司）	国际贸易、房地产开发、轻工领域研发和工程服务、工艺原材料及产品经营服务、文化艺术经营、民用爆炸物品产销及服务、信息与通信技术、丝绸相关产业、金融业务	15705	10	4007	第 174 位
	南光集团	2017 年（前身为 1949 年成立的南光贸易公司）	日用消费品贸易、酒店旅游、地产开发经营和综合物流服务	—	—	—	未进入

续表

产业组合	公司	成立时间	主要业务领域	资产规模/亿元	人员规模/万人	营业收入/亿元	2021年财富500强排名
主业突出	中粮集团	1949年	粮油贸易加工、食品加工、地产	6698	15.1	5303	第112位
	中国建材	1984年	基础建材、工程服务、新材料	6100	20	3941	第177位
	国机集团	1997年（由1952年成立的第一机械工业部下属的70多家科研设计院所、装备制造和工贸企业沿革发展而来）	工程承包与供应链、科技研发与服务、先进装备制造	3549	13.9	2878	第284位
	新兴际华	2010年（集团由解放军总后勤部原生产部及所辖军需企事业单位整编重组脱钩而来，总后军需生产部成立于1952年，集团下属的3516厂前身精益皮革厂创建于1911年）	冶金铸造、轻工纺织、装备制造	1426	5.2	1187	未进入
	航空工业集团	2008年	军用、民用航空，工业制造，现代服务，金融	10520	42	4688	第140位
	中交集团	2006年	交通基础设施的投资建设运营、装备制造、房地产及城市综合开发	20003	15.64	7374	第61位
	中国五矿	1950年（由中国五矿和中冶集团战略重组而成）	金属矿产、冶金建设、贸易物流、金融地产	9830	20	7039	第65位
	中远海运集团	2016年（由1961年成立的中国远洋运输集团总公司与成立于1997年的中国海运集团重组而成）	航运、港口、物流	8499	14.8	3312	第231位

续表

产业组合	公司	成立时间	主要业务领域	资产规模/亿元	人员规模/万人	营业收入/亿元	2021 年财富 500 强排名
深耕核心主业	国家能源集团	2017 年（由国电集团与神华集团合并重组而成，神华集团成立于 1995 年）	煤炭采掘、发电（火电、水电）、煤化工、运输（铁路、港口、航运）	17881	32.7	5569	第 101 位
	中铝集团	2001 年	矿产资源开发和冶炼加工、贸易及工程服务	6324	15	3670	第 198 位
	国家电投	2015 年（由中国电力投资集团公司与国家核电技术有限公司重组而成）	电力能源	13241	13	2782	第 293 位
	中国宝武	2016 年（由宝钢集团有限公司和武汉钢铁（集团）公司联合重组而成）	钢铁制造	10141	22.7	6737	第 72 位
	中广核集团	2013 年（原为 1994 年成立的中国广东核电集团有限公司）	核能、核燃料	7885	4.25	1107	未进入

第二节　改革试点取得成效

在国务院国资委主导下，中央企业采取改组方式，在授权放权、管控模式、投资运营水平、市场化改革、布局与结构调整等方面，积极开展了探索，积累了一定的经验。

一、胸怀“国之大者”，服务国家战略

试点企业胸怀“国之大者”，推动“一带一路”建设、保障国家战略性矿产资源安全、践行“制造强国”战略和“健康中国”战略等（见表 2）。例如，中铝集团业与几内亚政府签署了 Boffa 项目矿业协议并获得采矿权，可利用铝土矿资源储量达 17.5 亿吨，项目于 2020 年 4 月全线贯通投运，年产量达 1200 万吨。

中铝集团业圆满完成了“嫦娥四号”、“长征五号”、北斗导航等重点工程及新一代战机、国产首艘航母等重大装备的材料保障。通用技术集团已经发展成为国内机床行业中产品种类最多、服务领域最广、综合技术能力最强，为重点行业和关键领域提供高端核心装备最多的龙头企业，还拥有医疗机构170余家，辐射全国21个省（市），开放床位数3.2万多张，年门急诊量超过1600万人次，是床位数量领先、网络覆盖全、全产业链特征明显的央企医疗集团。航空工业集团增强践行航空强国战略的控制力和影响力，完成西飞产业集团组建，实现设计研发、生产制造、维修服务资源的系统整合。将直升机公司注入中航科工，直升机产业实现整体上市。完成无人机产业重组，推进无人机专业化集群发展。组建7个机载专业化事业部，构建机载产业体系发展新格局。积极构建通用航空产业联盟。招商局集团海外综合物流服务网络已覆盖43个国家和地区。通过海外资源整合及属地化能力提升，招商局集团在东南亚区域实现了“东南亚全链路”产品运易通上线（从天津、青岛、上海、宁波四个港口及其周边城市上门提货，海运直达东南亚胡志明、泗水、雅加达、巴生等13个主要港口的门到门全程集装箱货运服务）。中白工业园由国机集团和招商局集团共同开发建设，是中国和白俄罗斯合作共建丝绸之路经济带的标志性工程，也是中国迄今为止在海外市场开发面积最大的经贸区项目。

表2　国有资本投资公司试点单位改革目标及含义

产业组合	公司	改革目标	含义
多元化	华润集团	华润特色 世界一流 产业平台	华润特色：聚焦民生领域，多元化业务组合 世界一流：成为产业链“链长”、控制产业标准、拥有国际品牌、成为产业推手、实现资源控制、拥有原创性技术、实现全球化布局 产业平台：符合平台经济特征，充分发挥平台功能作用
	招商局集团	两个转变 五篇文章 一条底线 世界一流	两个转变：增长方式“由量向质”转变，业务结构“由重向轻”转变 五篇文章：数字化、市场化、国际化、平台化、精细化 一条底线：统筹发展与安全，坚守防范化解重大风险的底线 世界一流：打造一批国际、国内领先的产业，发展一批在细分市场上有重要影响力、具有高技术含量的产品和服务，将集团初步建设成为具有全球竞争力的世界一流企业

续表

产业组合	公司	改革目标	含义
多元化	国投集团	服务国家战略 优化国有资本布局 提升产业竞争力	服务国家战略：聚焦国家战略，投资国家急需、央企尚未布局的产业 优化国有资本布局：做优基础产业、做专战略性新兴产业、做精金融服务业，加快形成周期性产业与非周期性产业互补，实业和金融协同，直接投资与基金投资“双轮联动” 提升产业竞争力：深耕“两个市场”、增强“四种能力”、推进“五个加强”，建成世界一流资本投资公司
	通用技术集团	创新通用 技术通用 绿色通用 健康通用 国际化通用	创新通用、技术通用：加速推进科技创新、科技自立自强，落实建设“制造强国” 绿色通用：让绿色成为核心主业发展的普遍形态和高质量发展的标志 健康通用：构建以医疗为核心的大健康生态体系，建设“健康中国” 国际化通用：突出国际经营特色，服务“一带一路”建设
	保利集团	发展现代产业体系 强化在文化领域的引领作用 争当原创技术的策源地和现代产业链的“链长”	发展现代产业体系：以贸易、地产、文化三大优势业务为集团战略支点，以科技、工程业务为潜在增长极，以金融业务为重要支撑保障，打造形成具有国际竞争力、国内领先的“5+1”业务体系，助力壮大实体经济根基 强化在文化领域的引领作用：聚焦剧院、艺术品拍卖、电影院线等主业；加强国际交流与合作，“引进来”与“走出去”并举 争当原创技术的策源地和现代产业链的“链长”：聚焦5G研发，开展数字化转型，争当数字产业化的“领头雁”
	南光集团	新使命 新理念 新能力 新动力 新形象	新使命：助力澳门“一中心 一平台 一基地”建设、促进澳门经济适度多元发展，助力推动澳门融入国家发展大局 新理念：吸收澳门中西合璧的文化内涵，以“南光+”的发展模式，借助澳门特色优势，走绿色合作开放共享的发展之路，积极开展与港澳资本、内地资本、境外资本的合作 新能力：着力提升资源整合、投资融资、产业培育和资本运作等能力，推动业务结构转型升级，增强企业核心竞争力和创新能力，积极参与国际竞争 新动力：把握粤港澳大湾区特别是澳门—珠海极点发展新机遇，加快现代服务业布局和新业务新业态新模式培育 新形象：通过创新发展，会聚一流人才、追求一流管理、打造一流企业，树立南光新形象

续表

产业组合	公司	改革目标	含义
主业突出	中粮集团	明确发展定位 优化资源配置 推动提质增效	明确发展定位：保障国家粮食和食品安全 优化资源配置：将资源进一步向核心主业聚焦，形成与世界一流大粮商相匹配、符合产业发展要求、有市场竞争力的总体布局 推动提质增效：经营资产进退有序、创新体制机制、增强企业活力
	中国建材	由管企业向管资本转变 由建筑材料向综合材料转变 由本土市场向全球布局转变 世界一流	由管企业向管资本转变：公司治理、战略管控、激励约束、资本流动 由建筑材料向综合材料转变：基础建材行业供给侧结构性改革的领军者、新材料和新能源产业的创新者 由本土市场向全球布局转变："一带一路"倡议的践行者 世界一流：技术一流、效益一流、管理一流和竞争力一流
	国机集团	一个主责 六种作用	一个主责：引领中国机械工业高质量发展 六种作用：中国机械工业科技进步的引领者、行业标准的主要制定者、发展的主要规划者、保障国家重大技术装备产业链安全的重要力量、带动中国装备"走出去"的主力军、中国机电产品供应链集成服务的重要平台
	新兴际华	服务国家国防建设和军需保障 成为有话语权和影响力的国有资本投资公司	服务国家国防建设和军需保障：聚焦"保军、应急、为民"三大使命，服务国家战略、突出军民融合、保障应急和服务国计民生的功能定位 成为有话语权和影响力的国有资本投资公司：在水务管道、现代军需、应急产业三大主业发力，以对标世界一流为手段，以打造管道运输、职业装备和应急物资及装备产业三个产业链"链长"为方向，建设成为世界一流企业
	航空工业集团	"一心" "两融" "三力" "五化"	"一心"：坚定"航空报国"初心，笃行"航空强国"使命 "两融"：实行"军民融合" "产业融合"的新发展模式 "三力"：成为具有"领先创新力、先进文化力、卓越竞争力"的世界一流航空企业集团 "五化"：坚持"集约化经营、精准化管理、市场化改革、体系化发展、国际化共赢"的发展路径和原则

续表

产业组合	公司	改革目标	含义
主业突出	中交集团	聚焦“一个中心” 强化“两项驱动” 紧抓“三转市场” 升级“四套体系” 打造“五类优秀” 提升“六种能力”	聚焦“一个中心”：以“五商中交”战略为引领，将发展聚焦到“全面建设具有国际竞争力的世界一流企业”这个中心目标上 强化“两项驱动”：强化改革创新、精益运营在公司升级发展中的驱动作用，提升公司核心竞争力、抗风险能力，增强公司在所涉及产业领域内的控制力、影响力 紧抓“三转市场”：紧紧抓住“转产、转商、转场”三个市场，在保持现有市场优势和存量的基础上，积极向有市场需求、有能力开拓、有竞争优势的方向“转”，拓展增量 升级“四套体系”：深化完善以公司发展体系、管理体系、项目运营体系、投资体系为重点的体系制度，推进公司体系升级，保障战略实施 打造“五类优秀”：着力公司的全面进步，实现体制机制优、文化品牌优、人才队伍优、运营质量优、国际化发展优 提升“六种能力”：着力提升创新能力、产融结合能力、信息化能力、协同能力、精益运营能力、党建文化能力
	中国五矿	打造世界一流金属矿产企业集团	将保障国家金属资源供应作为企业使命，建立“四梁八柱”的业务体系，促进业务转型升级和质量提升
	中远海运集团	提升航运主业竞争能力 构建世界一流的全球航运物流供应链服务商	致力于巩固和发展全球第一大综合航运企业的地位，保障全球海上运输生命线高效畅通，实现从“全球承运”到“承运全球”的历史飞跃
深耕核心主业	国家能源集团	“一个目标” “三型五化” “七个一流”	“一个目标”：建设具有全球竞争力的世界一流能源集团 “三型五化”：发展定位“创新型、引领型、价值型”，治企理念“清洁化、一体化、精细化、智慧化、国际化” “七个一流”：实现路径“安全、质量、效益、技术、人才、品牌、党建”一流
	中铝集团	全球有色金属产业排头兵 国家战略性矿产资源和军工保障主力军 行业创新和绿色发展的引领者	排头兵：加大重组整合力度，提高行业集中度，提升市场话语权和影响力 主力军：围绕主责主业，主动对接国家资源战略和重大工程，提升海外资源获取和开发建设能力，巩固国防军工材料保供地位 引领者：加快新旧动能转换，积极发展环保、智能等新兴产业

续表

产业组合	公司	改革目标	含义
深耕核心主业	国家电投	2035 一流战略 先进能源技术开发商、清洁低碳能源供应商、能源生态系统集成商	2035 一流战略：以先进能源技术创新为驱动，以清洁能源供应和能源生态系统集成为方向，以推进产业和区域协调发展、国际化发展和打造国际品牌为路径，以中国特色现代国有企业制度为保障，建设具有全球竞争力的世界一流清洁能源企业
	中国宝武	超“亿万千百十”	形成超“亿吨产能、万亿资产、万亿营收、千亿利润”规模，打造若干个超“千亿营收、超百亿利润”的支柱产业和一批超“百亿营收、超十亿利润”的优秀企业，并在2023年，实现总量“碳达峰”；在2050年，力争实现总量“碳中和” 技术引领——高科技：做强 效益引领——高效率：做优 规模引领——高市占：做大
	中广核集团	创建世界一流清洁能源集团	致力于“零碳”排放的清洁能源生产与供应，致力于全社会的节能减排与清洁能源利用，为社会提供规模化、高质效与可持续的清洁能源产品和服务

二、提升投资效能，促进布局优化和结构调整

试点企业发挥国有资本运营平台作用，落实国家战略要求，通过投资基金化、并购重组整合、清理处置低效无效资产等方式，提升国有资本流动性，促进国有经济布局优化和结构调整。表3为试点企业新兴业务投资方向。

一是加大对前瞻性、战略性新兴产业的布局，2016—2019年，19家试点企业新兴产业资产、收入、利润年均增速分别达20.4%、18.6%和40.1%。例如，通用技术集团围绕落实制造强国战略，大力推进机床产业的专业化整合，牵头成立“数控机床产业技术创新战略联盟”，打造“产学研用”深度融合的合作平台。国家开发投资公司加大对高新技术产业的直接投资力度，重点投向先进制造、新材料、智能科技等产业，战略性新兴产业营业收入占比从2013年的6%提高到2020年的16%。发挥基金投资的独特优势，管理基金总规模1971亿元，累计投资600多个项目，投资了一批打破国际技术壁垒、攻克“卡脖子”技术的企业，其中，63个项目已在科创板上市（占科创板上市公司的20.9%）。

表3　国有资本投资公司改革试点企业新兴业务投资方向

产业组合	公司	主要业务领域	新兴业务领域				
			公共服务	重要前瞻性、战略性新兴产业	保护生态环境	支持科技进步	保障国家安全
多元化	华润集团	大消费、大健康、城市建设与运营、能源服务、科技金融		生命科学	环保科技	半导体（微电子）、化学新材料	
	招商局集团	综合交通、特色金融、城市和园区综合开发运营	大健康、质量检测、游轮运营				
	国投集团	能源（水电）、交通（港口、铁路、油气管道）、矿产资源开发、金融	健康养老、医药医疗、检验检测、工程设计	新材料、生物能源	生态环保	先进制造业、智能科技	
	通用技术集团	贸易与工程服务、医药医疗健康、先进制造与技术服务	大健康生态体系、汽车检验检测	高端数控机床、新材料			
	保利集团	国际贸易、房地产开发、文化艺术经营	丝绸相关产业、金融服务	轻工领域研发和工程服务、工艺原材料及产品经营服务、民用爆炸产品产销及服务		信息与通信技术	
	南光集团	日用消费品贸易、酒店旅游、地产开发经营和综合物流服务	智慧城市建设、会展文创、投资金融	能源电力			
主业突出	中粮集团	粮油贸易加工、食品加工、地产	食品加工				保障国家粮食安全
	中国建材	基础建材、工程服务、新材料		新材料			航空航天、核工业新材料

续表

产业组合	公司	主要业务领域	新兴业务领域				
			公共服务	重要前瞻性、战略性新兴产业	保护生态环境	支持科技进步	保障国家安全
主业突出	国机集团	科技研发与服务、先进装备制造、工程承包与供应链		新能源	节能环保		
	新兴际华	冶金铸造、轻工纺织、装备制造	医药健康	应急产业			应急产业
	航空工业集团	航空及防务、先进制造业、生产性服务业	金融服务	工程建设			
	中交集团	交通基础设施的投资建设运营、装备制造、房地产及城市综合开发	产业园区投资建设运营服务、产业金融服务	疏浚及海洋保护			
	中国五矿	金属矿产、冶金建设、贸易物流、金融地产		地下综合管廊建设、海绵城市建设、特色主体工程建设			
	中远海运集团	航运、港口、物流	航运金融	装备制造		数字化创新	
深耕核心主业	国家能源集团	煤炭采掘、发电（火电、水电）、煤化工、运输（铁路、港口、航运）		新能源、煤基新材料	清洁能源、节能环保		保障国家能源安全
	中铝集团	矿产资源开发和冶炼加工、贸易及工程服务		海外矿产	环保节能	智能科技	重大装备材料保障
	国家电投	电力能源		智慧能源、储能	清洁能源		
	中国宝武	钢铁制造	智慧服务，产业园区建设，产业金融	新材料	资源环境业（产城融合、城市矿山开发、水气污染治理、清洁能源开发、资源综合利用）		
	中广核集团	核能、核燃料	金融服务	新能源、核技术			

二是实施并购重组整合，提升企业影响力和竞争力。中国宝武以市场化方式重组重钢、马钢和太钢，并先后托管中钢、昆钢，历史性地实现“亿吨宝武”目标。中国远洋海运成功收购东方海外国际和狮胜货柜，集装箱运输和制造能力均进入全球前三，实现从跟跑、并跑到领跑的跨越，成为平衡全球航运格局的重要力量。招商局集团推进辽宁港口资产整合推进大连港股份与营口港股份两家上市公司整合工作，获证监会审议无条件通过并正式完成交割，成功解决了大量历史遗留问题。中铝集团重组云南冶金集团和亚洲储量最大的兰坪铅锌矿，成为近年来国际有色金属行业规模最大的兼并重组项目。中铝集团氧化铝、电解铝产能均跃居全球第一位，铜板块实力进入全国前列，铅锌规模跃居亚洲第一位。

三是清理处置低效无效资产。航空工业集团推动“压减”“两非”“两资”业务的出清，取得退出企业数量过千户、回收资金600亿元的成果；全面完成了剥离企业办社会职能和解决历史遗留问题，涉及分离移交“三供一业”项目464个，完成268户厂办大集体企业，23.3万名退休人员实现社会化管理等，所涉及国民经济大类由75个减少至45个，累计回收资金548亿元，有力支撑主业发展。中铝集团对失去竞争力的山东华宇、山西华圣40余万吨电解铝产能实行了关停淘汰，对2400多名员工进行分流安置，相关产能置换到云南，打造水电铝一体化绿色产业链。

三、担当改革试点先行者责任，经营绩效稳中向好

不同国有资本投资公司经营绩效差异明显，总体来看，自改革试点以来，试点企业的盈利能力明显提升，利润总额年均增长34%，归母净利润年均增长47%。具体来看，试点企业的经营业绩变化与公司所处的行业和规模有关（见表4）。在资产规模方面，保利集团2016—2020年资产规模年均增长34.1%，增幅最大；在营业收入方面，国家能源集团自改革以来营业收入年均增长31.2%，最为显著；在利润总额方面，中国宝武自改革以来利润总额年均增长136.9%，尤为突出；在归母净利润方面，中粮集团在2014—2020年年均增长191.3%，利润大幅提高。

表4　试点企业2020年经营绩效及相对改革开始时的变化

产业组合	公司	资产规模/亿元	资产规模增长率/%	营业收入/亿元	营业收入增长率/%	利润总额/亿元	利润总额年均增长率/%	归母净利润/亿元	归母净利润增长率/%
多元化	华润集团	17989	17.4	6861	6.1	809.7	11.2	—	—
	招商局集团	22233	29.7	4159	23.6	800.2	15.0	408.4	15.3
	国投集团	6823	8.0	1531	6.0	221.0	8.7	62.8	8.8
	通用技术集团	2257	15.2	1958	7.4	78.3	6.9	38.5	15.8
	保利集团	15705	34.1	4007	22.86	591.45	35.0	134.5	43.0
	南光集团	—	—	—	—	12.81	—	—	—
主业突出	中粮集团	6698	8.7	5303	18.7	206	94.9	95.1	191.3
	中国建材	6100	2.5	3941	6.6	306	24.1	7.1	25.7
	国机集团	3549	-5.0	2878	-2.1	109.3	3.6	39.4	11.0
	新兴际华	1426	-0.25	1187	-15.8	21.6	-4.5	7.0	0.7
	航空工业集团	10520	5.49	4688	3.4	207.44	6.8	63.2	18.7
	中交集团	20003	24	7374	14.2	347.4	11.1	80.4	-3.9
	中国五矿	9830	7.3	7039	15.4	201.7	99.7	33.9	53.6
	中远海运集团	8499	2.6	3312	8.8	326.8	31.3	101.5	-0.64
深耕核心主业	国家能源集团	17881	20.7	5569	31.2	838.2	33.1	283.0	30.6
	中铝集团	6324	-0.7	3670	11.1	67.8	17.3	22.1	99.39
	国家电投	13241	11.28	2782	11.4	207.0	45.4	23.7	55.1
	中国宝武	10141	9.18	6737	29.4	455.4	136.9	250.4	187.8
	中广核集团	7885	8.84	1107	6.57	—	—	—	—

注：①表格中数据为各企业2020年经营数据，增长率为相对改革开始年份的年均增长率，例如，中粮集团和国投集团为2014—2020年的平均增长率。②深灰色为本列最大值，浅灰色为本列最小值。③南光集团的经营绩效指标单位为港元。

从试点企业2020年的经营效率和质量指标来看，19家试点企业的平均营业收入利润率为8.96%，净利润率为5.85%，净资产收益率为6.81%，平均资产规模约10.4万亿元，平均营业收入4172亿元，展现了良好的经营效率。具体来看，招商局集团的经营效率最高，营业收入利润率达到19.24%、净利润率为16%、净资产收益率为10.27%，保利集团和华润集团位列其后。在研发投入方面，中广核集团、中交集团、中国宝武、航空工业集团、国机集团、中国建材和中铝集团的研发投入强度在试点企业中相对较高。在国际化方面，中远海运集团的国际化程度最高。在品牌方面，华润集团的品牌价值最大（见表5）。

表5　试点企业2020年经营效率及质量表现

产业组合	公司	营业收入利润率/%	净利润率/%	净资产收益率/%	资产负债率/%	研发投入强度/%	跨国企业指数	品牌价值/亿元
多元化	华润集团	11.82	8.6	12.16	68.7	0.48	—	3560
	招商局集团	19.24	16.0	10.27	59.4	0.43	—	招商银行1682
	国投集团	14.44	11.6	6.41	68.9	0.85	10.55	—
	通用技术集团	4.00	2.9	7.79	65.8	0.55	3.35	—
	保利集团	14.76	10.99	13.36	79.0	0.76	—	—
	南光集团	26.83	—	—	—	—	—	—
主业突出	中粮集团	3.89	2.8	9.91	71.5	0.11	11.85	1966
	中国建材	7.77	5.1	10.60	68.5	3.02	5.05	1453
	国机集团	3.80	2.8	5.71	65.0	2.50	9.25	—
	新兴际华	1.82	1.0	2.04	59.4	0.95	—	新兴铸管506
	航空工业集团	4.42	3.3	3.01	64.6	2.91	—	—
	中交集团	4.71	3.5	5.68	75.0	3.20	19.27	
	中国五矿	2.87	2.0	4.89	73.6	2.07	14.21	—
	中远海运集团	9.87	6.6	5.35	63.4	0.49	29.26	—
深耕核心主业	国家能源集团	15.05	10.4	6.61	58.8	1.64	—	—
	中铝集团	1.85	1.1	2.04	64.0	2.30	14.6	—
	国家电投	7.44	5.0	1.45	73.4	0.83	3.89	—
	中国宝武	6.76	5.8	8.52	52.5	2.63	9.38	1126.71
	中广核集团	—	—	—	—	3.40	16.09	—

注：①表格中增长率为相对改革开始年份的年均增长率，例如，中粮集团和国投集团为2014—2020年的平均增长率；②深灰色为本列最大值，浅灰色为本列最小值。

四、落实授权放权，合理界定国资监管与运营权责边界

落实授权放权，为投资公司发挥市场化出资人的实质性作用提供必要空间。落实授权放权重点是处理好国资监管机构与投资公司、投资公司与出资企业之间的关系。国资监管机构按“管资本为主”转变职能和转换管理方式，制定权力、责任和授权放权三个清单；投资公司完善对出资企业的分类授权放权，注重以公司治理为渠道履职行权。2019年版《清单》对授权内容进一步细化。例如，授权董事会在已批准的主业范围以外，研究提出拟培育发展的1～3个新业务领域，报国资委同意后，视同主业管理；授权中央企业探索更加灵活高效的

工资总额管理方式等。试点企业对出资企业的授权放权，重点是制定并落实授权放权清单，界定权责边界，在战略规划、薪酬管理、选人用人、产权管理等方面分类明确授权放权事项。例如，航空工业集团加大授权放权力度，实施了四次国有资产管理事项授权放权。在前三次授权放权的基础上，对主业内部协议增资、存量资产调整以及落实专项改革任务涉及的不良资产处置及债务重组等事项加大授权放权力度，并发布了《国有产权管理授权放权清单（2021 年版）》。选择中航国际作为第二个全面授权放权的试点单位，集团公司在投资、产权、财务管理以及资本运作、选人用人、激励约束机制等 8 个方面 12 项业务上对中航国际实施新一轮授放权。通用技术集团从法人治理、决策机制、制度建设、风险管控、经营质量 5 个维度，构建行权能力评价体系，依据评价结果开展分级分类授权，2021 年初对第一批 5 家企业进行了“一企一策”授权。招商局集团根据各二级公司的特点，授予其一定程度的管控自主权，通过发布年度管控优化清单等方式，不断加大授权放权力度，逐步提升二级公司自身的专业化投资和经营能力。自 2015 年以来，集团累计向二级公司授权放权 125 项。国家开发投资公司在所属 18 家市场化运作子公司全面开展“一企一策”授权。

五、增强行权能力，提高企业资本运作水平

一些试点企业通过转变观念、重塑职能、重构组织，实现机构转型和管资本能力的提升。

战略型管控模式是投资公司区别于产业集团的重要特征。如何落实总部核心功能是战略型管控模式的关键所在。一些试点企业结合自身特点，进行了有益的探索（见表 6）。例如，国家开发投资公司构建“5M”价值管理体系，打造“战略引领强、资源配置强、管理服务强、党的建设强”的“强总部”。华润集团不断完善“6S”战略管理体系，发挥引领、发展、服务、监管作用，打造战略导向、管控科学、决策高效的价值创造型总部，重点聚焦战略管理、资产配置、资本运作、公司治理等核心职能。招商局集团强化总部“战略引领、风险管控、综合服务”的“3S”职能定位，结合新形势、新情况，2021 年对总部部门和内设机构职责进行了进一步的梳理和调整，统筹谋划总部机构职能、理顺总部机构管理体系、明确总部机构职责定位，推进管理资源和焦点向关键职能集中。保利集团以“服务战略、控制总量、有序调整”为原则，进一步优化总

部职能，更加突出总部引领作用、管控能力和管理水平，形成“融投管收”投资闭环。中铝集团把集团总部的核心职能确定为战略决策、资本运营、资源配置、风险监控、管党治党。主要从“干部管理、专业管理、穿透监控”三个维度，划清了集团总部与战略单元的权责边界，做实战略单元的运营管理职能，优化实体企业生产经营，落实投资回报责任。通用技术集团围绕强总部建设，推进总部机构调整、人员调整和职责优化，进一步强化战略管控、科技创新、协同发展、资本运营、风险管控等核心职能。

表6　国有资本投资公司总部机构职能调整及核心职能

产业组合	公司	职能调整	改革后总部核心职能
多元化	华润集团	强化科技创新、组织管控、市值管理、“双碳”目标	引领：党建引领、战略引领和价值引领 发展：资源配置、产业进退、资本运营、人才培养、科技创新、区域布局 服务：提供专业支持和赋能，以及构建有效的协同机制 监管：构建权威高效的监督体系和风险管理、合规管理体系
	招商局集团	强化党的领导、安全生产和数字化发展	战略引领、风险管控和综合服务
	国投集团	加强战略决策、资源配置、资本运作、监督评价、党的建设五大核心职能建设	战略引领、资源配置、管理服务、党的建设
	通用技术集团	做实战略和发展部工作，将战略、运营、考核等职能一起并入	战略管控、科技创新、协同发展、资本运营、风险管控
	保利集团	加强战略管控、形成融投管收投资闭环、加强投融资决策和风险防控	战略引领、资源配置、资本运作、审计监督、风险管控、考核评价
	南光集团	构建以战略目标和财务效益为主的价值创造型总部，战略决策、投资运营权力上移，生产经营职能下沉	战略引领、资源配置、资本运营、风险管控

续表

产业组合	公司	职能调整	改革后总部核心职能
主业突出	中粮集团	强化质量安全管理、对外合作和信息化管理等职能	投资、融资和整合
	中国建材	强化战略研究、产业研判、资本运作、投资决策和风险防控能力，打造价值创造型、服务支撑型总部	战略引领、资源配置、资本运作、风险防控、党的建设
	国机集团	强化科技发展、安全生产和节能减排	战略管控、价值创造、服务支撑
	新兴际华	增设资本运营、科技和市场部，强化安全、环境、创新管理、风险管控和服务协同等职能	战略、财务、风险
	航空工业集团	优化职能、精简数量、分级管理、突出主业、加强协调	党的建设、战略管控、资源配置、创新驱动、主业运营、资本运作、风险管控
	中交集团	打造“战略型管理”总部、建立授权管理体系和授权制度、完善所属企业法人治理结构、推进各项基本制度建设、优化治理结构、合规运营、风险管控、审计监督、把握战略定位 建立管控新机制	战略管控、风险管控、完善体系机制、党建管理、考核评价
	中国五矿	打造“战略管控＋财务效益管控＋关键运营管控”型总部，绿色环保	战略管控、资源配置、考核评价、风险管理
	中远海运集团	打造“战略管控＋资本运营”型总部，强化战略引领、资源配置、资本运营规划职能，贯彻总部产业链经营理念，落实数字化转型战略，推动集团内外协同发展	战略制定、调配班子、资源配置、考核管理、防控风险

续表

产业组合	公司	职能调整	改革后总部核心职能
深耕核心主业	国家能源集团	精简下放运营和服务为主的职能	党的建设、战略规划、干部人才、资源配置、资本运营、产业协同、监督风控、考核评价
	中铝集团	强化投资、布局优化、科技创新，下放生产、运营管理等职能	战略决策、资本运营、资源配置、风险监控、管党治党
	国家电投	优化系统管控体系和治理结构、加强战略管控、优化业务布局、强化公司治理、建立市场化经营机制、进行法治建设	党建统领、战略管控、资本运营、资源统筹、干部管理、风险监控
	中国宝武	打造价值创造和战略管控相结合的资本运作层总部	党建管理、战略引领、风险控制、设计监督
	中广核集团	打造“战略管控型”总部，推动战略、监督职能上移，经营职能下沉	战略管理、资源配置、统筹协同、内控监督、安全生产、党的领导

在优化总部职能的基础上，结合投资公司功能定位，部分试点企业形成了各具特色的管控架构。华润集团实行资本层、资产层、运营层三级管控模式，对应集团总部、业务单元、生产经营单位的功能定位。中铝集团主要实行“三横三纵三个全覆盖”的管控模式。“三横”即横向建立“集团总部资本层、战略单元资产层、实体企业运营层”三层管控体制，集团总部层面以“战略目标+财务效益管控”为主，战略单元层面以产业资产运营为主，出资企业层面以生产经营为主。“三纵”即纵向强化集团战略投资、财务产权、运行评价三个穿透监管。“三个全覆盖”即围绕“三横、三纵”，实现“全面保障、全面合规、全面监督”。通用技术集团初步形成集团总部、产业子集团、专业化公司三级管控架构体系和管控模式。

着重提升董事会履职行权能力。投资公司以股权运为手段，通过产权代表和法人治理结构对出资企业实施监督和控制。例如，招商局集团充分发挥定战略、做决策、防风险作用，董事会的职权得到进一步落实，董事会规范运作的机制逐步健全，为履行好国资委授权并规范行权、科学行权奠定了坚实的制度基础。国家开发投资公司 99.5% 的子企业已完成董事会应建尽建，95.4% 的企业已实现外部董事占多数。加强股权董事队伍建设，构建由“基本制度+专项制度+系列指引”组成的股权董事制度体系，强化履职支撑。中国建材集团通过派出的股权董监事管好资本，建立了70人的派出董监事库，在所出资企业担任董监事职务135个。

六、推进市场化改革，进一步转换经营机制

部分试点企业推进市场化改革，实施市场化选聘、探索职业经理人制度、深化混合所有制等改革，促进出资企业转换经营机制，发挥综合性改革的协同效应。

2021年上半年，19家试点企业实施“混改”项目数量在全部中央企业中占比近50%、引入非国有资本金额占比近70%。例如，2017年以来，保利集团与社会资本合作项目超过500个，引入社会资本约4000亿元，放大了国有资本功能。截至2020年底，保利集团上市公司资产总额1.4万亿元，占集团资产总额的92.1%；营业收入2866.2亿元，占集团营业收入总额的71.2%；利润总额570.9亿元，占集团利润总额的96.4%。国家电力投资公司所属青海黄河公司成功引入8家战略投资机构，募集资金242亿元，创造产权市场募集金额历史纪录。招商局集团收购航空工业集团所属上市公司中航善达，并注入相关资产，实现物业板块整体上市。中国建材加快推进水泥和工程技术服务板块上市公司整合，积极打造建材制造和综合服务领域领先企业。

19家试点企业平均职业经理人数、契约化管理人数、公开招聘人数、员工持股激励人数等约为中央企业平均值的2倍。近年来招商局集团先后在15家二级公司进行市场化全球公开招聘总经理，完善高级管理人员正常退出、提前退出、强制退出等管理机制，研究制订能上能下实施细则。国家开发投资公司所属国投高新从709名应聘人员中选出5位职业经理人，新一届经营班子全部为新人，其中2名副总经理来自集团外。航空工业集团率先出台《中长期激励暂行办法》和总体方案，共有79家单位实施了92项中长期激励计划。2020年实施激励计划的单位净利润增长率平均为29.3%，劳动生产率平均增长13.0%，激励人员工资平均增长18.5%。招商局出台中长期激励工作指引等6项制度，全面推广股权类、现金类和员工持股等各种类型的中长期激励工具，截至2021年4月，招商局已实施中长期激励的子企业数量占全部具备条件企业数量的比例为71.4%。中国建材建立了多元激励约束体系，推出五大类8种激励“工具箱”，

各类股权激励工具累计激励人数超过1700人。

探索实施差异化薪资。招商局集团通过“市场对标锚定目标年薪、跑赢同行调整绩效奖金、考核结果确定实发奖金”的机制，合理拉开二级公司集团高管的收入差距，实现了能增能减。收入分配突出向一线、苦脏累险岗位和创造价值者倾斜，靶向解决“高水平大锅饭”问题。部分单位班子成员年度奖金根据考核结果扣减超过50%，甚至年度奖金直接清零。中广核集团探索实施差异化工资总额、突出按业绩贡献决定薪酬的分配机制，同岗位收入差距最大可达3倍。中国建材建立了科技成果转化机制，把集团自主研发的科技成果分为A、B、C三类，可对外转化的C类成果，转化收益的50%以上分配给原完成团队和现转化团队，取得较好效果。

第三节　改革试点存在的问题

当前，试点公司在取得积极成效的同时，还存在尚未充分发挥“隔离墙、防火墙”和布局优化平台等方面的实质性作用、对国资国企整体改革的带动性还不显著、国资监管体系还不完善等问题。经过七年的改革实践，并未形成可复制推广的经验模式。

一、与“管资本”相应的国资监管体系不够完善

授权力度仍然不够。国有资本投资公司在非主业投资和海外投资等方面受到较大程度的束缚。按照现行管理规定，国有资本投资公司作为改革试点单位，非主业投资金额为年度总投资额的5%～15%，海外投资需要上报国资委审批。这些规定限制了国有资本投资公司投资的灵活性，不利于试点企业更加高效地优化产业结构和发展战略性新兴产业。此外，试点企业也认为现有的授权力度在重组整合、投资融资和人事改革等方面存在不足，希望获得更大力度的授权。

考核机制还需进一步完善。目前，国有资本投资公司改革试点企业的评价机制重点考核企业的“两利四率”及盈利能力、资产质量、债务风险、经营状况和资本利用效率等方面的指标。这种考核方式并未有效突出国有资本投资公司服务于国家战略的功能定位，试点企业希望能增加相应方面的权重。

激励机制还需进一步细化落实。国有资本投资公司改革试点企业在劳动、

人事和分配三项制度改革过程中积极探索，按照相关文件设计公司激励机制。但是，在实践过程中，企业仍然面临着工资总额的束缚，部分薪酬奖励未能及时充分兑现，降低了参与者的热情。此外，在探索中长期激励机制过程中，由于缺乏监管部门明确的指导意见，试点企业在制度设计如员工持股和项目跟投时也存在顾虑。

多头管理和信息重复报送等问题较为突出。多数试点企业不但承担着国有资本投资公司改革任务，也是其他国企改革工作的试点单位，包括混合所有制改革、创建世界一流企业、“双百行动”、科改示范行动等。这些试点工作虽各有侧重，但在公司治理、三项制度改革、市场化经营机制改革等方面存在交叉，试点企业面临着国资委多部门和不同部委的监管等多头管理和信息重复报送等问题。

二、试点企业改革成效分化较大

国有资本投资公司承担着服务国家战略、提升产业竞争力等重要使命。但现有的 19 家试点企业的业务类型和规模实力差异较大，个别企业存在促进产业结构优化，推动产业转型升级，培育前瞻性、战略性新兴产业等功能作用不突出的问题。试点企业中的多数企业是发展基础好、改革意愿强、市场化程度高的企业，可以在深化国企改革中起到率先垂范的作用，但仍有个别试点企业改革进展缓慢，在市场化选人用人、开展中长期激励、深化混合所有制改革和提高企业经济效益等方面仍落后于中央企业的平均水平。

三、试点改革总结和推广不足

调研过程中，多数企业反映国有资本投资公司改革试点的各项工作仍处于学习、探索推进阶段，经验不足。国有资本投资公司改革是一项多方协同的综合性改革工程，建议国资监管部门多给予指导，同时加大企业培训和业务交流力度，对试点企业中好的做法及制度建立共享平台，以帮助企业推进相关工作。

第四章　推动国有资本投资公司发展的政策建议

改组组建国有资本投资公司作为综合改革试点举措，涉及国资国企两个层面的综合性改革，不仅是推动国资监管从管资产向管资本转变的改革，也是国企自身功能定位和管控体制机制的改革。今后，需要进一步在完善体制机制、加快试点企业的能力建设、加快出资企业市场化改革等方面发力，推动国有资本投资公司持续健康发展。

第一节　完善体制机制，为深化投资公司改革提供制度支持

进一步理顺出资人与被出资人的关系，明确权责边界，落实企业董事会的权责，发挥企业市场主体作用。从实践来看，当前政企关系需要解决的一个普遍性问题是减少政府对企业自主经营的干预，真正落实企业董事会的权责，让企业成为独立的市场主体。重新界定对投资公司的责任要求，不宜将投资公司与其投资的企业当作一个整体进行考核，更不应由投资公司承担应由其投资企业承担的责任。① 因为这与作为股东的投资公司只需以出资额或所持股份为限对出资企业承担有限责任的要求相背离。国有资本投资公司应优化主业管理机制，规范主业范围核定，聚焦关系国民经济命脉的重要行业和关键领域，发挥引领和带动作用。

细化落实《关于新时代推进国有经济布局优化和结构调整的意见》，有效配置国有资本。通常，试点企业基于过去形成的能力，结合国家战略需要，形成新的企业使命。企业新使命的确定需要国资监管机构细化《关于新时代推进国有经济布局优化和结构调整的意见》，并结合企业发展阶段、产业结构等实际情况，研究深化国有资本投资公司改革的目标方向和重点任务。引导试点企业发挥产业引领作用，优化投资体系，加快形成一批有较强带动力、影响力的新产业集群，在新业态孵化、新产业培育、新技术攻关等方面发挥示范作用。加大研发投入，联合行业上下游、产学研力量，着力攻克“卡脖子”关键核心技术问题。

完善投资公司在布局优化和结构调整中的退出机制。通盘考虑企业在历史遗留问题处理、低效无效资产退出、淘汰落后过剩产能、“僵尸企业”处置等方面的工作，在企业注销、税务清算、债权债务处置、土地处置、未完工项目履约、冗员安置、社会职能剥离等方面制定新的政策，加快试点工作的推进。支

---

① 马骏，等．推动国有资本投资运营公司全面转型[N]．中国经济时报，2020-09-07.

持具备条件的国有资本投资公司探索成立专业资产管理公司，集中处置低效无效资产。

完善对投资公司的差异化考核机制。根据投资公司功能定位，减少短期考核，增加长期考核；根据功能使命实行分类考核，综合考核企业在投资组合回报和布局优化等方面的绩效；取消与投资者无关的责任考核，如安全生产等应由市场主体独立承担的责任；建立公开透明的补偿机制，弥补企业为承担社会责任额外支付的成本；承认商业投资的固有风险，建立明确的可执行的免责规则。

第二节　加快试点企业的能力建设，适应“管资本”的新要求

在“国资委—国有资本投资公司—出资企业”的三层架构中，投资公司是三方关系的核心，主要从事市场化的资本投资，不再直接经营实业业务。对于多数从产业集团改组而来的试点企业而言，需要进行全面转型，不断提升核心能力。

一是观念转型。投资公司作为积极有限股东，不应将其投资持股的企业作为下属机构，干预企业内部管理和生产经营，而应参与其持股企业的公司治理，利用参与股东会、董事会、监事会的制度机制，提升管资本能力。

二是组织机构转型。通过重构组织结构和重塑部门职能的方式，加快投资公司从实业经营到资本投资的转变。明确投资公司与出资企业的功能定位与权责界面，强化投资公司战略规划、资源配置、资本运营和风险防控等总部功能，积极打造引领发展、管控科学、决策高效的“强总部”，不断完善通过公司治理行权履职的运行机制。投资公司按照“一企一策”、分层分类的原则，对出资企业合理确定授权放权内容和范围。

三是能力提升。为做好积极股东，投资公司须大幅提升管资本的能力，包括：加强战略研究，为国有资本管理和运营提供支持；建设专业队伍，把业务运营管理人才逐渐转变为投资运营管理人才；完善投资决策流程，根据投资和资产管理的不同事项，创新业务流程，提高投资决策的科学性和有效性；加强数字化、信息化建设，创新管理模式，建立分类管理制度，利用参与股东会、董事会、监事会的制度机制，提升管资本能力；加强风险防控，健全符合投资

公司功能特点的风险防控体系；探索利用 ABS（资产证券化）、公募 REITs（不动产投资信托基金）等方式盘活存量资产，提升运营效率。

第三节　加快出资企业市场化改革，充分激发发展活力动力

试点企业从“管企业”转向“管资本”，一个重要前提条件是推动出资企业的改革，即聚焦市场化改革，转机制增活力，加快打造一批更具活力的微观市场主体。一是深化混合所有制改革，加快推动分层分类改革，为完善公司治理、实施员工持股等中长期激励、推动体制机制转变、调整国有资本布局等创造更好条件。二是加快推行经理层成员任期制和契约化管理。切实深化劳动、人事、分配三项制度改革，在所出资企业中率先全面推行经理层成员任期制和契约化管理，按照“市场化选聘、契约化管理、差异化薪酬、市场化退出”等原则，建立完善职业经理人制度。三是健全完善激励机制。支持投资公司积极运用国有控股上市公司股权激励、国有科技型企业股权和分红激励、科技成果转化收益分享、国有控股混合所有制企业员工持股、超额利润分享、跟投等中长期激励政策，加大关键岗位核心人才激励力度，充分激发企业活力动力。

第四节　突出功能定位，完善投资公司考核评价

一是年度评价与中长期评价相结合，适配评价周期。中长期绩效评价周期一般设定为三年，一方面与任期评价周期相一致，避免经营决策短视行为；另一方面有利于引导国有资本投资公司专注于科技创新领域的价值投资，同时与国民经济五年规划中的产业政策规划相协调，保持国有资本布局优化等产业政策的连续性及其与国家战略的一致性。不同的评价周期对应不同绩效评价侧重点，如中长期绩效评价周期重点关注国有资本保值增值率、长期股权投资收益率、国有资本布局优化率等指标。二是建立配套措施，改善评价信息的获取渠道。将绩效信息的上报纳入国有资产报告制度，要求按照绩效评价要求，按季度或年度上报绩效信息，建立国有资本专业化运营绩效评价数据库，便于定期开展绩效动态评价工作。三是重视评价结果的应用，以应用促进评价体系改进。利用绩效评价结果引导公司投资方向，服务于宏观经济目标。对接国有资本经营预算制度，将绩效评

价结果作为国有资本金注入的参考标准。将绩效信息的上报和绩效结果的披露与国有资产报告制度相结合，促进国有资本监管工作的改善。

第五节　加快改革步伐，推进投资公司改革模式创新、机制创新

一是总结改革经验，促进试点企业之间相互学习、借鉴。总结提炼投资公司在整体改革、授权经营、治理提升、布局优化、产业培育等方面的做法经验，发挥优秀企业的示范引领作用，推动全国国有资本投资公司改革工作取得更大成效。二是建立“以评促改”推进机制。国资监管部门适时开展专项评估，充分掌握投资公司改革进展情况，同时各试点投资公司探索建立改革自评价机制，每年度对照重点改革任务，全面自查自检，确保各项任务目标如期实现。三是探索多元化试点方式。借鉴国外经验，试点改革“直接授权”模式，增加以组建方式设立投资公司的试点。

课题组成员名单

黄群慧　中国社会科学院经济研究所所长
郭忠杰　国家开发投资集团有限公司总裁助理，战略发展部主任、改革办主任
贺　军　国家开发投资集团有限公司战略发展部副主任、改革办副主任
卫鹏鹏　国家开发投资集团有限公司战略发展部副主任、政策研究室主任
史方旭　国家开发投资集团有限公司战略发展部政策研究室执行副总监
王瑞晶　国家开发投资集团有限公司改革办执行副总监
唐　帅　国家开发投资集团有限公司战略发展部政策研究室高级经理
杨明珠　国家开发投资集团有限公司战略发展部国际业务统筹开发中心高级经理
余　菁　中国社会科学院工业经济研究所研究员

张航燕　中国社会科学院工业经济研究所副研究员
于文浩　中国社会科学院经济研究所副研究员
张　弛　中国社会科学院经济研究所助理研究员
封　明　中投咨询有限公司原董事长、总经理
王立群　中投咨询有限公司原副总经理
司亚明　中投咨询有限公司管理咨询部副总经理
彭煦阳　中投咨询有限公司投资咨询部项目经理
田正蕾　中投咨询有限公司管理咨询部项目经理
高　建　清华大学经济管理学院教授、G20 创业研究中心主任
牟　睿　清华大学 G20 创业研究中心主任助理
赵　琦　清华大学 G20 创业研究中心对外合作发展总监
张闳肆　清华大学经济管理学院博士研究生
李浩然　清华大学经济管理学院博士研究生
张津源　清华大学经济管理学院博士研究生
孔奕淳　清华大学经济管理学院博士研究生
殷格非　金蜜蜂智库创始人、首席专家

“国有资本投资公司研究”，由国家开发投资集团有限公司、中国社会科学院经济研究所、中国社会科学院工业经济研究所、中投咨询有限公司、清华大学 G20 创业研究中心等单位共同完成，国务院国资委支持厅局为企业改革局。“国有资本投资公司研究”课题分为一个总课题和三个子课题，总课题和子课题一“国有资本投资公司理论研究”的执笔人是中国社会科学院工业经济研究所研究员余菁、副研究员张航燕；子课题二“国有资本投资公司实践案例研究”和子课题三“国有资本投资公司试点改革评价机制研究”的主要执笔人是中投咨询有限公司管理咨询部副总经理司亚明、项目经理田正蕾，以及清华大学 G20 创业研究中心主任高建、主任助理牟睿。

国有资本运营公司研究

推动国有资本运营公司改革发展是深化国资国企改革的重要内容和战略举措，是新发展阶段推动国有经济布局优化和结构调整、促进经济高质量发展的必然要求和重要手段。自《中共中央关于全面深化改革若干重大问题的决定》提出要“组建若干国有资本运营公司”以来，无论是理论研究还是试点实践，国有资本运营改革发展都已取得长足进展。然而，国有资本运营公司是一个新生事物，对其理论认识和实践探索需要逐步深化，本课题的目的即是试图对国有资本运营公司进行深化认识，从实践探寻角度对国有资本运营公司开展系统研究。

本课题从梳理国有资本运营公司改革的缘起与脉络入手，分析了国有资本运营公司的功能定位，认为这是提升国有资本运营效率，提高国有资本回报的重要抓手，是落实政府战略意图、推动国有资本布局优化和产业结构调整、服务经济社会发展需求的核心功能平台。在此基础上，对中央国有资本运营公司和地方国有资本运营公司的改革试点情况进行了系统分析，总结试点取得的成效和经验，包括：做好顶层设计，强化核心功能，规模再创新高；打造专业平台，注重价值管理，提升运营能级；优化管控模式，推进正向激励，激发活力动力；深化党建引领，打造党建品牌，探索智慧党建。

本课题还对国有资本运营公司改革发展中面临的困难和问题进行了分析，进而提出了中央国有资本运营公司迈向高质量发展的对策。重点是要进一步优化功能发挥、业务布局和治理管控，建议从政策上支持中央国有资本运营公司持续壮大运营实力、不断丰富运营手段、更好发挥功能作用、适度放松业务限制、探索实施差异化考核、实行更有针对性的容错机制。地方国有资本运营公司迈向高质量发展则需要优化顶层设计与功能定位、提升资源能力与业务能级、完善公司治理与授权管控、深化机制改革与管理优化、争取政策支持与有利条件。

第一章　国有资本运营公司的背景与定位

第一节　国有资本运营公司改革的缘起与脉络

国有资本运营公司与国有资本投资公司（以下简称“两类公司”），是我国国有资产投资体制和授权经营体制改革的产物。国有资本投资、运营公司的探索实践迄今已近30年，早在20世纪80年代，国家层面就决定成立能源、交通、原材料、机电轻纺、农业、林业六大国家专业投资公司。20世纪90年代，国家开发投资公司正式成立，成为第一家真正意义上的国有资产投资公司。2004年，国务院国资委正式把国家开发投资公司、中国节能投资公司、中国高新投资公司、中国水利投资公司单独列为从事投资行业的企业。2013年11月，党的十八届三中全会通过了《中共中央关于全面深化改革若干重大问题的决定》，首次明确提出并区分了“投资公司”和“运营公司”，由此正式拉开了国有资本运营公司改革的序幕。

一、顶层设计阶段（2013—2014年）

2013年11月，《中共中央关于全面深化改革若干重大问题的决定》明确要求“完善国有资产管理体制，以管资本为主加强国有资产监管，改革国有资本授权经营体制，组建若干国有资本运营公司，支持有条件的国有企业改组为国有资本投资公司”。2015年9月，《中共中央 国务院关于深化国有企业改革的指导意见》中，对改组组建国有资本投资、运营公司提出原则性要求，初步确定“两类公司”的使命。10月，《国务院关于改革和完善国有资产管理体制的若干意见》发布，明确了国有资本投资、运营公司的组建方式以“一企一策”原则向“两类公司”授权以及“两类公司”对出资企业行使股东权利等内容。在此期间，2014年中粮集团有限公司和国家开发投资集团有限公司两家中央企业率先进行了国有资本投资公司的试点工作，上海、深圳、广州等地国有企业也陆续开展了国有资本投资、运营公司的试点工作。

二、初步探索阶段（2015—2018年）

2016年7月，《国务院办公厅关于推动中央企业结构调整与重组的指导意见》要求国有资本投资、运营公司探索有效运营模式，并“做好增量、盘活存量、主动减量”。2017年4月，国务院办公厅发布《国务院国资委以管资本为主推进职能转变方案》，进一步强化“管资本”职能，突出国有资本运营，支持“两类公司”采取市场化方式推动设立基金，鼓励国有企业追求长远收益开展资本运作。2018年7月，国务院发布《关于推进国有资本投资、运营公司改革试点的实施意见》，系统性提出国有资本投资、运营公司总体框架。基于纲领性文件的发布，该政策可定位为国有资本授权经营体制改革的系统化实施方案，也是具体实施操作的规范和指南。在此期间，中央企业又陆续开展了两批“两类公司”的试点工作，共有2家国有资本运营公司和19家国有资本投资公司被纳入试点范围。

三、深化改革阶段（2019年至今）

2019年4月，国务院发布了《改革国有资本授权经营体制方案》，重点在战略规划和主业管理、选人用人和股权激励、工资总额和重大财务事项管理上向“两类公司”实施放权授权，明确“一企一策、动态调整”。《国务院国资委关于印发〈国务院国资委授权放权清单（2019年版）〉的通知》中，对各类综合改革试点企业授权放权事项4项，对国有资本投资、运营公司试点企业授权放权事项6项，进一步确保授权放权精准到位，落实由管企业向管资本转变的职能要求。2019年10月，党的十九届四中全会要求“形成以管资本为主的国有资产监管体制，有效发挥国有资本投资、运营公司功能作用”。2019年11月，《国务院国资委关于以管资本为主加快国有资产监管职能转变的实施意见》，对“两类公司”的功能作用、资本运作方式、目的等进一步提出要求。

第二节　国有资本运营公司的功能定位

一、一般化的功能定位

《国务院关于推进国有资本投资、运营公司改革试点的实施意见》（国发〔2018〕23号）明确了国有资本运营公司的功能定位，指出国有资本投资、运营公司均为在国家授权范围内履行国有资本出资人职责的国有独资公司，是国有资本市场化运作的专业平台。公司以资本为纽带、以产权为基础依法自主开展国有资本运作，不从事具体生产经营活动。国有资本投资、运营公司对所持股企业行使股东职责，维护股东合法权益，以出资额为限承担有限责任，按照责权对应原则切实承担优化国有资本布局、提升国有资本运营效率、实现国有资产保值增值等责任。

国有资本运营公司主要以提升国有资本运营效率、提高国有资本回报为目标，以财务性持股为主，通过股权运作、基金投资、培育孵化、价值管理、有序进退等方式，盘活国有资产存量，引导和带动社会资本共同发展，实现国有资本合理流动和保值增值。

二、功能定位的比较

在功能定位方面，不同类型的企业具有不同特点：

国有资本运营公司是以提升国有资本运营效率、提高国有资本回报为目标的运作平台，对不特定产业、领域的国有资本进行经营管理和运作，以“资本＋产业”推动国有资本合理流动和保值增值，进而提供金融支撑、产业升级服务，推进产业培育和存量资产盘活。

国有资本投资公司则是以服务经济社会发展战略、优化国有资本布局、提升产业竞争力为目标的运作平台，在关系国家安全、国民经济命脉的重要行业和关键领域，按照政府确定的国有资本布局和结构优化要求，推动产业集聚和转型升级，以对战略性核心业务控股为主。

产业集团是国有经济的基本细胞，深耕重要行业及关键领域，发挥着抵御宏观风险、保障国民经济根基稳定的中流砥柱作用，同时也为国有资本投资公司、国有资本运营公司发挥作用奠定更加坚实的基础。

金控集团是从事金融业投资和管理，开展与产业结构调整关联的金融和类金融投资业务的专业运作平台。金控集团主要从产业经济发展需要出发，整合资源打造内部协同的金融生态体、产融生态圈，建立完善的金融产业链，通过多元化的金融产品和融资服务，满足实体产业多元化金融需求，切实发挥金融对区域经济的支撑作用。

从功能定位对比来看，国有资本运营公司大多以财务性投资为主，通过国有股权市场化运营、股权市值管理、重大产业投资、资产处置等，引导带动社会资本，是国资运营的平台综合体和集成服务商。

第二章　国有资本运营公司的实践探索

随着新一轮国资国企改革的深入推进，围绕国有资本运营公司的系列探索逐步展开，国家和地方从顶层设计、政策出台、试点实践、专题研究等多个方面推动国有资本运营公司改革不断前进。无论是作为一个群体还是特定个体，国有资本运营公司的改革总体进展顺利，取得了较为显著的成效，为进一步迈向高质量发展打下良好基础。

第一节　中央国有资本运营公司的实践探索

一、运营理念和模式探索

国有资本运营公司是一种全新的企业形态和组织形式，按照中央有关文件精神的功能定位要求，中国国新和中国诚通两家中央企业运营公司从自身资源禀赋和业务实际出发，研究明确的运营理念、探索构建完善有效的运营模式，既是作为试点单位“形成可复制可推广的经验和模式”的使命要求，也是企业实现可持续发展的根本途径和方向。

（一）中国国新的运营理念及运营模式

中国国新运营理念及运营模式的确立是一个逐步深化认识、探索明确的过程。试点以来，中国国新坚持以国家战略为导向，以建设“具有全球竞争力的一流的综合性国有资本运营公司”为目标，立足增强国有资本的流动性，结合运营公司以财务性持股为主、投资驱动属性强的特点，构建完善“资本+人才+技术”轻资产运营模式。一是坚持运营方式的大综合，六大板块业务大协同、境内境外运营大布局、财务性投资为主与战略性项目培育孵化大统筹。二是坚持运营策略的“五个守住”，即守住轻资产运营模式、守住财务性投资为主、守住国新投资生态圈、守住产业链高端、守住关键核心技术“卡脖子”环节。三是坚持运营投资生态圈的打造，紧紧围绕中央企业科技创新、深化改革和“走出去”开展资本运营，注重发挥运营公司在推进供给侧结构性改革、推动国有经济高质量发展中的促进作用。四是坚持以服务中央企业为本位，着眼于差异化竞争优势的培育，深入分析中央企业业务的短板、空白领域，拓展资本运营的业务市场空间。

同时，中国国新在试点过程中，逐步形成了具有自身特点的财务性持股投资理念，核心是处理好“投少和少投、跟投和领投、债投和股投、投优和投短”四种关系，并始终坚持财务性持股为主与服务国家战略的有机统一，强调重点把握好培育孵化功能与实现资本回报、短期回报与长期回报、追求资本回报与维护资本安全三种关系。

（二）中国诚通的运营理念及运营模式

中国诚通在运营公司试点改革总目标的统领下，制定实施了具有鲜明国有资本运营公司特色的《“十四五”时期发展规划》，其中明确提出打造“具有全球竞争力的国家财富运营管理机构和国家治理可以信赖的资本力量”的发展愿景，搭建以“一个定位”“四个服务”“五大平台”“五大能力”和“一个指引”为主体的国有资本运营逻辑体系；丰富了资本运营框架和资本运营功能指标的内涵，包括规模效益指标、稳健性指标、流动性指标和以资产及投资组合净值划分的功能配置目标，为持续改革和发展提供了有力的战略支撑。其中，明确“一个定位”：国有资本流动重组、布局调整的市场化运作专业平台。立足“四个服务”：服务于国有经济布局优化和结构调整、服务于国有资本授权经营体制的改革和完善、服务于国有资本合理流动和保值增值、服务于国有经济国有企业改革创新。打造“五大平台”：基金投资、股权管理、资产管理、金融服务四个资本运营平台和战略性新兴产业培育孵化平台。强化“五大能力”：资本聚合能力、资本转换能力、资本布局能力、资本增值能力、资本管控能力。坚持“一个指引”：以持续优化的资本配置体系为整体性、常态化指引。

中国诚通为适应中央企业运营公司特点，设立集团资本运营专业委员会，建立制度及工作机制，统筹负责集团的配置研究及投资决策。组建了资本配置研究团队，建立资本配置模型和评价指标体系，指导集团资产配置的动态调整优化。中国诚通建立包含战略资本配置、战术资本配置和资本配置再平衡与优化在内的资本配置体系，以组合投资为主导理念构建包括大类资本配置、行业主题配置、流动性结构等在内的配置策略。

综上分析，两家中央企业运营公司均在试点探索实践中形成了自身独特的运营理念和运营模式，投资驱动、财务性持股成为共同特征。中国诚通因持有一定战略性新兴培育孵化资产，更侧重资产经营与资本运营并重的运营模式，中国国新则更侧重产融结合运营模式。两种模式与企业自身的资源禀赋、发展基础紧密相关，可谓各具特色、自成风格，均在国有资本运营领域树立了“央企运营公司品牌”，并逐渐获得了各方认可。两家中央企业运营公司未来将沿着明确的模式和方向继续向前探索，不断深化对轻资产运营规律的认识，打造完善具有自身特点的专业平台，努力在探索形成可复制可推广的试点经验和模式上取得更多新突破。

二、治理管控体系探索

试点以来，两家中央企业运营公司不断完善中国特色现代企业制度，探索构建了契合运营公司特点和自身实际的治理结构和运营管控模式，为深化运营公司改革、实现高质量发展夯实了基础。

（一）中国国新治理管控体系建设探索实践

中国国新成为试点以来，经历了一个跨越式发展阶段，为了确保公司稳健高质量发展，公司不断创新体制机制，加强管理体系建设。公司始终注重自身成长与规模效益快速增长相适应，结合开展对标世界一流管理提升行动，在完善治理机制、提升治理效能上下更大功夫。在板块公司全部设立党委的基础上，推动所属企业董事会应建尽建、外部董事占多数和规范落实董事会职权，同步厘清各治理主体权责边界，依托“一表三清单”，即投资决策权限表、权责事项清单、授权放权清单和投资项目负面清单，加快建立各司其职、各负其责、协调运转、有效制衡的治理机制。严格执行“强总部、实板块”战略，优化总部职能定位、组织架构，构建党建职能线、运营管理线、业务拓展线“三位一体”

的总部组织体系，深化“总部事业部+板块公司”一体化运营，确保公司战略在业务板块有效落地，强调“以业绩论英雄”的导向，确保每位员工“守岗位、在状态”；坚持“放活”与“管好”相结合，动态调整总部权责事项清单和授权放权清单，实施差异化管控模式，大力提升公司决策效率。按照“一级控、二级混、三级以下压”的思路，积极稳妥地推动所出资企业开展混合所有制改革或股权多元化改革，持续加大压减治亏工作力度，加快健全灵活高效的市场化经营机制。公司发展过程中牢固树立底线思维，增强风险意识，筑牢风险防范“三道防线”，结合运营业务特点，完善多维度决策支撑机制，毫不松懈严格法律合规“三项审核”，聚焦投资、财务等重大风险强化监测预警和排查处置，坚持在项目评判中把好“三关”，即技术关、财务风险关和战略关，建立财务分析月度报告机制，推进总会计师委派制落地，不断提升公司风险防控水平，构建集中统一、全面覆盖、权威高效的审计监督体系，加大违规经营投资责任追究力度，确保公司行稳致远。按照以管资本为主的要求，以提升“四力”（即治理能力、管控能力、风控能力、支撑能力）为重点，加快探索建立灵活高效的管理体系，不断夯实企业可持续健康发展的基础。

（二）中国诚通治理管控体系建设探索实践

1999年，中国诚通上划中央企业工委管理。2004年，中国诚通成为国资委首批董事会试点企业之一，探索完善公司治理结构，为集团进一步发展奠定了基础。2005年，集团继续推进董事会试点，并经国资厅改革〔2005〕116号文批准，成为国资委国有资产经营公司试点，积极探索中央企业布局和结构调整的新路，为集团发展开拓了更为广阔的空间。2016年，中国诚通成为国资运营试点以来，对公司治理有了更高的要求，创新了治理体系。一是资本运营公司以财务性投资为主，按照管资本方向调整管控模式，从“审批式管理”向“通过公司治理机制行权”转变；通过派出董事、监事参与出资企业的治理。二是集团董事会的构成发生了变化，外部董事从过去产业专业背景雄厚的董事，转变为以金融、财务背景为主的董事。董事会更加主动利用外部董事的专业背景和能力，牵头推动资本运作、制定金融规划等专项工作。三是坚持“两个一以贯之”，积极探索“管资本管党建、管人管党建”相统一的制度机制，明确党组织在决策执行、监督各环节的职责权限和工作方式，形成各治理主体各司其职、各负其责、协调运转、有效制衡的公司治理机制。加强党对国有企业的领导，落实党建进章程，完善公司法人治理结构，党委坚持通过理论中心组学习，与董事会、经理层共同对战略性、方向性问题进行系统谋划和超前研究，严格按照要求执行党委前置审议；通过严格落实“双向进入、交叉任职”领导体制，保证党委意图在其他治理主体决策和执行中得到落实；党委针对巡视发现的突出问题，向董事会、经理层发送意见函，推动问题解决和治理能力提升。

三、业务布局结构探索

自2016年开展国有资本运营公司试点以来，两家中央企业运营公司谨守运营公司“实现国有资本合理流动和保值增值”的功能定位，按照“股权运作、基金投资、培育孵化、价值管理、有序进退”等方式实现运营目标的试点要求，坚持以财务性持股为主开展资本运作，逐步探索打造形成了轻重结合、各有特点的业务板块及功能平台。

（一）中国国新业务布局结构及运行情况

中国国新围绕轻资产运营模式，逐步探索打造了基金投资、金融服务、资产管理、股权运作、境外投资、直接投资六大业务板块和中央企业专职外部董事服务保障1个平台，即“6+1”业务格局。

一是设立运作国新系基金。以中国国有资本风险投资基金为核心，包括国新国同基金、中央企业运营基金、国新建信基金、双百基金、科创基金、中央企业信用保障基金、科改基金在内的系列化布局、差异化定位、协同化发展、市场化运作的国新系基金，总规模超过8500亿元，首期募资超过3100亿元，撬动各类资本超过2400亿元，有效放大国有资本功能、充实中央企业资本积累，有力支持了中央企业改革、创新和发展。

二是搭建金融服务平台。以国新资本为建设央企金融服务平台的代表企业，通过新设和并购，已拥有商业保理、融资租赁、财务公司、保险经纪、金服公司、资信评级等7家金融、类金融机构，它们以中央企业为重点开展特色金融服务，帮助中央企业压两金、降杠杆、防风险。

三是探索开展特色资管业务。以国新资产为出资平台和持股管理平台，以服务中央企业重组整合、改革脱困、提质增效为目标，在管好股东、股权“两股”事务的同时，以市场化方式积极参与重点领域国企改革，聚焦配合央企推进“两非两资”剥离处置、优化盘活存量国有资产等领域的深入探索。

四是设立上市公司股权运作平台。以国新投资为专业化平台，以自主投资、委托管理为主开展划入中央企业上市公司股份运作，通过战略投资中央企业上市公司、当好积极股东，协同中央企业加强上市公司市值管理、提高质量。已累计接收21家中央企业上市公司股权，市值600多亿元（按划入日市值计算）；截至2021年7月底，运作规模达500多亿元，运作后市值700多亿元，相对不运作增幅近35%。

五是搭建境外投资平台。以国新国际为投资管理平台开展境外投资，积极运用市场化方式支持中央企业“走出去”、助力获取国内紧缺资源、引进“卡脖子”技术、开展国际产能合作，落实共建“一带一路”。

六是设立直接投资板块。组建国新发展，作为专注支持服务国资央企重要改革任务的业务平台，积极参与推动有关中央企业战略性重组、专业化整合和股权多元化改革。

（二）中国诚通业务布局结构及运行情况

为充分发挥资本运营平台作用、服务国家重大战略，中国诚通积极构建了基金投资、股权管理、资产管理、金融服务四个资本运营平台和战略性新兴产业培育孵化平台。

一是基金投资。定位于完善金融服务功能，放大国有资本，服务实体经济，为中央企业结构调整和转型升级提供融资新渠道和投资新机制，是国有资本运营公司的重要任务和探索路径，中国诚通牵头发起设立中国国有企业结构调整基金和中国国有企业混合所有制改革基金两只国家级基金，并打造了债转股基金、不良资产处置基金、境外科创投资基金等专业化主题基金，总规模超过6500亿元。

二是股权管理。按照资本运营公司定位，中国诚通探索股权管理模式推动国有资本流动重组，积极落实国资委关于油气管网、钢铁、电气装备、现代物流等重点行业重组整合的决策部署，出资超30亿元参与中央企业重组整合和股权多元化治理实践。还通过委托管理、ETF运作和自营投资相结合的方式，对近700亿元市值的中央企业上市公司股权进行管理运作。牵头发布中央企业结构调整指数、国有企业“一带一路”和开放共赢（A+H）指数及ETF，累计盘活央企存量股权超过400亿元，实现中央企业净资产增加超过200亿元。

三是资产经营。中国诚通着力健全资产经营“2.0模式”，充分发挥中央企业风险“排雷手”和“防爆器”的作用，积极承担健康养老、海工装备等专业化资产整合任务，做好经营性国有资产集中统一管理等工作，参与中央企业“两非”剥离，助力聚焦主责主业，实现高质量发展。

四是金融服务。为有效提高资本运营效率，为实体经济发展服务，中国诚通努力完善保理、财务公司、融资租赁、证券、公募基金等金融服务功能，构建金融投资能力突出、服务功能完备、资产质量优异、运营管理高效、投资回报优异的国有资本运营公司特色金融业务板块，成为聚合中央企业金融资源、专业人才、业务创新的纽带和桥梁，为国资国企提供综合金融服务。

五是战略性新兴产业培育孵化。中国诚通积极发挥培育孵化功能作用，推动所出资企业生态圈高质量发展。通过划转、并购、直投、引战等多种方式，实现基础固链、技术补链、融合强链、优化塑链，持续提升战略性新兴产业规模和质量。

第二节　地方国有资本运营公司的实践探索

为进一步推进国有资本投资、运营公司改革试点工作，根据相关会议和文件精神，结合各省的实际情况，截至2020年底，全国累计有21个省级行政区发布了推进国有资本投资、运营公司改革试点的实施意见或实施方案。

在加快推进顶层设计的同时，各省市积极组建改组地方国有资本运营公司，试点范围不断扩大。目前除北京、大连、黑龙江、西藏、新疆建设兵团外，全国各省、自治区、直辖市、计划单列市均进行了国有资本运营公司以及国有资本投资公司试点。通过实施意见、国企改革三年行动方案、国资国企改革发展工作会议、组建方案等明确的省级国有资本运营公司共计36家，省级国有资本投资运营公司17家。其中，部分国有资本运营公司试点进一步明确为金控平台，包括上海国际集团有限公司与湖北省宏泰国有资本投资运营集团有限公司。

随着“两类公司”改革试点的深化推进，试点类型通过动态调整进一步划分明确，试点企业在金融领域的优势进一步凸显，改组的基础条件更加充分，促使更多有实力的企业集团主动申报争取，地方国有资本运营公司的数量将持续增加，分布更加合理。

一是省级国有资本投资运营公司试点有17家，有待进一步明确划分为投资、运营公司试点。其中，青岛市4家、江西省3家、海南省2家、江苏省1家。批复的试点均为投资运营公司，天津市、安徽省、山东省、陕西省、宁夏回族自治区内试点有1~2家投资运营公司，与其他投资公司或运营公司并存。部分省级投资运营公司批复时间较早，例如陕西投资集团有限公司是陕西省首家国有资本投资运营公司，隶属陕西省人民政府。部分投资运营公司为全省唯一一家试点，例如江苏省国信集团有限公司，充分发挥功能和资源优势，打造一流国有资本投资运营公司。随着试点的深化，宁波通商集团有限公司已经从投资运营公司进一步明确定位为国有资本运营公司试点。

二是部分地方金融控股、金融投资集团，也逐步纳入试点，发挥综合性投融资平台的规模效应和协同效应、联动财政金融政策等功能作用。试点企业以国资委履行出资人职责为主，省财政厅出资企业也在推进试点。《陕西金融控股集团有限公司改组国有资本运营公司试点工作实施方案》获批，2017年9月正式启动试点工作，目前形成了投资基金、金融服务、要素交易三大业务板块，涵盖产业投资、投资基金、金融服务、融资担保、融资租赁、多元要素交易以及国有资本运营的基础构架。2020年2月，山东省委、省政府印发《关于完善国有金融资本管理的实施意见》《关于加强省级国有金融资本管理的实施方案》，明确山东省财金投资集团有限公司是功能型国有资本投资运营公司，该公司紧紧围绕“基金投资管理、融资服务、投资运营与资产管理”三大主业，积极助力山东省新旧动能转换和经济社会高质量发展。

三是部分已经履行国有资本运营相关职能的企业，通过加快改制、重组、出资人变更等，推进试点批复。北京国有资本经营管理中心从全民所有制企业改制为北京国有资本运营管理有限公司，正在申请国有资本运营公司试点。北京国管中心成立于2008年，是以国有资本经营和国有股权管理为重点，以国有资本的证券化和价值最大化为目标的投融资主体，为交易商协会、上交所、深交所储架发行首批单位，具有境内投资人、发行人双AAA的优质信用评级资质和境外国际三大信用评级机构“A+”中国主权评级资质。北京国管先后承接14家市属企业集团的股权，直接持有11家境内外上市公司股权。截至2020年末，北京国管合并报表总资产3.20万亿元，净资产1.06万亿元，利润652.03亿元。西藏自治区国有资产经营公司于2019年6月更名为西藏国有资本投资运营有限公司，投资人由西藏国盛国有资产投资控股有限公司变更为西藏自治区国资委，根据授权，负责国有资本投资、运营及相关业务，对各类区属国有存量资产进行管理与运作。

第三章　国有资本运营公司试点的成就与经验

无论是中央国有资本运营公司改革试点还是地方国有资本运营公司改革试点，都取得了显著成效，形成了较好的改革经验，为下一步深化改革奠定了良好基础。

第一节　中央国有资本运营公司试点取得的成就

试点5年来，国资委高度重视，加强组织，在贯彻落实《国务院关于推进国有资本投资、运营公司改革试点的实施意见》的基础上，研究制定了深化国有资本运营公司改革试点的工作意见，进一步细化有关要求、目标和举措，下达年度重点任务。在国资委的指导和推动下，中国国新和中国诚通两家试点企业大胆探索、改革创新，试点工作从实践探索到日趋成熟，初步在中央企业亮出了运营公司的“金字招牌”。在服务中央企业高质量发展的同时，两家试点企业也实现了自身跨越式发展，资产总额从2016年试点之初的合计2114亿元增至2020年底的9559亿元，净利润从58亿元增至251亿元，年均增长近30%。

两家中央企业国有资本运营试点公司紧扣功能定位，通过运用基金投资、搭建综合金融服务平台、开展特色资产管理、设立上市公司股权运作平台、稳步开展境外投资等多元手段，有效发挥了中央企业国有资本运营公司的特殊重要作用，强力推动了国有经济布局优化和结构调整，促进了产业转型升级，为央企科技创新、深化国企改革、推动中国企业高水平“走出去”起到重要的推动作用。

一是促进国有资本流动转换，为推动国有经济布局优化和结构调整贡献力量。充分发挥中央企业国有资本运营公司作为国有资本退出通道、进入通道和转化通道的功能，发挥资本运营公司不聚焦特定产业、特定领域和操作方式灵活的优势，通过多种方式的股权运作、灵活的基金投资、前瞻的培育孵化、股权无偿划转或市场化方式重组整合等，推动国有资本更多地投向关系国家安全、国民经济命脉的重要行业和关键领域，重点提供公共服务、发展重要前瞻性战略性产业、保护生态环境、支持科技进步、保障国家安全，实现国有经济布局优化和结构调整。

二是促进科技资源、产业资源加速融合，为推动实现科技自立自强贡献力量。充分发挥中央企业国有资本运营公司资本纽带作用，加快推动两种资源深度融合。通过股权投资、业务合作等方式，支持央企打造关键技术自主创新的“核心圈”，构筑技术和产业的“朋友圈”，促进新技术产业化、规模化应用。充分发挥基金投资优势，进一步加大科技创新投资力度，深入挖掘一批产业关键技术、前沿引领技术和应用基础技术项目，助力解决“卡脖子”技术问题。依托国改科技基金，支持国有科技型企业健全创新激励保障机制，提升科技成果转化能力。

三是促进传统产业、新兴产业统筹发展，为增强产业链、供应链自主可控能力贡献力量。中央企业国有资本运营公司在大力支持新兴产业发展的同时，稳步加大对传统产业数字化、智能化、绿色化改造升级的投资力度，进一步优化产业投资布局。加强与产业集团、投资公司的协同合作，精准增加产业基础再造、同类资源整合的投资供给，支持实体企业锻造长板。择机在新兴产业投资少数具有战略意义的关键项目，支持孵化一批“专精特新”冠军企业，助力加快补齐短板。利用市场化债转股等方式，有效支持制造业企业的设备更新、技术改造和转型升级，推进产业基础高级化。

四是促进国内市场、国际市场更好对接，为畅通国内国际双循环贡献力量。通过中央企业国有资本运营公司的境外投资平台，在推动“双循环”、支持中国企业高水平“走出去”和高质量“引进来”中发挥了更大作用。以“一带一路”项目建设为重点，助力央企深化国际产能合作，带动中国装备制造、技术、标准和服务更好地“走出去”。探索以市场化方式推动引进有关核心技术和先进产能，增强国内、国际经济联动效应。加强区域全面经济伙伴关系协定和中欧投资协定的研究应用，有效拓展境外投资，扎实做好涉外风险防范，切实维护境外资产安全。

五是促进国有资本、社会资本共同发展，为发挥国有经济战略支撑作用贡献力量。中央企业国有资本运营公司开展资本运营，就是要更加高效汇聚、带动各类社会资本，服务国家战略、推动改革发展。运用资产证券化等手段，加快国有资本形态转化，带动更多社会资本投向战略性新兴产业。加强持有央企上市公司股份运作，协同央企加强市值管理，提高上市公司质量。利用资信评级、债券增信等运营工具，助力央企降低融资成本、提高直接融资比例。注重发挥财务性持股为主的特点，加强与非国有企业的股权融合和业务合作，进一步放大国有资本功能。

六是促进中央企业深化改革、资源整合、协同合作，为推动落实国企改革三年行动贡献力量。按照国资委工作部署，利用平台型企业优势，在配合央企调整优化国有资本布局结构上发挥特殊功能。紧紧抓住“两非两资”剥离处置的契机，加快与产业央企探索创新合作模式，坚持以特色化、专业化资产管理助力央企盘活存量资产、突出实业主业。以市场化方式积极参与央企股权多元化改革、混合所有制改革、战略性重组和专业化整合，支持央企通过产业并购等途径提高市场集中度、增强产业竞争力。

第二节　地方国有资本运营公司试点取得的成就

一、试点企业规模实力显著提升

从资本来源来看，大部分地方国有资本运营公司在批复试点后，注册资本大幅增长。36家省级国有资本运营公司平均注册资本为136.83亿元，其中四川发展（控股）有限责任公司最高，为800亿元，山西省国有资本运营有限公司次之，为500亿元，75%的省级国有资本运营公司注册资本在20亿~200亿元，只有3家试点的注册资本不足5亿元。在批复试点后，一些地方国有资本运营公司实力得到显著增强。例如，湖南兴湘投资控股集团有限公司的注册资本从100亿元增至300亿元，安徽省国有资本运营控股集团有限公司的注册资本从16.86亿元变更为100亿元等。

从资产来源来看，地方国有资本运营公司一方面承接低效、无效、脱钩、闲置资产，以及国资委无偿划转的股权；另一方面逐步提升市场化拓展能力。目前省级国有资本运营公司中资产总额过万亿规模的为山西国运与四川发展，其中山西国运是全国省级层面第一家“全局性、战略性、唯一性”的国有资本运营公司，下属22家省管企业和6家直管企业；四川发展作为全省唯一一家金融控股、产业投资引领、企业改革发展“三位一体”的国有资本运营公司，旗下全资企业30家，控股企业18家，参股企业14家。此外，以20家省级国有资本运营公司为样本，截至2020年度，平均资产总额为1050.94亿元，其中广东恒健、上海国际、宁波通商、浙资运营四家代表试点企业的资产总额已经超过2000亿元。湖南省国资集团于2020年12月批复试点，预计2021年底资产规模提升至170.86亿元。

二、试点企业进一步丰富运营手段

从业务结构来看，地方国有资本运营公司围绕资产处置盘活、股权进退流转、服务企业改革和转型、加强资本布局研究等开展工作，主要以资产运营、股权管理、基金投资、资本服务等为核心主业，并相应调整组织构架。广东恒健控股公司以资本运营和专业金融服务为手段，通过持股管理、股权运作、基金投资、培育孵化、价值管理、有序进退等方式，盘活国有资产存量，引导和带动社会资本共同发展，实现国有资本合理流动和保值增值；上海国盛集团以国有资本运营管理、投资与投资管理、资产整合与处置为主业，聚焦资本运营、产业投资、资产管理、基金集群、乡村振兴和海外业务六大板块，推进“双轮驱动”平台化发展，夯实国有资本运营、重大产业投资、基金战略配置三大基础功能。

从资本运营手段来看，地方国有资本运营公司融资仍以银行贷款和发行债券为主，部分实现了股权融资，逐步拓展可交换债、发行资产支持票据（ABN）、融资租赁、信托、供应链融资等多样化的融资渠道。从样本分析来看，23家省级地方国有资本运营公司平均银行授信额度为763.63亿元，其中重庆渝富银行授信额度最高，达4141.71亿元，债券余额为344亿元；宁波通商集团与天津国兴资本的银行授信额度分别为2961.45亿元与2044.48亿元，吉林资本与上海国际的债券余额分别为416.86亿元与249.77亿元，处于较高水平。此外，超过10家地方国有资本运营公司近年发行20亿元及以上的公司债、中期票据、超短融等，发债利率平均为3.61%，广东恒健控股公司和江苏国信集团的超短融利率分别仅为2.25%和2.5%。

从产业投资手段来看，地方国有资本运营公司推进“直接投资+基金投资”的“双轮驱动”模式。此外，其他产业投资方式包括协议转让、无偿划转、二级平台公司负责直接投资、债券投资、合作投资等。从样本分析来看，超过10家地方国有资本运营公司牵头设立单只基金的目标规模超过100亿元，其中上海国际牵头设立的长三角协同优势产业基金、重庆渝富设立的重庆战略性新兴产业股权投资基金以及上海国盛发起的上海国企改革发展股权投资基金目标规模分别高达1000亿元、800亿元和500亿元。

三、试点企业改革发展向纵深推进

从管控模式来看，地方国有资本运营公司改组试点后，按照“管资本”的要求重塑总部职能，根据分类分级管控的原则，结合实际情况明确分类标准和管控重点。构建了集团总部—二级平台公司—三级子公司三级管控体系，以及“板块化经营、专业化管理、集团化统筹”的集团运营体系，在企业经营管理工作方面，对下属子公司实行经营目标责任化、财务指标预算化、日常监督常态化、人事薪酬绩效化管理制度。江苏国信集团加强集团总部能力建设，建立以能源部、金融部两个类事业部为主体的专业化管控体制，强化战略规划、资源配置、重大决策和风险管控等专业管理职能。银川通联资本公司基于所属企业股权结构、战略相关度及业务成熟度等因素，将所属企业划分为不同管控类别，根据管控类别进行分层分类授权，产业布局和主导产业进一步明晰，从战略管控、资金集中管理、投融资统筹、党的建设、安全生产、分层分类考核和运营支持七个方面构建子公司协同发展的集团管控体系。赤峰国有资本运营公司实行“三化”管理，即整体集团化、业务板块化、工作目标化，统一运营，规范管理。建立“三重一大”决策制度，重大事项集体决策，提高了决策的科学性和规范性。

从人员配置来看，地方国有资本运营公司着重完善公司治理体系，强化外部董事引入和经营责任书签署，实现党委会、董事会与经营层各司其职、各负其责、协调运转、有效制衡。将党委“把方向、管大局、促落实”的领导核心作用落到实处，外部董事占多数的董事会负责定战略、议大事、控风险，经营层全部实行职业化，专注于组织落实董事会决议。浙资运营公司构建特色治理，通过顶层设计完善治理架构，细化党组织在企业决策、执行、监督各环节的权责。山东国资投控集团强化章程和董监事管理，依法维护股东权益。通过规范和加强权属企业公司治理，强化过程监控；通过规范全资、控股、参股企业“三会”议案，保证权属企业重大事项管理的流程化、规范化。江苏国信集团修订集团权限指引和投资、人力资源、财务等各项管理制度，因地制宜地将部分权限分门别类地下放至子公司。制定集团专职董监事管理办法，加强子公司董监事队伍建设，已建立董事会的二级子公司基本实现“外大于内”的董事会结构，试行集团向子公司委派财务总监制度等。

从授权放权来看，地方国有资本运营公司注重实现清单化，授予下属企业更大自主决策权；健全制度体系，明确治理主体之间的权责边界。浙资运营公司通过制定《治理运行基本规范》，明确董事会对经营层及所属公司董事会的授权清单，通过授权与考核激励，充分激发经营层的积极性。

第三节　国有资本运营公司试点经验总结

一、做好顶层设计，强化核心功能，规模再创新高

国有资本运营公司依照“十三五”“十四五”发展战略、国企改革三年行动方案以及数字化转型专项等系列规划，充分贯彻落实新时代的新任务、新要求，争做国内一流国有资本运营公司，形成可复制、可推广的经验模式。

一是发挥引领作用，为深化供给侧改革、产业转型升级和防范化解风险提供重要抓手。强化战略引领，进一步增强业务板块内和业务板块间的协同效应，在产业“赛道”形成影响力、控制力，推动盈利模式转型升级，融资担保、融资租赁、商业保理等类金融业务稳健发展。中国国新坚持以服务央企为本位，有效发挥运营公司的功能作用，增强资本流动性，通过资本运营带动央企整体国有资本的流动，在更大范围内促进布局优化、转型升级，落实好国家战略。截至2021年7月底，已与近90家央企开展了市场化业务合作，通过各类运营方式累计向央企投入资金超过6000多亿元，有效打破了资产、资金在单一央企内部循环的壁垒，初步构建起一个国有资本跨企流动、形态转换、效率提高的重要平台。广东恒建是广东省净资产规模最大、资本实力最雄厚的省属企业集团，广东恒建贯彻“总部管总”，资本运营、基金投资、股权管理三大业务板块管理更加清晰、规范、有序，基本形成对下属企业的有力支撑，增强“资本估值、资本融合、资金带动、资源整合”的核心能力，助力广东省产业集聚和转型升级。宁夏国资集团围绕铁路建设，布局沿线综合开发、高铁新材料、建筑用矿产资源等，铁路产业投资态势好、规模大，积极培育生态环保、城市燃气、高铁产业链等新产业，拓展新空间。贵州省黔晟国资经营公司强化底线思维和内部管理，防范债务违约风险，确保企业生产经营不受影响；积极支持兄弟企业债务风险化解工作，加强与金融机构的良性互动，建立多渠道、灵活高效的融

资担保机制，提升资金使用效率。

二是着力优化国有资本布局结构调整，进一步推进存量资产整合重组和对战略性新兴产业的扶持。按照“先易后难、分类退出”的原则，加快市场化处置“僵尸”企业和低效国有股权，对不符合集团主业发展方向、不具备比较优势、缺乏市场竞争力的实业领域，有计划、有步骤地退出或剥离，积极推动资本“活水”流向高新技术产业和战略性新兴产业，提高国有资本保值增值能力。其中，中国国新以市场化方式参与央企战略性重组、专业化整合等重大改革，努力当好“关键少数”。参与组建国家管网集团，出资支持鞍钢重组本钢、中国电气装备重组整合、东航集团股权多元化改革以及中国绿发、中国商飞增资扩股等；围绕国家创新驱动发展战略，聚焦前瞻性、战略性新兴产业发展和关键核心技术“卡脖子”环节，积极运用基金投资等方式广泛涉足创新领域和亮点项目，促进科技自立自强、补链强链固链，助力有关央企培育成为产业链“链长”、加快打造原创技术策源地。截至2022年6月，累计投资战略性新兴产业领域项目200多个，实现9个子领域全覆盖。其中，投资原创技术策源地项目30多个，投资现代产业链“链长”项目近30个，投资细分领域“头部”企业项目近100个，投资隐形冠军项目超过20个。青岛华通国资运营公司加大产业结构调整力度，不断完善股权转让、重组整合、混合所有制改革、剥离移交等多渠道退出机制。厦门国有资本运营有限责任公司主动衔接中央企业实现大项目招商、投资引进、产业带动，积极探索与中央企业合作开展基金管理运作，吸引厦门市属国企参与，实现国有资本向新经济、新产业流动。国盛集团下好产业布局“先手棋”，打好创新转型“攻坚战”，持续布局“硬核科技”产业赛道，坚持用市场化方式参与战略性、基础性、长期性投资，深化产业链、创新链、资本链并举，加快建设新兴产业集群，创新和优化产业生态。截至2020年末，国盛集团在战略新兴产业领域投资总额超过300亿元，重点投资中国商飞、中国航发商发、中航民用航电、海洋核动力、华虹半导体、中航机载等项目。

三是围绕目标定位，推动集团与所属企业共同实现高质量发展。坚持“党的领导、服务大局、市场化运作”三大方向，按照主业控、辅业混的总体思路，聚焦主业发展。宁波通商集团紧紧把握“专业化市级国有资本运营大平台”定位，努力建设“战略投资、资产管理、资源保障、风控合规、统筹支撑”五大平台。辽宁控股集团以财务性持股为主，以资本运营为核心，构建国有资本运作、国有资产经营、基金投资和受托管理的综合性、多元化经营体系；通过组织专业化基金管理团队，设立多行业基金投资项目、盘活存量国有资产、降低企业资产负债率，处置低效与不良资产等。

二、打造专业平台，注重价值管理，提升运营能级

国有资本运营公司成为产业投资的综合赋能平台、国有股权的持股运作主体、国有资产的处置盘活载体、资源配置的执行放大通道，最终实现国有资本的保值增值。

一是加快提升信用评级，畅通多元化、市场化融资渠道，不断优化融资结构。深化和拓展与银行等金融机构的战略合作伙伴关系，以同期较低的融资成本充分放大国有资本，以市场化方式积极引导各界优质投资机构共同服务发展大局。中国国新积极对接多层次资本市场，大力拓宽融资渠道，通过债权融资、股权融资等方式引导集聚社会资本，充实国资央企资本实力，以基金投资为例，通过基金引导带动社会资本4300多亿元。宁夏国资集团构建市场化投融资体系，打通国内全口径直融渠道，累计争取发债额度338亿元，发行债券108亿元，年资金成本保持在3.6%左右。嘉兴国有资本投资运营公司组建以来，成为全国范围内第9家、浙江省内第1家地级市主体信用评级AAA企业，在此基础上，新冠肺炎疫情期间抢抓债市窗口期，成功发行20亿元5（3+2）年期的中期票据，票面利率仅为2.67%，创历史新低。上海国盛集团分4期发行完成了100亿元优质主体企业债券，分6期发行中票100亿元，公司债5亿元，“18沪国盛债01”是上海市首单优质主体企业债，超额认购倍数1.69倍，票面利率3.96%，为2018年246只企业债券中最低；“19沪国盛债01”票面利率3.80%，较2019年已发18只主体AAA企业债的平均票面利率（4.54%）低了74个BP。遵义国有资本运营公司着力用好增量资本、无形资本和社会资本，增量资本即年生产经营形成的国有资本盈余，包括留存在企业的未分配利润和企业上交国库的国有资本收益，规划留存资本盈余的用途，投入关键领域，进一步放大国有资本。

二是充分利用政策红利和自身优势，创新运用ETF、REITs等新工具、新手段，注重增强国有资本的流动性。为解决央企间“三角债”“多角债”占用资金现象等问题，中国国新研究制定央企产业链清欠试点方案，大力推行以商业承兑汇票结算方式推进各试点央企进行确权和结算，并在此基础上创新打造了

“企票通”平台。“企票通”平台通过建立央企商业承兑汇票联盟和商票风险共担机制，聚合传导央企信用，提升央企商票质量，激发商票市场活力，解决央企供应链民营、中小企业“融资难、融资贵”问题，提供承兑、承兑保证、应收账款票据化等业务。截至2021年7月底，“企票通”平台注册企业达200多家，白名单企业200多家，分别归属于30多家央企集团，开展企票通业务合作的企业客户为近20家央企集团所属70多家单位，累计开立票据1700多张，开票金额超过100亿元。上海国盛集团创新引入新型金融工具，以上海建工为质押标的，发行了可交换债“15国盛EB”，募集资金50亿元，被新财富评为“2015年度最佳公司债”；2016年与汇添富基金管理公司合作，推动发行上海国企ETF，首募规模152.2亿元，成为2016年全球基金行业首募规模最大的权益类基金产品；2017年继续与汇添富合作，成功发行上海改革ETF，初始发行规模47.58亿元；2018年启动上海国企ETF和上海改革ETF的合并工作，于2019年8月28日顺利完成，又为国内基金业提供了创新性案例；自2019年起，探索创新工具对存量股权进行价值管理。青岛西海岸发展集团组建新的资产管理公司，整合集团公共性、经营性、偏重资产，通过REITs、ABS等实现证券化。

三是以投资基金化为抓手，构建母子基金集群，协同放大国有资本。上海国际集团形成上海国资系统内最大的，包含天使基金、VC、PE、并购基金全周期的产业基金集群；上海国盛集团率先形成以国改基金为枢纽、以产业投资为特色的母子基金集群，基金签约管理规模超过500亿元，近3年累计投资收益近百亿元；广东恒建坚持产业引领，投向5G、半导体、新能源、新基建等关键领域，围绕龙头企业深化产业链布局，积极收购上市公司，在财务和投资领域实现战略管控，并通过资产重组推动该上市公司资产结构优化；安徽国控将发展基金业务作为增量拓展主要抓手，采取母子基金构架，突出“投有力、融有效”，打造安徽国控基金体系，逐步形成主导、联合发起为主，参与发起为辅的基金运作格局，子基金引入科大、清华等资本，助力孵化战略性新兴企业。

三、优化管控模式，推进正向激励，激发活力动力

国有资本运营公司充分发挥示范效应，加快试体制、试机制、试模式，逐步与市场化接轨，探索形成专业化的特色运营模式。

一是搭建调整“四梁八柱”，做活经营机制，加大试点竞争类企业的“混改”力度。中国国新按照以管资本为主的要求，以市场化、专业化为方向，不断创新体制机制，有效激发企业内在活力，以提升“四力”为重点，加快探索建立灵活高效的管理体系，不断夯实企业可持续健康发展的基础。地方国有资本运营公司探索形成财务、审计、纪检、巡察等多部门、多维度的协同管控模式和线上、线下管控合力，进一步强化信息化管控能力建设，积极向数字化转型。加强谋划股权多元化和混合所有制改革，部分新企业在成立之初即进行混改，通过推动核心资产上市或整体上市，提升国有资产证券化水平。上海国盛集团以基金化方式助力“混改”，由国改基金发起设立、上海军民融合基金参与的专项基金——胜超基金，参与了徐工有限混合所有制改革，成为2020年度“全国混改第一大单”。

二是按照“市场化选聘、契约化管理、差异化薪酬、市场化退出”进一步推行职业经理人试点。确立人才强企战略，推进人才盘点和人力资源体系建设，加强特色文化建设，增强企业软实力，加快建设职业经理人队伍。中国国新全面推行经理层任期制和契约化管理，大幅提高企业负责人浮动薪酬占比，在全系统严格实行考核结果等级强制分布、刚性应用、末等调整。天津国有资本投资运营有限公司进一步完善职业经理人制度，制定了《职业经理人选聘和管理暂行办法》及《实施职业经理人制度工作方案》，明确了任务目标、岗位设置、主要程序等内容。制定了《公司中高级管理人员选拔任用管理办法（试行）》，初步建立了符合党管干部和公司实际需要的选聘和管理新模式，预计2020年职业经理人招聘到位。

三是建立差异化分配机制，配套完善薪酬与绩效考核管理办法，健全激励约束机制。将健全市场化选人用人和激励机制作为推进资本运营人才战略的关键一环，充分体现绩效挂钩和价值创造导向。中国国新探索实施中长期激励，在基金投资板块全面推行股权、跟投、超额收益递延、退出收益和运营“五捆绑”机制，使基金管理人团队利益与公司利益、国家利益更紧密结合，有效实现利益共享和风险共担。福建省国有资产管理公司基金团队从市场上来、按市场化规范管理，签订业绩考核责任状，实施差异化薪酬考核，增量业绩与绩效奖金挂钩，健全团队奖金分配制度，建立激励约束方案，实行超额利润分配并将3年期考核作为约束，探索项目跟投机制。山东国资投控集团以“管考核”

为保障，建立差异化考核机制，将经营业绩考核和管理工作考核有机结合，为薪酬激励、选人用人提供衡量标准。

四、深化党建引领，打造党建品牌，探索智慧党建

国有资本运营公司充分发挥党组织把方向、管大局、促落实的领导作用，探索形成党建引领高质量发展路径。

一是加强党建与企业生产运营有机融合。通过党建引领，凝聚思想和行动合力，带动广大员工为企业发展不断贡献智慧和力量。中国国新按照“国有资本流动到哪里，党的建设就跟进到哪里、党组织的作用就发挥到哪里”的要求，结合运营公司功能定位和业务特点，积极探索构建适合中国国新特点的党建工作新模式；组织设置上，将所属国新基金管理公司党支部和国新系 6 个基金管理人党支部，均作为公司党委直属二级党组织纳入直接管理；机制探索上，研究制定《基金管理人党建工作指引》，聚焦基金直接或间接作为被投企业国有股东中第一大股东的参股且不实际控制的持股企业，按照“五个是否”的参考维度，把好投资决策“政治关”；决策把关上，积极探索具有重大投资决策权且不设党委的独立法人企业，由党支部（党总支）对企业重大事项进行集体研究把关的有效方式。津诚国有资本投资运营公司开展“强使命、勇担当、上水平”学习实践活动，组织各级党组织对全年目标任务进行分解细化，每季度对落实情况进行督查推动，有力促进公司整体工作目标任务完成，该项活动被天津市国资委党委命名为“十大基层党建工作亮点”。新疆金融投资集团全体党员干部牢固树立党建是企业发展的“红色引擎”思想，将动力注入疫情防控、生产经营、改革发展、防范化解风险和企业稳定等各个环节；紧密结合实际，针对部分支部成立时间较短的实际，确定了打基础、促规范、利长远的工作思路，稳步推进支部标准化创建，对支部进行分类指导，有的放矢，促进支部工作稳步全面推进。

二是推进党建与改革和纪检深度融合，坚持在企业改革发展中同步规划党的建设，同步开展党的工作。铸牢“根”和“魂”，着力打造党建和纪检工作“双标杆”，坚持根本遵循与分类指导相结合，坚持自我规范与上级指导相结合，坚持目标导向与问题导向相结合。中国国新积极构建“大监督”工作体系，形成“五位一体”党内监督格局和审计、财务、法律、业务“四线融合”的业务

线条监督，不断强化对权力集中、资金集中的重点单位的监督，不断加强对“一把手”和领导班子的监督，一体推进不敢腐、不能腐、不想腐。云南省国有股权运营管理公司把党的领导融入公司治理各环节，把企业党组织内嵌到公司治理结构之中，明确和落实党组织在公司法人治理结构中的法定地位；在决策程序上，明确党委会研究讨论是董事会、经理层决策重大问题的前置程序，领导班子主动担当作为，切实履行全面从严治党第一责任人职责，提出“五个提质”“六大工程”“八个抓手”党建工作思路和举措。宁夏国有资本运营集团始终把党的建设作为政治保障。深入落实“价值党建”理念，开展“从严治企、扭亏增盈”攻坚战，依托强基固本、提质增效、创新示范“三大工程+”和“五融入五提升”“两化两强两创”等载体，促进党建与企业生产经营深度融合。天津国兴资本运营公司党的建设和企业改革同步谋划，在国企改革发展中落实“四同步”“四对接”要求，在企业改革中，党务工作部门参加尽职调查工作，提出党建工作尽调项目和内容，参与尽职调查全过程，促进党的建设与改革发展工作联系更加紧密、沟通协调更加顺畅、协同发展更加有力，切实用高质量党建引领国资国企改革发展。

三是积极利用互联网、大数据等技术手段开发“智慧党建”，提升党建信息化、品牌化水平。重视理论学习，丰富党建活动，党建工作标准化、规范化程度不断提升。中国国新针对公司干部、员工队伍市场化程度高、来自五湖四海的特点，大力倡导“进了国新门，就是央企人”“为党和人民当好‘红色管家’”的家国情怀，着力培育“国之脉、传承责任之脉，新致远、坚持创新发展”的国新共同价值追求，结合开展“责任压实行动”，引导干部员工以发挥国企“六种力量”为己任，坚决扛起央企“三大责任”。江西省属国有企业资产经营公司在发展党员、党员管理、党费收管用等工作中做到规范化操作，同时建设党建工作信息化网络，构筑党员教育管理的新平台，公司党委在党员教育管理方面形成了一些行之有效的好的传统和经验，如“三会一课”制度、党员领导干部双重组织生活会制度、党员主题实践活动等一系列好的方式方法。徐州国有资产经营集团持续开展“党的建设质量提升年”活动，全面启动党建工作标准化建设，开展“党建品牌”创建活动，“6317”质量强党工程荣获全省国有企业党建“强基提质”提升工程创新案例二等奖。杭州资本不断加强体现特色的党建工作，举办杭州市属国企党群活动月“杭州资本日”活动，推动杭州资本、杭氧、华东医药党建品牌建设；认真履行“一岗双责”，积极响应抓党建促脱贫号召，创新产业扶贫模式。

第四章　国有资本运营公司改革发展面临的困难与问题

第一节　功能作用有待进一步发挥

国有资本运营公司深化试点过程中，在服务落地国家、区域重大战略，积极招商引资，培育发展科创产业，增强要素配置、市值管理、资本研究，助力数字化转型、乡村振兴等方面都面临着新形势，承担着新的使命。然而，目前各地国有资本运营公司发展不平衡，与国有资本投资公司和其他国有资产管理公司以及投融资、金融控股、持股平台公司之间，在业务范围和资源整合方面存在一定同质化和交叉重叠的问题，不利于改革试点的深化推进和功能作用的突出发挥。

一是省级及副省级运营公司“合二为一”“多家赛马”“试点缺位”的情况尚存，作用发挥不畅。国有资本投资、运营公司在地市级行政区内合并试点的情况较为普遍，但在江苏、江西、海南、青岛等地，目前仍统称为投资运营公司，国有资本运营的功能发挥不足。央企共有2家国有资本运营公司试点，然而湖南、河南、广西、天津目前也拥有2家国有资本运营公司试点，在优势互补、差异化发展等方面具有较高要求。除大连的试点工作尚在推进外，黑龙江、北京等只有多家国有资本投资公司试点，尚未正式批复国有资本运营公司试点。

二是国有资本运营公司规模实力有待提升，缺乏支撑主责主业发展的金融、类金融资源，作用发挥受限。省级及副省级运营公司的资产总额差距极大，截至2021年上半年，山西、四川试点的国资体量突破万亿元，而湖南、福建等刚改组的试点企业资产规模刚过百亿元。从利润总额来看，仅有上海国际集团作为金控平台，2020年利润达到131.71亿元，其他地方国有资本运营公司2020年平均利润总额不到30亿元。关键性的金融牌照（如银行、证券、保险、信托、基金、融资租赁、AMC等）取得突破难度较大。初步统计，实际拥有AMC牌照的地方国有资本运营公司不足12%。可使用的工具手段和渠道平台不够丰富，对不良资产处置等效率和效益均存在一定影响。

三是部分国有资本运营公司实际功能定位与政策要求、批复方案等存在差距，作用发挥不强。部分试点企业承担地市级政府隐性债务化解任务，解决国有企业改革历史遗留问题以及各类国资国企面对的流动性困难等，与国资布局结构调整、存量盘活、产业培育等目标缺乏统筹联动，在国企整合重组和重大改革、引导和带动社会资本共同发展中参与度不高，承担任务不多，国有资本运作效率和水平尚需进一步提升。

第二节　管资本模式有待进一步优化

国有资本运营公司作为以“管资本”为主改革国有资本授权经营体制的重要抓手，是深化国企改革创新的重要突破口，是做强做优做大国有资本的主力军，但目前在深入贯彻管资本方面存在较大“瓶颈”与不足。

一是国有资本运营公司所属企业历史遗留问题较多，管理水平参差不齐，“管资本”转型的基础和条件较为薄弱。地方国有资本运营公司以财务性参股为主，目前所属控股企业多为行政划转、机关和事业单位脱钩移交、重组新设等，在委托管理关系上存在上下平级或者多头监管的情况，难以统一穿透管理，部分改革改制起步较晚的企业现代治理体系不够完善，部分试点企业的基金管理公司、股权投资公司等刚起步，难以从集团层面推进“管资本”转型。

二是国有资本运营公司的管控幅度较广，外派董监事队伍严重不足，“管资本”转型的体系与要求不相匹配。地方国有资本运营公司尚在逐步完善自身“三会一层”的公司治理构架，充分发挥外部董事和专门委员会的作用，对专职外派董监事的培养、储备、管理和考核存在较大缺口。目前外派董监事多数以兼职为主，通常为集团相关业务部门、法律、风控、财务等人员抽调配置，在完成本职工作之外，难以充分兼顾多家子公司的决策事宜，且子公司涉及的业务领域较多元、“混改”上市等类型较丰富，对外派董监事专业性的要求越来越高。

三是国有资本运营公司分类管控模式有待提高，尚未构建权责利对等的授权放权全链条，“管资本”转型的能力和举措有待完善。近年来，中央和各地国资委对两类公司加大授权力度，陆续发布授权放权清单等，同时要求试点集团对所属企业同步开展授权放权，做到层层“松绑”，全面激发各层级企业活力。但目前试点企业自主经营权还未完全到位，行权能力建设有待加强，配套制度体系等不够健全，仍然存在授权放权事项分类不科学、力度不足、界面不清晰、操作流程机制不明确等问题，导致授权放权不充分，影响落地成效。

第三节　机制体制改革有待进一步完善

国有资本运营公司作为“试体制、试机制”的先锋表率，在评价标准、考核机制、分配体系、正向激励方面还有较大先行先试的空间，在任期制契约化管理和职业经理人试点等方面有待进一步突破。

一是国有资本运营公司有待以分类考核进一步推进与平台定位相适应的“一企一策”。目前试点企业多数仍以年度计划和功能性项目、任务为主，或者侧重考核阶段性资产总额、利润总额、净资产收益率等财务指标，总体缺乏可持续、可量化的中长期降本增效、资本运作、产业培育等目标，对需要较大投入和较高风险项目的相应制度安排不足，不利于促进新一轮前瞻性高质量发展。

二是国有资本运营公司在职业经理人管理体制上存在“夹生饭”现象。职业经理人身份定位不清晰，市场化选聘机制不成熟，考核指标和业绩判断缺乏标准，退出机制不明确。目前尚未有建立畅通的企业领导人员身份转换渠道，公司中层管理人员上升通道受阻。受公司工资总额和企业经营情况限制，缺乏有效的经理人制度及激励约束机制，整体参与积极性不高且进展缓慢。

三是国有资本运营公司对成熟的高端复合型专业人才的需求越发紧迫，然而“引留育用”的人才体系建设难度较大。中央国有资本运营公司作为“资本+智力”密集型企业，所从事运营业务普遍市场化程度较高，市场竞争较为充分，对各类优秀人才的需求大、要求高，目前公司业务发展、规模扩张、效益增长较快，人才缺口制约业务发展的情况比较突出。地方国有资本运营公司承担了自身发展和国有资本保值增值的双重压力，对人员的专业素质、工作效率、管理能力等都提出了更高的要求。目前地方国有资本运营公司普遍面临经营管理、资本运作、法务风控、信息化人才等紧缺，战略性新兴产业、未来引领类产业人才储备不足问题，尤其是缺乏熟悉资本市场、熟练运用金融工具的资本运作团队。工资总额灵活高效的管理办法仍处于探索阶段，不同部门的薪酬结构、不同绩效水平的奖金激励尚未明显体现差异化，投资运营的周期性与工资及效益联动机制相矛盾，且超额利润分享、项目跟投、虚拟股权等激励方式缺乏实际操作经验。

第五章　推动国有资本运营公司高质量发展的对策建议

第一节　促进中央国有资本运营公司高质量发展的建议

一、进一步优化功能发挥

中央国有资本运营公司应围绕服务央企、国家战略，进一步明确定位，拓展业务，助力改革，更加充分地发挥功能作用。

一是紧盯国资国企改革和央企高质量发展需求，在大力巩固提升现有业务板块功能的同时，积极探索央企 REITs 业务和市值管理机制，获取有关核心金融牌照。

二是持续深化市场化、专业化运营，立足于提高效率，形成更高质量的投入产出关系，在运营实践中深入把握好公司可持续发展的“三个关系”，即现金流入与流出的关系、现金收益与非现金收益结构占比的关系、业务板块之间均衡发展的关系，不断提升公司资产质量效益、资本运营效率。

三是紧紧围绕助力构建新发展格局，立足于充分发挥运营公司功能作用，着力强化“五个促进”，即促进科技资源、产业资源加速融合，为推动实现科技自立自强贡献力量；促进传统产业、新兴产业统筹发展，为增强产业链供应链自主可控能力贡献力量；促进国内市场、国际市场更好对接，为畅通国内国际双循环贡献力量；促进国有资本、社会资本共同发展，为发挥国有经济战略支撑作用贡献力量；促进中央企业资源整合、协同合作，为推动落实国企改革三年行动贡献力量。

二、进一步优化业务布局

两家中央企业国有资本运营公司应以业务拓展为基础、以效益增长为导向、风险防范为前提，按照布局更加合理、规模日益扩大、效益不断提高的要求，努力增强业务支撑，进一步优化业务布局。

一是推动业务均衡发展。建议两家央企运营公司积极适应新的政策变化、产业升级、央企需求，对运营业务布局进行相应的调整和拓展，努力形成各个板块齐头并进的发展态势。在现有业务巩固提升方面，统筹抓好基金既有项目有序退出和新设基金募资运作，保持业务平稳接续、资产效益不出现大的波动。着力把握好项目退出时机和节奏，加大退出考核力度。完善私募证券投资基金运作机制，研究探索央企上市公司市值管理协同机制，引导投资者更多地关注央企、投资央企。适应复杂多变的国际形势，及时调整境外投资策略，不断优化区域布局、产业布局，保持效益稳定。在业务创新拓展落地方面，按照“绑定产业央企、联合主业央企、引进社会资本”的思路，加快构建特色资产管理模式。同时，适应长远发展需要，加快在获取核心金融牌照上取得实质性突破。

二是提升资源配置效率。建议两家央企运营公司对效益增长势头好、潜力大的板块，在资金支持、人力资源、考核激励等方面适当给予倾斜，进一步扩大效益产出。对仍处于探索成长阶段或是承担专项任务、履行特定职能的业务领域，结合现实条件给予必要的资源保障。对一些长期投入无法形成有效产出，或者偏离运营公司定位、明显缺乏发展空间、显著拉低运营效率的业务或项目，适时考虑建立退出机制，必要时坚决止损减亏。

三是提升管理创新能力。建议两家央企运营公司认真落实国资委对标世界一流管理提升行动部署，持续强化管理体系建设。加强全面预算管理，统筹现金流管理，拓宽融资渠道，妥善做好后续重大项目出资安排。推动“数智化”建设提档加速，依托金融科技，赋能业务发展，持续打造供应链金融科技服务平台，建设数字驱动金融服务新格局，提升可持续发展能力和核心竞争力。股权运作业务进一步完善多层次业务管理体系，加强制度化、体系化建设。境外投资业务切实提高投后管理工作成效，并不断加强制度体系顶层设计和规范化建设。

三、进一步优化治理管控

经过5年多的试点，两家央企运营公司初步探索形成契合运营公司功能定位和运行特点的治理体系和管控模式，但仍然需要进一步优化，重点方向包括：

一是深入完善中国特色现代企业制度建设。认真贯彻落实全面加强党的领导和融入公司治理、符合条件的子企业董事会应建尽建和董事会职权相关要求，制定印发所出资企业章程制定管理办法和章程指引，加快推动板块公司完成党委、董事会组建，按要求落实董事会职权，指导相关子企业修订相关议事规则、“三重一大”制度，提高制度的适用性、匹配性。

二是进一步厘清优化公司治理权责边界。通过适时组织修订负面清单、授放权清单和权责清单进一步明晰公司总部各治理主体之间、总部与子企业之间的权责边界，指导子企业通过修订公司章程、议事规则等提升治理运行的规范性和有效性，制定印发具有重大投资决策权的独立法人企业党支部进行集体研究把关工作指引，明确党支部参与公司治理的相关要求。

三是不断强化风险防控工作体系建设。统筹推动风险防控工作，完善“集中、分层、分类管理”的风险管理模式；持续抓好风险防范“三道防线”建设，发挥好法律、合规、风险、内控一体化平台功能；在公司“四类三层”制度体系框架下，持续完善内控制度体系；持续健全重大风险研判、监测、报告、协同防控机制，不断提升防范化解重大风险能力水平。

四是持续健全优化人才队伍建设机制。结合运营公司试点面临的新形势、新要求，科学制定“十四五”人力资源专项规划，通过实施人才引进专项计划，不断完善人才培养体系，持续优化人才发展机制，优化结构、提升效率，合理配置前、中、后台人员比例，实现队伍建设领先业务发展“半步”。

四、提供更有力的政策支持

针对中国国新、中国诚通存在的风险因素与发展“瓶颈”，围绕落实好国企改革三年行动，不断深化运营公司改革，推动两家央企运营公司持续、均衡高质量发展，更好地发挥功能作用，提出以下政策建议：

一是支持运营公司持续壮大运营实力。在运营公司继续做好权益资本、债务资本积累的同时，建议进一步拓宽资本充实渠道，如探索国有资本融资注资机制，适时注入国有资本经营预算或划转部分中央企业优质股权等。

二是支持运营公司不断丰富运营手段。“十四五”时期，为更好地发挥运营公司功能作用，两家央企运营公司均明确围绕改革部署、央企需求，进一步探索国有资本运营的新业务领域，打造若干运营功能平台。建议在探索创新央企

REITs 业务和市值管理机制、获取核心金融牌照、整合央企存量金融资产、发起设立新的专项基金等方面，给予运营公司更大力度的政策、资源支持，进一步提升资本运营综合服务能力。

三是支持运营公司更好地发挥功能作用。“十四五”时期，按照国企改革三年行动部署和国资央企整体规划，国有经济布局优化和结构调整将加快步伐。建议围绕在新发展阶段构建形成三类国家出资企业新格局，支持运营公司以市场化方式深度参与央企重组整合新设、股权多元化改革、“两非两资”剥离处置、存量资产优化盘活、经营性国有资产转让等，促进国有资本在更大范围内合理流动、优化布局。

四是支持适度放松对运营公司的业务限制。针对境外投资业务新项目开发难度显著增大、市场拓展空间范围受限的问题，为更好地实现创新外汇储备运用、促进国有资本保值增值的目标，建议将地方国有企业纳入合作伙伴范围，并支持其探索先行投资外国机构主导的经济效益良好的项目，择机引入中央企业。同时，建议协调银保监会等监管部门在修订《企业集团财务公司管理办法》过程中充分考虑资本运营类财务公司实际情况，放宽成员单位认定标准，允许适度开展成员单位基金托管、资本运营业务类流动资金贷款等业务，放宽投资比例、同业拆借额度、债券融资资格等限制。

五是支持运营公司探索实施差异化考核。运营公司资本运营业务属于投资、类金融领域，具有突出的投资驱动属性，业务经营呈现周期性、长期性、波动性特点，尤其是大量投资项目退出之前损益主要依靠估值，现金收益较少，与产业集团、投资公司的功能定位、运作模式和效益结构明显不同，建议探索制定契合运营公司特点的差异化考核体系。

六是支持运营公司探索更有针对性的容错机制。鼓励国有资本运营公司创新发展，全面落实“三个区分开来”，坚持“事业为上、实事求是、依纪依法、容纠并举”原则，建立容错纠错机制。顺应投资有风险的市场规律，结合市场大环境影响以及市场化投资机构的平均成功率，分行业、分阶段、分周期合理匹配失败容错率，形成容错机制评判标准，明确容错免责的适用情形和负面清单，对党员干部出现的问题或失误进行综合评估、辩证分析、客观公正处理，科学精准审慎作出免责、减责认定。

第二节 促进地方国有资本运营公司高质量发展的建议

一、优化顶层设计与功能定位

地方政府应进一步加强对国有资本运营公司改革发展的顶层设计，更加清晰、合理地界定地方国有资本运营公司的功能定位。

一是要进一步规范运营公司试点数量。省级以上地方均设立国有资本投资、运营公司和产业集团、金控平台，在国资监管层面分类较为清晰；省级以下的地级市政府考虑资源分配和调度问题，倾向于投资运营公司一体化运作。从各地的改革实践来看，应在现有基础上进一步加大顶层设计力度，改组或组建国有资本运营公司应依据“少而精”“大而实”两大原则，建议不超过国资委监管企业的40%。对于地市级“两类公司”试点，建议采取投资运营一体化方式，以承接国有资本运营职能为主的模式让适量的地方运营公司充分发挥出资人赋予的特定功能，结合自身优势，集中资源和能力，切实提升产业集中度、调配和处置地方政府大量低效或无效资本。

二是要进一步清晰运营公司的功能界面。地方国有资本运营公司与其他企业，尤其与地方国有资本投资公司、地方金控平台的界面需要进一步清晰。应放开对地方国有资本运营公司的主业控制，地方国有资本运营公司要着眼于打造“综合性”平台，充分发挥平台集成商整合资源优势和创新引擎作用，强化金融和资本工具使用，强化国资布局，从而担当政府任务，推动战略产业集群建设。在目前形势下，地方国有资本运营公司需要以央企运营公司为样本，在现有运营水平上持续升级，将自身打造成区域国企国有资本运营主平台，高水平、低成本、创新性融资大平台，战略性新兴产业引领投资新平台，以及高效专业的国资国企服务大平台。

三是要进一步丰富组建方式。政府可以土地等重资产作价出资，地方国有资本运营公司可通过收储地方国有企业土地，通过土地出让、以土地为抵押物获取银行信贷两种方式获取资金新建；政府或地方国资委注入部分市属一级企业（或上市公司）股权或资本金组建，类似央企中国国新和中国诚通分别持有部分央企上市公司股权；在国企资源较少的地区可整体划入全部地方国企股权并表经营新建；集中1~2家实力较强的国企进行重组改造；以特定资产（存量资产），比如上市之后的存量资产、待处置企业资产、“混改”企业剥离资产、“僵尸”企业资产等配置流动性和营利性较强的部分资产搭配资产组建等。

二、提升资源能力与业务能级

推动地方国有资本运营公司做大做强必然要求进一步加大资源、资产、资金的集聚强度，全面提升公司业务能级和规模实力，增强运营公司可持续发展能力。

一是地方政府要加大推进优势企业、资产向运营公司集中。建议地方政府重构资产资源，加大对国有资本运营公司试点企业的支持，推进优质资源聚集发展，推进战略性重组和强强联合，尽快扩大企业规模，提高市场话语权，集中力量办大事，同时支持合理申请金融牌照，更好地服务实体经济。

二是探索建立运营公司的长效资本补充机制。建议通过国有资本经营预算拨付、国有资产注入等多种方式，增加试点企业注册资本，特别是加大现金投入，尽可能无偿划入优质竞争类国有股权，提高资金实力和国有资本运作能力，增强企业自身造血能力。

三是明确运营公司为地方国有股权持股主体的法定地位。通过股权注入、进退流转、整合重组、价值管理、收益投资等运作模式，丰富放大股权持有、股权管理、股权投资等投资运营功能。对于目前由财政、教育、科技等部门持有的国有股权，应本着有利于市场化发展、有利于内部规范管理的理念，划入地方国有资本运营公司集中管理。地方国资监管机构重点可将上市公司部分股权划入国有资本运营公司，提升国有资本价值，夯实股权运作基础。上市公司股权划转要兼顾体量和流动性，5%以下持股比例更便于二级市场运作。

四是加快融资平台能力建设。地方政府在国有资本布局调整、供给侧结构性改革、央企和地方企业并购重组中，要着重发挥地方运营公司专业化平台作用，深化投融资平台建设，全面对接资本市场，推动优质资产上市。在战略性并购重组、战略性新兴产业培育投资项目中以适当方式提供资金支持，在区域国有资本布局及产业链调整方面予以倾斜，引导同质化业务、非主业资产实施专业化整合重组，实现有序协同，避免无序竞争。在符合主业监管要求和上市规则的前提下，对上市公司境外投资融资事项予以大力支持，抢抓窗口机遇，提高资本运作效率，充分发挥国有资本投资放大功能。

五是积极争取金融和类金融牌照。地方运营公司要重视金融和类金融牌照申领，打造产融结合战略。可根据自身的资源、禀赋、功能定位、资产规模、盈利水平及资信评级，按照先易后难的原则陆续申请各类金融牌照资源，如融资租赁、商业保理、征信、融资担保、私募基金、金融资产交易所、财务公司等。在此基础上，构建具有鲜明科技金融特色的类金融服务体系，积极布局科技金融租赁、科技供应链金融、科技产业投资基金群等联动的科技金融业务，致力于为实体产业提供全生命周期的多功能金融服务。

六是瞄准流动性主动对接资本市场。在股权运作上，以加大流动性为首要目标，积极对接资本市场，打造上市公司群，大胆尝试各类金融工具，形成资本密集型业务格局，在资本市场上树立口碑；在股权投资上，强调以财务性投资为主，不直接从事具体生产经营活动，不追求直接掌控具体产业，与控股经营、产业培育以及国有资本投资公司相比，投资布局、资本运作的“进退流转”需要更加灵活高效，实践中更具“轻资产”运营的有利条件。在运营模式上，学习国新等央企模式，构筑类似“资本 + 人才 + 技术”的运营模式，将要素充分优化组合，让地方运营公司脱颖而出。

七是通过承担产业使命和打造多元生态圈提升业务能级。地方国有资本运营公司要抢抓政策和环境机遇，利用资源优势，搭建科创平台推动地方传统产业创新升级，主导或参与地方政府设立科创集团或科创基金，市场化运营地方政府重大科创投资项目，以多种方式围绕科创扩展运作范围。与此同时，要着眼于形成国资运营平台综合体，重点是服务并表企业，打造“混改”大平台；服务国资监管，打造市值监测大平台。

三、完善公司治理与授权管控

地方国有资本运营公司要不断优化组织架构，建立健全公司治理架构和机制，创新和探索授权管控体系，加强和完善关键制度设计，更加有效地发挥运营公司的功能。

一是健全“权责清晰”的公司治理体系。持续完善地方运营公司各层级的决策机制和议事规则，明确“三重一大”事项权责划分，厘清各治理主体的权责边界。进一步规范董事会建设，在一级集团层面，建立健全董事会规范运行制度体系，推动尽快实现外部董事占多数、对集团董事会进行授权。在二级子公司层面，全面评估子公司治理能力、行业特点、资产规模、管理运营等情况，确定应当建立董事会或设置执行董事的子公司名单，实现子公司董事会应建尽建，配齐配强，逐步增加具有经营管理、投资管理、资本运营等背景的外部董事。保障经理层依法行权履职，建立健全各级董事会向经理层的授权机制并明确权责清单，落实经理层向董事会负责、向董事会报告制度。

二是坚持以“管资本”为主的监管模式。地方政府确立对地方国有资本运营公司的管控原则，要坚持按照以“管资本”为主加快监管模式转变的总体要求，突出服务国有企业发展，更加强化有效监管、科学监管，管少、管准、管精。形成市场化实施传导机制，以资本为纽带，建立权责利相统一的授权链条和授权监管闭环体系。将行政化的政策优化为市场化的行为来实施，更符合社会主义市场经济体制。以构建包含出资人三项基本权力在内的完整授权体系为目标，明确和理顺授权经营关系，真正落实“三个归位”的要求。

三是参照标杆企业运作模式，本着“精干高效、分工协作、权责一致”原则建立管控体系。分类构建务实高效的运营管控体系。地方运营公司集团本部要坚定打造成为战略管理中心、决策中心、资金财务共享中心、资源配置中心、监督评价与服务中心“五大中心”功能定位；二级公司本部为具体实施载体，三级企业为利润中心。若有其他规模较小和业务单一的二级企业本部可作为运营管控型企业，打造利润中心。

四是科学划定界定各层级职责分工。地方运营公司集团本部对部门业务职能要根据业务发展情况进行动态优化、整合，聚焦管战略、管资本、管干部、管人才、管考评、管协同、管风险、管监督、管党建，建立起高效、规范、专业的组织机构和决策体系，分成前、中、后台架构，实施差异化薪酬。二级子公司根据业务发展中心的定位和授权幅度，强化资本运作、产业发展、科技创新、运营管理等职能，发挥专业化管理优势，做实做强业务板块；三级企业结合各自实际情况，本着“部门精干、面向一线”的原则，强化项目建设、安全生产和经营管理。

五是坚持分类分层授权，强化精准管控。按照“放得下、接得住、管得好”的原则，地方国有资本运营公司要厘清运营公司本部和子公司权责边界，“一企一策”进行授权，提高运行效率。着力高效管控，对传统业务板块，充分发挥各板块公司专业化运营优势，形成产业发展能力，保障集团本部总体战略目标和资本回报，并根据所属企业的不同情况，实行差异化、渐进式的管控；对新业务、正在培育的新企业，偏重运营型管控，以快速培育、发展新产业为目标，充分给予资源和管理支持，全面指导、协调运营发展，使该类企业平稳起步、快速成长，成熟后转为战略型管控；对参股企业，实行收益和风险搭配的投资组合，以实现投资回报、资本收益最大化，地方运营公司依照相关法规和合作协议，向参股企业派出产权代表，产权代表在所派驻企业通过法定程序贯彻公司决策和管理意图。

四、深化机制改革与管理优化

地方国有资本运营公司需要按照“试体制、试机制、试模式”的要求，进一步深化体制机制改革，优化企业管理模式，增强公司发展活力和竞争力。

一是分类分步推行直至全面建立职业经理人制度。地方运营公司要遵照“成熟一个、推进一个”的原则，自上而下地建立职业经理人体系与国企体系的转换通道，充分重视现有经营管理者与职业经理人的身份转换，从内部发掘培养有能力的经营管理者，同时保证职业经理人拥有顺畅的晋升提拔通道。让人才队伍充分流动起来，实现可进可出、可上可下，激励团队充满干劲和斗志。推行契约化任期制管理，落实董事会对经理层的选聘、考核评价和薪酬分配的权利，制定契约化管理经理层薪酬指导意见，着力破解经营管理层契约化薪酬管理中存在的问题。

二是全面推行差异化考核薪酬体系。重点包括：第一，构建管理层多轨制薪酬体系。明确试点经理层薪酬机制，全面推动市场化运作，探索从领导者薪酬层面试点改革，使其承担的责任与收入相匹配，进一步激励破旧立新，大胆探索，事半功倍。第二，分类差异化考核。加强对旗下企业直至本部部门的分类考核，逐步完善符合企业功能定位实际的分类考核制度，转变统一的考核模式，推动企业市场化转型，加强 EVA 率和资本回报率指标，在以国资保值增值为核心的考核体系基础上，兼顾企业在上缴利税、保障就业、保证社会经济稳定和引导社会经济发展中承担的责任，进一步完善考核体系。第三，突出重大战略目标和中长期考核。引导企业追求和提高资本的长期回报水平，探索实施 3～5年的中长期考核。重点考核试点企业在服务国家战略、优化国有资本布局、提升国有资本控制力、影响力等方面发挥的作用；应对为突破关键技术、推动技术转型升级及产业商业模式创新等所做的新型投资，采取灵活的项目评价和考核方式，不再按照商业投资项目进行评价和考核，可将推动相关创新工作的评价结果纳入年度业绩考核的加分项。

三是建立健全市场化选人用人机制。建立和实施以劳动合同管理为关键、以岗位管理为基础的市场化用工制度；建立内部职业发展通道，构建管理岗位和技术岗位双向通道岗位晋升体系，优化资本运作、科技研发等专业人才晋升通道，扩大员工职业发展空间，激发员工的积极性；针对运营平台业务特点，建立适应市场需求和业务发展规划的管理人员岗位职级体系；建立退出通道，对下属子企业管理人员全面推行竞争上岗、末等调整和不胜任退出制度，通过机制改革，实现地方运营公司全员劳动生产率稳步增长。

四是全面加强正向激励。重点包括：第一，细化对不同行业和企业的员工持股分类细则。对于符合主业发展和充分竞争类型的企业，可考虑适当放宽员工持股比例以及个人持股上限的限制。对于非主业且经营效益不好的企业，可通过放宽员工持股、引入战略投资者等方式实现改制退出。第二，在金融业务板块先行先试，推进建立市场化激励约束机制。在进一步深化国资国企改革中，综合考虑所属公司金融、类金融企业的特性，在市场化的激励与约束机制创新方面给予适度的支持，鼓励探索实施市场化薪酬、管理团队持股以及跟投机制，有效引留高端金融人才。

五是全方位优化企业管理。重点是要加强全面风险管理，强化“纵横交叉”的风控制度体系，严守业务经营、管理支持、审计监督的“三道防线”，筑牢战略、体制、制度、信息的“四道防火墙”，完善风险防控“大监督”体系，打造上下联动、齐抓共管的风险防控格局，着力提升风险管理专业化水平。建立“价值创造”的财务支持体系，强化预算和资金集中管理。推进数字化管理，加快公司内部管理数字化转型，推动持股和投资产业企业数字化转型。

五、争取政策支持与有利条件

地方国有资本运营公司要积极争取地方政府的各种支持，努力创造更加有利的发展条件。

一是争取进一步资产划入。争取将地方竞争类国有企业、整体上市或股权多元化企业的国有股权划拨至地方国有资本运营公司，扩大地方运营公司融资能力和运作空间，使沉淀的地方国有股权资本得以二次利用；在地方推进经营性国有资产集中统一监管过程中，争取将“大国资”相关资产纳入地方国有资本运营公司，为平台作用的发挥提供资金保障。

二是争取更个性授权放权。贯彻落实以“管企业”为主向以“管资本”为主的职能转变的总体要求，坚持“权责对等、一企一策、动态调整”的原则，加快推进地方国有资本运营公司授权放权，形成明确的权责清单。细化拓展授权放权事项，出台顶层设计文件，赋予两类公司更多的董事会职权，加强股权管理、资本收益管理，减少对经营事项的监管；在日常经营、提质增效、管理提升等层面，有侧重、分先后地向符合条件的试点企业赋予更多自主权。

三是争取相关问题处置的政策支持。对于改组组建的地方运营公司，地方政府尽快支持解决历史遗留问题，加快将脱钩改制、企业注销、税务清算、债权债务处置、土地处置、未完工项目履约、冗员安置、社会职能剥离等方面有机结合、通盘考虑，同时在历史遗留问题、存量债务以及投资风险项目处置等方面给予更多政策和资金支持，创造条件支持地方运营公司和下属子公司实现轻装上阵。

课题组成员名单

周渝波　中国国新控股有限责任公司党委书记、董事长
黄群慧　中国社会科学院经济研究所所长
唐玉立　中国国新控股有限责任公司董事会秘书
申小林　中国国新控股有限责任公司研究院首席研究员
张勋民　中国国新控股有限责任公司研究院资深研究员
张　鑫　中国国新控股有限责任公司研究院资深研究员
董敏杰　中国国新控股有限责任公司研究院金融研究室主任
朱孝忠　中国国新控股有限责任公司研究院产业研究室主任
丁振松　中国国新控股有限责任公司研究院高级研究员
程商政　中国国新控股有限责任公司研究院高级研究员
冯　锐　中国国新控股有限责任公司研究院管培生
肖红军　中国社会科学院工业经济研究所研究员
武　鹏　中国社会科学院经济研究所副研究员

欧阳耀福　中国社会科学院经济研究所副研究员
何德旭　中国社会科学院财经战略研究院院长
何代欣　中国社会科学院财经战略研究院财政研究室主任
王学凯　中国社会科学院财经战略研究院博士后
张凯强　中国社会科学院财经战略研究院助理研究员
刘　瑶　中国社会科学院财经战略研究院助理研究员
余小林　国新投资有限公司副总经理
陈　浩　中国国新控股有限责任公司运营管理部资深经理
黄学成　中国国新控股有限责任公司运营管理部高级经理
姚羽珈　中国国新控股有限责任公司运营管理部高级经理
罗新宇　上海国有资本运营研究院院长
田志友　上海国有资本运营研究院副院长
王　铮　上海国有资本运营研究院科研咨询中心副主任
翁骏超　上海国有资本运营研究院经济师
周天翔　上海国有资本运营研究院科研咨询中心副研究员
张　伟　清华大学国家金融研究院副院长
陈道富　国务院发展研究中心金融研究所副所长
宗　良　中国银行首席研究员
肇　越　香港致富证券首席经济学家
王　刚　中国社会科学院金融研究所金融风险与监管研究基地特约研究员
李佩珈　中国银行研究院高级研究员
梁　斯　中国银行研究院研究员
王辰晨　香港致富证券研究院研究员
曲　悦　清华大学五道口金融学院不动产金融研究中心高级总监

“国有资本运营公司研究”，由中国国新控股有限责任公司联合中国社会科学院经济研究所、工业经济研究所、财经战略研究院，以及上海国有资本运营研究院、清华大学五道口金融学院等单位共同完成，国务院国资委支持厅局为资本运营与收益管理局。“国有资本运营公司研究”课题分为一个总课题和四个子课题，具体统筹协调由中国国新控股有限责任公司申小林负责。总课题由中国社会科学院工业经济研究所肖红军负责，子课题一“国有资本运营理论研究”由中国社会科学院财经战略研究院何德旭负责，子课题二“中央国有资本运营公司研究”由国新投资有限公司余小林负责，子课题三“地方国有资本运营公司研究”由上海国有资本运营研究院有限公司田志友负责，子课题四“金融机构发展对国有资本运营公司的借鉴研究”由清华大学国家金融研究院张伟负责。中国诚通集团战略部对子课题二“中央国有资本运营公司研究”亦有贡献。

新时代企业家精神研究

党的十八大以来，党中央、国务院高度重视企业家群体在国家发展中的重要作用。习近平总书记多次在公开讲话中重点强调企业家和企业家精神的重要作用。2014 年 11 月 9 日，习近平总书记特别指出："我们全面深化改革，就要激发市场蕴藏的活力。市场活力来自于人，特别是来自于企业家，来自于企业家精神。"2017 年 9 月，中共中央、国务院发布了《关于营造企业家健康成长环境 弘扬优秀企业家精神 更好发挥企业家作用的意见》，新中国成立以来首次以专门文件明确企业家和企业家精神的地位和价值，并对企业家的环境、企业家的贡献、企业家的精神和作用进行了系统概括。2020 年 7 月 21 日，习近平总书记在企业家座谈会上赋予企业家精神新的内涵，说道："企业家要带领企业战胜当前的困难，走向更辉煌的未来，就要弘扬企业家精神，在爱国、创新、诚信、社会责任和国际视野等方面不断提升自己。"培育新时代企业家精神，对激发市场活力和创造力、推动中国步入创新引领的现代化国家新征程具有重大作用。

本报告的第一部分是对新时代企业家精神的理论分析。首先，从企业家精神的重要意义出发，强调企业家精神是高维生产要素，是核心能力的重要体现，是竞争优势的重要来源，是构建新发展格局、实现高质量发展的有力支撑。然后，探讨企业家精神的一般内涵，总结提炼了企业家精神的三点共性，即机会机敏性、创新性、承担风险和不确定性，而且明确了无论采用何种定义，企业家精神超越所有制、超越体制，具有一般性，不分国企和民企，与是否创业无关。基于此，本报告以习近平总书记关于企业家和企业家精神的重要论述为指导，将新时代企业家精神的内涵界定为“创新向善”。创新精神是新时代企业家精神的本质特征，因为创新始终是引领发展的第一动力。创新从微观层面到中观层面再到宏观层面，涵盖了各种各样的创新形式，从创新 1.0 到创新 4.0。向善精神则是新时代企业家精神的时代内涵，向善体现为企业家对社会、国家、全球的责任、使命、胸怀和担当，是对企业逐利商业本质的升华与重塑，是企业经营背后的“新商业文明”。企业家只有将创新和向善打通，实现二者有机融合、双向赋能，做到“创新向善”，才能使创新更有价值，使向善更有力量。“创新向善”充分体现了习近平总书记关于企业家精神重要论述的核心要义，即爱国、创新、诚信、社会责任、国际视野。国有企业家精神和民营企业家精神的基本内涵是相同的，都体现为“创新向善”。但是，两类企业的所有制基础、基本目标导向、政治责任及要求、社会责任承担等方面存在差别，决定了两类企业家精神内涵的侧重点有所不同。国有企业家精神的特殊性体现为政治责任，爱国、承担社会责任等公共利益层面对国有企业家要求更高，其创新侧重点与民企不同。

本报告第二部分系统梳理了历史上中国企业家精神的阶段性演变。自近代中国出现企业形态以来，中国的企业家精神历史演变经历了四个阶段。一是 1840—1949 年近代工业化初期的家国民族型企业家精神，概括为家国情怀和民族精神。二是 1949—1978 年工业化迅猛推进时期的奉献型企业家精神，主要特点是具有很强的奉献精神，企业与国家同构。三是 1978—2012 年的冒险探索型企业家精神，分为改革开放初期的冒险型企业家精神和 1992 年以后的探索型企业家精神。四是 2012 年以来的社会主义新时代的创新型企业家精神，充分展示了企业家的创新精神，其特征包括极具创新意识与全球视野、注重全球化合作、关注和践行社会责任。

本报告第三部分分析了中国新时代企业家精神的现状和问题。20 余年的追踪调查数据表明，中国企业家群体成长状况良好，企业家群体文化程度稳步提升，经管类专业企业家成为主流，企业家群体来源市场化程度大幅提升，但是中国企业家群体可能出现老龄化趋势。在企业家群体良好成长的支撑下，问卷调查显示，当前我国企业家精神水平相对较高，综合评价平均值为 3.90（总分为 5），而且对企业家精神的评价与外部环境呈现一致性，即外部营商环境越好的地区，企业家精神评价水平越高。进一步，将“创新向善”对应到习近平总书记关于企业家精神论述的核心要义，即爱国、创新、诚信、社会责任、国际视野五个方面，调查发现，国有企业家具有很高的爱国精神，且勇于承担社会责任，但是创新精神相对不足。相对而言，民营企业家具备较高的创新精神，而在诚信经营和承担社会责任方面表现相对不佳。当前我国培育企业家精神还面临一系列共性问题，例如，发挥企业家作用的体制机制尚不完善；企业家自身素质参差不齐，新时代企业家精神相对缺乏；市场竞争秩序不规范，影响企业家的积极性；等等。除了这些共性问题，国有企业家精神发展还面临一系列特殊问题，主要包括："约束"不完善，导致国有企业家创新探索顾虑较多；"激励"不到位，导致国有企业家干事创业动力不足；原始创新基础薄弱，导致国有企业家创新发力缓慢。

本报告第四部分用案例分析呈现了新时代企业家精神。第一，以中国中化领导人宁高宁为对象，基于其对中国中化的管理实践，从企业战略和业务的创新转型、国有企业体制机制的改革创新实践和创新型组织的打造三个方面，详细阐述了国有企业家"创新"精神在具体管理实践中的体现。此类创新实践是企业家"创新"精神的外在体现，其有效应用可以明显提升企业效益，并鼓舞员工士气，无论哪一类所有制企业都概莫能外。"大企业不创新""国有企业不创新"的传统观念、规模和制度的约束都不能成为企业家发挥创新精神的障碍或借口，企业家的创新精神不是天生的，而是可模仿的、可预测的。"创新"是一种踏实的企业管理实践，例如中国中化的"创新"实践都是可以学习的。第二，以东方国际领导人童继生为对象，从其带领东方国际的创新突破来看，国有企业家在带领国有企业进行改革创新时既要了解历史、做好传承，也要寻找未来可以突破和发展的新方向。同时，童继生带领东方国际自新冠肺炎疫情以来共打了五场抗疫硬仗，体现出了东方国际在响应上海市政府抗疫防疫工作中的责任担当。由这两个案例可知，国有企业家的"创新精神"与"向善（担当）精神"密切相关。责任担当精神（政治责任）与创新精神既相互补充，又相互促进。国有企业家不仅需要同时具有不断寻求突破的创新精神和勇于担当的责任意识，还需要实现两种精神相互促进，在权衡中实现兼顾。

最后，针对我国企业家精神发展面临的问题，本报告提出进一步培育新时代企业家精神的政策建议。为解决我国企业家精神培育面临的共性问题，应当着力营造保护企业家合法权益的法治环境，营造促进企业家公平竞争的市场环境，营造鼓励企业家干事创业的政策和社会环境。针对国有企业家精神的培育，应当以分类改革为原则，以提高国有企业家的创新精神为主线，增强国有企业家的使命感，充分发挥市场机制的作用，完善国有企业家选拔和培养机制，建立国有企业职业经理人市场，优化国有企业家考核激励机制，完善国有企业家约束机制，建立合理的容错纠错机制。

第一章　新时代企业家精神的理论分析

第一节　企业家精神对经济发展的重大作用

企业家是企业人格化的象征，企业家精神是识别企业家的重要标志，是对企业家这个特殊群体所具有的独特个人素质、价值取向和思维模式的抽象表达，人们将企业家所具有的某些共同特征概括归纳为企业家精神。大量经验研究表明，在工业化和转型过程中的国家，企业家精神与经济增长呈正相关[①②③④]，转型成败的关键在于企业家的表现。[⑤] 拥有较多企业家的国家（企业家精神较强）比拥有较少企业家的国家（企业家精神较弱）有更高的经济增长率。[⑥⑦] 企业家精神在中国经济发展中发挥了重要的促进作用。企业家精神通过优化资源配置、激励劳动投入、推动技术创新、诱导制度变迁以及发挥“干中学”效应等方式，显著地推动经济增长方式转变。[⑧] 在资本、劳动力以及技术因素不变的条件下，

---

① SZIRMAI A, NAUDE W, GOEDHUYS M. Entrepreneurship, innovation and economic growth development [M]. Edward Elgar Publishing, 2006.

② GLAESER E. Entrepreneurship and the city[J]. Working paper,2007.

③ 李宏彬,李杏,姚先国,等. 企业家的创业与创新精神对中国经济增长的影响[J]. 经济研究,2009,44(10):99 - 108.

④ 李杏. 企业家精神对中国经济增长的作用研究——基于 SYS - GMM 的实证研究[J]. 科研管理,2011,32(1):97 - 104.

⑤ MCMILLAN J , WOODRUFF C. The central role of entrepreneurs in transition economies[J]. Journal of economic perspectives, 2002,16(3):153 - 170.

⑥ 庄子银. 企业家精神、持续技术创新和长期经济增长的微观机制[J]. 世界经济,2005(12):32 - 43,80.

⑦ 庄子银. 南方模仿、企业家精神和长期增长[J]. 经济研究,2003(1):62 - 70,94.

⑧ 何予平. 企业家精神与中国经济增长——基于 C - D 生产函数的实证研究[J]. 当代财经,2006(7):95 - 100,104.

企业进入比率每增加1个百分点，经济增长率将提高0.54个百分点。[①] 平均而言，企业家创业精神每增长1个百分点，企业经营绩效年均增长率将提高2.88个百分点；企业家创新精神每增长1个百分点，企业经营绩效年均增长率将提高3个百分点。[②]

总之，企业家精神是高维生产要素，是核心能力的重要体现，是竞争优势的重要来源，是构建新发展格局、实现高质量发展的有力支撑。培育新时代企业家精神，对激发市场活力和创造力，推动中国步入创新引领的现代化国家新征程具有重大作用。

一、企业家精神是高维生产要素

自萨伊以来，经济学家普遍将企业家精神视为一类重要的生产要素。[③④⑤] 特别是20世纪80年代以来，随着新古典增长理论的技术外生化假定遭遇空前挑战，对企业家精神的研究越发受到重视。内生增长理论将技术创新内生化，进一步阐述了企业家创新是增长的源泉和动力。[⑥] 企业家精神不仅是投资创业和推动企业持续发展的首要条件，也是整合各种生产要素实现创新的一种极其稀缺的无形资源。[⑦] 企业作为市场主体，要引入新产品、提供新标准、实行新管理、采用新技术、开辟新市场，无不需要创新实干的企业家精神，这也是企业最根本的竞争力。[⑧] 与劳动、资本、土地、知识、技术、管理、数据等生产要素不同，企业家精神所特有的创造性、稀缺性、主导性、不可替代性，使其成为一种能够对劳动、资本等要素进行高效整合和有效运用的“高维”生产要素，能在释放各类要素本身效能的同时，赋能其他各类生产要素，使其他生产要素及

---

① 曾铖，李元旭．试论企业家精神驱动经济增长方式转变——基于我国省级面板数据的实证研究[J]．上海经济研究，2017(10):81-94.

② 李宏彬，李杏，姚先国，等．企业家的创业与创新精神对中国经济增长的影响[J]．经济研究，2009，44(10):99-108.

③ BAUMOL W. Entrepreneurship in economic theory[J]. American economic review, 1968(2):64-71.

④ SCHULTZ T W. Investment in entrepreneurial ability[J]. Scandinavian journal of economics, 1980(82): 437-448.

⑤ HÉBERT R F, LINK A N. In Search of the meaning of entrepreneurship [J]. Small business economics, 1989(1): 39-49.

⑥ 李杏．企业家精神对中国经济增长的作用研究——基于SYS-GMM的实证研究[J]．科研管理，2011，32(1):97-104.

⑦ 高波．文化、文化资本与企业家精神的区域差异[J]．南京大学学报，2007(5):39-47.

⑧ 范黎波．保护和激发市场主体活力稳住经济基本盘[N]．光明日报，2020-10-05.

其组合效能倍增。同时，企业家精神作为与市场经济相适应的一种宝贵资源和生产要素，也是创新的原动力，是推动经济发展、创造社会财富的重要驱动力量[①]。

二、企业家精神是核心能力的重要体现

企业家精神作为重要的战略资源，一是把资源变成财富，即将煤、石油等有形资源变为有形利润，体现的是“有中生有”，变“小有”为“大有”；二是把思想变成利润，体现的是“无中生有”。后者如：海宁没有牛，却成为中国皮革之都；桐乡没有羊，却是中国羊毛之乡；永康没有金属矿产和金属冶炼厂，却是中国的五金之都。这种“无中生有”现象的出现依靠的就是浙商的企业家精神。企业家精神非常重要：一是从人力资源到人力资本。作为资源的人力可能贬值，作为资本的人力本性追求增值。作为人力资本的企业家精神具有更强的创造性，能够高效配置资源、主动调整企业发展战略，为企业创造更多价值。二是从同质化人力资本到异质化人力资本，作为异质化人力资本，企业家精神难以被模仿，其在创新力、领导力等“个人特质”的驱动下开展不具替代性的创造性工作，且价值创造活动存在边际报酬递增属性，可持续增强企业发展动力，提升企业市场竞争力。三是从碎片化人力资本到体系化人力资本，土地、资本、劳动、技术、知识、管理等生产要素都是碎片化的，只能发挥有限作用，企业家精神不仅可以激活其他要素，还可通过对其他要素进行连接、集成、整合、配置，使其他要素发挥体系化作用，使要素整体效能大于部分效能之和。

三、企业家精神是竞争优势的重要来源

企业家精神是企业竞争优势、地区竞争优势和国家竞争优势的重要来源。第一，企业家精神是企业竞争优势的重要来源。企业竞争优势代表着企业无法被竞争对手模仿和替代的能力，是企业能够在市场竞争中获得生存和发展空间的前提。企业家精神所具有的独特性、竞争的有限性、要素的不完全流动性等特征，使其成为企业家个人专用性资产，决定了企业家对新的商业机会的探索能力和为进行风险活动而整合资源的能力，成为企业竞争优势的重要来源[②]。企

---

① 张存刚．弘扬企业家精神，促进经济社会发展[N]．甘肃日报，2017－10－16.

② 刘志彪．竞争优势：基于企业家精神的分析框架[J]．中国经济问题，2004(1)：25－33.

业家精神也是动态复杂环境下企业谋求竞争优势的重要途径。企业家通过将企业家精神所蕴含的创新、冒险及识别和把握机会等内涵延伸融合到企业战略管理活动中，给企业带来持续性竞争优势。第二，企业家精神是地区竞争优势的重要来源。企业家的创新创业活动能带动一家企业发展壮大，而大企业在产业链、供应链、价值链、创新链等方面具有优势，既能够培养大量科技和管理人才，又能够带动当地创新创业活动的发生，进而推动整个城市创新水平提升，带动一个地区高质量发展，如温州和深圳。第三，企业家精神是国家竞争优势的重要来源。波特在国家竞争优势理论中指出，国家竞争优势的强弱取决于生产要素、企业战略、企业结构、同业竞争、需求条件、相关支撑产业六大要素以及机会和政府两个辅助要素质量。① 企业家通过知识溢出、技术创新和人力资本投资等提升生产要素质量，增强国家竞争优势；企业家通过勇于创新、敢于承担市场风险、善于捕捉市场机会等，形成高水平国内同业竞争优势，推动企业占领国外市场，增强国家竞争优势；企业家通过洞察和把握科技突破、技术发明等“机会”，进入新产业，创造新产品，塑造新业态，打造新模式，进而推动产业转型和产业升级，带动形成国家竞争优势。从全球发展实践来看，特定历史阶段具有较强竞争优势的国家，往往也是企业家精神最旺盛的国家，例如，第一次工业革命后的英国，第二次工业革命后的美国和德国，第三次工业革命后的日本。

四、企业家精神是构建新发展格局、实现高质量发展的有力支撑

当今世界处于百年未有之大变局，我国经济已经从高速增长阶段进入高质量发展阶段，党的十九届五中全会明确提出，“要加快构建以国内大循环为主体、国内国际双循环相互促进的新发展格局”。这是中央基于我国新发展阶段、新历史任务、新发展环境作出的重大战略决策。企业家精神是构建新发展格局、实现高质量发展的有力支撑。第一，企业家精神有力应对转型发展的深刻变化。企业家能够对动态变化迅速做出反应，准确识变、科学应变、主动求变，通过资源整合把握和利用机会，以变制变、变中求胜，不断适应新变化、新环境、新形势、新挑战。企业家所具备的过人胆识、魄力、智慧和担当，以及换道超

① 波特．国家竞争优势［M］．李明轩，邱如美，译．北京：中信出版社，2007.

车、灵活应变能力，可以有力应对变局时代发展过程中的不稳定性、不确定性和复杂化问题。第二，企业家精神可有力推动我国经济发展从要素驱动向创新引领转变。实现高质量发展，要求转变经济增长方式，从依靠低成本劳动力、资源等要素投入驱动转向创新驱动。企业家精神的核心要义与这一发展目标精准对接。创新创业精神是企业家精神的本质特征，企业家群体是创新和创业的核心力量，其敢为人先、勇于实践的创新创业精神，可以激发全社会的"双创"热情，营造活跃的"双创"氛围，最大限度地释放全社会的创新活力和创造潜能，形成创新引领的高质量发展模式。

第二节　企业家精神的一般内涵

"企业家"的概念由法国经济学家理查德·坎蒂隆在1775年首次引入经济学理论，企业家精神则是企业家这个特殊群体所具有的共同特征，是他们所具有的独特的用于建立组织和经营管理企业的个人素质、价值取向以及思维模式的抽象表达，是对企业家理性和非理性逻辑结构的一种超越与升华，是一种重要而特殊的无形生产要素。在古典经济体系中，萨伊最早强调企业家的重要地位，首次将企业家与资本的所有者区别开来，认为企业家具备将资源从生产力低的领域转移到生产力高的领域的职责和能力。随后，在新古典经济理论体系中，马歇尔在其著作《经济学原理》一书中提出了企业家具有消除市场供求不均衡的能力，企业家可以权变选择成为"协调者""中间者""创新者"和"不确定性承担者"①。随着生产力的不断提高，社会经济飞速发展，对企业家精神这一概念的认识也不断深入，但至今仍未形成统一、公认、标准的定义②。

根据相关综述，经济学理论文献对企业家精神的讨论可以分为三个相互联系但又各有侧重的流派③④。一是以熊彼特和鲍莫尔为代表的德国学派，强调企

① 黄群慧. 西方经济理论中企业家角色的演变和消失[J]. 经济科学,1999(1):100-107.

② 时鹏程,许磊. 论企业家精神的三个层次及其启示[J]. 外国经济与管理,2006(2):44-51.

③ HÉBERT R F, LINK A N. In search of the meaning of entrepreneurship [J]. Small business economics, 1989 (1): 39-49.

④ WENNEKERS S, THURIK R. Linking entrepreneurship and economic growth[J]. Small business economics, 1999, 13(1):27-55.

业家的创新精神，具有广泛的影响力。[①②] 熊彼特首次系统强调了企业家的创新者角色，认为企业家的创造性体现为其对市场均衡的创造性破坏，使新组合不断出现。鲍莫尔认为，企业家精神既可以配置在生产性活动上，也可以配置在非生产性活动上，而企业家精神在这两种活动间的配置决定了一个经济体是否能够实现持续增长。二是以奈特和舒尔茨为代表的新古典学派，注重企业家的风险承担能力、冒险精神和应付市场失衡的能力。[③④] 奈特强调企业家是处理未来不确定性的主体；舒尔茨认为经济的长期增长是一个充斥着各种类型失衡的过程，企业家的才能就是应对失衡的能力。三是以米塞斯和科兹纳为代表的奥地利学派，关注企业家识别市场机会的能力。[⑤⑥] 米塞斯认为，由于市场是不完美的，人类行为的结果常常是不确定的，企业家就是努力消除蕴藏在人们行为中的不确定性的行动者；科兹纳指出，新古典经济学描绘的均衡世界不可能自动实现，市场常常处于非均衡状态，正是这种非均衡状态的存在才给了企业家用武之地。

国内学者对企业家精神也给出了很多界定。樊纲认为企业家精神的本质就是创新。李维安和王辉认为，企业家精神是追求利益的企业家所拥有的勇于创新、诚信敬业和渴望成功等方面的特质。[⑦] 传统的观点往往将企业家与人等同起来考察，把老板、所有者都理解为企业家，这使企业家的概念变得模糊。研究企业家不能简单地把企业家具体化、职业化，判断一个人是否是企业家应该着眼于他在企业中发挥的作用。国有企业中也有企业家，只不过企业家机制发挥作用的方式不同而已。[⑧] 另有学者认为，企业家精神中的发挥应理解为一个企业家创新创业的过程，只有在这一过程中才能较为准确地理解企业家生成机制。

---

① SCHUMPETER J A. The theory of economic development[M]. Cambridge, MA: Harvard University Press, 1934.

② BAUMOL W. Entrepreneurship: productive, unproductive, and destructive[J]. Journal of political economy, 1990, 98(5):893 – 921.

③ KNIGHT F H. Risk, uncertainty, and profit[M]New York: Houghton Mifflin,1921.

④ SCHULTZ T W. Investment in entrepreneurial ability[J]. Scandinavian journal of economics, 1980(82): 437 – 448.

⑤ MISES L. Profit and loss[M]. Illinois: Consumers – Producers Economic Service,1951.

⑥ KIRZNER I. Competition and entrepreneurship[M]. Chicago and London: The University of Chicago Press, 1973.

⑦ 李维安,王辉. 企业家创新精神培育:一个公司治理视角[J]. 南开经济研究,2003(2):56 – 59.

⑧ 李新春,王珺,丘海雄,等. 企业家精神、企业家能力与企业成长——“企业家理论与企业成长国际研讨会”综述[J]. 经济研究,2002(1):89 – 92.

企业家精神的创业精神、机会识别和把握、市场协调能力、创新精神等可以对应到企业发展的各个不同阶段，而且企业家精神不存在大小之分、创业与否之分、所有制之分[①]。

尽管学界对企业家精神的定义多种多样，但达成了三点共识：第一，机会机敏性。对市场上可能存在的获利机会十分敏感，是企业家的创新、创业等行为的前提。第二，创新性。几乎所有企业家精神的定义都认可创新性是企业家精神的核心。第三，承担风险和不确定性。企业家识别和利用机会、进行创新，都需要企业家以某种方式承担相应的风险和不确定性。而且，无论采用哪种定义，企业家精神都超越所有制、体制等，具有一般性，不分国企和民企，不分大企业和小企业。

第三节　新时代企业家精神的内涵

一般意义上的企业家精神必须根据时代的发展动态调整，体现鲜明的时代特征。历史上，中国的企业家精神也呈现阶段性特征[②]。进入新发展阶段，我国经济的国内、国际发展局势发生了深刻变化。党的十九届五中全会明确提出，“要加快构建以国内大循环为主体、国内国际双循环相互促进的新发展格局”。新时代企业家精神必须适应新时代的发展需要，成为推动时代发展的中坚力量。

一、新时代企业家精神的本质特征：创新

经过几十年的高速发展，中国实现从跟跑到并跑再到部分领域领跑的转变，技术创新从模仿创新到原始创新持续推进，从迭代式创新到颠覆式创新不断跨越，伴随更多“从0到1”原创成果的涌现，创新进入“无人区”。创新始终是引领发展的第一动力，也是企业家精神最为本质的特征要求。“大疫当前，百业艰难，但危中有机，唯创新者胜”，培育和保护企业家的创新精神、提升企业家的创新能力是打造大国重器、实现科技引领的必由之路。企业家要用创意驱动创新，用创新带动创业，用创业引领创造，将创意、创新、创业、创造视为企业转危机为商机的关键性因素，全面、辩证、长远地看待当前困难、风险和挑

① 姜忠辉，徐玉蓉．企业家精神的内涵与外延探析[J]．中国海洋大学学报(社会科学版)，2015(1)：71－77.

② 王曙光．中国企业家精神的历史演变[N]．中国社会科学报，2019－11－14.

战，找准时机，因势而变。

企业家精神在本质上体现为创新精神，即对要素进行重新组合的眼界、胆略和技巧。[①] 熊彼特将企业家界定为从事“创造性破坏”的创新者[②]，“企业家的天职就是创新，创新活动贯穿于企业家日常经营活动之中，而企业家精神就是一种不断创新的精神，是经济社会发展的策动力量”。德鲁克继承并发扬了熊彼特的思想，他将企业家精神明确界定为社会首创精神，是一种寻找、创造并开发出新产品或新服务的行为过程，在这一过程中，新产品或新服务的机会被确认、被创造，最后被开发出来，产生新的财富。[③] 创新精神是企业家的本能、本性、本然。企业家对经济社会发展变化有着前瞻性认识，且身上有着永不熄灭的创新激情和强烈的创新意识，永远自信和乐观，能够把企业打造成一个高通量的创新机器，不断有投入，不断有新的产出，引领企业持续创造价值、创新发展。同时，企业家的创新通常是有准备的。过去说“不创新等死，创新找死”，就是因为创新有着巨大风险，因而企业家的创新通常不是盲目创新，而是有效、有目的的创新。

创新是新时代企业家精神的本质特征，按照“从微观到宏观、从具体到抽象”的逻辑，可将创新划分为创新 1.0 至创新 4.0：创新 1.0 包括技术创新、工艺创新、产品创新、市场创新等[④]；创新 2.0 包括运营管理创新、组织模式创新、体制机制创新等；[⑤] 创新 3.0 包括产业创新、业态创新、商业模式创新等；创新 4.0 包括思想创新和思维创新。[⑥] 从创新 1.0 到创新 4.0，企业家创新从微观层面到中观层面再到宏观层面不断延展，创新内涵不断丰富，只有将不同层面的创新融会贯通、协同推进，形成体系化创新，打造系统性竞争优势，才能迸发出更具革命性、创造性和可持续性的企业家精神，才能更好地指导企业创新实践，实现创新精神和创新实践的充分转换和有机统一。

---

① 滕延妮．着力发掘与中速增长长期相配套的结构性潜能——专访全国政协经济委员会副主任、国务院发展研究中心原副主任刘世锦[J]．审计观察，2021(2)：64－67.

② BAUMOL W. Entrepreneurship: productive, unproductive, and destructive[J]. Journal of political economy, 1990, 98(5): 893－921.

③ DRUCKER P. Innovation and entrepreneurship [M]. New York: Harper and Row, 1985.

④ 李海舰，李燕．对经济新形态的认识：微观经济的视角[J]．中国工业经济，2020(12)：159－177.

⑤ 李海舰，郭树民．从经营企业到经营社会——从经营社会的视角经营企业[J]．中国工业经济，2008(5)：87－98.

⑥ 李海舰．中国企业创新发展十大取向[N]．经济参考报，2021－03－23(AOT).

二、新时代企业家精神的时代内涵：向善

向善体现为企业家对个体、社会、国家、全球的责任、使命、胸怀和担当，是对企业逐利商业本质的升华与重塑，是企业经营背后的“新商业文明”。企业家只有秉持向善的价值观念，才能凝聚内部力量，推动共同发展。当前，我国正推进高质量发展，促进全体人民共同富裕，企业家仅仅做到创新是不够的，要将向善作为企业家一切活动的动机和出发点，在发展过程中，基于企业又跳出企业，站在行业层次、社会层次、国家层次、全球层次考量问题、解决问题。

向善是新时代企业家精神最为精准的时代内涵，按照“修身齐家治国平天下”的逻辑，可将向善划分为向善1.0至向善4.0。

向善1.0，即企业家具有优秀的品格。一是诚实守信的契约精神。诚信守法不仅是一种优秀品质，更是责任担当；不仅是一种价值取向，更是创业准则；不仅是一种社会声誉，更是无形无价的竞争资源。企业家若缺失契约精神，将引致极大的道德风险，在增加交易成本的同时，浪费社会资源①。二是合作精神。企业家的合作行为，是企业家和其他经济行为主体之间交换和传递资源的过程，通过合作，可整合扩大知识和信息的资源规模、提升效率，且合作行为要扩展到企业内部各个员工、社会层面各个部门，不断扩大合作网络，充分整合内外部资源，创新合作方式，通过共生共赢获取生态价值，使企业实现跨越式成长、智慧型发展。三是变革精神。“企业家精神的首要之处在于公司接受新思想的能力，也就是要跳出‘思维的框框’”②，不断自我否定、自我超越、自我革命，进而促进全社会新知识和新技术的传播，加速整个社会的进步。

向善2.0，即企业家奉献社会。企业家在个体修养提升和企业境界提高的基础上，进一步以服务家族、社区乃至解决社会问题为目标，把个人利益、企业利益和社会利益融为一体，在发展企业的过程中，更好地回报社会、服务社会。企业家的社会责任包括履行社会责任、经营社会责任、引领社会责任。履行社会责任包括：初级社会责任——对股东、员工负责；中级社会责任——对客户、

---

① 李新春，王珺，丘海雄，等．企业家精神、企业家能力与企业成长——“企业家理论与企业成长国际研讨会”综述[J]．经济研究，2002(1)：89－92.

② 奥斯特．现代竞争分析[M]．张志奇，李强，陈海威，译．北京：中国人民大学出版社，2004.

政府、社区、环境负责；高级社会责任——从事慈善、捐助等社会公益事业。[①②]经营社会责任，即把解决社会问题作为企业使命，把履行社会责任视为企业财富，将公司战略和社会责任融为一体。引领社会责任，即企业家成为新时代推动经济高质量发展的生力军，率先推动质量变革、效率变革、动力变革，实现企业更高质量、更有效率、更加公平、更可持续、更为安全的发展。

向善3.0，即企业家的爱国情怀。爱国是企业家必须持有的坚定信念，要将企业发展放到国家发展大局和时代发展大势中进行考量，正确处理国家利益、企业利益和个人利益的关系，勇于为国家分担责任，在推动高质量发展、促进共同富裕过程中发挥积极作用。企业的发展离不开国家，离不开政治，离不开时代。因此，新时代的企业家要有政治思维和爱国情怀，体现为打造国际一流企业、打造时代引领企业、打造为民服务企业。新时代，企业家要主动为国担当、为民分忧，要在实现“两个一百年”奋斗目标和中华民族伟大复兴中国梦的宏伟蓝图上定位企业坐标，肩负起时代重任，在为国家、社会、人民创造价值的过程中实现个人价值和企业价值。

向善4.0，即企业家的国际视野和全球思维。打造世界一流企业，将企业命运和人类命运交织融合，为世界繁荣、人类幸福贡献中国智慧和中国力量。企业家要具备全球观和未来观，把解决中国问题置于全球大背景中考量，立足国内市场，充分激发内需潜力，积极参与国内国际双循环，通过内循环带动外循环，通过繁荣国内经济带动世界经济复苏，使国内市场和国际市场更好联通。不断创造更加美好的生活是全人类的共同企盼，以解决全人类共同的问题为己任是企业家精神的终极体现，要基于全人类的需求考量企业发展，将企业家精神融入打造人类命运共同体的全球共识，造福人类，为人类创造美好生活。

概括而言，新时代企业家精神的内涵就是适应新时代发展要求的“创新向善”精神。企业家只有将创新和向善打通，实现二者有机融合、双向赋能，做到“创新向善”，才能使创新更有价值，使向善更有力量。如果创新代表“艺”，向善则代表“德”，创新向善则为“德艺双馨”；如果创新代表硬层次的“能

---

① 学术界对企业社会责任层次的界定没有统一标准。本研究参考了李海舰等（2008）对企业社会责任层次的具体划分。

② 李海舰，郭树民．从经营企业到经营社会——从经营社会的视角经营企业［J］．中国工业经济，2008（5）：87－98.

力”，向善则代表软层次的“动力”，创新向善则为“能动合一”。

三、习近平总书记关于新时代企业家精神重要论述的扎根研究

党的十八大以来，习近平总书记在多个场合、以多种方式提到“企业家精神”及其相关内容。本文按照时间脉络，梳理出2012—2021年间的32条相关资料，将其作为本研究的样本资料库，采用扎根研究法对习近平总书记关于企业家精神的相关论述进行译码和分析，通过开放性译码、主轴性译码、选择性译码对资料信息进行层层深入的抽象与归纳，发现核心范畴，最终形成理论。本文基于Strauss提出的范式模型，运用“因果条件—现象—脉络—中介条件—行动/互动策略—结果”的分析思路连接各个初始范畴，根据不同范畴之间的相互关系，将30个初始范畴提炼为5个主范畴，并形成理论逻辑。①

表1　主轴性译码

主范畴	逻辑主线					
	因果条件	现象	脉络	中介条件	行动/互动策略	结果
爱国	传承发展	同频共振	政治思维	带头作用	一流企业	共同发展
创新	转危为机	敢为人先	权益保障	政府职能	多元策略	高质量发展
诚信	基本准则	有待提升	机制设计	政商关系	自我约束	文明发展
社会责任	社会角色	任重道远	典型示范	发扬传统	新发展阶段	和谐发展
国际视野	局势多变	合作共赢	全球治理	营商环境	新发展格局	世界繁荣

表1展示了习近平总书记关于新时代企业家精神重要论述的5个主范畴，即爱国、创新、诚信、社会责任、国际视野。“创新向善”充分体现了习近平总书记关于企业家精神重要论述的核心要义。

第一，习近平总书记强调企业家必须具备创新精神，是新时代企业家精神的本质特征。当今世界处于百年未有之大变局，危和机同生并存，是挑战亦是机遇，企业家若不应变、不求变，将错失发展机遇，甚至错过整个时代，只有迎难而上、开拓进取、不断创新，才能转危为机，抓住时代机遇。新时代的企业家要加强自我学习、自我教育、自我提升，做创新发展的探索者、组织者、

① STRAUSS A, CORBIN J. Basics of qualitative research: techniques and procedures for developing grounded theory[M]. London: Sage Publications, Inc, 1998.

引领者，通过多元化创新策略，全方位开展企业创新活动，持续推进生产组织创新、技术创新、市场创新、产品创新、商业模式创新、管理创新、制度创新，全面提升企业创新能力和效率。

第二，习近平总书记强调的诚信、社会责任、爱国、国际视野，是新时代企业家精神的时代内涵——向善 1.0 到向善 4.0。与向善 1.0 对应的是诚信。社会主义市场经济条件下，企业家要同各方打交道，调动人、财、物等各种资源，没有诚信寸步难行，各类企业都要把守法诚信作为安身立命之本。与向善 2.0 对应的是社会责任。所有企业都存在于社会之中，都是社会的企业，社会是企业家施展才华的舞台，只有真诚回报社会、切实履行社会责任的企业家，才能真正得到社会认可，才是符合时代要求的企业家。与向善 3.0 对应的是爱国。爱国是近代以来我国优秀企业家的光荣传统，也是新时期我国企业家应对错综复杂的国内外政治经济环境所必需的使命担当。特别是国有企业家是党在经济领域的执政骨干，肩负着经营管理国有资产、实现保值增值的重要责任，要发挥核心带头作用，成为爱国爱党的典范。与向善 4.0 对应的是国际视野。当今世界局势多变，不稳定不确定性因素增多，大时代需要大格局，大格局需要大智慧，企业家的眼界决定境界，有多大的视野，就有多大的胸怀，为更好应对错综复杂的国内外政治经济形势，更好把握战略机遇期内涵和条件变化，更好把握宏观经济大势，更好应对挑战，需要加快培养造就具有国际视野的企业家。

第四节　新时代国有企业家精神的侧重点

企业家精神不存在所有制区别，不存在国有企业和民营企业的区别。企业家精神并不局限于创业企业和民营企业，也存在于现有企业和国有企业。[①] 因此，国有企业家精神和民营企业家精神的基本内涵是相同的，都应在爱国、创新、诚信、社会责任、国际视野等方面不断提升，体现为“创新向善”的新时代企业家精神。但是，两类企业的所有制基础、基本目标导向、政治责任及要求、社会责任承担等方面的差别，决定了两类企业家精神内涵的侧重点有所不同。

---

① 钱颖一. 企业活力和企业家精神[N]. 企业家日报,2016 - 03 - 18(10).

第一，国有企业家既肩负着经济责任、社会责任，也肩负着政治责任和国家责任，是“四大责任”的综合担当者。[①] 对国有企业家价值的评判需要从国民经济发展的全局高度和国家长远发展目标的实现维度来进行。由此，爱国、社会责任承担等公共利益层面对国有企业家的要求更高。在创新精神方面，两类企业家创新的侧重点和着力点存在一定差别。在突破关键核心技术特别是“卡脖子”技术的过程中，国有企业家应充分发挥国有企业创新设备和人才相对充足、创新资源组织能力强的优势，在新型举国体制中发挥更突出的作用。民营企业家则应侧重技术路线不确定性和风险性较高的技术创新领域，在创新过程中充分发挥对市场信息高度敏感、机制灵活等优势。

第二，国有企业家精神的特殊性是具有政治意识和政治责任。企业的异质性问题，尤其是在中国情境下国有企业和民营企业的所有权存在根本差异，使得国有企业的企业家精神相对一般意义上的企业家精神有所不同[②]。国有企业的公有制特征决定了国有企业家还需要有奉献精神，还需要具备坚持中国共产党领导、承担社会责任、着眼国家战略发展的政治意识和政治责任。国有企业家精神是一种具有中国特色社会主义基因的“国有”与“企业家精神”的有机结合，是企业家基于追求国有企业创新的内在冲动，不断迎接市场挑战、在变化中发现和把握新机遇、创造新生产组合的特质。

第二章　中国企业家精神演进历史及各阶段的企业家精神

企业家是商业文明的缔造者，是社会财富的创造者。研究中国企业家精神的历史演进，就是研究企业家在中国商业文明发展中的行为及其在社会经营活动中扮演的角色。企业形态在中国近代工业化发展之后才出现，因而中国企业家精神的演进历史也是从近代开始的。中国企业家精神的发展大体可以分为四个历史阶段：一是近代工业化初期的家国民族型企业家精神；二是工业化迅猛推进时期的奉献型企业家精神；三是改革开放以来市场经济背景下的冒险探索型企业家精神；四是社会主义新时代的创新型企业家精神。

① 宋志平．要关心和爱护国有企业家[N]．中国企业报，2018－03－20.

② 姜付秀，王莹，李欣哲．论国有企业的企业家精神[J]．中国人民大学学报，2021，35(5)：84－94.

第一节　近代工业化初期：家国民族型企业家精神

这个时期是指1840—1949年。当封建统治者天朝大国的美梦被西方的坚船利炮打碎后，中国陷入了长达一个世纪的半殖民地半封建时期。面对亡国灭种的民族危机和西方资本主义的影响，一大批具备民族精神的企业家迅速崛起。他们以民族复兴为己任，创立许多民族企业，以诚信和自强为宗旨从事商业活动，引入西方的管理方法，实业报国，推动了中国现代化进程，打造了一个近乎奇迹的民族工商业繁荣时代。

这一时期的企业家代表主要有弃官从商做纺织工业的张謇，以面粉业起家的荣宗敬和荣德生兄弟，银行家陈光甫、周作民，棉纱大王穆藕初，火柴与毛纺大王刘鸿生，中国船王卢作孚，化工实业家范旭东，以及著名的爱国华侨陈嘉庚、张弼士。这一时期的企业家精神可以总结为八个字：家国情怀，民族精神。[①] 一是有担当、有情怀。他们自觉、主动地把商业经营行为和国家命运、民族发展联系在了一起，坚守为国为民的信念，敢于承担历史责任。二是强烈的民族意识。他们都不是为了追求私利，而是有着明确的实业救国、实业报国、实业兴国的抱负和追求。他们既有西方现代文明意识，又有中华民族的本土意识；既有开放性，又有保守性，充分展现了中国儒商文化“义利并举”的精神特色。三是独立的企业家精神和传统官商文化的交融。这些人身上既有独立的企业家精神，又摆脱不了跟官府合作的传统官商文化特点。他们的成功，其中一个重要因素就是善于和政府打交道，利用官府的力量达到目的。

第二节　工业化迅猛推进时期：奉献型企业家精神

这个时期是指1949—1978年。新中国成立后，中国真正开始了工业化。在加速工业化和赶超西方的历史任务指引下，中国企业家精神呈现两个鲜明的特点：一是很强的奉献精神，国家至上，国家目标统领企业目标。二是企业与国家同构，自觉将企业的发展和中华民族的伟大复兴联系起来，不分彼此。在解

---

① 王曙光．中国论衡[M]．北京：北京大学出版社，2018.

放初期，特别是在对农业、手工业和资本主义工商业的社会主义改造过程中，一批近代有名的企业家，如被誉为红色资本家的荣毅仁、同仁堂的乐松生等，都表现出了较高的觉悟和积极性。他们顺应历史潮流的需要，将自身抱负与新中国崛起的民族复兴之梦相结合，积极投身社会主义的工业化建设，主动接受改造，放弃私人企业。

新中国在大规模工业化时期也涌现出了一批卓越的企业家，出现了著名的《鞍钢宪法》，代表了当时中国特有的企业家精神，显得弥足珍贵。《鞍钢宪法》的核心内容是“两参一改三结合”，其中“两参”就是干部参加劳动，工人参加管理；“一改”就是改革不合理的规章制度；“三结合”就是实行工人群众、技术人员、领导干部在生产实践和技术革命中三结合。《鞍钢宪法》是当时国内工业建设的精神坐标，是一种将员工的主人翁意识和企业家精神有机结合起来的鲜活机制实践。

第三节　改革开放以来：冒险探索型企业家精神

这一时期的企业家精神可以分为两个阶段：一是改革开放初期的冒险型企业家精神；二是1992年邓小平南方谈话以后的探索型企业家精神。

一、1978—1992年：冒险型企业家精神

1978年，党的十一届三中全会胜利召开，确立了以经济建设为中心的国家发展战略，拉开了中国改革开放的序幕，逐渐激发了隐藏在社会不同群体中的企业家精神。安徽省凤阳县小岗村试行包干到组、包产到户，揭开了农村经济改革的序幕。与此同时，一大批乡镇企业大放异彩，大邱庄的禹作敏、华西村的吴仁宝、南街村的王宏斌、横店村的徐文荣都是当时的乡镇企业家代表。在这个进程中，沿海开放地区充分利用外向区位禀赋和侨乡社会网络等各种红利，展现出非同寻常的经济活力，涌现出了“苏南模式”“温州模式”和“晋江模式”等。

1984年邓小平同志首次南方视察后，改革开放的春风吹遍了大江南北，在允许一部分人先富起来的政策下，在市场规则、法律法规尚未健全的特殊机遇期，出现第一次下海经商浪潮，如十万人民下海南、百万民工下广东，诞生了

鲁冠球、柳传志、张瑞敏、任正非、王石、宗庆后、褚时健、许连捷等代表性企业家。此阶段的代表性企业如联想、海尔、华为、万科、娃哈哈、恒安等，日后大都成了各自行业的标杆。这一阶段的企业家充分展现了其冒险精神，其特征更多体现为敢为天下先、对市场机会的充分警觉和对成本节约的高度重视，更多以模仿型创业活动为主，充分借助改革开放初期市场不均衡所带来的巨大的投机需求和套利机会，快速实现企业发展，为中国计划经济体制逐步引入了市场机制，使社会经济活力整体增强。

二、1992—2012 年：探索型企业家精神

1992 年邓小平同志南方谈话结束了社会上对改革是姓“社”还是姓“资”的争论，明确提出“三个有利于”标准。党的十四大提出了建立社会主义市场经济体制的目标。在改革开放和市场经济的大浪潮下，全国上下创业激情高涨，大量机关干部、科研人员、国有企业员工、留学归国人员等跳出体制，下海创办企业，形成我国改革开放后的新一轮创业潮，显现出新的企业家精神。这一时期诞生了潘石屹、陈东升、田源、冯仑、毛振华、朱新礼等“九二派”代表人物，涌现出秉承“蛇口精神”的“深圳模式”，代表人物包括中国平安的马明哲、招商银行的马蔚华等。

“九二派企业家”之前大多为公务员或学者，有着良好的教育背景和行政能力，洞悉历史潮动，同时充满变革的热忱与勇气。他们最重要的贡献是把现代企业治理的一整套理念与制度体系带入了中国企业界，普遍重视“产权清晰”“股份制”“契约精神”等现代理念，并在自身企业中进行制度探索与实践。

到 20 世纪 90 年代中后期，随着互联网时代的到来，以互联网技术为代表的信息产业与新经济势不可当，互联网经济快速渗透进经济社会的各个角落。2001 年中国正式加入世界贸易组织（WTO），加速融入全球化进程。同时工业化与信息化加快深度融合，新技术、新应用、新业态、新模式层出不穷，深刻改变了中国商业生态体系和商业文明，加速推动形成全新的市场体系和新的竞争秩序，阿里巴巴的马云、腾讯的马化腾、网易的丁磊、百度的李彦宏、搜狐的张朝阳、小米的雷军、京东的刘强东、美团的王兴等互联网企业家代表不断涌现。这一阶段的企业家充分展示了企业家的探索精神，其特征体现为开拓进取的改革精神、海纳百川的开放精神、对新市场机会不断探索的精神。作为商

业革命者，无论从理念层面、体制层面还是商业模式层面，他们对中国传统的经济与文化形态都进行了巨大的颠覆，乃至于彻底的“破坏”。他们大多重视开发利用新产品，充分利用国内、国际两个市场，积极探索新商业模式以提升商业效率，但也存在创新意识不足、原始技术创新能力不强、高端品牌培育不足等问题。

第四节　社会主义新时代：创新型企业家精神

2012 年党的十八大选举产生了以习近平同志为核心的新一届中央领导集体，开启中国特色社会主义新时代。2013 年党的十八届三中全会拉开了全面深化改革的序幕，中国进入以经济体制改革为重点的全方位改革时代。

党的十八大以来，国家深入推进“大众创新，万众创业”，实施简政放权，建立权力清单、负面清单制度，推动证照分离等商事制度改革，大力优化营商环境，构建“亲清”新型政商关系，深入开展供给侧改革，着力弘扬企业家精神，努力营造尊重和激励企业家的社会文化氛围。2017 年 9 月，中共中央、国务院发布了《关于营造企业家健康成长环境 弘扬优秀企业家精神 更好发挥企业家作用的指导意见》，这是国家首次专门就企业家政策发布指导意见，引起了强烈反响。习近平总书记在党的十九大报告中强调“激发和保护企业家精神，鼓励更多社会主体投身创新创业”，同时明确提出了加快建设创新型国家的战略目标，“创新、协调、绿色、开放、共享”的新发展理念正在引领中国经济迈向高质量发展阶段。特别是云计算、大数据、物联网、移动互联网、人工智能等新一代技术的融合发展，使人类进入数字经济时代——一个计算无处不在、软件定义一切、网络包容万物、连接随手可及、宽带永无止境、智慧点亮未来的新时代，诞生了字节跳动的张一鸣、商汤科技的徐立、蔚来汽车的李斌等创新型企业家代表。

这一阶段的企业家精神充分展示了企业家的创新精神，其特征包括极具创新意识与全球视野、注重全球化合作、关注和践行社会责任。面对当今世界百年未有之大变局，面对全球新冠肺炎疫情、中美贸易摩擦、全球产业链重构，他们重视原创技术研发投入与基础创新，大力开展从产品到技术，到市场，再到组织的一系列创新，关注“工程师红利”，强调推动产学研合作、构建全球研发协同网络和企业创新生态体系等，用创新引领中国经济的发展。他们着力争夺高端科技的制高点，锻长板、补短板、强弱项，不断提升中国在全球产业链中的地位。他们开阔国际视野，积极融入新发展格局，立足中国，放眼世界，把握国际规则，开拓国际市场，在危机中育先机，于变局中开新局。

值得一提的是，2020 年，面对突如其来的新冠肺炎疫情，中国广大企业和企业家贯彻党中央、国务院关于新冠肺炎疫情防控工作各项决策部署，以强烈的责任感和使命感，主动担当作为，积极有效地参与抗疫，精准有序地推动复工复产，在民生物资供应、物流运输保障、产业链运转、保障就业稳定等方面均发挥了重大作用，爱国奉献、创新发展、追求卓越、勇于担当、服务社会的新时代优秀企业家精神在抗疫斗争中熠熠生辉。特别是在中国经济增长在全球范围内较早实现由负转正的过程中，企业家群体所承受的超级重压、做出的巨大贡献、释放的无穷潜能，得到了全社会的高度认可与普遍赞誉。

第三章　中国新时代企业家精神发展现状与问题

学界大多以自我雇佣、个体创业、私营企业比重等指标衡量区域的企业家精神①，但实质上，这只衡量了民营企业家精神，而忽略了国有企业家精神。国有企业企业家精神无法用创业、自我雇佣等指标，而且也不应该用这些指标衡量，因为其与民营企业家精神的侧重点存在差异。为此，我们首先使用中国企业家调查系统对企业家群体的调研结果分析我国企业家群体的发展趋势和现状，然后利用问卷调研方法和指标体系评价方法研究我国新时代企业家精神发展现状和问题。

第一节　中国企业家群体总体情况

中国企业家群体的相关数据较为缺乏。权威的调查数据是中国企业家调查系统对中国企业家的连续追踪调查数据。该调查系统自 1993 年成立，每年对企业家进行问卷追踪调查。在选取样本时，以全国范围内的企业为调查总体，以

① 王欣，高阔．我国企业家精神研究的路径与动向：一项文献分析［J］．南大商学评论，2018（4）：157－177.

企业法人代表为主的企业家群体为调查对象，按照企业的行业、规模分布进行分层等比例随机抽样，每年回收问卷数量为3000～4000份。调查问卷大多由企业法定代表人填答，保证了回收问卷的质量。[①] 根据相关数据，1993—2018年，被调查对象基本都是董事长、总经理、厂长、党委书记，每年总比例均超过了90%（1996年除外）。鉴于该问卷发放的随机性，且被调研对象基本都是企业负责人，该问卷数据可以较好地反映企业家群体的特征。下面基于调查问卷数据对中国企业家群体进行分析。[②]

一、企业家群体文化程度稳步提升，经管类专业成主流

图1描述了1993—2018年中国企业家群体的文化程度的变动趋势。中国企业家群体的文化程度呈稳步提升的趋势，大专及以下学历的企业家占比呈减少趋势，而拥有本科及以上学历的企业家占比稳步增加。1993年，中国大专及以下的企业家占比66.1%，而拥有大学本科及以上学历的企业家只有33.9%。当年虽然没有统计拥有研究生学历的企业家占比情况，但是1994年统计情况表明，拥有研究生及以上学历的企业家只有1.2%。到2018年，拥有本科及以上学历的企业家占比增加到了48.5%，增加了近15个百分点。同时，拥有大专及以下学历的企业家占比则降至51.5%。

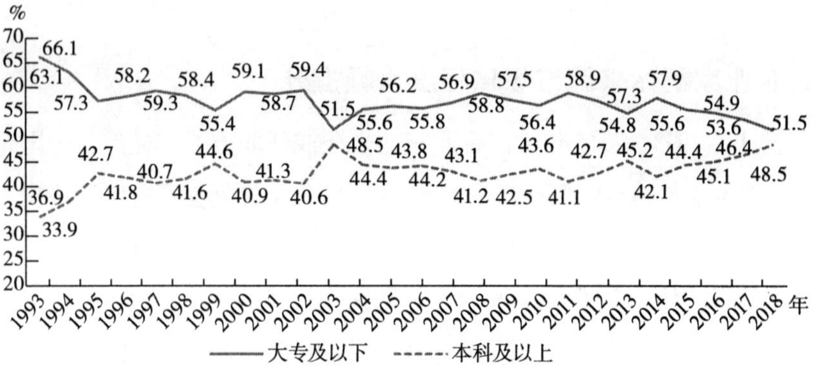

图1　1993—2018年中国企业家文化程度

资料来源：李兰．成就与梦想——中国企业家成长40年［M］．北京：清华大学出版社2018．下同。

① 参见中国企业家调查系统相关介绍。

② 因调查样本的局限性，分析结论的准确性可能受到一定的影响。

从专业背景来看，中国企业家群体专业背景越来越倾向于经管专业，而理工农医专业的企业家则越来越少，改变了原来理工科背景比重高的情况（见图2）。最开始几年，理工类专业的企业家平均占比高达 40.0%，1996 年占比 49.8%，接近一半。但随后，经济学专业和管理学专业的企业家迅速增加。经济类专业的企业家由 1994 年的 5.4% 上升至 2004 年的峰值 36.4%，然后降低到 2018 年的 17.1%，管理类专业的企业家由 1994 年的 15.4% 上升至 2002 年的最高点 50.0%，然后降低到 2018 年的 38.6%。而理工农医类专业的企业家由 1994 年的 38.1% 下降到 2018 年的 19.1%。

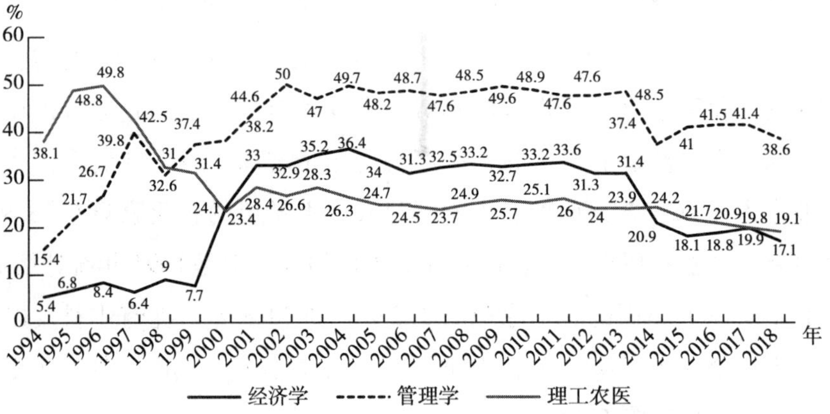

图 2　1994—2018 年中国企业家专业背景

二、企业家群体来源市场化程度大幅提升

表 2 统计了 1993—2015 年中国企业家的来源或任职方式。显然，中国企业家来源市场化程度越来越高，董事会任命自己创业等方式的企业家占比逐步提升，并占绝大多数，而由主管部门任命的企业家数量则大幅收缩。具体而言，由“主管部门任命”的企业家占比从 1993 年的 85.8% 下降到 2015 年的 7.8%。相反，由“董事会任命”的企业家占比从 1993 年的 3.8% 上升到 2015 年的 41%，增加了近 10 倍。同时，2015 年有 44.3% 的企业家是“自己创业”的，相比 2003 年的 15.7% 提高了 1 倍多，这说明我国企业家创新创业精神得到了很好的激发。当然，同时需要注意的是，“自己创业”的企业家相较于 2012 年的峰值 46.6% 有所降低。

表 2　1993—2015 年中国企业家的来源情况　(%)

调研年份	主管部门任命	董事会任命	自己创业	其他就职方式
1993	85.8	3.8	—	10.4
1997	75.1	17.4	—	7.5
2003	38.3	38.6	15.7	7.4
2004	32.9	39.2	20.9	7.0
2005	25.7	40.5	26.3	7.5
2006	19.9	41.6	31.3	7.2
2007	18.0	42.9	31.5	7.6
2008	14.5	44.7	34.2	6.6
2009	14.3	41.3	38.6	5.8
2010	12.7	44.6	36.9	5.8
2011	11.3	39.2	43.2	6.3
2012	10.0	36.7	46.6	6.7
2013	11.1	38.4	44.7	5.8
2014	9.7	41.5	41.7	7.1
2015	7.8	41.0	44.3	6.9

注：2015 年以后没有相关数据。“—”表示该年度没有涉及此项调查内容。

三、企业家群体存在老龄化趋势

需要注意的是，中国企业家群体逐步出现了老龄化的现象。图 3 统计了 1993—2018 年中国企业家的平均年龄。显然，中国企业家的平均年龄呈现明显的上升趋势，特别是 2008 年以后。2014 年，中国企业家的平均年龄高达 54.4 岁。2018 年的平均年龄则为 52.9 岁。而且，从 2018 年中国企业家的年龄构成来看，55 岁及以上的企业家占比最高，为 46.6%。50 岁及以上的企业家占比超过了半数，而 44 岁及以下的企业家占比不到 1/4（见图 4）。这充分说明，当前中国企业家的年龄偏高，而年轻的企业家仍没有充分成长起来。[①]

① 需要注意的是，这种老龄化现象可能是调查抽样偏差造成的，样本可能因没有涵盖初创企业而导致被调查对象年龄偏高。但是，即使没有涵盖初创企业，相关数据也至少反映成熟企业的企业家出现了老龄化趋势。

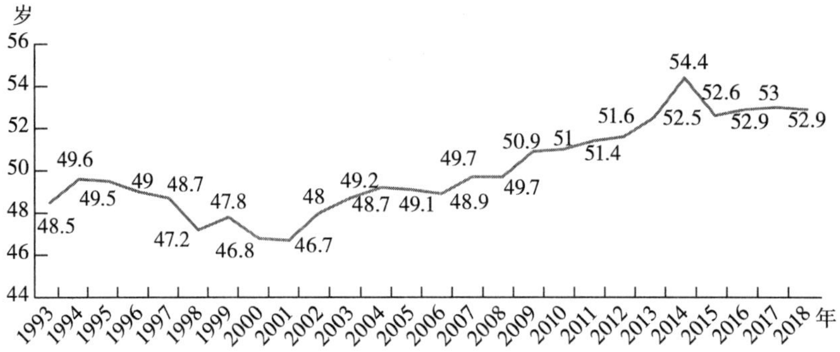

图 3　1993—2018 年中国企业家的平均年龄

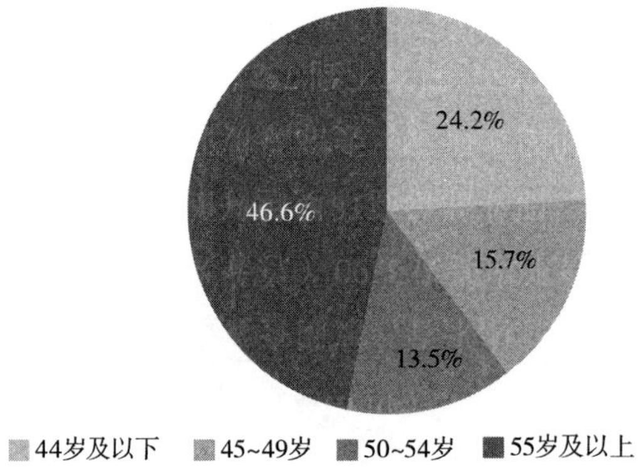

图 4　2018 年中国企业家年龄构成

第二节　中国新时代企业家精神发展现状

有关学者在研究中建立了企业家精神的测量指标体系，并对个体层面的企业家精神水平进行了测量。在区域和城市层面，也有一些学者或机构进行了研究，提出了相应测量指标体系。但在全国总体层面，并没有发布相关研究结果。本报告试图通过问卷调查，对我国新时代企业家精神水平进行评估。

本次问卷调查分别通过国资系统、企联系统和网页进行问卷发放，实际累计回收有效问卷 1.7 万多份。为避免有效问卷过多集中于个别地区，在后期的问卷处理过程中，剔除了有效问卷中编号在 3000 以后的来自山西的全部问卷，经过处理，实际用于分析的有效问卷为 6531 份。其中，来自国有企业各类人员的问卷为 5038 份，来自民营企业的问卷为 865 份。全部样本中，国有企业负责人有 205 人，占全部样本的 3.14%；国有企业中层管理人员为 1864 人，占全部样本的 28.54%；国有企业其他人员为 2969 人，占全部样本的 45.46%；民营企业负责人为157人，占全部样本的2.40%；民营企业中层管理人员为292人，占全部样本的4.47%；民营企业其他人员为416人，占全部样本的6.37%；经济或管理领域学者为59人，占全部样本的0.90%；其他人员为569人，占全部样本的8.71%。本次问卷调查没有限定被调查者所处的地域范围，各地被调查者均可以通过网络参与问卷调查。从有效问卷区域来源看，6531份有效问卷中有6528份为国内问卷，3份为国外问卷（2份来自美国，1份来自印度尼西亚）。6528份国内问卷分别来自中国内地31个省（区、市）以及香港特别行政区，主要集中在山西（990份）、山东（698份）、陕西（607份）、甘肃（552份）、安徽（434份）、辽宁（433份）、江苏（406份）、北京（403份）。

一、新时代企业家精神的总体评价情况

根据问卷调查统计结果，总体来看，被调查者对当前我国企业家精神水平给出了相对较高的评价，综合平均值为3.90（总分为5），而且对企业家精神的评价与外部环境呈现一致性，即外部营商环境越好的地区，被调查者对该地企业家精神评价水平就越高。如图5所示，大部分被调查者均认为我国企业家精神水平为4和5，两者占比达67%，只有不到7%的被调查者认为我国企业家精神水平处于1~2的低水平。进一步地，从四大区域来看，东部地区被调查者对企业家精神水平的评价最高，均值为3.98；其次是东北地区，均值为3.92；再次是中部地区，均值为3.91；最后是西部地区，均值为3.79。从省级层面来看，香港特别行政区对企业家精神水平的评价最高，均值为5；其次是山东，均值为4.28；再次是海南，均值为4.11。评价最低的是西藏，均值仅有3；其次是青海，均值为3.50；再次是天津，均值为3.58（见图6）。

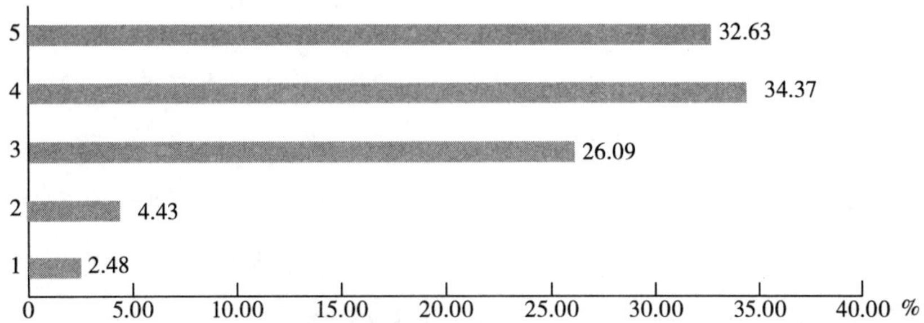

图5 中国企业家精神水平评价结果分布

图6描述了企业家精神水平与总体外部环境的评价结果。显然，除个别地

区外，各省级行政区被调查者对企业家精神水平的评价，与其对总体外部环境状况的评价，总体上呈现出较好的匹配性。也就是说，对总体外部环境评价较高的区域，被调查者对企业家精神水平的评价也相对较高；相反，总体外部环境评价较低的区域，被调查者对企业家精神水平的评价也较低。这表明企业家精神的培育、形成与提升，在很大程度上受到区域营商环境的制约与影响；要推动区域企业家精神水平提升，必须改善区域营商环境。

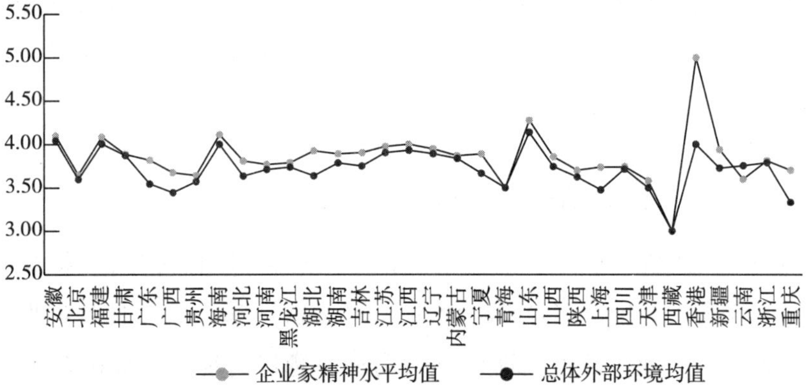

图6　分地区企业家精神水平与总体外部环境评价均值情况

二、国有企业和民营企业的新时代企业家精神

新时代企业家精神是“创新向善”精神，对应习近平总书记关于新时代企业家精神论述的五个方面，即爱国精神、创新精神、诚信经营、社会责任、国际视野。对国有企业家和民营企业家在五个方面的发展评价各有侧重。据调查，国有企业家具有很高的爱国精神，且勇于承担社会责任，但是创新精神相对不足。相对而言，民营企业家具备较高的创新精神，但在诚信经营和承担社会责任方面表现相对不佳。

如图7所示，国有企业家在爱国精神、创新精神、诚信经营、社会责任、国际视野五个方面的评价均值分别为4.30、3.56、4.11、4.15、3.58。被调查者对国有企业家的爱国精神评价最高，对国有企业家的创新精神评价最低；对国有企业家的爱国精神、诚信经营、社会责任的评价都达到了良好以上水平，而对创新精神和国际视野的评价则仅仅稍高于及格水平。与之相对的是，问卷统计结果显示，民营企业家在爱国精神、创新精神、诚信经营、社会责任、国际视野五个方面的评价均值分别为3.71、4.16、3.69、3.51、3.75。显然，被调查者对民营企业家创新精神评价最高，对民营企业家社会责任评价最低。而且，对民营企业家精神五个方面的评价中，只有创新精神的评价达到了良好以上，其他四个方面的评价都在良好以下，其中社会责任评价仅稍高于及格水平。

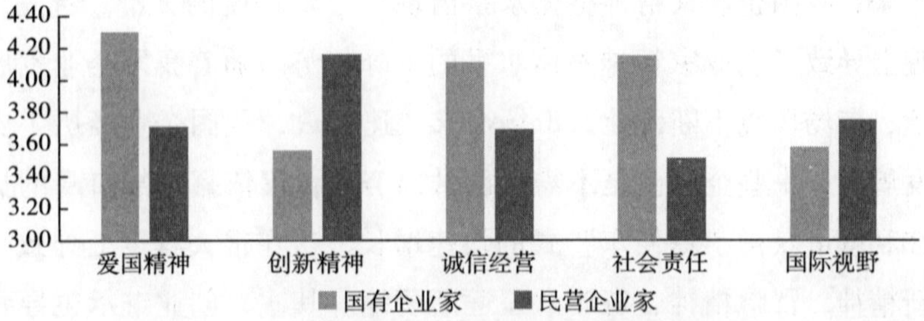

图7　国有企业家精神和民营企业家精神的评价情况

第三节　培育新时代企业家精神面临的问题

一、共性问题

（一）发挥企业家作用的体制机制尚不完善

我国保障企业家权益、促进企业家作用发挥的体制机制尚不健全。一是缺乏一个完善的、专门保护企业家合法权益的法律体系。党和政府历来重视维护企业及其经营者的合法权益，制定了一系列保护公民正当权利、规范社会经济秩序、促进企业健康发展、维护经营者合法权益的法律和政策措施。但目前我国企业家成长的外部条件、社会环境和法律环境仍难言完善，当前经济中仍存在一些不尊重企业家、侵害其合法权益的现象，企业家人身权益受到非法侵害的事件也时有发生。二是缺乏企业家参与涉企法律与政策制定的工作机制。企业是涉企法律与政策的直接管理对象，涉企法律与政治科学与否应交由企业来评判。2019 年，国家发展改革委发布了《关于建立健全企业家参与涉企政策制定机制的实施意见》，但是相关措施还有待落实。目前，我国企业家只能在涉企法律与政策制定的辅助性座谈会上表达自己的想法或建议，或者在法律草案公开征求意见过程中通过适当渠道提出局部性的完善建议。

（二）企业家自身素质参差不齐，新时代企业家精神相对缺乏

改革开放以来，我国涌现出了一批优秀的企业家，但不可否认，也有部分

创业者在基本素质、能力体系、观念态度等方面存在局限性，他们可能并不完全符合社会对企业家的期待。即使是在当代中国企业家群体中，个体素质或能力不足、缺乏新时代企业家精神的可能也不在少数，企业家违法犯罪时有发生。

近年来，我国企业家精神整体水平出现了一定程度的下滑。首先，发展顺境在客观上导致了企业家精神整体水平的下降趋势。随着我国企业发展的政策法制环境、市场环境不断优化，市场需求快速释放，我国企业经历了史无前例的黄金发展期；一些企业甚至不需自己做出努力，仅依靠市场自身的扩张和分享改革红利就可获得“搭便车”式的快速增长，这在很大程度上导致了部分企业家创新精神、冒险精神、奋斗意识逐渐萎缩。其次，创业继承也导致了企业家精神整体水平下降。20 世纪八九十年代创业的那批企业家，绝大部分已经到了退居二线的年龄，需要下一代来继承事业，而部分创业企业家存在固守成绩、急流勇退的思想，急于把企业转交给下一代经营。与第一代创业企业家相比，成长于相对优越生活环境的接班人可能并不具备应有的创业创新精神、时代使命感和担当精神。最后，在当前大变革的时代，我国企业家并没有普遍形成具有当前时代特征的企业家精神。在大变革的新时代，企业家必须敢于担当与奉献，树立时代使命感与责任感，积极发挥引领作用，在困难时期加大创新投入，整合外部资源协同推进民族产业关键技术突破，在全面提升民族产业国际竞争力的基础上实现企业自身的发展。但实践中还缺少真正具有上述精神的企业家，不能满足当前大变革时代的要求。

（三）市场竞争秩序不规范影响企业家的积极性

当今中国最稀缺的资源不是资金、自然资源、高素质的劳动力，而是企业家精神。但是，公平竞争环境的缺失，严重阻碍了我国企业家精神的培育及作用发挥。

多重不公平竞争市场秩序的存在，客观上导致了部分企业管理者不寻求通过技术进步等合法路径来构建或强化企业核心竞争优势，而是谋求借助特殊资源以变通性举措来弱化、消除不公平竞争的影响。企业家的创新创业精神、勇于担当精神在这种不公平竞争秩序下，似乎难以有效发挥应有作用，企业家们也难以真正体会到培育与弘扬企业家精神的意义，原本应该是企业家精神层面的竞争，在很大程度上被企业家关系资源层面的竞争所取代，其结果不是创造公平竞争环境，而是滑向了基于关系的不公平竞争。

二、培育新时代国有企业家精神面临的问题

除了以上共性问题，国有企业家精神发展还面临一系列特殊制度约束问题，主要包括："约束"不完善，导致国有企业家创新探索顾虑较多；"激励"不到位，导致国有企业家干事创业动力不足；原始创新基础薄弱，导致国有企业家创新发力缓慢。

（一）"约束"不完善，导致国有企业家创新探索顾虑较多

国有企业领导人同时面临多重身份、激励与约束共存等问题，当前制度尚未真正做到允许国有企业家试错、放开手脚干事、甩开膀子创业。首先，对国有企业家的任期制考核评价体系仍有待完善，很多国有企业家反映多数国有企业的考核评价侧重短期效益，针对性不强、个性化不够，考核评价目标过多，结果应用不到位，缺乏行业对标，对企业家了解不够（见图 8）。所调研的某制造类国有企业家反映："十年前，一位老领导花 50 亿美元买下阿富汗的一座矿山，因长期没收益，他一直饱受诟病，也很自责，但最近受阿中关系影响，这座富矿开始开采，预计产量排在全球前三位，将为国家做出巨大贡献，这种勇担风险的长线投资已经超出任期制的考核范畴。"侧重短期效益的任期制考核既不能为国有企业家提供施展才干的空间，又不利于激发国有企业家大刀阔斧、无后顾之忧地创业。被调研国有企业家认为，容错机制尚未落地、依据短期经济指标考评、简单追责、不包容不信任、条条框框、形式主义、官僚主义是企业家精神培育的主要障碍。

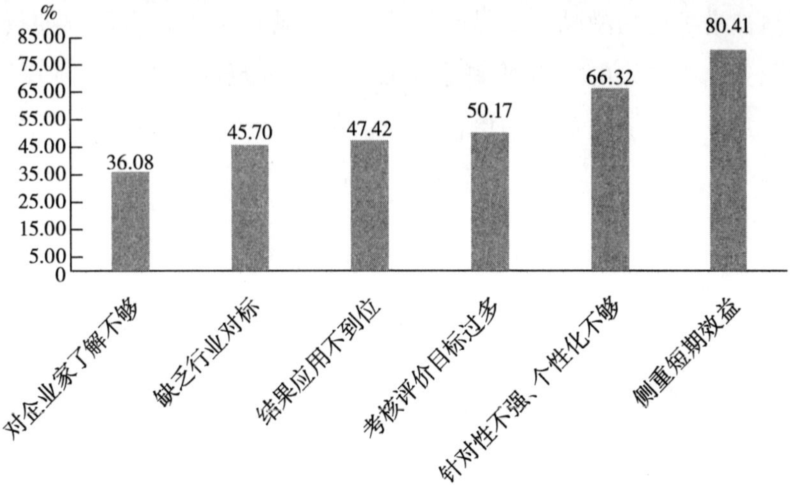

图 8　国有企业家考核评价的主要问题

数据来源：问卷调查。

（二）“激励”不到位，导致国有企业家干事创业动力不足

尽管近年来我国对国有企业家有一些制度层面的安排，如中共中央、国务院出台的《关于营造企业家健康成长环境 弘扬优秀企业家精神 更好发挥企业家作用的意见》以及《中央企业领导人员管理规定》，但这些制度执行的实际效果仍有待提升。针对国有企业家队伍和国有企业家精神的培育措施在实施力度和可操作性方面依然需要提高。从国有企业家评价党管国有企业领导干部情况来看，如图 9 所示，国有企业家感受的厚爱、激励水平显著低于严管、约束水平，对国有企业家的激励尚未满足这一群体的成长需求。

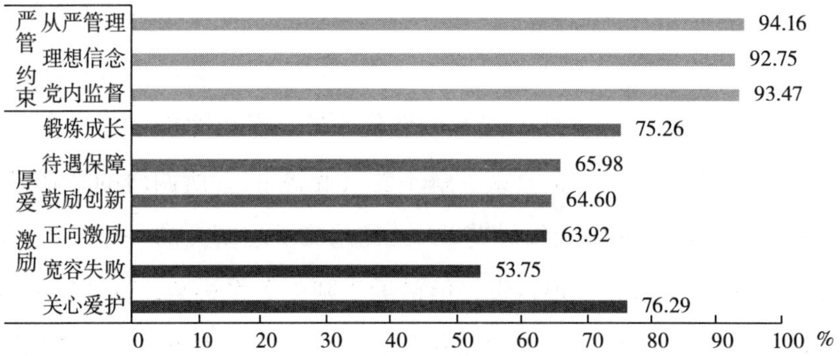

图 9　党管国有企业领导干部情况

从激励国有企业家情况来来看，组织给予的激励形式与国有企业家所需的激励方式不匹配。如图 10 所示，国有企业家对工作收入、组织晋升机会的满意度低于对工作性质、关系环境的满意度，而且，国有企业家普遍认为，激发企业家精神最主要的激励方式是与绩效挂钩的高收入、持有股票期权、任更高层领导职务。所调研的北京某制造业公司负责人反映：“几年前我临危受命，被组织派到一家经济效益差的单位任职，那时我的收入与单位效益挂钩，等我把单位效益搞好之后，却没得到认可；希望能按照市场化价值得到厚爱和激励。”

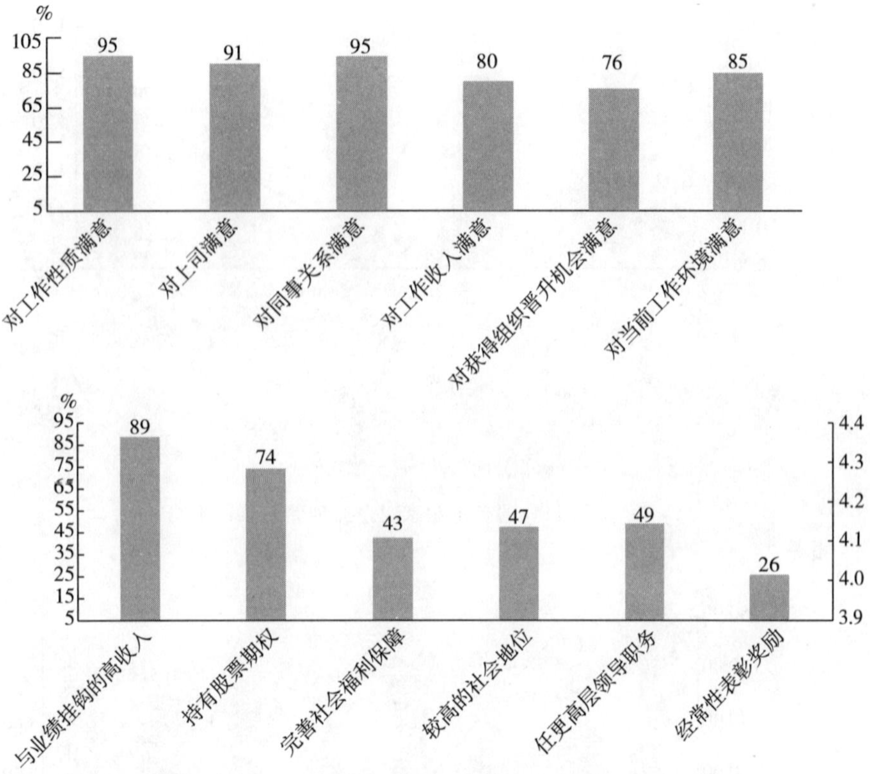

图 10　国有企业家的满意度评价和期望的激励方式

（三）原始创新基础薄弱，导致国有企业家创新发力缓慢

尽管国有企业在商业模式、组织管理、体制机制、改革实践等方面有活跃的创新，但在核心技术和产品的突破创新上仍有很大不足。从国有企业家对本企业创新效果评价来看，对照图 11 和图 12，企业创新总体评价偏低。企业创新效果不足不仅体现为企业科技引领时代和应对行业变革动力不足，还体现为对进入新市场、提高市场份额、扩大产品服务类别、降低材料能源消耗和降低劳动力成本等方面影响较弱。

三、当前民营企业家精神培育面临的突出问题

（一）部分民营企业家社会责任意识相对不足

对经济利益的追求导致部分民营企业家在一定程度上忽略了企业家精神对社会责任方面的要求。尽管有一些优秀民营企业家一直都高度重视且积极投身于社会公益事业，为社会发展做出了突出贡献，充分体现了民营企业家的社会

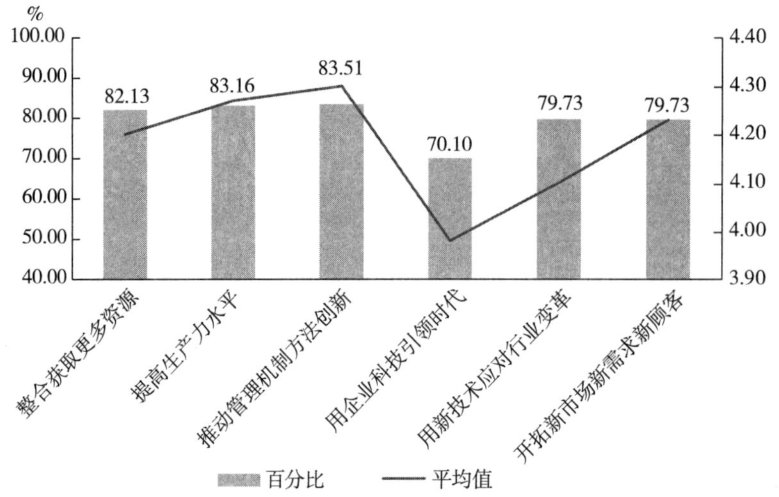

图 11　国有企业家对企业创新效果评价

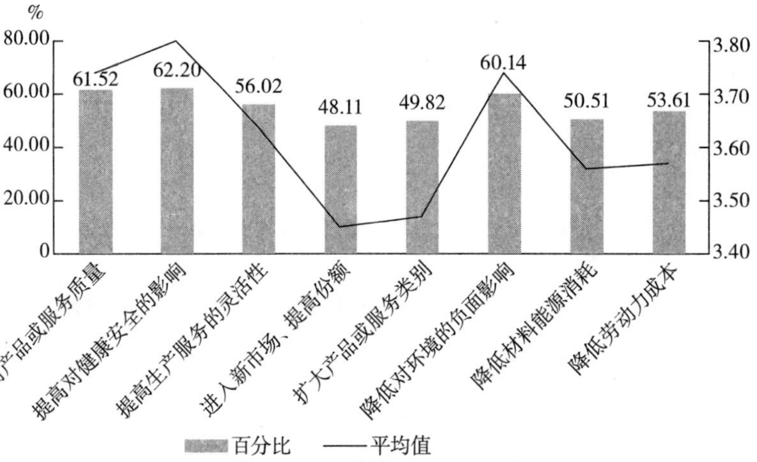

图 12　国有企业家对企业创新动机评价

责任担当，但也时不时有媒体报道少数民营企业家破坏生态环境、参与社会公益事业积极性不足、对员工福利与工作环境关注不够、拖欠员工工资等。实际上，课题组在开展问卷调查过程中也发现，在企业家精神五大内涵中，民营企业家表现最差的就是社会责任方面，与国有企业家相比有较大差距。

（二）民营企业家整体素质参差不齐

改革开放以来成长起来的民营企业家，无论是在企业家个人能力素质、个人修养上，还是在企业家精神水平上，都呈现出参差不齐的显著特点。尤其在最早一批企业家中，有不少人的成功可能并不是自我经营管理、战略谋划能力的体现，也不是企业家精神弘扬的结果，而是改革的历史大潮推动他们在投机与冒险中获得了成功。也正因如此，随着时代的进步，一些早期风光一时的民营企业家逐渐退出了历史舞台。

（三）不少民营企业家的战略能力有待提升

企业应当着眼于长远发展，优秀的企业家应当致力于打造百年企业，越是长久存续发展的企业，越是能够实现总体利益的最大化。但就整体情况而言，不少民营企业家在这方面存在不足。一些民营企业家先天就缺乏战略远见，一心只想“短平快”地获取眼前利益；也有一些民营企业家对未来缺乏信心，或者不具备对长远未来进行科学预测与谋划的能力，因而只是本着“多得不如现得”的心态，希望先获取眼前利益再说。对于这些民营企业家来说，“打一枪换一个地方”，不失为一个合适的发展策略。也正是由于缺乏战略远见，不少民营企业家都是抱着投机的心态，或者抱着获取短期政策红利的想法经营企业，根本谈不上培育与弘扬企业家精神。

第四章　新时代企业家精神的典型案例

国有企业作为我国社会主义市场经济的重要主体，要充分发挥促进国家经济高质量发展的先锋示范作用。本章基于新时代企业家精神“创新向善”的时代内涵，以案例研究为基础，从国有企业家创新精神的实践体现和在制度互动中发挥国有企业家的“创新向善”精神两个方面进行分析。

第一节　国有企业家“创新”精神的实践
——以中国中化为例

本节以案例企业之一中国中化的领导人宁高宁为例，说明国有企业家“创新”精神的具体实践体现，并在此基础上探讨国有企业家“创新”精神的培育。宁高宁，现任中国中化控股有限责任公司（由中化集团和中国化工集团联合重组而成，以下简称“中国中化”）董事长，是一位具独特管理思想和丰富管理经验的国企领导者，曾先后任职于华润集团有限公司、中粮集团有限公司。当谈到对企业家这个群体的认知时，宁高宁认为“企业家”一词是和“开拓、创新、组织资源、提升效率、推动社会进步”等词联系起来的，不是和“财富”直接联系，也不是和“当官”直接联系，企业家精神代表一种做事的方法和理念。作为国有企业家中的一员，宁高宁最鲜明的管理特色是善于将商业管理理论、方法工具与企业管理实践融会贯通，其中蕴含着其对企业家“创新”精神的理解。下面分析宁高宁在中国中化任职期间的管理实践。

首先，系统分析企业面临的机遇与挑战，提出新的企业定位，推动企业战略和业务创新转型。基于实践观的创新体现为对机遇的识别和把握。创新是专注于机遇的，不是专注于冒险，不是强调企业家的个人偏好和价值观。宁高宁曾在一次采访中提到自己对化工行业的认识，他说：“化工这个行业非常有意思，可以通过创新合成新的物质。正是由于它有创造新物质的潜力，所以吸引了很多人加入这个行业。”在对行业特质的理解和对面临的内外部环境的观察和分析基础上，宁高宁认为中国中化需要创造出一种新的发展模式，这种模式必须要有对物质世界的探索，要有科学技术驱动的产品。在这些理念的基础上，中国中化提出了“科学至上”的口号，并确立了中国中化转型为科技驱动的创新型企业战略。中国中化也针对自身业务层面进行创新，比如在农业板块，针对我国农业分散、比较难实施新的种植方式的问题，创造性地发明了“现代农业技术平台”，向农民提供教育培训、选种、选品、寻找销售渠道以及金融等方面的服务，帮助农民增收创收；在化工板块，始终强调开发具有自主知识产权的农药品种，其下属沈阳化工研究院研发出一款叫“宝卓”的杀螨虫药物，在此前杀螨产品市场几乎被日本和欧洲垄断的情况下，“宝卓”上市仅两年就凭借其便宜又环保的特性，成为中国除螨市场领先产品。这些业务领域的创新实践，是对机遇本身的把握和充分利用，而这一过程也是有目的、有计划的组织过程。宁高宁曾针对“宝卓”的研发问中化沈阳农药公司的研发人员李斌：“宝卓的发明偶然性有多大?”李斌回答“靠运气，偶然性很大。”宁高宁当时就说：“这不行，我们这么大的公司，要把偶然性变成必然。”他提出要建立“高通量创新机器”，加强对创新过程的管理，虽然研发创新没有可预测性，但是宁高宁认为，加强对创新过程的管理可以做到基本可预测，提高成功的概率。通过高通量的创新，不断投入，新的产品就会陆续被创造出来，提高偶然性变成必然的概率。

此次中国中化能从新冠肺炎疫情中快速复工复产，宁高宁表示，除了防控措施到位，还得益于中国中化自身业务模式的创新带来的新产能的释放。作为中化集团和中国化工重组后资产过万亿元的“巨无霸”央企董事长，宁高宁曾在一次访谈中说道：“成功不在于规模，一定是在于是不是有新的商业模式、新的技术和产品，对客户有没有新的服务方式，能否真正地使行业得到提升和改变。这才是企业家精神的内涵，才是创造。”作为国有企业家，只要能够目标明确地带领团队对所面临的机遇进行周密、系统的分析，然后加强过程管理，充分利用机遇，就可以进行“创新”活动并增加“创新”行为成功的可能性。

其次，坚持将党的领导与市场化改革融为一体，不断尝试针对组织体制机制进行改革。中国中化作为一家国有企业，在国有体制改革中也在不断探索，努力尝试适合自身发展的改革方式，把坚持党的领导与市场化改革融为一体，如从集团多个层面开始“混改”尝试、引进多元化激励方式等。宁高宁提到，中国中化的改革是在坚持国有属性的前提下，无限接近市场化，通过对标国际一流企业，努力打造国际化、现代化的企业体制。此外，2016 年年底，在前期明确集团战略定位的基础上，对整个集团管控体系进行“瘦身”提效。对原来分散的二级事业部进行整合，成立五大事业部，并下放诸多审批权限给事业部，增加事业部自主权，同时大幅缩减总部职能部门，打造小总部大业务的发展模式。针对组织架构的大刀阔斧的改革，给当时集团管理人员带来了巨大的挑战，他们一时无法适应。针对这一情况，集团总部又召开专门的团队建设研讨会，分析“总部职能部门存在的问题——该往哪里走”等问题，最终达成共识——重建全新的“6S”管理体系。

尽管改革实践中会有阵痛，但这一过程体现了宁高宁作为国有企业家敢于尝试、敢于创新的企业家精神，是国有企业改革创新先行先试的典范。国有企业的体制机制改革对于国有企业家而言具有一定的风险性，因此很多国有企业管理者容易滋生“保守主义”思想，做出“维持现状”的所谓的“理性选择”。然而“创新”精神并非冒险，是对机遇的寻求、识别和充分利用。在这个快速变化、充满不确定性的时代，国有企业要想具备创新能力，发展成具有全球竞争力的国际一流企业，企业家就需要具备“创新”精神，履职尽责的同时更要带领企业勇于实践创新，敢为天下先，不断适应新的形势、新的环境、新的挑战。正如宁高宁所说，“所谓百年老店，不是百年没有变过的老店，百年老店可能已经变过 100 次了，它要跟上新的形势，需要培育和打造创新型的文化和团队”。在中化集团与中国化工集团重组后，宁高宁继续带领这艘“巨无霸”中央企业探索适合当前形势的发展道路，从过去追求规模、追求成本的发展模式，逐渐开始转向注重技术升级、“卡脖子”等问题的解决，发展具有自主知识产权国际领先的央企。比如2018年9月，先正达AG、安道麦和中化农业成立SAS联盟，在“两化”内率先启动整合协同；2020年1月，又在SAS的基础上通过资产整合，成立了先正达集团，对标国际一流企业，打造农业技术世界领先的企业，实现农业技术和中国农业的链接，真正提升我国农业效率，保障粮食安全，加快向科技型企业的转型，切实响应国家新时代构建高质量发展格局的号召。

最后，注重发挥人才和团队智慧对“创新”的引领和支撑作用，打造创新型组织。作为国有企业主要负责人，宁高宁认为要为每一个中国中化员工提供自我发展的平台，让个人的发展与企业发展融合起来，才能树立员工对企业的主人翁意识、责任感和使命感，最大限度地激发国有体制下员工的自主性和创新性，为企业创新转型提供动力支持。除了强调使命感，针对人才的选拔和管理，宁高宁强调公司的各个层面都需要具有创新精神的人才，“特别是那些具有前瞻性的、创造性的，不满足于现状，愿意去探索的人”。他提出，不能只要求董事长具备这种企业家精神，公司各个层面都需要这种人才，这样企业才能去创新、去组织资源，使整体的创新意识和行动能力得到提高。他将企业家精神内含的人才理念贯穿到公司的各个层面，具体体现为通过多元化的激励方式满足员工内在和外在多样化的需求，如浮动的绩效奖金、股权激励、集团评优等，还设立了科创基金，有新的创新项目，集团就会支持。在团队智慧的挖掘上，他坚持使用“团队学习法”，集团内部高层战略研讨会、总部团队建设研讨会等都运用这一有效形式，以解决集团所面临的问题为导向，鼓励、启发每一位员工畅所欲言，通过创造性思维集思广益，达成共识。通过这种高度互动、群策群力的组织研讨形式激发群体智慧，启发大家的创造性思维，并不断地运用到企业的管理实践中。

上述以中国中化管理实践为例，从企业战略和业务创新转型、国有企业体制机制的改革创新实践和创新型组织的打造三个方面，详细阐述了国有企业家“创新”精神在具体管理实践中的体现。此类创新实践，是企业家“创新”精神的外在体现，其有效应用可以明显提升企业效益，并鼓舞员工士气，无论哪一类所有制企业都概莫能外。“大企业不创新”“国有企业不创新”这种传统观念，规模和制度的约束都不能成为企业家发挥创新精神的障碍或者借口，企业家的创新精神不是天生的，而是可模仿的、可预测的，“创新”是一种踏实的企业管理实践，诸如中国中化的“创新”实践都是可以学习的。在我国经济发展模式转换之际，对于国有企业家来说，“创新”精神也是一种责任，要加大对这种责任精神的培育和训练，并真正地付诸管理实践，为企业创造价值。

第二节　制度互动中国有企业家的“创新向善”实践——以东方国际为例

在以国有经济为主导的国民经济的制度安排下，国有企业家受制度环境的约束和激励，但也拥有制度环境优势，国有企业家可以在与制度的互动中体现新时代企业家精神，即“创新向善”精神。一方面，国有企业家要利用好这一制度安排的优势，借其激发出内在的创新精神，敢于突破和进取，实现国有企业在行业内的引领和示范作用；另一方面，国有企业家要在制度的约束和激励下坚持中国共产党的领导，发挥并完成服务党、服务国家、服务人民的责任担当精神和政治任务。本节分析以东方国际集团董事长童继生为例。

东方国际集团的前身之一是上海纺织，曾占据全国纺织服装行业的半壁江山，号称“上海的布就是全国的衣”。[①] 如何使这家历史悠久的传统企业焕发出新的活力，是董事长童继生面临的巨大挑战。在2014年来到东方国际之前，童继生在上海建工工作了30年，完全不解纺织行业。进入东方国际后，童继生逐步了解纺织和东方国际的历史。没有从业经验，童继生反而可以从不同的视角来看待纺织业。他认为，不仅要了解纺织厂的历史，更要了解纺织厂的未来。当今世界不仅有传统意义上的以服装制作为中心的纺织，还有高科技新纺织。对高科技新纺织的关注和探索使得东方国际在纺织行业的发展中找到了新的方向并焕发出了新的活力。东方国际在高科技纺织方面实现了很多突破和创新，掌握了四种高科技纺织先进技术。一是“生命纺织”，这是高科技纺织最典型也是最高端的代表，如应用于心脏支架。二是“空天纺织”，主要应用于航空航天事业，如卫星上的太阳板，东方国际在这方面有着强大的研发能力。三是“军用纺织”，如防弹衣。四是“医用纺织”，如手术用的线、纱布等各种医用材料。

① 姜付秀，王莹，李欣哲．论国有企业的企业家精神[J]．中国人民大学学报，2021，35(5)：84－94.

这些高科技创新让作为传统产业的纺织业焕发出新的活力，找到了新的发展方向。在技术的影响力方面，以汽车用纺织为例，童继生表示，其知识含量、技术含量和资本含量很高，而东方国际在汽车用纺织设计、研发、生产能力上位居亚洲第一、全世界第二。在童继生看来，东方国际决定拥有着非常光辉的历史，且纺织行业未来拥有巨大的发展空间。作为一家大型国企，东方国际决定做高端的、高科技的新型纺织，不仅明确了自身的定位，而且给国企的转型发展带来了新的机会。

由童继生带领东方国际的创新突破可知，国有企业的悠久历史和工业基础为国企改革创新提供了很大的优势和潜力，国有企业家在带领国有企业进行改革创新时既要了解历史、做好传承，也要寻找未来可以突破和发展的新的方向。童继生带领东方国际在纺织行业实施了多元化的战略，这种多元化并非不相关多元化，也不是简单地跨到一个相近的行业，而是量体裁衣，基于自身的工业技术和基础实现的。

在创新突破的同时，面对突如其来的新冠肺炎疫情，童继生迅速反应并带领集团配合上海市政府的抗疫指示，在上海市的抗疫与防疫中做出很大贡献，彰显了“向善”精神。

据童继生回忆，早在 2020 年 1 月 20 日，新冠肺炎疫情还没有在全国蔓延之时，他就和东方国际下属的三枪集团说过要做好准备，以防不测。童继生表示，“自己这一代人经历过‘非典’，但那时还是小孩子，现在已经处在了重要的领导位置上”。[①] 可以看出，童继生在疫情前夕对于可能到来的危机具有较强的前瞻意识，而且已经深刻地意识到自己和东方国际可能需要承担的责任。随着 1 月 22 日上海市政府一声令下，东方国际承担起了口罩生产的任务，是疫情之初上海最早的口罩等医疗物资的供应者之一。面对上海市的抗疫防疫需要，童继生带领东方国际打响了“五场战役”。第一战是“遭遇战”，当上海市政府要求东方国际生产口罩之时，已经临近年关，虽然原来的上海纺织厂在“非典”期间有生产口罩的经历，但只是纱布口罩，并不是现在要求的医用防疫口罩。童继生当时的任务是 24 小时之内筹集 5 万只口罩，48 小时之内筹集 10 万只口罩。他随即成立了临时工作小组，把纺织制造和进出口公司的相关人员集中起来，

① 苏勇．改变世界：中国杰出企业家管理思想精粹（二）[M]．北京：企业管理出版社，2017.

成立指挥部，并与集团总裁担任组长，快速响应疫情带来的冲击以及上海市政府的抗疫需求。第二战是“游击战”，从 2020 年 1 月 25 日（春节）至 2 月 10 日，面对着没有生产技术（生产线）、恰好处在春节放假期间以及疫情突如其来的紧迫性，童继生进行了全体动员，采取国内和国际采购相结合的方式，截至 1 月 27 日共筹集到口罩 100 万只，1 月 31 日，又从海外包了一架专机进口了 550 立方米左右的防疫物资。到了第三场战役，上海市要求东方国际转产生产口罩，这便是“阵地战”。虽然东方国际集团下属的三枪是从事纺织行业的，但并不生产口罩，因此东方国际自行制造和组装口罩生产机器，通过专家研发以及与外省市联合，终于在 2020 年 2 月 12 日生产出第一只口罩，实现了上海市政府为东方国际定的在 2 月 15 日之前生产出口罩的目标。第四场战役是“运动战”，在这一阶段，东方国际已经能够大批量生产口罩，不仅供应国内，而且实现了出口。随后，国内疫情得到有效控制，东方国际也进入第五战“持久战”，逐渐复工复产。

童继生带领着东方国际新冠肺炎疫情开始以来打的“五场战役”不仅体现了东方国际作为国企在中国的制度优势下迅速响应危机、顶住压力且稳步恢复的企业韧性，更体现出东方国际在响应上海市政府抗疫防疫工作中的责任担当。而作为国有企业家的童继生，不仅先人一步预见不确定性，而且能够身先士卒，冲在东方国际的抗疫前线，彰显了国有企业家的企业家精神。

第三节　案例启示

中国中化创新精神实践的案例表明，首先，对于国有企业家来说，“创新”精神并不意味着冒险，而是专注于企业发展“机遇”，是在对企业面临的发展机遇进行洞察辨识和系统分析的基础上做出的审慎决策，可以通过加强组织中的过程管理来保障目标的实现。因此，对于国有企业家来说，需要破除心中顾虑，提升理论知识、专业技能，在扩大战略格局的基础上，大胆创新，为企业长期可持续发展提供驱动力。其次，“创新”精神具有实践属性，是可以学习和模仿的。企业家“创新”精神外在体现为创新实践，渗透于企业从战略方向确定到运营管理的具体管理实践中。那些真正能够为企业提升效益和管理水平的创新管理实践是可以分享学习、相互借鉴的。因此，加强国有企业家、国有企业之间的交流学习，可以促进创新实践在更大范围内的推广与实践，也是培育国有企业家创新精神的重要途径。中国国有企业的企业家精神具有一般性和特殊性，一般性体现在国有企业家首先是企业家，因此同一般企业家一样需要有创新意识和创新精神，这是企业盈利、保持活力和可持续发展的必然要求；而特殊性则体现在国有企业家要有政治意识，要坚持中国共产党的领导，积极承担社会责任，这也被认为是企业家的政治责任。①

东方国际集团案例表明，创新是企业家精神的内核，更是企业可持续发展的重要动力源泉，国有企业不仅要通过创新成为行业的引领者，更要通过创新来“向善”，更加积极主动地去承担社会责任。国有企业家应牢记自己的政治使命，坚持党的领导，在国家和社会需要的时候勇于承担责任：一方面，应该通过科技创新不断提升研发水平，在关乎民生大计的事情上不断突破，为国家和人民提供更好的物质和服务保障；另一方面，应该通过不断的制度创新和机制体制创新，提高管理水平，从而能够在应对危机时从容不迫，展现出国有企业稳定大局的能力和风范。国有企业家的责任承担不可避免地会带来一定的成本和负担，但是服务社会、服务人民会带来更好的声誉和品牌形象，可以得到社会大众更多的支持以及国家的认可，有利于国有企业的可持续发展。

综合来看，国有企业家的“创新精神”与“向善（担当）精神”比一般企业家联系更紧密。国有企业家不仅需要具备“创新精神”，而且要同时具备“向善（担当）精神”。两者对于国有企业家而言缺一不可。国有企业家如果缺乏责任担当精神，可能会不计后果地增加研发投入，增加国有企业的风险，造成国有资产的浪费、损失和破坏②；如果缺乏创新精神，则可能无法突破国有企业现有的发展“瓶颈”③，导致过于行政化和官僚主义，造成国有企业停滞不前。有些国有企业家过于追求规模，一味地强调做大而不做强做优，会导致“僵尸”企业的形成④。进一步地，创新精神与责任（包括政治责任）担当精神既相互补充，也相互促进。创新精神有利于增强责任（政治责任）担当精神，有利于企业家更好地履行这些责任。上述中国中化的案例就是例证。企业家这一群体更追求自我实现，因而具

① 姜付秀，王莹，李欣哲．论国有企业的企业家精神[J]．中国人民大学学报，2021，35(5)：84－94.
② 卢锐．企业创新投资与高管薪酬业绩敏感性[J]．会计研究，2014(10)：36－42，96.
③ 姜付秀，王莹，李欣哲．论国有企业的企业家精神[J]．中国人民大学学报，2021，35(5)：84－94.
④ 肖兴志，张伟广，朝镛．僵尸企业与就业增长：保护还是排挤？[J]．管理世界，2019，35(8)：69－83.

有较强的创新精神，而实现商业上的成功则有利于增强国有企业家的政治信仰和政治意识，达到精神上的满足①。而责任担当精神也有利于强化企业家的创新精神。国有企业的所有权性质决定了其对国有企业家激励存在不足，这时更需要国有企业家具有奉献精神和责任担当精神。国有企业家的责任担当精神，尤其是政治意识和政治责任担当精神，能够使国有企业家站在党和国家大政方针的角度去思考企业的战略，识别企业今后的发展方向和趋势，为创新提供新的动力。

党和国家应当发挥国有企业的制度优势，加强对国有企业家的选拔和培育，约束国有企业家的行为，增强其为党、为国家、为人民服务的责任担当精神；同时也要大胆、放心用人，激励国有企业家的创新精神，包容他们在创新道路上可能出现的失误。国有企业家不仅需要同时具有不断寻求突破的创新精神和勇于担当的责任意识，还需要将两者相互融合并使其相互促进，在权衡中实现兼顾，不能顾此失彼。

第五章　培育新时代企业家精神的政策建议

针对我国企业家精神发展面临的问题，本部分提出进一步培育和弘扬新时代企业家精神的政策建议。为解决我国企业家精神培育面临的共性问题，应当着力营造保护企业家合法权益的法治环境，营造促进企业家公平竞争的市场环境，营造鼓励企业家干事创业的政策和社会环境。同时，针对国有企业家精神的培育，应当以分类改革为原则，以提高国有企业家的创新精神为主线，增强国有企业家的使命感，充分发挥市场机制的作用，完善国有企业家选拔和培养机制，建立国有企业职业经理人市场，优化国有企业家考核激励机制，完善国有企业家约束机制，建立合理的容错纠错机制。

第一节　培育企业家精神的共性政策建议

一、营造保护企业家合法权益的法治环境

一是加快推进企业家权益保护立法。对企业家和企业家代表组织长期以来

① 姜付秀，王莹，李欣哲．论国有企业的企业家精神[J]．中国人民大学学报，2021，35(5)：84－94.

呼吁制定的《企业家权益保护法》，全国人大法律工作委员会应加快相关问题研究，出台立法计划。二是依法保护企业家合法权益。尊重并保护企业家依法开展自主经营活动的权利；建立严格遵循法律法规的制度化产权保护体系，加快建立、完善产权保护长效机制；进一步完善知识产权保护和价值转化体系，修订有关知识产权申请授权、管理和侵权保护方面的法律法规，建立健全知识产权交易平台。

二、营造促进企业家公平竞争的市场环境

一是切实保障企业家公平竞争权益。加强反垄断立法与执法，全面落实涉企政策，夯实公平竞争法律与政策基础。深化市场准入改革。二是建立健全社会信用机制，强化企业信用监管。加快社会信用信息法立法进程，建立企业失信联合惩戒机制，加大对失信企业负责人的惩处力度。促进各类社会征信机构发展，完善企业信用信息查询体系，提供高效便捷的企业信用信息服务。三是强化公平竞争环境监管保障。持续推行监管清单制度。加快推进综合监管，建立跨部门、跨地区的市场协同监管机制。

三、营造鼓励企业家干事创业的政策和社会环境

一是完善和落实企业家参与政策制定的体制机制。2019 年，国家发展改革委印发了《关于建立健全企业家参与涉企政策制定机制的实施意见》，对企业家参与涉企政策制定提出了机制性、规范性要求；部分地方政府也在此基础上制定了本地区企业家参与涉企政策制定的落实机制。但是，这一机制的作用仍有待进一步完善和落实。大多数企业家认为，目前这一机制只是停留在形式意义层面，企业家能发挥的实质性作用有限。二是增强政策的连续性、稳定性、科学性。要全面加强政策制定管理，优化政策制定流程，确保政策的科学性。科学的政策需要建立在科学的调查研究基础上，要通过广泛调查掌握一手资料，准确把握现状与问题，避免闭门造车、脱离实际制定政策；要对拟出台的政策举措进行充分论证，包括专业性论证、有效性论证、合法性论证等；要完善政策后评估制度，以后评估与动态调整来增强政策的科学性。随着企业、产业发展环境的变化，有必要根据实际情况对政策做出相应调整，但不能将政策调整与政策的连续性、稳定性对立起来。在进行政策调整时，要避免政策急转弯、

猛刹车，尽量采取小幅连续调整的方式；在确实需要进行大幅调整时，应尽量给政策调整影响对象预留必要的过渡期，或是制定政策重大调整企业损害救济机制。要加快探索在政策制定中合理引入问责机制。三是营造良好的社会环境。要全面构建“亲清”新型政商关系，真正关心爱护尊重企业家，切实帮助企业家解决经营困难。构建和完善企业家创新创业容错机制，鼓励企业家在创新创业中大胆探索，对创新创业中的失败失误采取更为宽容的态度。在全社会营造尊重企业家、崇尚创新创业的良好氛围，让创新创业成为社会大众的共同追求，让优秀企业家成为学习的榜样。

第二节　培育国有企业家精神的政策建议

改革开放以来，国有企业改革发展不断取得重大进展，在国际、国内市场竞争中涌现出一批具有核心竞争力的骨干企业，培育了一大批具有企业家精神的国有企业家，为国有企业构建新发展格局、完成新的历史使命奠定了坚实的基础。为了进一步适应新发展阶段和构建新发展格局，应当加快培育一支具有中国特质、世界水平的新时代优秀国有企业家队伍，培育新时代国有企业家精神。国有企业拥有上百万研发人员，创新基础非常好，关键在于充分激活和发挥国有企业家的创新精神。创新精神是新时代企业家精神最为本质的特征要求，是培育新时代国有企业家精神的重点和主线。由于不同类型的国有企业功能定位、市场化程度存在差异，激活和发挥国有企业家创新精神应以分类改革为原则，对公益类和商业类国有企业家进行分类管理，在国有企业家的选用、来源、激励约束等方面对接其功能定位，尤其突出商业类国有企业领导人的“企业家”角色和职能，采用更为市场化的选用、来源、激励约束方式和机制，提高其创新积极性、主动性。具体而言，应当增强国有企业家使命感，充分发挥市场机制的作用，完善国有企业家选拔和培养机制，建立国有企业职业经理人市场，优化国有企业家考核激励机制，完善国有企业家约束机制，建立合理的容错纠错机制。

一、增强国有企业家使命感

培育国有企业家精神的首要任务是解决其动力问题。在市场竞争环境下，民营企业家精神的驱动力是获得更大的利润。与之相比，国有企业存在多元的动态目标，尤其是不同类型的国有企业承担的任务和功能定位具有显著差异，而使命感是这些不同类型国有企业的企业家创新发展的内在动力。在强烈的使命感的驱动下，不同类型国有企业的企业家为了完成其功能定位和目标，开拓进取，积极创新，展现出企业家精神。使命感源自培养和正向激励，具有很强使命感的企业家，根据国有企业的功能定位完成其使命，并获得相应的正向反馈，就会进一步强化其使命感。一是国有企业家选拔制度需要使命导向，把使命感作为选聘企业家的重要考量因素，提高整体国有企业家队伍的使命感，树立国有企业家中有强烈使命感的典型人物，形成选人用人的标杆和模范。二是国有企业家的考核晋升机制需要使命导向。国有企业的目标是多元的，对不同类型的的国有企业有不同的功能定位，在考核这些国有企业家的过程中，要将企业的实际发展情况与这些功能定位挂钩，对不同类型的国有企业进行分类考核，形成“使命—目标—结果—使命”的正向反馈。例如，公益性国有企业重点考核其实际取得的社会效益，竞争性企业则重点考核其利润情况。避免“一刀切”造成国有企业功能定位与实际考核的错配，导致完成使命的国有企业家反而在考核晋升中落后。

二、充分发挥市场机制的作用

企业家精神和创新驱动是市场竞争的结果：竞争导致利润下降，利润下降导致企业有动力去创新，创新得到垄断地位从而获得垄断利润，垄断利润又导致更多的企业竞争。虽然在不同类型的国有企业中，市场机制发挥作用的方式和程度存在差异，但都是激活企业家精神的关键力量。相反，国有企业不完全竞争性可能会激发“寻租”型企业家精神，企业家寻求经济体中显现和潜在的垄断利润的机会，采取一系列创新性的“寻租”行为①。要充分发挥市场机制的作用，应根据国有企业的分类，从国有企业的外部环境和内部机制两方面入手：一是建立公平竞争的外部市场环境，维护竞争中性，让国有企业与民营企业、国有企业家和民营企业家同台竞争。对国有企业家和民营企业家要一视同仁，既不能偏爱、溺爱，也不能过于冷落、厚此薄彼。② 二是建立更为市场化的企业

① 邹俊. 国有企业不完全竞争性对激发企业家精神的影响分析[J]. 湖北经济学院学报,2021,19(3):25-31.

② 李政. 新时代企业家精神:内涵、作用与激发保护策略[J]. 社会科学辑刊,2019(1):79-85.

内部机制，充分利用混合所有制为企业引入市场机制。混合所有制是我国基本经济制度的很重要实现形式，其核心作用就是为企业引入市场机制，而实现的重要途径就是引入优秀的民营企业家①。

三、完善国有企业家选拔和培养机制

优秀的国有企业家队伍是发挥国有企业家精神的重要基础。一是完善国有企业家选拔机制。在国有企业家选拔标准上要不唯资格论、学历论，更加注重相关行业或者业务的企业管理经验，尤其是商业类国有企业的企业家，应在政治过关的前提下更好地运用市场机制从企业经营角度来遴选企业家，而且国有企业家要具备开放的国际视野和战略思维能力。二是健全国有企业家培养机制。国家或主管部门的主动培养，在高水平国有企业家形成中具有非常重要的作用。国有企业家的培养是一项长期性任务，要根据国家对国有企业家的需求，制定规范化国有企业家常态化培养体制机制，明确国有企业家培养的对象、目标、内容、方式和责任主体，制订相应的培养方案，建立培养效果评估机制，构建国有企业家培养保障和支撑体系。

四、建立国有企业职业经理人市场

成熟的职业经理人市场是企业家市场化产生、聘任与流动的土壤。建立国有企业职业经理人制度，对推动国企改革、发展混合所有制经济、完善法人治理结构等都具有重要意义。近年来，从中央到地方均对此进行了探索，但是缺乏成熟职业经理人市场的有效支撑，职业经理人市场化选聘工作推进缓慢。国有企业需要聘任优秀的企业家时，往往被迫选择一个相对满意的人选，有时造成“才不配位”结果。一个成熟的职业经理人市场不仅可以为国有企业提供合适的企业家人选，而且有利于推动国有企业家灵活进退，及时更换不合适的负责人，倒逼国有企业家提升自身能力，强化自我的企业家精神。加快职业经理人市场建设可以从以下三个方面入手：一是要鼓励各方面协同推进，加快培养更多素质高、能力强的职业经理人，特别是要有效增加高层次职业经理人的市场供给。二是要完善职业经理人市场制度与机制建设，包括市场选择机制、市

---

① 宋志平．机制革命和企业家精神[J]．国资报告，2018(1)：11－13．

场价格机制、市场测评机制、市场流动机制的建设；加强社会信用体系建设，建立全国范围的职业经理人信用考评体系；完善监管机制和法律法规，形成针对职业经理人的法律体系。三是要提升职业经理人的市场流动性，推动中央企业、地方国有企业加快现代企业制度建设，全面建立职业经理人制度，落实职业经理人的市场化聘任与契约化管理。

五、优化国有企业家考核激励机制

考核是落实激励约束机制的关键手段，考核的科学性直接决定了激励约束能否有效落实。各级国资监管机构都已经建立了针对国有企业负责人的年度与任期考核制度，并且在不断探索完善考核指标体系，以尽可能提高考核的科学性和有效性。国有企业负责人考核方式方法与指标体系优化取得了显著成就，但仍须进一步改革优化，增强考核的激励效果。一是进一步优化考核指标体系。继续开展国有企业负责人年度、任期考核指标体系优化研究，确保指标体系既能反映国有企业负责人短期业绩贡献，也能有效体现其对长期业绩的潜在贡献；既能反映经济贡献，也能体现非经济贡献。而且，国有企业家考核和薪酬机制应坚持分类改革的原则，对处于自然垄断行业国企的具有中管干部身份的企业家，以职务晋升激励为主、薪酬激励为辅；对于市场招聘型的国有企业家则选择具有市场竞争力的激励方案；对处于竞争性领域国企的国有企业家则实行经营者市场化薪酬机制①。二是进一步优化激励机制。以考核结果为基础，灵活采用适当方式对国有企业负责人进行激励；坚持市场化原则，确定具体激励手段的尺度，以提升国有企业负责人的获得感。扭转国有企业集团与下属子公司负责人之间的薪酬倒挂现象，确保国有企业各层级负责人都能够基于其真实业绩贡献，以实际考核结果为基准，获得市场化报酬。适度扩大股权和分红激励的范围，奖励创新创业人员和技术开发人员，建立国有企业领导人、员工和企业利益、国家利益之间的相关性，共享国有企业发展的红利。实行股权激励时要注意防范国有企业家和政府官员侵吞国有资产，防止国有资产流失。②

---

① 杨瑞龙．国有企业改革逻辑与实践的演变及反思[J]．中国人民大学学报，2018，32(5)：44－56.

② 陈刚，陈敬之．产权保护与企业家精神——基于微观数据的实证研究[J]．经济社会体制比较，2016(1)：81－93.

六、完善国有企业家约束机制

对国有企业家的多重监管和多重约束，导致企业家创新动力不足、顾虑过多。国有资产监管机构应完善国有企业家约束机制，从以管企业为主向以管资本为主转变，该管的要科学管理、决不缺位，着力创新监管方式和手段，改变行政化管理方式，改进监管体系和办法，提高监管的科学性和有效性。对国有企业家队伍，坚持“激励和约束”并重，在标定“严管”“约束”底线红线的基础上，依据国有企业家的行业特点、工作属性、身份来源，完善企业家管理监督机制，充分激发国有企业家做强做优做大企业的积极性、主动性和创造性。尤其是在具备良好的公司监督机制的条件下，要充分相信企业家对市场和行业的敏锐判断，给予其充分授权，让企业家可以充分发挥自己的创造力和活力。

七、建立合理的容错纠错机制

企业家的主要职能是创新创业，而创新创业从来都是高风险的活动，难免会有失误和误判。激发企业家精神既要鼓励创新创业，也要宽容失败。按照市场运行机制和逻辑，企业家是寻求机遇并追逐利润的，在这个过程中也要承担可能失败的风险。国有企业家在这个过程中难免出现决策失误、执行错误等造成国有资产损失的情况。要培育国有企业家的创新精神，就要在机制上打消企业家的顾虑。合理的容错纠错机制，有利于激励国有企业家创新，减少试错成本，有利于形成鼓励企业家创新、发挥企业家作用的制度环境。一是建立合理的容错机制，按照“三个区分开来”的要求，准确界定容错机制的适用范围、适用程序等，明确何种“错”是可以接受的、何种“错”是不可接受的，明确容错机制的触发、启动、调查、判断等相关办事程序，明确不同类型错误的处置和后果，做到正确区分并宽容由于经验缺失造成的失误和错误，向国有企业家传递明确的信号，让国有企业家敢于创新、勇于创新。对于暂时遇到挫折的企业家要酌情给予保护和鼓励，使其有勇气继续前行。二是建立有效的纠错机制。为避免严重的国有资产损失，减少犯错成本，要在容错机制的基础上建立有效的纠错机制，尤其注重容错机制与纠错机制的有效衔接，及时止损，提高创新创业的试错效率，降低试错成本，并在此基础上总结失败的经验教训，指导下一步创新实践。

对容错机制改革应明确树立“在强化责任约束的同时鼓励创新、宽容失误。要正确把握失误的性质和影响，坚持‘三个区分开来’，切实保护干部干事创业的积极性”的导向。

课题组成员名单

宁高宁　中国中化控股有限责任公司原党组书记、董事长
黄群慧　中国社会科学院经济研究所所长
李　波　中国中化控股有限责任公司党组秘书、董事会秘书、办公室主任
姚　雁　中国中化控股有限责任公司办公室副主任
王　琦　中国中化控股有限责任公司办公室机要保密部副总经理
欧阳耀福　中国社会科学院经济研究所助理研究员
李海舰　中国社会科学院数量经济与技术经济研究所党委书记、研究员
杜　爽　中国社会科学院数量经济与技术经济研究所博士后
李文杰　山东财经大学工商管理学院副教授
李凌霄　西安交通大学经济与金融学院博士研究生
赵　丽　中国社会科学院大学工业经济系博士研究生
穆　梓　中国农业大学国际学院经济学专业本科生
李建明　中国企业联合会副理事长
郝玉峰　中国企业联合会研究部主任
刘兴国　中国企业联合会研究部研究员
缪　荣　中国企业管理科学基金会研究员
邵红亚　中国企业联合会党委副书记
尚晓明　中国企业联合会办公室主任
肖震东　中国企业管理科学基金会办公室主任
高　蕊　中国企业联合会研究部副研究员
吴　晓　中国企业联合会研究部助理研究员
张德华　中国企业联合会研究部助理研究员
刘　畅　中国企业联合会办公室主任科员

苏　勇　复旦大学东方管理研究院院长
赵海龙　复旦大学东方管理研究院研究员
王芬芬　复旦大学管理学博士生
刘俊良　复旦大学管理学博士生
葛晶晶　中国大连高级经理学院讲师
马大明　中国大连高级经理学院副研究员
董雪艳　西北工业大学助理教授

“新时代企业家精神研究”，由中国中化控股有限责任公司、中国社会科学院经济研究所、数量经济与技术经济研究所，以及复旦大学东方管理研究院、中国企业联合会、大连高级经理学院等单位共同完成，国务院国资委支持厅局为企业领导人员管理一局。“新时代企业家精神研究”课题分为一个总课题和四个子课题，总课题由经济研究所助理研究员欧阳耀福负责，子课题一“新时代企业家精神的理论研究”由中国社会科学院数量经济与技术研究所党委书记、研究员李海舰负责，子课题二“中国企业家精神发展的现状和问题”由中国企业联合会副理事长李建明负责，子课题三“新时代企业家精神的案例研究”由复旦大学东方管理研究院院长苏勇负责，子课题四“新时代企业家精神的指标体系及评价”由中国大连高级经理学院讲师葛晶晶负责。

后记
Postscript

2020 年 11 月 11 日，中国社会科学院国有经济研究智库（以下简称“智库”）发布了 10 项“国有经济研究智库 2020—2021 年度重点研究课题”，从 2021 年 1 月开始，10 个课题组先后成立并陆续展开研究，到 2021 年底，均已完成全部研究工作并陆续顺利通过专家评审结项，取得了丰硕的研究成果。

本书收录的 10 篇报告就是对这些成果进行概括、归纳和总结而凝练出的精华，由智库组织各个课题组根据课题研究成果编写，国务院国资委各相关厅局对内容给予了指导，最终由智库编辑整理成书。

由于我们是第一次将这么多项研究成果的精华内容汇聚到一部书中，还缺乏相应的经验，其中的不足在所难免，希望广大读者给予宝贵的意见，敬请指正。

中国社会科学院国有经济研究智库

2022 年 11 月